【清】王鑑 《梦境图》 故宫博物院藏

艺术史研究丛书　范景中　主编

DREAM SCENE

THE LIFE AND IDEAL OF WANG JIAN

王鑑《梦境图》研究

李安源　著

中国美术学院出版社

责任编辑　祝平凡
装帧设计　张惠卿
责任校对　柴伟斌
责任出版　葛炜光

图书在版编目（CIP）数据

王鑑《梦境图》研究 / 李安源著. -- 杭州 : 中国美术学院出版社, 2013.1
(艺术史研究丛书 / 范景中主编)
ISBN 978-7-5503-0422-2

Ⅰ. ①王… Ⅱ. ①李… Ⅲ. ①中国画—绘画研究—中国—清前期 Ⅳ. ①J212.05

中国版本图书馆CIP数据核字(2013)第020597号

王鑑《梦境图》研究
李安源　著

出品人　曹增节
出版发行　中国美术学院出版社
http://www.caapress.com
地　址　中国·杭州南山路218号　邮政编码310002
经　销　全国新华书店
制　版　杭州海洋电脑制版印刷有限公司
印　刷　浙江省邮电印刷股份有限公司
版　次　2013年3月第1版　2013年3月第1次印刷
开　本　710mm×1000mm　1/16
印　张　16.25
字　数　205千
印　数　0001-2000
ISBN 978-7-5503-0422-2
定　价　45.00元

序

黄　惇

近年来，艺术史研究呈现出一种新的趋向，即不少研究者在寻找新径时，不再将艺术作品视为研究中心，而更多地将研究视角转向背景研究，专注于从社会、经济、心理等角度来探讨艺术家的生活环境与生存状态，却远离了艺术作品本身。这种倾向，在绘画史与书法史研究中尤其突出，其正面性是纠正了传统艺术史对社会情境关注的不足，拓宽了艺术史的研究视野，但同时也带来一些负面影响，因其常将艺术作品的形式结构置之度外，不仅导致艺术史研究与其它人文学科边缘的模糊，同时更不能彰显其在艺术形式分析方面的贡献，使得研究者越来越像社会学、历史学、心理学等其他学科的学者，而不是能对艺术作品的形式结构作风格或审美分析的艺术行家。因此我认为，如果在研究中长期将艺术作品孤立出去，这种与艺术品脱节的趋向必然走向反面。

李安源的博士论文《王鑑〈梦境图〉研究》，首先是基于一幅绘画作品展开的历史研究。以往尝见，海外的美术史专家也曾有过以一件经典作品进行个案研究，通过背景、递藏、母题等展开宏大的叙事，但这些个案研究多限于宋元绘画，而将视角转向于明清绘画史则鲜见。《王鑑〈梦境图〉研究》的写作作为一种尝试，不啻是向前迈进了新的一步。一般而言，一件单纯的艺术作品所蕴含的历史信息毕竟有限，很少具备宏观叙事的基础条件。因此，判断一幅画作是否可做大文章，其前提条件是作品是否具有典型性。而一件典型意义的作品，不仅体现其风格上的时代个性，同时也蕴含着与艺术家创作思想以及时代背景相关的丰富信息。

这也就是说，在数以万计的画作中，寻找一幅典型的作品并非易事。

但学术研究常常有很多巧合。2009 年 9 月，李安源与我同赴澳门参加“毫素深心——明末清初遗民金石书画学术研讨会”，在会议上，李安源发表了一篇有关王鑑生年的考证文章，大抵是基于《梦境图》上端王鑑的长跋与一则王时敏题跋所提供的信息，他将以往研究中王鑑的生年向后推迟了十一年。李安源的这一观点，引起了与会学者的争论，这是由于，作为一代画坛宗师的王鑑，其生年在其卒后的三百馀年似未受到质疑，因此有人宁愿去怀疑《梦境图》的真伪，而不能正视问题作出反思。有意思的是，在李安源对王鑑生年进行考证的时候，差不多同一时间段，美国波士顿大学的艺术史学者白谦慎与中国美术学院的博士生章晖女士合作，也发现了王鑑生年的问题，且他们考证的结论不谋而合，都将王鑑的生年指向于 1609 年。更为巧合的是，这一重要发现的日期，正值王鑑诞辰的 400 周年，他们以此研究成果作为对王鑑的纪念，实在是太合适不过的方式了。

随着研究的深入，李安源从《梦境图》的画面中读出新的玄机。他发现，这幅作品巧妙地剪取与嫁接了王维《辋川图》与卢鸿《草堂图》的形式语言，在画法上又直接沿用了赵孟頫与王蒙的笔法特点，同时在作品长跋中，王鑑又以梦境纪事的方式来对《梦境图》的创作动机作了详细记录。综合作品的创作时间与王鑑在明清鼎革之际的行迹，李安源隐约感到，《梦境图》暗藏着一个丰富的隐语系统，可能隐含着特定时代背景下汉族士大夫的精神困境与思想寄托。正是这样一幅饶有兴味的画作，激起他强烈的研究兴趣，随即将之作为论文选题。可见《梦境图》成为李安源博士论文的研究对象，也是出于偶然。

在这本著作中，作者围绕《梦境图》生成语境这根主线，考察了王鑑在朝代更替之际的行迹与遭遇，以及其所在太仓文化圈的地域文化特征与艺术创作世界，最终对《梦境图》的创作背景进行分析。他认为，作为中国绘画史上唯一以梦境为创作题材的山水画，《梦境图》运用了集古式的创作手法，对王维的“辋川”意象、赵孟頫、王蒙的艺术语言进行了创意性的转化，其目的在于凸显王维、赵孟頫等失节士大夫在承续《辋川图》母题中的文化身份与象征意义，来影射画家的“两截人”身份与内心焦虑，以及对重塑自我形象的渴望。在《王鑑〈梦境图〉研究》中，“梦境”、“母题”、“遗民”等关键词贯穿全文，巧妙地将画家、作品与社会有机地链接起来，这便是作者所言的“作品反映社会，社会造就作品”。

在美术史研究中，“四王”研究堪称显学，但传统的研究模式多偏重于画家生平及作品风格的概述，很难真正深入到画家的内心世界中去考量作品、画家与社会三者间的互动关系。就此而言，《王鑑〈梦境图＞研究》的写作方式给我们提供了一个新的思路，从一张画来探寻动荡时代文人士大夫的命运与内心困境，而这种时代困境又如何落实到艺术家的创作中，由点及面，小中见大，立体地再现了一幅画、一位画家与一个时代的关系。这种研究思路，以微观为起点，微观地分析图式、画法、笔墨，并通过解读画跋，分析创作心理动机，于是使一幅作品展现出时代的因素和必然出于那个时代的历史规律，使微观上升到宏观，体现了宏观研究与微观研究结合的价值。在研究方法上，作者以传统的文献辨伪、考据学为基本手段，同时也借鉴了图像学、社会史与形式分析等研究视角，将方法论不留痕迹地隐含在行文中。较之那些动辄标榜某些西方方法论的论文，我更欣赏将方法用了，却无迹可寻，这是中国式的优良传统，即真正意义上的得鱼忘筌。总之，《王鑑〈梦境图＞研究》是一本别出心裁的艺术史新著，我很愿意将它推荐给更多的读者。

历史研究的道路充满艰辛，要甘守寂寞之道，同时也充满着探幽的乐趣。还记得澳门会议回来不久的一个深夜，我接到李安源的电话，他兴奋地告诉我他又找到了一条有关王鑑生年的证据——王翚给王鑑六十岁祝寿图的题跋。每每回忆他那兴奋的语气，都使我深感艺术史研究虽然寂寥，或为许多人不解，但每当有了新的发现，每当进一步靠近历史的真相，那便是研究者莫大的快乐。

范景中先生作为李安源此文的答辩导师，在答辩前便提出在中国美术学院出版社出版该文的建议，作为李安源的指导老师，在此向范先生深表谢意。也为此文能出版，并接受更多专家及广大读者的指谬，感到欣慰。

目　录

绪　论

一

王鑑的《梦境图》，（图一）作于顺治十三年丙申（1656）。作品形制为立轴巨幅，纵 162.8 厘米，横 68 厘米，纸本设色，现为北京故宫博物院一级文物。[1] 作为中国绘画史上唯一以梦境为表现题材的山水画作品，《梦境图》创作意图之精心、画面图式之奇异，实为明清山水画创作的别构，故有学者称此图“颇具神奇色彩”。[2] 在该作题跋中，王鑑讲述了有关《梦境图》的故事。

顺治十三年丙申（1656）夏六月初三日，前朝廉州太守王鑑时已卸任十年有馀，闲居苏州半塘别业避暑。无聊昼寝，恍然间有梦来仪，太守梦见自己徜徉于一片山水环绕的洞天福地之间，周遭回廊曲室，花竹扶疏，真是别有天地非人间。纵是太虚幻境，眼前之景却似曾相识，太守依稀辨知，彷佛踏入了王维的辋川别业，并端坐于一间书屋中，书屋背山面湖，湖水清波浩渺。极目四望，只见湖面中流有一渔父乘棹垂纶，手持钓竿，神情旷然自得，此人或许便是摩诘的好友裴迪吧！宛似昔日摩诘日课，太守亦趺坐蒲团之上，视线为悬于左壁上的一幅山水长卷吸

图一 【清】王鑑 《梦境图》 故宫博物院藏

引，画卷风韵幽微淡远，神采超迈，系思翁董其昌手笔。在此佳境得遇故友手迹，不胜人琴之感，思翁笔墨之精妙，令太守不禁击节赞叹。当他被自己的忘情之举惊醒过来，鼻端拂拂犹作异香，彷佛还沉浸在辋川山水的怀抱中。咀嚼梦境所见，历历在目，令人不免生发天际真人之想，太守嗟叹：“倘若人间真有此境，当为理想的终老之地也。”于是，他横生一念，旋即起床，涤砚铺纸，将梦境意象悉数绘出，不爽毫发。既然不能终老此地，然存《梦境图》悬之室内，权且望梅止渴，聊作卧游之遐想。图毕，太守即兴于画幅上端题一长跋，（图二）以纪梦境奇遇，其云：

画山水而兼园亭，自摩诘《辋川》、卢鸿《草堂》图始。后至元季，赵文敏好写此景，绝无画院习气。叔明乃其甥也，故每效之，更加风韵。曾见其《南邨草堂图》，为得意之笔。真迹向藏新安吴氏。后王越石[3]持一赝作售之闲仲叔祖[4]，得值甚厚。余正其非，遂欲退还。而越石狡甚，返谓余欲得此画，故造此论。叔祖信之，复珍重如天球珙璧。乏具眼而好古，未有不受人欺者。虽赏鉴小事，其中亦难言也。客岁游燕，真定梁大司马玉立[5]、曹少司农秋岳[6]，皆属余作《草堂图》，尚未有以应之。盖两先生方作长安贵人，筹边计国，何暇及此，更俟几年，写以寄之，代《北山移文》可耳。

今六月避暑半塘[7]，无聊昼寝，忽梦入山水间，中有书屋一区，背山面湖，廻廊曲室，琴几萧洒，花竹扶疏，宛似辋川。轩外卷簾，清波浩渺，中流一叟，乘棹垂纶，旷然自得。予趺坐中堂，观左壁画，乃思翁笔，幽微澹远，不觉抚掌赞叹。遂尔惊醒，鼻端拂拂犹作异香，令人有天际真人之想。嗟！余焉能真有此境，便当老是乡矣。然余年已四十八，颠毛种种，纵至七十，亦不过二十年一梦耳。[8]况未能必，又安知此梦非真境耶？起而涤砚伸纸，记境成图，不爽毫发。悬之座右，以当望梅止渴而已。掷笔惘然。丙申夏六月哉生明[9]，王鑑识。静岩老先生索画，即以此帧请政。弟鑑。

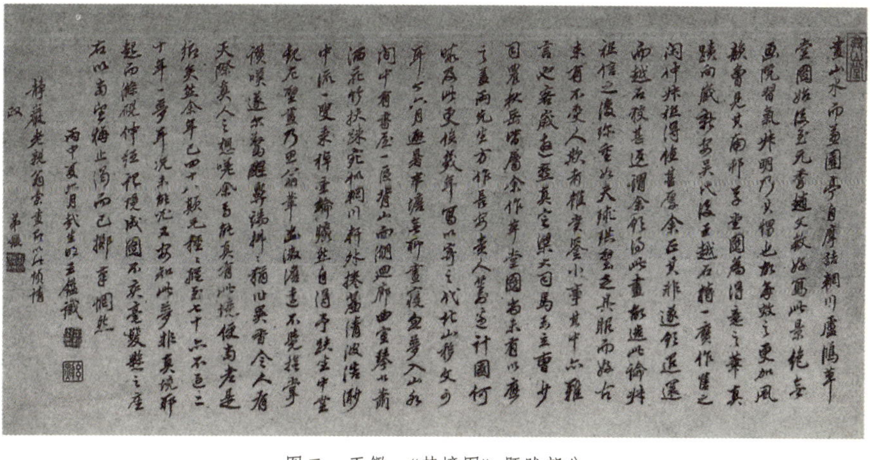

图二　王鑑　《梦境图》题跋部分

以上，是清初画坛“四王”之一的王鑑在其代表作《梦境图》题跋中讲述的故事，这个有关梦的故事，记载了画家在顺治十三年仲夏的一次特殊经历——梦游辋川。梦醒之馀，王鑑纪梦于画，《梦境图》由此产生。在题跋文字导引下，再回到《梦境图》画面本身，将有助于我们对该图作进一步的了解。

《梦境图》呈现的是一种俯瞰视角下的阔远山水空间。画面中，近景山峦自下而上蜿蜒延伸，远峰与近山作群峰布列状，呈现为一条“S”形的山脉，在气势上遥相呼应，犹如一条巨龙逶迤展开，将画面韵律统摄在一种极具动感的节奏中。重迭交错的“几”字形山峦，连绵不绝，组合成一股颇具视觉张力的龙脉结构，显然由王蒙的山水图式脱胎而来。然其空间营造，又远较王蒙画面深远而具象。细观山石用笔，亦运用王蒙所创的解索皴绘出，笔法尖秀，清隽却又骚动不安。峰顶矾头云集，矾头周遭点苔星罗密布，苔大如豆，点法甚为自由，纷纷攘攘，由峰顶向山腰逸去，将整幅画面氛围笼罩在一派微茫的梦幻意境中。

图中山脉耸立于一片平湖之中，湖水波澜辽阔，一望无垠。水面也一变画家惯常的留白处理方式，以细线将波纹随意勾出，荡漾而去。但波纹的线条较之“习者画法”，显得写意而舒展，实是画家别具匠心之处，令其与山峦的解索皴法、点苔的不羁特征相合，旨在契合主题需要，来营造一种梦幻式的画境。画面右边中下角，一位老叟头戴斗笠，独坐舟上，一手执桨，一手持钓竿，仪态闲散且悠然自得，颇有一种“举世皆浊我独清，众人皆醉我独醒”的意味（图三）。由画作主题观之，画中钓叟的身份当为王维的好友裴迪。小舟的驶向，是一具茅亭，茅亭画法精细写实，静静地伫立于湖心当中，与背后骚动的山脉形成强烈的反差。

画面正中央是观者视焦集中之处，由远山与近山构成的一个合围式弧形山谷，四周为湖水与山峦环绕，突显出一个处于中心位置的环形地

图三 王鑑 《梦境图》(局部一)

图四 王鑑 《梦境图》(局部二)

面空间。（图四）这个空间的中枢，是由数间草堂组成的庭院，画家运用细笔精心绘出。处于前排的草堂正好与观者的视线相对，透过敞开的门帷，可见一老者席坐蒲团之上，貌似达摩面壁。老者面向左壁，似在欣赏悬于墙上的一幅画卷。由前引题跋可知，画中老者正是画家本人，其所观者，乃董其昌的画作。草堂四周，由一片茂密的植物环绕，花竹扶疏，尤是山庄背后的竹林与右面的大叶植物，令人一看即知时为夏日景致。前排树木为石楠、山柿之属，列队而植，分别点缀于堂屋两侧，呈对称形构图。树下有四处造型别致的太湖石，亦作环形布列，与山峦、水岸、树木一起构成多重包围圈，将庭园层层环绕。以群峰布列所成的北斗状造型观之，山庄正好处于帝车之位置，大抵体现了画家在画面设计上的匠心。作为整幅作品的画眼，这个处于低谷中央的弧形山庄，掩映于一片湖光山色之间，宛似世外桃源，实为一处理想化的栖身之所。

山庄右面，有一“之”字形的三折板桥跨越湖面，通向对面坡岸，小桥当是山庄通向外面世界的通道。对岸坡石中间，有一小径与板桥相接，两边杂树拥簇。由此将视线再回到前景山峰，密集的矾头上绘有不同品种的四株杂树，低回呼应作一扇形张开。中间两株树叶以墨线勾出，用笔精细；左右两株以湿笔铺写，画法洗练。画幅前首近山与杂树的形体远较山庄及远山为大，令画面产生出一种强烈的透视关系，从而进一步加强了画面空间的幽深感。左侧山脚与湖面交接处，皆有小径紧贴湖面，随山形游走，增添了近景、山庄及远山之间的节奏感。

综观此图笔墨法度，山石笔法仿王蒙的解索皴，园亭、杂树、水波兼取赵孟頫画法，笔墨严谨且构图奇特。为了调和画面气氛，草堂、茅亭、坡岸、小舟、板桥、人物均被罩染上一层淡淡的赭石色，在大面积的水墨衬托之下，给人一种山庄夕照的视觉感受。由画风糅合南北二宗的尝试，可以看出王鑑在意象塑造的形式感及空间关系上的努力，以及他所要传达的梦幻意识。

以上付诸笔墨的画面，并非一幅实景山水画，而是画家梦境所见的太虚幻境。由《梦境图》题跋“宛似辋川”一语可知，此幻境颇似王维的辋川别业，故而王鑑在画中巧妙地吸收了《辋川图》的形式语言。作为辋川意象这一母题的源头，王维的《辋川图》可谓虚实参半。虽然王维曾留下大量吟咏辋川的文字，但是就形象而言，其《辋川图》却早已失传。今天流传下来的辋川图像，最早的是藏在日本圣福寺的唐人临本（图五），该作属于典型的青绿画风，直至晚明的石刻《辋川图》，依然可以看出这一图式流变的延续性。正是基于这些传本的承续，《辋川图》才被确立了可见的形象，且被后人尊为文人画传统的滥觞。在中国艺术史中，“辋川意象”不仅被历代文人视为文学用典的对象，同时也是书法、绘画传统中的典范，共同构筑了一个意味深长的整体形象。在历代传递过程中，“辋川意象”以一种既整合又互动的方式，给予观众与创作者各种启示。同时因之产生的作品，一次又一次地丰富并延伸了辋川母题的形式与内涵，从而形成一个饱含生机的传统，并持续地召唤着后继者的投入。

当我们回顾中国美术史，再重新审视《梦境图》时，不难发现该作的图式具有某些似曾相识的亲近感。这是由于王鑑基于母题的需要，在图中不仅借鉴了王蒙与赵孟頫的绘画技巧，同时还巧妙地转换了《辋川图》的图式特征。比较藏于日本圣福寺传为唐人摹本的《辋川图》局部[10]与台北故宫博物院的宋摹本《辋川图》，可知前者实系辋川的局部，即辋川别业中辋口庄的景色，而后者则为全景。比对二作，抛开画法技巧与风格上的差异不谈，不难发现其中辋口庄的景致几乎完全一致。由此推知，这两件作品应出自同一母本。董其昌曾指出辋口庄一景在《辋川图》中的重要性云：“辋川粉本行世者，横卷耳，余以卷中诸景收为长轴，如李伯时《白莲社图》，然以辋口庄为主。”[11]

图五 《辋川图》(局部)(唐摹本) 日本圣福寺藏

辋口庄的主体是一片富丽堂皇的楼阁式建筑群，为一弧状院墙作四周环绕；房前树木作对称状排列，树下有山石作合围之势。山庄被湖水与山石萦绕，围合成一个车轮状的谷口。前景湖面两侧，各绘小舟一只，一只载五人，另一只载有二人。二作皆为青绿山水，山形肌理全用细线勾勒，间以青绿赭石渲染，楼台屋宇画法工整，繁缛细腻，几类界画。

只有将《梦境图》与《辋川图》作仔细比对，我们才会注意到它们之间存在的紧密联系。《梦境图》中的山谷、房舍、湖面，被画家组合为一种环绕式景观，其中房舍的布局、树石的安排皆与辋口庄的景色高度

图六 《輞川图》(局部)(唐摹本) 日本圣福寺藏

图七 王鑑 《梦境图》(局部)

图八 【唐】卢鸿 《草堂图》之一（传） 台北故宫博物院藏

一致，显然挪移了《辋川图》中“辋口庄”一景的图式。所不同处，《梦境图》是一幅笔墨氤氲的水墨山水画作，其在物象的形塑、笔法、立意等方面，较之工谨华丽的《辋川图》，皆有着不同的审美趣味。也即是说，王鑑并非全盘照搬《辋川图》的画法与意趣，而是应表现的需要，机智地借鉴了《辋川图》的图式与母题意义而已。

《梦境图》呈现的各种意象有：王维的辋川别业、卢鸿的草堂、赵孟頫的山水庭园、王蒙的太湖石、董其昌的山水画作，湖面上还有乘棹垂钓的高士裴迪。经过细致比较我们还会发现，在不同版本的诸种《辋川图》中，辋口庄的建筑特点甚为一致，皆是一处金碧辉煌的楼阁式建筑群，华丽秩然。而在《梦境图》中，王鑑却将之转化为草堂式建筑，显得简朴归真。将《辋川图》与《草堂图》合并，与该图题跋首句“画山水而兼园亭，自摩诘《辋川》、卢鸿《草堂》图始”正好契合，即《梦境图》画面实系王维《辋川图》与卢鸿《草堂图》（图九）物象之相糅。但是，画家缘何梦入辋川？辋川之于王鑑的文化吸引力究竟为何？既然梦入辋川，在记境成图时，王鑑又何以别具深心地将辋口庄的建筑改为草堂？与历史上大多数《辋川图》不同的是，《梦境图》呈现的山水空间是一个虚拟世界，王鑑在营造梦境山水的同时，将其一生中最为崇拜的大师，凝结在画图中。与此同时，画家还通过在题跋中对《辋川图》的历史回溯，将其特殊的历史情结与创作心理动机埋伏其中。

由《梦境图》的题跋可以看出，画家不单单记载他的梦境奇遇，同时还欲告诉我们创作该画的缘由，故而在描述梦境画面之前有所铺垫，相继忆及两起往事，以作为这个仲夏白日梦的由来。陷于这些往事的纠葛——从受辱于王越石的伎俩，到朝廷新贵的求画，大可铺陈为王鑑创作一幅与辋川母题相关的《梦境图》的初衷，或者作为一幅王蒙笔法的《草堂图》的理由。然则当我们将《梦境图》的跋文与其图式系统相比对，并将这些文字与图像信息置于一个完整的文化背景中加以考量时，就会发现，如果我们仅仅将该图视为画家对赵孟頫、王蒙画法的一种炫技，而忽视画作本身所蕴含的丰富的图像志信息，则会成为我们进入王鑑艺

图九 【唐】卢鸿 《草堂图》之一（传） 台北故宫博物院藏

图十 【明】谢时臣 《仿卢鸿草堂十景图》之一 辽宁博物馆藏

图十一 王鑑 《梦境图》(局部)

术内在世界无法逾越的鸿沟。也即是说，与中国画热衷于表现的隐逸题材相比，《梦境图》蕴含的历史信息与心灵暗码，要远远复杂于一般归隐图所表达的情感。并且，由该图的画面与题跋可以看出，画家对山水创作的历史意识梦寐在焉。将以上这些问题集中并延伸出去发问，《梦境图》就好似一幅精心设计、机关重重的地图，在这些“重重复重重”的骚动山脉底层，又覆盖着画家怎样“心有千千结”的家山意识与文化记忆？此为本书亟待探讨的议题。

二

前辈学者对宋元绘画作品个案时有精彩论著，如李铸晋、文以诚、石守谦、陈德馨、王正华、洪再新等人的著作，多能从微观的作品个案入手，将古代画家的生平际遇与构成作品形式的逻辑因素相勾连，来重现作品背后的时代环境与宏观的画史生成语境。而此历史场景的揭示，又可视作一幅经典作品的生成土壤。[12] 作品反映社会，社会造就作品，是艺术创作的本质属性，同时也是艺术史研究的主要路径与中心论题。然而如何落实到具体的作品个案中加以衡量，前提是作品必须具有典型性，选择这类具有典型意义的作品来揭示画史之变与风格成因，实为艺术史研究晋入成熟的标志。

一个颇值思考的现象是，在中国传统绘画史研究领域，有关古代画家作品个案分析的研究热点多集中于宋元时代，而着力于明清画家作品个案的深入研究却所见甚鲜。有理由认为，明清画史作品个案研究的阙如，当与晚近以来的画史观念相关。那就是研究者多受进化论史观影响，认为明清绘画是中国绘画史的低靡时期，从而未能对明清画史中的经典作品及其人文价值予以足够重视。在美术史学界，尤以 20 世纪初叶的“美术革命论”影响为巨，使得清初“四王”画派的艺术地位长期受抑。如俞剑华就对王鑑的艺术成就评价甚苛，云：“其实王鑑亦仅知有临摹，而不知有创造者，所临纵极精工，亦不免貌合神离，只知有古人，不知有自我，徒为古画之复印机耳。”[13] 俞氏对王鑑艺术的贬抑，牵涉着学界长期以来对待“四王”绘画的立场与评论模式。此种跳脱具体艺术品生成语境的论述方式，只触及其超越时空的美感经验，且未能深究作品风格形成背后的因果关系，遂使研究视野框限于作品形式本身，而对“四王”作品的具体意义产生网络无从着手。随着近年来学界意识形态的破冰，以及对传统艺术评判模式的反思，于“四王”绘画价值的评价也渐趋平正。因此，研究“四王”及其作品中的经典案例，当为深入理解明清绘画史发展理路的重要渠道，本书打破论述“四王”画派的旧有模式，选择王鑑《梦境图》及其生成语境作为考察对象，实为一有探索性的议题。

在美术史界，《梦境图》虽被公认为王鑑最具代表性的作品，[14] 但是该作背后丰富的历史信息，至今尚未引起学界关注。正如前文指出，这种状况体现了学界长期以来的一种偏见史观。在今人眼中，明清两代的美术作品，其经典性似乎远远不及前代，凡此论调，在人们评判清初正统派画家的作品时尤为明显。之所以产生这种偏见，固然一方面由于许多明清美术作品尚未为我们所熟悉，对其熔铸的文化信息则不甚了解，但根本上，还是由于我们对明清画史的发展理路缺乏认识。明清美术，话语权由文人绝对操纵，遂使绘画语言的表达偏重于形式拓展：一方面是仿拟作风的兴盛，一方面是笔墨体系之巩固，促使中国画语言系统发生变化，即由重形象而朝着重笔墨方向的转变。以董其昌与“四王”开辟的仿古与拟古风气，其本身亦是一种对古代经典的尊崇，故而在他们的画作中，主题的原创性已然不甚重要，在他们看来，更高境界的艺术追求是去捕捉笔墨与结构之间微妙变化。因此，像《梦境图》这类别具创意的作品，其典型性，在王鑑乃至清初正统派山水画家的作品中，实属罕见，更难能可贵。由此，揭示《梦境图》的图式生成语境与王鑑生平体阅之关系，进而延伸至对清初绘画生态的考察，对于我们走近这一时期的文人画家如“四王”辈“毫素深心”的创作生涯，以及时代赋予他们的心理轨迹，不无重要价值。

研究《梦境图》的意义，不仅在于该作背后凝聚着特殊的时代情境与画家的人生际遇，同时还在于，其“集古式”的画法与图式，体现了晚明至清画史风格流变的趋势及必然性。在画作中，王鑑展示了他所归属的显赫的巨匠谱系——这就是高居翰指出的“一张王鑑追随董其昌模仿王蒙模仿董源之意的画”的特殊绘画内涵，王鑑何以将《辋川图》与《草堂图》组合成其梦境图式，又何以荟萃赵孟頫、王蒙的画法来表现这一主题，皆为本书亟待讨论的命题。同时，值得深思的是，究竟是什么使得不同时空的人们，持久地热衷于一个往昔的艺术母题（而不选择其他的），并且不约而同地一再对之进行新的诠释与重构？难道他们不会因为前一个诠释的存在，而影响到自己投入的热情？这些问题，固然可以随着个案与参与者的相异而有着不同的答案。换言之，吸引一个后辈画家投入某个传统母题与既有图式的诠释行列的真正诱因，很可能不是来自于那个传统的伟大，而在于新诠释本身的意义更有吸引力。尤其具体到一幅并非墨戏或应酬的画作，往往会涉及到一位画家的生活经验与历史记忆，更不用说在特定历史时空下产生的一些杰作。这些作品所蕴含的文化讯息，往往与画家的生活经历习习相关，而研究此类作品的创作意图，是艺术史渐入深层次研究的必由之途。

在创作《梦境图》时，王鑑虽然已经失去了廉州知府的官职与弇山园的大部分地产，但他巧妙地利用了后代巨匠肯定前辈宗师地位的活动模式，让其显赫谱系中的大师们都居住在画中世界的某处，从而在当代为自己建立艺术事业的权威与名望。拥有如此内容的王鑑画作，既满足了自己对“梦境”桃源的憧憬，又容易吸引那些对文化教养、阶级名望、社会地位渴求的观众。以此视角来检阅中国艺术中的诸多传统，我们便可以发现一批以主题作为标识者，最为适合彰显上述论点。例如“辋川”、“赤壁”、“西园”等母题都是绘画史中活跃的要角，它们有些是与上层文化中所崇奉的经典或著名的文学作品、典故有关，但也有民间性格较强的主题，如“钟馗”、“八仙”等皆可形成传统。至于一般社会应酬常见的梅兰竹菊，其实也在不同程度上展现着各自具有前后传承诠释变化的传统。对此方闻解释道：“在传统书画作品中，‘要素和母题’的类型经常被后世作者所保留或模仿，所以对断代的作用不大。只有中层次的‘形式间的关连’是视觉上‘形态结构’的考察。因为每件作品的看法跟着时代的观念、思想在变，这是‘断代’的关键所在。”[15] 王鑑画作变古法为我法的树石形象，既是内容方面的一种“象征主题”，同时又是形式上的结构主题。如画家对王维、赵孟頫、王蒙等古法资源的开掘，即运用了“象征——结构”双重主题的表现方式，此即《梦境图》意象转化的意义呈现。

历史写作不在题材大小。受西方年鉴学派影响，现代史学多注重史学方法与视野的拓展，此尤凸显出开掘微观材料的价值。埃马纽埃尔·勒华拉杜里云：“……在无数雷同的水滴中，一滴水显不出有何特点。然而，假如是出于幸运或是出于科学，这滴特定的水被放在显微镜下观察，如果它不是纯净的，便会显现出种种纤毛虫、微生物和细菌，一下子引人入胜起来。”[16] 将《梦境图》置于清初社会文化情境中加以观照，我们会发现，它所凝聚的微观世界是如此的引人入胜。较一般“辋川”、“草堂”、“桃源”母题远为复杂的是，《梦境图》呈现的是一个虚拟的世界，这个世界，在内涵上则由王鑑的亲身经历聚合而成。其次，在作品的外在层面，画家运用的一些图式语言，熔铸着丰富的画史信息。就像画家在题跋中云：“画山水而兼园亭，自摩诘《辋川》、卢鸿《草堂》图始。后至元季，赵文敏好写此景，绝无画院习气。叔明乃其甥也，故每效之，更加风韵。”在这段看似平静的文字背后，究竟隐伏着画家何种难以明言的内心暗码？《梦境图》的情感世界，都集中体现在“梦”这个字所隐含的意象象征系统中。解梦是本书的主线，从第一章“王鑑身世”的考证直至第四章“明清画史理路”的分析，固多社会史及图像文化史视角的铺陈，其目的皆指向于《梦境图》密码之探幽。

雅克·勒高夫指出：“文学和艺术资料特别应纳入到对社会的解释中去，但也不能无视这些资料及产生这些资料的个人目的的特殊性。”[17] 在既往的“四王”画派研究中，许多学者在文献的处理上，往往仅加以摘引、陈述和编排，对资料本身缺乏深入的探析，以致只能解读文字的表面意义，而无法萃取掩覆其表层下的丰富信息。且当不同文献中说法出现矛盾时，也常不能“传信存疑，以别史料”，并透过严整的逻辑推理去求得合理的解释。以王鑑为例，作为清初最重要的画家之一，其身世之谜一直是王鑑研究课题的最大瓶颈。故而，本书对王鑑生年、家世、出仕及其所在太仓文化圈诸方面的考证，不仅是对画家身世问题的廓清，同时亦为探察《梦境图》深层内涵及清初画史生态，提供了重要的史料依据。也即说，本书涉及到的微观层面的讨论，皆着力于加深对主题的领会。

此外，以研究与阐释的路径而言，传统的文献辨伪、考据仍然是艺术史研究的基本手段，从西方引入的形式分析、图像学、社会学、心理学研究等理论，不断为艺术史研究提供了新的观察视角，此亦为本书写作重要的攻关利器。年鉴学派大师布罗代尔在《15至18世纪的物质文明、经济和资本主义》一书中，将日常的生活细节及与之紧密相关的琐细物品与个体行为，置于特定的社会环境中加以考察，梳理出各种社会历史现象之间的相互关联。[18]这种以物质文化、生活细节为主体来对历史文化进行观照的方法，也相通于历史人类学的视野，并为我们研究艺术史开启了一扇窗口。如潘诺夫斯基指出：

我们的综合直觉必须通过洞察在不同历史环境中借助特定主题和概念表现人类心灵的一般倾向和主要倾向的方式来矫正。这就是一般意义上所说的‘文化征象史’或是恩斯特·卡西尔所说的文化符号史。艺术史学者必须尽可能多地运用与他所认为的某件艺术品或某组艺术品的内涵意义相关的文化史料，来检验他认为是（自己所注意的）该艺术品的内涵意义。这些史料就是能够为他所研究的某个艺术家、时期或国家的政治、宗教、哲学、社会倾向以及诗歌创作倾向提供证据的材料。另一方面，研究政治生活、诗歌、宗教、哲学或社会情境的史学家显然也应该这样利用艺术作品。正是在寻求内在涵义或内容时，人文科学的各学科在一个平等的水平上汇合，而不是相互充当女仆。[19]

开放式的艺术史因此也被视为各种方法和理论并存和互动的艺术史，互动的结果是研究内容和观念上的不断丰富，以及研究者日益扩大的交流与辩论。本书旨在将作品、画家与社会综合起来加以研究，试图在明清画史中探讨“艺术与社会”这个新天地，即藉《梦境图》生成背景这一问题主线，考察王鑑在明清易代之际的行迹与遭遇，但并不只停留于传记层面的综述，而旨在通过这一画史个案，来揭示王鑑及其周围文人群体的生活与艺术创作世界，从而在差异中求索历史的真相。在研究路线上，本书围绕王鑑创作《梦境图》的实际心理动机展开，探察王鑑对王维辋川、卢鸿草堂意象、王蒙笔法等相关绘画史语言的裁套、借鉴与转化，剖析《辋川图》母题对于“失节”文人在文化传系上的符号学意义，寻踪“两截人”

[20]情结反射在王鑑身上的具体特征。同时，本书亦籍甲申变后太仓文化圈的地域政治与文化面相，来一探“辋川意象”在《梦境图》中的生成背景，进而宏观地展现艺术史上那个非常重要时代的一隅胜境。

注释：

1. 《梦境图》系王鑑盛年力作，详见徐邦达：《古画辨伪识真（三）——董其昌、王时敏、王鑑作品真伪考》，《朵云》（第六集），上海书画出版社，1984 年版，第 223 页。《梦境图》图录见《王鑑精品集》（图版九），单国强编，人民美术出版社，1999 年版；《故宫博物院藏文物珍品大系·四王吴恽绘画》，萧燕翼主编，商务印书馆（中国香港），1996 年版，第 43 页；中国古代书画鉴定组编：《中国古代书画图目》（第二十二册），文物出版社，2000 年版，第 397 页；《中国绘画全集》（第十九册），文物出版社，浙江人民美术出版社，2001 年版，图释第 13 页。
2. 《故宫博物院藏文物珍品大系 · 四王吴恽绘画》，萧燕翼主编，商务印书馆（中国香港），1996 年版，第 43 页。
3. 王越石，原名王廷珸，安徽歙县人，为明末清初著名艺术交易人，与张丑、吴其贞、李日华、汪砢玉等艺术鉴藏家有交往。其人品不足道，事迹见载于张丑《清河书画舫》、汪砢玉《珊瑚网》、吴其贞《书画记》、李日华《味水轩日记》。详见萧燕翼：《明清之际的骨董商　王越石》，《古书画史论鉴定文集》，紫禁城出版社，2005 年版，第 303—308 页；张长虹：《明末清初江南艺术市场与艺术交易人》，《故宫博物院院刊》，2006 年第 2 期。
4. 按闲仲，即王士騄，王世懋子。据《太仓州志》卷十九云：“（王世懋）子士騄，字闲仲。万历二十二年（1594）举人，亦有文名。”王士騄好收藏，与董其昌过从亦密。壬子年（1612）十月二十日，董其昌在“锡山道中”，作《仿赵集贤水村图》，跋云：“余谓此《水村图》乃欲兼高克明、赵集贤笔意。高克明《雪渔图》天雄张平仲水部携至官舍，余与陈仲醇赏叹永日。集贤《水村图》从娄水王闲仲所见之，遂和会两家，若元人所谓合作。”《好古堂家藏书画记》（卷下），《美术丛书》

（第十四册），艺文印书馆，第96页。又，因王世懋为王世贞弟，此处王鑑称王士騄为叔祖，亦可补证后文“王鑑为王世贞曾孙”一说。（参见汪世清：《王鑑是王世贞曾孙》，《卷怀天地自有真——汪世清艺苑查疑补证散考》（上），石头出版社，2006年版，第230—233页。）

5. 梁玉立，即梁清标（1620—1691），明崇祯十六年翰林，康熙二十三年擢保和殿大学士，二十七年入相。工书，富收藏。
6. 曹秋岳，即曹溶（1613—1685），明崇祯十年进士，官御史，清顺治初授原位。能诗工书，富收藏。
7. 半塘，位于今苏州虎丘一带。
8. 王鑑于《梦境图》中云：“纵至七十，亦不过二十年一梦耳！”可谓一语成谶。《梦境图》创作于1656年，至王鑑1677年去世，其间一共二十一年。
9. “哉生明”，指农历每月初三或初二日，此时月亮始有微光。“哉生明”一语多见于王鑑画跋落款中，为其习惯性用语之一。
10. 见《中国山水画全集》（上），西苑出版社，2000年版，第7页。
11. 【明】董其昌：《画旨》，《容台别集》（卷四），明崇祯庚午本，北京大学图书馆藏。
12. 前辈学者有关宋元绘画作品个案研究的成果如李铸晋：《鹊华秋色——赵孟頫的生平与画艺》，生活·读者·新知 三联书店，2008年版，第115—224页；Vinograd, Richard：〈Family Properties：Personal Contex and Cultural Pattern in Wang Mengs ‘Pien Mountains’ of 1633〉*Ars Orientalis* 13 (1982)；陈德馨：《从赵雍〈骏马图〉看画马图在元代社会网络中的运作》，台湾大学《美术史集刊》，2003年版，第15期；陈德馨：《〈梅花喜神谱〉：宋伯仁的自我推荐书》，台湾大学《美术史研究集刊》，1998年版，第5期；王正华：《〈听琴图〉的政治意涵：徽宗朝院画风格与意义网络》，台湾大学《美术史集刊》，1998年版，第5期；洪再新：《〈十咏图〉及其对宋元吴兴文化圈的影响》，《故宫博物院院刊》，2003年第1期；洪再新：《元季蒙古道士张彦辅〈棘竹幽禽图〉》，《新美术》，1997年第3期；严雅美：《〈泼墨仙人图〉研究：兼论宋元禅宗绘画》，台北法鼓文化，2000年版；等等。
13. 俞剑华：《中国美术史》，东南大学出版社，2009年版，第199页。
14. 在既往的美术史研究中，有涉王鑑《梦境图》的文章与著录，参见徐邦达：《古画辨伪识真（三）——董其昌、王时敏、王鑑作品真伪考》，《朵云》第六集，1984年版；萧燕翼主编：《四王吴恽绘画》，中国香港商务印书馆，1996年版；徐建融：《清代书画鉴定与艺术市场》，上海书店出版社，1996年版；赵国英：《王鑑绘画研究》，新华出版社，2005年版。
15. 方闻：《清华大学中国考古与艺术史研究所学术定位及学科发展问题——答黄厚明、申云艳、邱忠鸣、彭慧萍同学问》，《清华大学学报》，2006年第4期。
16. 埃马纽埃尔·勒华拉杜里：《蒙塔尤：1294—1324年奥克西坦尼的一个小山村》，许明龙、马胜利译，商务印书馆，2007年版，第1页。

17. 雅克·勒高夫:《新史学》，包伟民编选:《历史学基础文献选读》，浙江大学出版社，2007年版，第183页。

18. 参见布罗代尔:《15至18世纪的物质文明、经济和资本主义》，顾良译，三联书店，1993年版。

19. 潘诺夫斯基 :《图像志和图像学》，《象征的图像——贡布里希图像学文集》，杨思梁、范景中编选，上海书画出版社，1990年版，第420页。

20. “两截人”一词内涵，多指在晚明有过出仕经历而易祚以后又入仕清廷的士大夫，此为狭义之谓，相当于“贰臣”一语，带有一定的贬义色彩，如谢正光在《清初诗文与士人交游考》（南京大学出版社，2001年版）一书中即作此义。笔者此处取其广义之说，泛指生存于明清两个时代的文人士大夫，并不局限于人物的政治身份及出仕经历，既包括古代伦理立场中正面形象的“遗民”，也包括反面形象的“贰臣”，同时还包括王时敏、王鑑这类有着迎降经历、在政治身份上介于遗民与“贰臣”之间的士人。

第一章　弇山后人：王鑑的身世[21]

王鑑，（图十二）字玄照，后改字元照、圆照、元炤，号湘碧，自称染香庵主，人称王廉州，是明末清初的山水画家，被诗人吴伟业誉为“画中九友”之一，并与王时敏颉颃，时有“二王”之誉。入清以后，王鑑又与王时敏、王翚、王原祁并称“四王”，开启了清初画坛的主流画风。王鑑的画迹虽为人们所熟悉，但其身世却至今不详，本章以此角度作一深入考察，是为理解王鑑绘画的先决条件。

图十二　《王鑑小像》刊于《清代学者象传》

一　王鑑的生年[22]

王鑑的生卒年，今人著述皆作明万历二十六年戊戌（1598）生，[23] 清康熙十六年丁巳（1677）卒。这一公论，向无异议。然今见王鑑《梦境图》跋语（图十三）云：

……今六月避暑半塘，无聊昼寝，忽梦入山水间，中有书屋一区，背山面湖，廻廊曲室，琴几萧洒，花竹扶疏，宛似辋川。轩外卷簾，清波浩渺，中流一叟，乘棹垂纶，旷然自得。予趺坐中堂，观左壁画，乃思翁笔，幽微淡远，不觉抚掌赞叹。遂尔惊醒，鼻端拂拂犹作异香，令人有天际真人之想。嗟！余焉能真有此境，便当老是乡矣。然余年已四十八，颠毛种种，纵至七十，亦不过二十年一梦耳。况未能必，又安知此梦非真境耶?起而涤砚伸纸，记境成图，不爽毫发。悬之座右，以当望梅止渴而已。掷笔惘然。

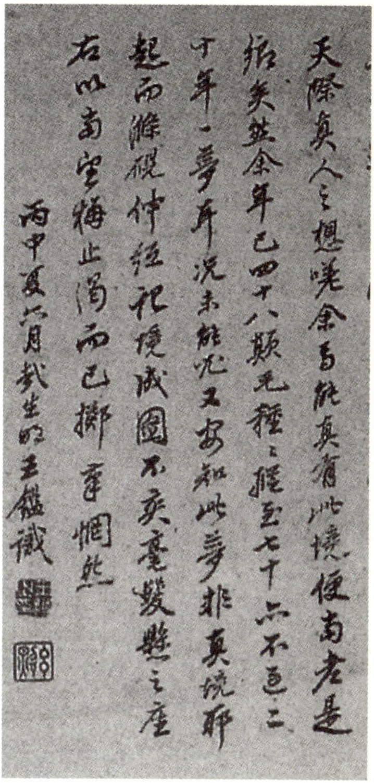

图十三　王鑑　《梦境图》题跋（局部）

《梦境图》山水立轴，现藏于北京故宫博物院，为王鑑毕生的代表作。据该作题跋可知，《梦境图》创作于顺治十三年丙申（1656）六月，时王鑑在苏州半塘避暑，午睡梦入辋川别业，醒后描绘梦中山水佳境而成此图。值得注意的是，跋中王鑑称"然余年已四十八"，由此推溯王鑑的生年，得出的结果不是万历二十六年戊戌（1598），当为万历三十七年己酉（1609）。较之于旧说，王鑑的生年应当推后十一年方符合事实。

无独有偶，崇彝《选学斋书画寓目笔记》有《王圆照摹古山水册》的相关著录，其载王鑑自跋云："己酉（1669）夏日避暑半塘僧舍，戏摹古人十册，娄水王鑑。”尤堪注意的是崇彝考订文字云：

前附页有竹痴及毕涧飞秘笈印二，朱文印，首页有毕泷鉴赏一印，末页有澹游及清芬书屋二印。后附页有毕公行书一题，误谓康熙己酉是湘碧先生六十一岁，殊为大谬，其实为七十二岁笔也……[24]

显然，由于崇彝对王鑑生年之公论（1598）不疑，故认为毕泷称王鑑时年“六十一岁”为“大谬”。事实上，毕泷的说法才是应该被正视的。毕泷为毕沅（1730—1791）之弟，江苏太仓人（其时划归镇洋县），谢堃《书画所见录》有其小传云：“字涧飞，毕秋帆宫保弟也，家太仓。性癖古书画及金石文字，闻有佳物，不辞千里，不惜重赀，务以入手为快。”[25]毕泷既为王鑑同乡，其生活年代距王鑑辞世未远，且收藏王鑑等清初画家作品颇富，故而他对王鑑行年的记载当为可信。毕泷云康熙己酉（1669）王鑑六十一岁，即意指王鑑生于1609年，与《梦境图》题跋中的纪年完全吻合，是指向王鑑生于1609年的明证。

更重要的证据来自王鑑知友的题跋史料。如王时敏《题玄照画》云：

余长于玄照二十年，宦游里居踪迹略同，亦有笔墨之嗜。乃余以资力腕弱，迄老无成，而玄照宿植灵根，一蹴直造古人之域。余年来焚弃笔砚，虽因衰病目眵，亦由见其近作奇妙入神，为之气夺，不敢复道盘礴事，非但如尹夫人望见刑夫人，俯首下拜而已。[26]

以王时敏与王鑑行谊之深，当不至于将王鑑的年龄弄错。王时敏生于万历二十年壬辰（1592），年长王鑑十七岁，他在王鑑画作的题跋中称自己“长于玄照二十年”，应为一个约数的说法，可作二十年上下解。倘若王鑑生于万历二十六年戊戌（1598），其年岁则与王时敏相若，王时敏断然不会称自己“长于玄照二十年”。因此，王时敏的这段题跋，成为我们断定王鑑生年的又一重要依据。

又如，康熙七年戊申（1668）正月，王翚为王鑑祝寿作《寿炤翁仿伯驹青绿山水轴》，款云：

戊申春正月，炤翁王老夫子杖乡之庆，写此呈寿，虞山门人王翚。[27]

跋语中，王翚称王鑑“杖乡之庆”。《周礼》云：“王制曰：‘五十杖于家，六十杖于乡，七十杖于国，八十杖于朝’”，[28]可知“杖乡之年”是古人六十岁的一种代称。众所周知，王鑑之于王翚，素有伯乐识驹之誉，其师生情谊更成为清初画史上的一段佳话，王翚作画敬祝恩师“杖乡之庆”，即祝王鑑六十岁华诞。[29]既云康熙七年（1668）王鑑“杖乡之庆”，即指王鑑时年六十，此为王鑑生于1609年的铁证。

除上诸证外，我们尚可从王鑑的画跋中找到一些蛛丝马迹，如其《仿曹云西寒溪晓色》题云：

董文敏尝谓余曰：“学画惟多仿古人，使心手相熟，便能名世。”每思此言，信足启发后进。奈何赋性懒怠，总染数笔即目昏手倦，置之案头，故五十馀年终无所成。今夏避暑于半塘禅室，大千道兄出笺素索拙笔，留两月始得小景数帧。虽有志仿古，竟未能梦见万一，恃大老知爱，自为我藏拙也。己酉九秋，娄水王鑑识。[30]

题跋所署年款“己酉”年，即1669年。据史料载，王鑑因家学渊源，自幼染习绘事，如顾云臣云：“湘碧先生幼喜绘事，时从董宗伯、王奉常游，得见宋元名公墨迹。”[31] 再如《临北苑潇湘图》中有其堂弟王曜升题跋亦云：“伯兄绮岁即好点染，积五十年心力，始得成家，洵知此道非易……”[32] 因此，从《仿曹云西寒溪晓色》王鑑自云“五十馀年终无所成”可推知，王鑑时年当为六十岁左右，与其生于1609年相合。倘若王鑑生于1598年，则此时已七十二岁，那么其画龄已达六十馀年，此则与“五十馀年终无所成”一语相抵牾。因此，结合上述诸证，王鑑生于万历三十七年己酉（1609），当为不争的事实。

而所谓王鑑“生于1598年”之说，其出处大抵源自《清史稿》、《历代名人年谱》、《直隶太仓州志》、《镇洋县志》等史料。如《清史稿》云：“鑑，字圆照，明尚书世贞曾孙……与时敏同族，为子侄行，而年相若。……康熙十六年卒，年八十。”[33] 较《清史稿》为早者，清代学者吴荣光《历代名人年谱》亦载有王鑑的生卒年，该书明万历二十六年戊戌（1598）条载：“王员照鑑生”，康熙十六年丁巳（1677）条载：“王员照卒，年八十。”[34] 吴荣光为嘉道时期的学者，《历代名人年谱》成书时间为道光二十三年（1843），显然较《清史稿》为早。然较之二著，《直隶太仓州志》成书时间则更早，该书《人物类》“文学”卷王鑑小传云：“王鑑，字圆照，世贞曾孙……年八十卒，遗命以黄冠道衣殓。”[35]《直隶太仓州志》刻于嘉庆七年（1802），成书早于《历代名人年谱》六十馀年，然《直隶太仓州志》只云王鑑“年八十卒”，并未明说其确切生卒时间，故而还须寻找更早的源头。

经考查，最早记录王鑑生卒年的文献为乾隆年间金鸿、李鳞纂修的《镇洋县志》。（图十四）该书卷十二《人物类》云：“王鑑，字圆照，号湘碧，世贞曾孙……康熙丁巳，年八十卒，遗命以黄冠道衣殓。”[36] 在《镇洋县志》中，其编者金鸿自序称：“……礼延绅士之淹雅者，开局编摩，共襄其事，而州志亦同将事焉。……开局在癸亥之四月，迄今甲子之九月，凡十有七月而告成，遂付诸梓。……”[37] 则其修当始于乾隆八年癸亥（1743），成于乾隆九年甲子（1744），在时间上远早于《直隶太仓州志》。然就“州志亦同将事焉”一语味之，则《直隶太仓州志》与《镇洋县志》之关系密不可分。从《镇洋县志》所记王鑑小传的行文与内容来看，大可推知该书即《直隶太仓州志》、《清史稿》中王鑑行年文字的原型。而《历代名人年谱》所记王鑑的生卒年，虽未注明出处，亦大抵可知其由《镇洋县志》推出。

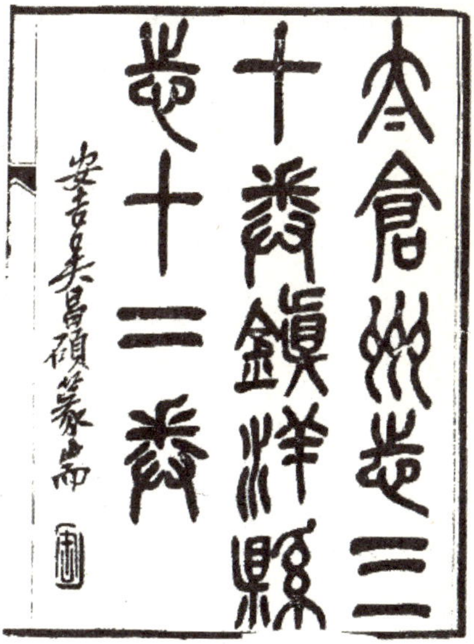

图十四　王祖畲纂《太仓州志、镇洋县志》（民国八年刊本）吴昌硕题书名

由于迄今尚未发现记载王鑑生卒年的墓志、寿文、行状或时人所撰传记，而《镇洋县志》编撰时间去王鑑卒年逾六十年之遥，所记王鑑“年八十卒”，亦未知所据，却成为后人推定王鑑行年的论据，本身就存在很多不确定因素。其它诸作，皆诞于《镇洋县志》之后，文字相互沿袭，更加不足为凭。而《梦境图》为王鑑盛年力作，其亲题时年四十八岁，当为确定其生年最雄辩的证据，加上老友王时敏、门人王翚的题跋史料，更是有力的辅证。诸证相合，可以确证王鑑并非生于万历二十六年戊戌（1598），其真实生年应为万历三十七年己酉（1609）。

至于王鑑的卒年，《镇洋县志》载“康熙丁巳，年八十卒”。设若王鑑卒于“康熙丁巳”（1677）无误，那么根据王鑑生于1609年，则其享寿并非八十，而是六十九岁；倘“年八十卒”无误，王鑑卒年当退后十一年，即卒于1688年。那么，王鑑的卒年究竟是1677，还是1688？

我们尚有必要对之进行辨析。据王士禛《题王元照仿宋元人小画为牧仲[38]作》云：

琅琊家世凤麟洲，翰墨人间第一流。松势高低疑鹳啄，溪纹参伍学蚕头。扶节名岳云峰细，放鹤空亭雪栈幽。白首奉常今又死，买丝重拟绣廉州。[39]

据诗下小注“烟客先生以今年卒”一语，知王士禛此诗作于1680年。[40]又据“白首奉常今又死，买丝重拟绣廉州”二句味之，知王鑑先于王时敏辞世，即王鑑去世时间应在1680年之前。再考察王鑑的画迹题跋，署款纪年为康熙丁巳的画迹存世尚夥，而康熙丁巳之后的纪年确乎鲜见。[41]由此，《镇洋县志》记王鑑卒于“康熙丁巳”（1677）当为可信。迄至是年，王鑑享年六十九岁，故《镇洋县志》言其“年八十卒”，实为误记，正是由于这一误记，才致使王鑑的生年在长达三百馀年的历史长河中被伪史遮蔽。

二 王鑑与王世贞的关系

王鑑出身于太仓两大望族之一的琅琊王氏家族。[42]琅琊王氏兴于太仓，殆缘于晚明士林祭酒王世贞[43]之崛起。王鑑身世疑案之一，便是作为王世贞的后人，究竟是王世贞孙，还是曾孙？学界至今未有定论。

说王鑑是王世贞之孙者，多根据清人张庚《国朝画征录》称王鑑是“弇州先生孙”，[44]如吴荣光《历代名人年谱》、俞剑华《中国绘画史》、郭味渠《宋元明清书画家年表》、《辞海》等书皆从此说。又如清人堵廷棻《鹊华行，赠王玄照先生》诗注云：“凤洲公孙，知廉州郡。”[45]凤洲，王世贞号；玄照，王鑑字。堵廷棻字伊令，江南无锡人，顺治丁亥（1647）进士，官历城知县。堵廷棻为王鑑同时代友人，他称王鑑是“凤洲公孙”，无疑又成为此说的根据之一。

说王鑑是王世贞曾孙，主要据于以下两条史料。其一为《太仓州志》记载:“王鑑，字圆照，世贞曾孙，由恩荫历布曹，出知廉州，时粤中盛开采，鑑力请上台，得罢，二岁归。”[46] 又如吴伟业《送王圆照还山八首》解题云：“王善画，弇州先生曾孙，偶来京师，旧廉州太守也。”[47] 王鑑本字“玄照”，因避康熙“玄烨”讳，改“玄照”为“圆照”。弇州是太仓的古称，弇州先生指王世贞。与堵廷棻一样，吴伟业亦为王鑑同时代好友。两位友人，一言王鑑是王世贞孙，一言王鑑是王世贞曾孙，二说各执一端，孰是孰非，尚须深究。

汪世清曾发表《王鑑是王世贞曾孙》[48] 一文，他根据太仓诗人王昊[49] 在诗集《硕园诗稿》中称王鑑为兄，从而得出王鑑是王世贞曾孙的结论。可是，笔者仔细阅读该文之后，仍觉汪文难为定论。因为，王昊系王世贞之弟王世懋[50] 的曾孙，既然王昊非王世贞曾孙，且王世贞、王世懋曾孙辈甚夥，考出王鑑与王昊为同辈，并不能说明王鑑就一定是王世贞曾孙。因为既为王昊同辈，也有可能是王世懋曾孙。继汪文之后，萧燕翼也发表《王鑑是王世贞曾孙考》一文，又找寻到王鑑与王世懋后人交往的两条画跋材料，[51] 与汪文推理相近，王鑑与王世懋后人的论辈，皆不能作为王鑑是王世贞曾孙的定论。汪、萧二先生所提供的证据，只能证明王鑑是王世贞的曾孙辈。[52]

事实上，证明王鑑是王世贞的曾孙辈，除汪、萧二文提供的线索之外，尚可从张庚《国朝画征录》中“圆照视太原烟客为子侄行”[53] 一语得到启示。太仓琅琊王氏与太仓太原王氏同姓同邑，但不同宗，不过这两个王氏家族的成员，皆认同其远祖琅琊郡前辈与太原郡前辈同出一宗，故论辈相称，世代交好，如王时敏《题书城兄[54]小像》云：

琅琊太原同源分派，见之简册者非一。然吾两家至谊实不因此，盖自司寇、奉常两公与先文肃、学宪以同里缔交，欢好宛若同气，一时有“四王”先生之称，自后子孙皆以辈行齿序，异世靡斁。[55]

太仓太原王氏四代传承是锡爵、衡、时敏、挺，与太仓琅琊王氏四代传承相对应。锡爵少世贞八岁，以兄称之。如王世懋故去，王锡爵驰书安慰世贞失弟之痛曰:“兄年已逾六，观人命危脆如此，当且排遣自爱。二十四诗既成之后，切莫再读……弟方欲遣一奠而不能词，儿衡又会进场忙，且先一洒雍门泪耳。”[56]王锡爵之子王衡，则以伯父称王世贞，其《祭弇州王公文》云：“自衡少时粗能句读，伯父文则已心慕之，然亦窃惧其风厉而不可近也。既得见伯父，又漫羡而无所归心也。”[57]因王时敏是王衡子、王锡爵孙，而王锡爵又与王世贞同辈，既然“圆照视太原烟客为子侄行”，则可推知王鑑应为王世贞的曾孙辈。太仓琅琊王氏与太仓太原王氏论辈相交如图所示：

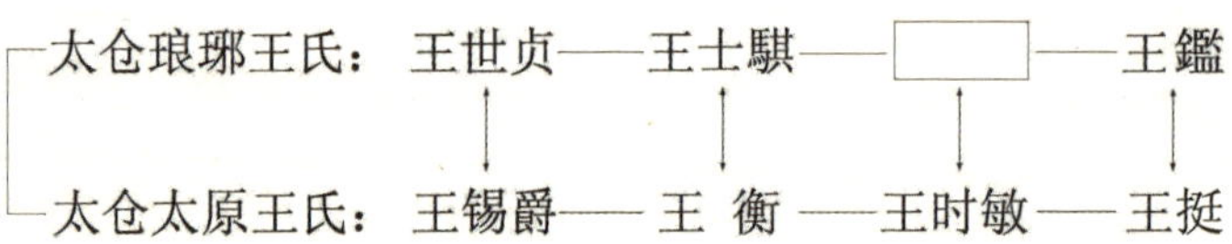

但是，必须确认张庚“圆照视太原烟客为子侄行”一语确凿可信，才是上文分析的前提。今见王鑑《山水扇面》题云：“丁酉春，为藻儒世兄画。”[58]受赠者“藻儒”，即王时敏第八子王掞。王掞（1644-1728），字藻儒，康熙九年进士，官至文澜阁大学士。工诗，亦擅丹青。王鑑在题跋中称王掞“世兄”，可见二人以同辈论交，足证张庚所说“圆照视太原

烟客为子侄行”可信。

上述诸证，皆可作为王世贞与王鑑曾祖辈关系的根据，足以说明“王鑑是王世贞孙子说”是错误的。但是确证了王鑑是王世贞的曾孙辈，尚不能肯定他就是王世贞嫡系曾孙，要解决这个问题，显然还须寻找更有力的证据。

三　王鑑的父兄与家道

欲证明王鑑是王世贞的曾孙，则探寻王鑑父亲的生平便是关键，那么王鑑的父亲是谁？倘若厘清其父亲与王世贞的关系，我们的目标即可确定。曾见《太仓文史·第九辑》所附《王鑑世系表》，虽示意王鑑为王世贞曾孙，惜阙王鑑父辈之条目。[59] 阅明人王家桢《研堂见闻杂录》一书，所记明清易祚之际其家乡娄东遭受的社会剧变与浩劫甚详，同时述及太仓两大王氏亲族子姓于明亡后的境况尤堪注目。《研堂见闻杂录》载：

娄东鼎盛，无如琅琊、太原。琅琊自王倬起家少司马，子忬亦少司马，被法。忬子世贞、世懋，一为南司寇，一为南奉常。世贞子士骐，为铨曹主事，四代甲科。士骐子庆常，则习为侈汰，姿声色，先世业荡尽无馀。子最繁，号圆照名鑑者，袭荫为廉州太守，精绘事，粗持名检。馀皆落拓无生产，有入沙门者，其季两人为优，以歌舞自活，余亲见其登场，大为时赏，而司寇之德泽尽矣。世懋子士騄，以孝廉为宪幕。子瑞国，亦孝廉，能守家声。其子景，字明先，即以狎邪为不法，几破家，狱经年不解，受榜笞无数，摈之远郊，不列士类。其馀别后（疑有脱误）如昊，字惟夏，为诸生有声，亦以钱粮事受祸，而奉常之德泽亦衰矣。[60]

这段文字，扼要概述了太仓琅琊王氏家族在晚明的百年沧桑。从中我们获悉，王世贞之子为王士骐，王士骐之子王庆常，王鑑系王庆常之长子。王鑑的同胞兄弟，有入沙门者，亦有二人为俳优，以歌舞自活。[61] 文中，王鑑父亲王庆常的出现，使问题立即变得清晰起来。[62] 然王庆常为何许人？又因何不彰于史？我们尚可结合以下相关文献观之。清太仓顾师轼编纂、顾思义考订的《梅村先生年谱》“康熙八年己酉”条云：

图十五　【清】顾见龙　《摹吴伟业像》
南京博物院藏

梅村公得琅琊贲园，称莘庄，改构廓然堂，甫竟而卒。门人楚人卢弦来为苏松巡道，升堂，公母朱太淑人不时出。卢询之，公对以后楼未建，故去内舍甚遥。卢即建楼其后，翼然与堂称，斯亦非近今人所能也。[63]

梅村即吴伟业[64]（图十五），字骏公，太仓人，崇祯四年（1631）进士。吴伟业文才甚高，为明末清初著名诗人，亦擅丹青，与钱谦益、龚鼎孳并称“江左三大家”。吴氏不仅与王鑑同里同庚，且与王鑑的堂叔王瑞国为儿女亲家，[65] 故二人私交甚笃，酬酢亦多。琅琊贲园本为太仓琅琊王氏祖业，其时已归吴伟业所有，并易名为“梅村”。[66]《江南通志》亦载：“梅村在州太仓卫西，王士骐旧业，本名贲园，国朝吴伟业拓而新之，易今名。”[67] 贲园易名梅村，即知太仓琅琊王氏业已衰落。清顾思义《梅村先生年谱》

考云：

王书城（瑞国）为（士骐）传云：性喜多费，兴作无虚日。然考是园不为侈，廓然堂则其长子庆长瑞庭俗呼大痴者为之。庆长性似父而汰尤甚，创廓然，既构矣，不当意立命拽毁之，再构又然，至三始成。有杨某者，度其不能继也，乃窃量堂之规模，构一楼于己宅，觊王急则购以移焉。阅二十馀年，王果败，而杨亦破家，是堂及园遂为吴有，然楼犹属杨也。又几年，梅村门生某（或云粮储道卢弦），为买之置堂后，果称无爽，造物之幻如是。今堂与楼皆为瓦砾场矣。[68]

综上可知，王鑑的父亲王瑞庭，字庆长（常），[69]俗呼“大痴”。其人习性“侈汰，姿声色”，乃典型的败家子。王瑞庭穷奢极侈之状令人匪夷所思，曾于其祖业琅琊贲园中三建廓然堂，终致家败，乃至使廓然堂连同琅琊贲园一并易主为吴伟业所有。王瑞庭无才无德，不保家业，其唯一遗产就是子嗣甚众。琅琊王氏祖业被王瑞庭挥霍殆尽，致使王鑑这一代子弟徒有名门世家虚名。除王鑑以绘事立身以外，馀皆落拓无生产。其落魄者，有出家遁入空门，更有二人沦落为优，以歌舞自活，虽为名优，然在士大夫眼中毕竟败落了。

又据《研堂见闻杂录》载：

乙酉，端午日，予等观竞渡，知大兵已屠广陵，二十四桥明月地，尽成烟烬。……不几日，大兵遂下，文骢[70]逸去，而娄王介福事起。介福，字受兹，凤州曾孙。由恩例为中书，弘光时夤缘为海防道。除书甫下，而并猝至，钱谦益首树降旗。素与受兹善，谓之曰：‘娄东汝故土，当疾驰归，以户籍献，大官可得矣。’受兹果如言，诈称使者，拥高车至

> 娄，民香花迎之。入衙视事，首括民间金三千，及舆地籍以献，冀以行媚。而当事者大怒，恶其伪持檄苛敛民财作诌子，遂穷治其狱，入府牢。提州掌事王府则，及十八铺里正，至府质对——是役也，受兹以上下得免，而王二州几不免，百姓号呼得活。[71]

据此知，王鑑尚有一位名叫王介福的同辈兄弟。王介福，字受兹，入仕途径与王鑑相同，籍祖荫补官，其人既无政治操守，亦无人品德性。弘光时，因擅阿谀逢迎之能事任海防道。乙酉年（1645）五月，当弘光王朝崩溃之际，在钱谦益授意下，王介福诈称使者，窃取家乡娄东户籍舆图，献媚清军以图官位，做出许多令人不齿的行为，终沦为千夫所指的历史罪人。《研堂见闻杂录》记王介福因祖荫出仕，又由于王世贞共生有三子，依次为士骐、士骕、士骏，可推知王介福当为王鑑的堂兄弟。[72] 据《太仓州志》载，王士骕“年三十六岁卒”，王士骏“卒年仅二十九岁”。[73] 此知王士骐的两个弟弟虽早逝，但都已成年，王介福出此二房亦未可知。兹将太仓琅琊王氏世系列表如次：

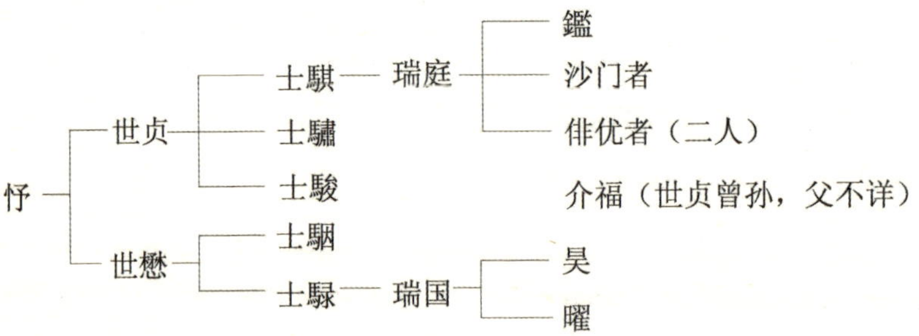

曾经名动江南的一代文坛巨子、前朝名臣王世贞，素以清风亮节为世人景仰。然其逝后短短的几十年间，家道便迅速衰败了。太仓琅琊王氏自王世贞、王世懋出，其家族达到鼎盛，而其子孙竟然堕落至如斯不肖、

不堪，勿怪清人顾思义感叹“造物之幻如是！”[74]至此，我们终于明白，王鑑的父亲王瑞庭与同辈兄弟王介福之所以为史料阙载，殆缘于二人品行德操之沦丧所致。也许是王氏后人耻于提及这两位家族败类，义愤之下，竟至于将二人从王氏家族的谱系中永久地开除出去，才导致了王鑑身世的诸多疑端。今悬疑冰释之馀，令人不禁扼腕叹息。

关于王鑑的妻子与子嗣，至今未见载于史籍，甚至有学者认为王鑑“妻子早逝”、“并无儿女”。[75]据娄水陆时化记载，王鑑“年甫强仕，绝声色”，[76]此言王鑑壮年后即摒绝声色，亦未提及妻子儿女。康熙元年壬寅（1662），清人沈受宏[77]过王氏染香庵作诗一首云：“独空妻子累，身共白云枯。故业存丘壑，闲情入画图。药栏连竹径，名枕对香炉。如此幽居乐，神仙得似无？”[78]从“独空妻子累”句知王鑑晚年妻、子俱在，只是幽居独处，不和妻子儿女一起生活罢了。顺治八年（1651），王鑑游虞山，偶然得见王翚的画扇，对其画艺大加赞赏，王翚因此得识并师事王鑑。翌年春，王鑑致函王翚，招其赴太仓纵观古画。信札云：“中秋分袂，又值小春时候矣，无时不怀想高风，谅吾兄必同此意。小斋（染香庵）虽未构就，小婿处亦可下榻。烟翁、梅翁俱渴欲相晤，乞即命驾一来，纵观古人真迹，亦大快事……”[79]从“小婿处亦可下榻”一语可知，王鑑是确有后人的，故有此称。[80]

四　王鑑的出仕与罢官

清人画史有载王鑑由进士出仕，如《国朝画传编韵》云：“王鑑，字圆照号湘碧，太仓人……由进士官廉州太守”。[81]王鑑任廉州太守是实，但言其中进士当为穿凿附会之说。诸多信史显示，王鑑凭籍荫补途径入仕。如《太仓州志》明云：“王鑑，字圆照，世贞曾孙，由恩荫历部曹，出知廉州，时粤中盛开采，鑑力请上台，得罢，二岁归。”[82] 又查太仓图书馆编《太仓历代进士名录》，名单中亦无王鑑二字。

既然王鑑由“恩荫”致身仕途，按明季惯例，凡袭荫做官者，一般须经国子监培训，或于京城先任小职，再量才任用。据《太仓州志》载，王鑑做廉州太守前，曾在京城任“部曹”一职。己卯（1639）六月，王鑑赴任廉州途中，即兴作《北固山图》（图十六），其跋云：

> 余自戊寅（1638）入都，日为业绩所苦，笔墨不知为何物。今岁仲夏出守粤东，回思风尘马背光景，如脱笼之鸟矣。将舟至望见北固山，不胜沾沾自喜，拈笔写此，不问工拙也。[83]

此知王鑑于戊寅（1638）年离乡赴京做官，翌年（1639）六月出任廉州太守一职。这段跋文，不仅纠正了既往著述中关于王鑑出任廉州太守时间的失实，[84] 亦使一鳞半爪的王鑑出仕履历丰富起来。部曹一职多繁冗琐事，终日汲汲于“业绩”而“风尘马背”，抑郁而辛苦，令其根本无暇作画。1639 年，王鑑被委以“廉州太守”一职，犹如囚鸟逃脱樊笼，即便在赴任舟次中，面对北固山的大好美景，亦因心情获释而重拾笔墨。

图十六　王鑑　《北固山图》
广东博物馆藏

王鑑赴廉州后，可谓运途多舛。据《太

仓州志》载，时粤中盛行矿采，王鑑因上书请禁开矿恶政而开罪权贵。所幸上司为其忘年好友刘半芳的至戚，在其庇护下才幸免治罪，仅以罢官而归。顺治九年壬辰（1652）六月，虽事过境迁，此段坎坷境遇依然历历在目，恍如隔世的王鑑怅然回忆曾经照拂过他的友人，不无动情之语。其《仿宋人山水巨幅轴》跋云：

行人返深巷，积雪待馀辉。予己卯（1639）岁待罪廉州，正崧予，张公节制两粤时也。张公乃大司空半芳刘公之至戚，予素荷司空之遇，为忘年交。张公以司空故，特破格提携，不以属礼相加，予愧无涓埃之报。……及余放归，复为贫累，浪迹天涯，萍踪无定。[85]

据此知，王鑑在赴任廉州太守的当年（1639），即获罪罢官，从此“浪迹天涯，萍踪无定”。亦有学者据王翚画跋中言王鑑“将远宦”一语，认为王鑑“大约又做过清代的官”。[86] 显然，古人宦游一词非定指做官，亦可作士人出游之谓。所谓王鑑入清后出仕一说，并无实据，殆后人据顺治十一年(1654) 王鑑北上京城长安(北京)游历一事附会而成。对此温肇桐曾解释道：“这样一位忧国之士，或者不至于做贰臣吧……因为顺治十年（1653）四月，太仓吴伟业为国子监祭酒，圆照是他的同乡，又是他的艺友，被邀北上去游览，那是当然的事。[87] 将王鑑北游视为受吴伟业之邀，也不无可能，然称王鑑为忧国之士，则显然是想当然的判断。

五　王鑑的晚景与心境

王鑑的晚年，大抵在太仓的染香庵中度过。[92] 然频频出现于画跋中的

“染香庵”，究竟建于何时？[93]“染香”二字又有何寓意？它与王鑑晚年的心境有无必然联系呢？其《起帖图首合册》跋语云：

余庚子夏，筑室二楹于弇山之北，仅可容膝。窗外悉栽花竹，聊以盘礴。奉常烟客过而颜之曰:‘染香’，盖取《楞严经》中语也。从此闭关，日坐蒲团，焚柏子一炉而已。[94]

此册又有受赠者王遵晦跋云：“此册凡七帧，为庚子、辛丑间初构染香堂时作。”据此可知，王鑑“染香庵”应建于顺治十六年庚子（1660）夏。[95]“染香”一名实因老友王时敏所赐，大抵取意于小斋四周花竹扶疏、香气怡人的环境。然“染香”二字又出于佛教经典《楞严经》，与王鑑晚年“日坐蒲团，焚柏子一炉”的日常生活状态颇合。此外，笔者认为“染香”二字尚另有涵义：纵观王鑑一生的学习偶像，当以王蒙与董其昌为最，不无巧合的是，王蒙与董其昌皆号“香光”，而王鑑取“染香庵”为斋号，无非是表露一种私淑前贤的宗师情结耳。亦如董其昌斋号“画禅室”，王鑑则以“染香庵”与之翼然呼应，其意不言自明矣！

据清人陆时化记载，王鑑“年甫强仕，绝声色，不异老僧萧然世外，遇名人书画考证精核。”[96]即知王鑑中年之后断绝声色，心理渐趋佛老，全心浸淫于书画鉴赏考订之事。考察其晚岁诗歌气息，益发与王维相类，字里行间充溢着一股超逸于世外的淡闲禅趣，如作于甲寅（1674）春日的《山中茅屋》，其跋诗曰：

落木万山心，萧条无古今。留家归去晚，别业往来深。
客过松间饭，僧鸣石上琴。早成茅屋计，极向白云寻。[97]

晚年的王鑑，虽假以避世与逃禅，实则异常喜欢热闹，应酬不暇。染香庵里经常高朋满座，竟日觥筹交错，其中光景，我们可从王鑑族弟王昊的诗中一窥之：

吾兄陆地之神仙，濡毫泼墨生云烟。十日一山五日水，王宰宁得夸前贤。

公侯将相等闲掷，肯数人间二千石。避世先辞元亮官，弃家似泛玄真宅。

金粟峰边小筑成，琴书竹木自经营。分明有阁同清闷，不放倪迂独擅名。

此身已在丹青里，写出丹青妙无比。笑他北苑与南宫，纷纷笔墨徒虚耳。

隐囊尘尾尽优游，彝鼎尊罍满案头。清绝篇章诗鲍谢，翛然门径客羊求。

最奇饮不胜蕉叶，却爱宾朋多醉颊。脚底谁成五岳游，屋梁浪说千秋业。

眼看桑海变多番，儿女钱刀哪足论。人生苦乐关何事？只觉庄周胜屈原。

酒阑坐客群欢畅，共印高怀寄天上。从古秦王汉武痴，逍遥宁必栖昆阆。

庭前排日报花开，作社应容阿弟来。长锛巨榼都空尽，小饮犹能三百杯。[98]

王昊这首诗，堪称王鑑晚岁生活情状的活脱写照。表面上的寂寞或喧嚣，都难掩其内心的苦涩。又如，壬子年（1672）的一个冬夜，王鑑与梅清、笪重光、恽南田等友人兴会于毗陵（常州）西郊舟中，诸友相继为王翚《雪图》题咏。王鑑即兴题七绝二首，抒发对王维辋川高隐意象的憧憬，诗云：

城中翠馆沸歌钟，城外霜林叶正红。抛却豪华对幽寂，先生高迹许谁同？

辋川笔迹少陵诗，泛泛轻舟兴所之。闲与沙鸥定盟处，莫叫笑我不追随。[101]

王鑑的晚年，其遗民心理被包裹得很严，致使后人多将其与王时敏等同而论，视之为清朝的顺民。事实上，王鑑晚年的遗民情结要远远强烈于王时敏。甲寅（1674）年春，王鑑的两位高足王石谷与杨晋合作，为垂暮之年的恩师绘有肖像一帧。该作今虽佚不可寻，然据清人陆时化记载，画中王鑑形象为“明时便服坐于幽篁。”[102]入清而着明服，实犯清廷大忌，《研堂见闻杂录》载：

士在明朝，多方巾大袖，雍容儒雅。至本朝定鼎，乱离之后，士多戴平头小帽，以自晦匿。而功令严敕，方巾为世大禁，士遂无平顶帽者。遂巨绅孝廉，出与齐民无二，间有惜饩羊遗意，私居偶戴方巾，一夫窥瞯，惨祸立发。[103]

或预知不久于人世，[104]王鑑冒杀身之险身着故明服装存像明志，足见其晚年遗民心态强烈萌发。尤其值得注意的是，此年正是甲申变后的三十周年，不难体阅王鑑此举的纪念性意味。诚然，并非所有的遗民志节都可被视为对明王朝的效忠，其中亦不乏基于民族观念的守卫者，王鑑大抵属于此类心理的遗民。故而，当他在国祚受斩之际并无抵抗行为，而对衣冠制度却汲汲于心。对于明遗民的这种心理动向，钱穆认为：

但清室煞有手段，一面公开政权作实际的让步，一面厉行剃发令，要中国士大夫内心承认一个文化的屈服。因此激起了南方的反抗。当时南方士民拥护明政权之热心，远不如其拥护衣冠制度之甚。只要衣冠制度不变更，王室推移，无关重要。至于衣冠文物，则为民族文化之象征，不肯轻变。[105]

康熙十六年丁巳（1677），王鑑去世前留下遗命“以黄冠道衣殓。”[106]“黄冠道衣”一词，不禁令人遥想当年沦为元囚的文天祥曾发愿:“国亡，吾分一死矣。倘缘宽假，得以黄冠归故乡。”[107] 尤堪玩味的是，王鑑的曾祖王世贞解此一语云：

留梦炎之不请释公，虽以害公，其为知公者矣。即不杀公而公竟以黄冠终，不可也；即公不以黄冠终而有所为，必败，败而死于盗贼之手，以歼其宗，而夷赵氏之裸将，亦未可也。[108]

不消说，英雄失路之际，尚思托足黄冠道衣求以生愿。在清初，亦

图十七 【清】王崇节 《王鑑玉照图》（仿） 2006 年嘉德四季第 3 期拍卖会

如士人以逃禅为“拒剃”，王鑑这种“服先朝之服”及“以黄冠道衣殓”的行为，实际上是以衣冠为避世（清世）的象征。其强烈的政治暗示性，使其行为带有一种“生命之冒险”的悲凉。清初遗民人数之众，堪比元初。由于宋、明时期理学的兴盛，加强了士人们忠君爱国的观念。再有明思宗崇祯皇帝的自缢“殉国”行为，以及清初实行“易服”、“剃发”等一系列政策，都促使由明入清的士人阶层民族意识更为强烈。因此，明遗民群体尤众，形成历史上独特的一个群落。性格激厉的遗民们以武力抗清，如黄道周、杨文骢、龚贤等，都曾血战疆场；有些剃发出家，如八大山人、弘仁、髡残、石涛、方以智、戴本孝等，由遗民转为逸民；其它如黄宗羲、王夫之、顾炎武、朱舜水、程邃、恽南田、陈洪绶、崔子忠、项圣谟、傅山、龚贤、萧云从等，均为守节而反抗。这些明遗民们对清朝政府采取不合作的态度，大部分人选择隐居的生活，但“不仕”而非“出世”，仍旧心系社会政治，他们各凭才学，或研经著史、或吟诗作赋、或弄笔作画，以各种形式寄托政治情怀。而王鑑身边的友人，在鼎革之际，有舍生取义为国捐躯者，如黄道周、杨文骢、陈子龙辈；亦有禁不住诱惑出仕新朝者，如钱谦益、吴伟业、龚鼎孳、曹溶之流；也有如王时敏辈貌似遗民又虚与委蛇、蛊其子弟汲汲于功名者。这三种生存方式，似乎皆与王鑑无缘。然在中国历史上，历代因江山易祚而沦为遗民的士人阶层中尚有一种另类心态，即由对“入世”途径的儒业的绝望，转而披缁山林，用禅衣或道袍将真我伪装起来，使人不易觉察其内心的苦痛。尤其对于晚年的王鑑来说，既不能再以出身华胄而入世，唯有在行为方式上靠近这第四条道路，籍此来缓解其罪臣孽子的负疚感。

注释：

21. 2009 年 9 月，笔者在澳门“毫素深心——明末清初遗民金石书画学术研讨会”发表《王鑑身世考》一文，本章系在该文基础上修订成稿。
22. 考证王鑑生于 1609 年，时值王鑑诞辰四百周年。因此，澄清这一画史讹误，对于缅怀这位画坛宗师不无纪念意义。在我考证写作此文时，有两位学者与我的思考路线约略相同，请参见白谦慎与章晖的论文《王鉴生年考》，刊于《中国书画》2009 年第 11 期。
23. 在迄今为止的艺术史相关著述中，有关王鑑的生年都记录为 1598 年，素无争议。如俞剑华编《中国美术家人名辞典》（上海人民美术出版社，1981 年版），朱铸禹编《中国历代画家人名辞典》（人民美术出版社，2003 年版），张慧剑《明清江苏文人年表》（上海古籍出版社，2008 年版）等等。
24. 崇彝：《选学斋书画寓目笔记・续编》（卷中），（民国十一年刊本，中央研究院傅斯年图书馆藏），第 11—12 页。
25. 【清】谢堃：《书画所见录》，黄宾虹、邓实编：《美术丛书》（第三册），江苏古籍出版社，1997 年版，第 2911 页。
26. 【清】王时敏：《烟客题跋》（通州李玉棻韵湖校本），上海人民美术出版社，1986 年版，第 39—40 页。
27. 【清】陆时化编：《吴越所见图画录》，《中国书画全书》（第八册），第 1146 页。著录又见徐邦达编《历代流传书画作品编年表》，上海人民美术出版社，1963 年版，第 374 页。
28. 《周礼注疏》（卷三十六），【汉】郑玄注，【唐】贾公彦疏，《景印文渊阁四库全书》（经部・礼类）
29. 赵平《王石谷年谱》“1668 年条”误云“一月恩师王鑑七十寿”，乃不解“杖乡之庆”为六十岁别称所致。见赵平：《王石谷年谱》（一），《常州理工学院学报》，2007 年第 5 期。
30. 【清】陆时化编：《吴越所见图画录》，《中国书画全书》（第八册），第 1160 页。
31. 【清】陆时化编：《吴越所见书画录》，《中国书画全书》，（第八册），第 1158 页。
32. 【清】陆时化编：《吴越所见书画录》，《中国书画全书》，（第八册），第 1158 页。
33. 赵尔巽等：《清史稿》（第 44 册），中华书局，1977 年版，第 13900 页。
34. 【清】吴荣光:《历代名人年谱》(第五卷),商务印书馆,1930 年版,第 44 页,70 页。
35. 【清】王昶等纂修：《直隶太仓州志》，《续修四库全书》（史部・697 卷），上海古籍出版社，第 562 页。
36. 【清】金鸿、李鏻纂修：《镇洋县志》（卷十二・人物类），乾隆十年重刻本，上海图书馆藏。

37. 【清】金鸿、李鳞纂修：《镇洋县志》，载于王祖畲纂：《太仓州志》，《中国方志丛书》（华中地方·第 177 号），中国台湾成文出版社有限公司印行，1975 年版，第 539—540 页。
38. 牧仲即清初鉴藏家宋荦。宋荦（1634—1713），字牧仲，号漫堂，晚号西陂老人，河南商丘人，长期居苏州、江西等地，著有《西陂类稿》、《漫堂书画跋》。
39. 【清】王士禛：《精华录》（卷九），《景印文渊阁四库全书》（集部 · 1315 册）。另见李毓芙、牟通、李茂肃整理:《渔洋精华录集释》，上海古籍出版社，1999 年版，第 1424—1425 页。
40. 王时敏之行年，详见【清】王宝仁编：《奉常公年谱》，道光十八年刻本，北京图书馆藏。
41. 参见本书附录《王鑑作品年表》。
42. 太仓另一望族为太原王氏家族，其世系鼎盛于明代大学士、万历朝内阁首辅王锡爵，其孙王时敏为王鑑挚友。
43. 王世贞（1526 – 1590），字元美，号凤洲，又号弇州山人，明太仓人。授刑部主事，累官刑部右侍郎，南京刑部尚书。李攀龙殁，主文坛二十年，为“后七子”首领。著有《弇山堂别集》、《弇州山人四部稿》、《艺苑卮言》、《觚不觚录》、《尺牍清裁》等。
44. 【清】张庚：《国朝画征录》，《中国书画全书》（第十册），上海书画出版社，1996 年版，第 431 页。
45. 汪世清：《王鑑是王世贞曾孙》，载《艺林》第 871 期（1993 年 1 月 8 日）与第 872 期（1993 年 1 月 15 日），又见载于《卷怀天地自有真——汪世清艺苑查疑补证散考》（上），石头出版社，2006 年版，第 230 页。
46. 郑威:《王鑑年谱》“1643 年条”之“按语”，《朵云》，1989 年第 3 期，第 96 页。
47. 【清】吴伟业：《吴梅村全集》（中），上海古籍出版社，1990 年版，第 498 页。
48. 见汗世清：《王鑑是王世贞曾孙》，载《艺林》第 871 期（1993 年 1 月 8 日）与第 872 期（1993 年 1 月 15 日）。
49. 王昊 (1627-1679)，字惟夏，王世懋曾孙，涉猎书史，纵笔为古文辞，吴伟业叹为绝才。诗与黄与坚等并称“娄东十子”。著有《当恕轩偶笔》、《硕园诗稿》等。
50. 王世懋（1536 – 1588），字敬美，号麟洲，明太仓人，王世贞弟。嘉靖三十八年进士，累官太常少卿。好学善诗，文学主张与世贞略同。著有《东游记》、《王仪部集》、《艺圃撷馀》、《王奉常集诗》等。
51. 萧文所举二证，一为王鑑《临北苑潇湘图轴》，图中有王世懋曾孙王曜升题跋云：“伯兄绮岁即好点染，积五十年心力，始得成家，洵知此道非易……。”一为王鑑在其《梦境图》有“闲仲叔祖”之谓，闲仲即王士騄，为王世懋子。此两条材料皆只能证明王鑑是王世贞曾孙辈而非曾孙。见萧燕翼:《王鑑是王世贞曾孙考》,《文物》，1997 年第 9 期。

52. 据中国科学院所藏《梅村家稿》,称王鑑是王世贞“曾孙辈”,与《吴梅村全集》“弇州先生曾孙”并不完全一致。见萧燕翼：《王鑑是王世贞曾孙考》,《文物》,1997年第9期。

53. 【清】张庚：《国朝画征录》,《中国书画全书》(第十册),上海书画出版社,1996年版,第431页。

54. 王时敏此处所称“书城兄”者,指王鑑的堂叔王瑞国。王瑞国,字子彦,号书城,顺治十年(1653)任增城知县。王瑞国是王世贞之弟王世懋的孙子,与诗人吴伟业为亲家,为清初太仓文化圈之要角。

55. 【清】王时敏:《王奉常书画题跋》,《中国书画全书》(第七册),上海书画出版社,1994年版,第929页。

56. 【明】王锡爵:《王文肃公集》(卷十八),影印明万历间王时敏刻本,《四库禁毁丛刊》(集部·7册)

57. 【明】王衡：《缑山先生集》(卷二十),影印明万历间刻本,《四库全书存目丛书》(集部·179册)

58. 《山水扇面》,现藏于故宫博物院,著录见《故宫博物院藏明清扇面书画集》(第二册),人民美术出版社,1985年版,第55页。

59. 太仓市政协文史委员会编：《王时敏与娄东画派》(《太仓文史》第九辑),浙江人民美术出版社,1994年版,第125页。

60. 【明】王家桢：《研堂见闻杂录》,《明代野史丛书：烈皇小识》,北京古籍出版社,2002年版,第297—298页。按:该书作者原作“无名氏”,据《太仓历史人物名录》:“王家桢,字予来。清太仓人。明崇祯九年(1636)副榜。少孤。张溥见其文奇之。入清,吴中文社并起,争致之,不应。生平著述甚勤,于古今理要多所阐发。著作《研堂见闻杂录》、《明名臣言行录》、《梅花斋诗草》(一作研堂集)。”又,据谢国桢《晚明史籍考》,该书原题“娄东无名氏撰”,知作者为太仓(州)人。证以书中有“吾州在籍诸绅,如吴伟业……”之语,足资征信。另据近人太仓冯超考证,是书为同州王家桢撰,家桢字研堂,为明季复社主盟张溥弟子。所记江南社事以及南都覆亡前后苏、常一带扰攘情况,颇为详晰,语亦沉痛。虽已作清人语,仍私隐故国之思,且所历皆亲身见闻,史料价值颇高。

61. 又据《研堂见闻杂录》云:“优人王子玠,善为新声,人皆爱之,其始不过供宴剧,而后其则诸豪胥奸吏,席间非子玠不欢。缙绅贵人,皆倒屣迎,出入必肩舆。后弃业不为,以夤缘关说,刺人机事,为诸豪胥耳目腹心,遨游当世,俨然名公矣。”此处所记优人王子玠之特征,与前引文王鑑之第二俳优的文字颇似,疑王子玠即为二俳优之一,俟确考。见王家桢:《研堂见闻杂录》,《明代野史丛书:烈皇小识》,北京古籍出版社,2002年版,第311页。

62. 郑利华《王世贞年谱》附有《王世贞家世表》,其中亦缺王鑑父亲这一环节。见郑利华：《王世贞年谱》，复旦大学出版社，1993 年版，第 5 页。

63. 【清】吴伟业：《吴梅村全集》（下），李学颖评校，上海古籍出版社，1990 年版，第 1474 页。

64. 吴伟业（1609－1671），字骏公，号梅村，别署鹿樵、灌隐主人，太仓人。崇祯四年（1631）进士，授翰林院编修，历迁东宫侍读，南京国子监司业。福王时拜少詹事，与马士英、阮大铖不合，辞官归里。入清，屏居乡里十馀年，绝意仕进，后为当事所迫，出为秘书院侍讲，迁国子祭酒。旋丁母忧归，常以仕清为恨。工诗词，少作大抵才华艳发，吐纳风流。及遭丧乱，阅兴亡，激楚苍凉，风骨愈上。晚年则以庾信之萧瑟自况，与钱谦益、龚鼎孳并称"江左三大家"。著有《复社纪事》、《虞渊沉不分卷》、《鹿樵纪闻》、《梅村集》、《梅村诗笺》等。

65. 吴伟业与王瑞国为儿女亲家事，见载吴伟业《送王子彦南归四首》，其四注云："子彦近得孙，余之外孙也。"见《吴梅村全集》（上），李学颖评校，上海古籍出版社，1990 年版，第 332 页。

66. 【清】顾师轼《梅村先生年谱》戊子（1648）八月条云："筑旧学庵于梅村西偏，先生自为记。按先生所居梅村，旧为王士骐贲园，称莘庄，在太仓卫东，中有乐志堂，梅花庵、交芦庵、娇雪楼、鹿樵溪舍、梠亭、苍溪亭诸胜。"又，顾思义考订云："先方伯松霞公日记：'甲申正月，晤张南垣于吴骏公之居梅村。'当时申、酉间所购。"据此知，王鑑祖父王士骐经营之"贲园"，当于甲申乙酉（1644—1645）间易主吴伟业。见【清】吴伟业：《吴梅村全集》，李学颖评校，上海古籍出版社，1990 年版，第 1454—1455 页。

67. 【清】赵弘恩等编：《江南通志》（卷三十三），《景印文渊阁四库全书》（史部 · 地理类 · 508 册）

68. 【清】吴伟业：《吴梅村全集》（下），李学颖评校，上海古籍出版社，1990 年版，第 1474—1475 页。

69. 王瑞国文中之"庆长瑞庭"，即《研堂见闻杂录》所载王鑑之父"庆常"。除已知的王瑞国外，清人俞天倬《太仓州儒学志四卷》记载王世懋有孙名王瑞璋者，因王鑑之父与王瑞国、王瑞璋为堂兄弟，可知"瑞"字为其辈份，故"瑞庭"当为其名，"庆长"乃其字。

70. 杨文骢（1597—1646），字龙友，号山子、雪斋，贵阳人。博学好古，书法超逸，善画。吴伟业在《画中九友诗》中称其与董其昌、王时敏、王鑑、邵弥等九人为"画中九友"，著有《询美堂集》。

71. 【明】王家桢：《研堂见闻杂录》，《明代野史丛书：烈皇小识》，北京古籍出版社，2002 年版，第 272—273 页。

72. 按中国古代荫补制度规定，凡袭荫为官，只能于三代子嗣内取一人，以长子孙为优先。王鑑与王介福虽同为王世贞曾孙，但二人都是通过袭荫途径取仕，故推知二人并非同胞手足。

73. 转引自郑威：《王鑑年谱》，《朵云》，1989 年第 3 期，第 94 页。

74. 太仓琅琊王氏家族之式微，亦可由王世贞弇山园藏书楼之兴衰窥知。王世贞故居弇山园，号称江南第一名园。园中有“小酉馆”藏书楼，藏书达三万卷。除“小酉馆”外，王世贞另有“尔雅楼”与“九友斋”两座藏书楼，其中收藏的《周易》、《礼经》、《毛诗》、《左传》、《史记》、《汉书》、《三国志》以及《唐书》皆为刻版精美、印制讲究的宋元古籍，数量达三千馀卷。王世贞之藏书，管理秩序井然，多钤“贞元”、“伯雅”、“仲雅”、“季雅”等印记。遗憾的是，自王士骐后，王氏子姓即与读书无缘，与功名渐远，家族遂告败落，其藏书亦散佚殆尽。据清人钱大昕《天一阁碑目》载：王世贞弇山园的藏书不到五十年，已尽归他姓。见陈登原：《古今典籍聚散考》，上海书店，1983 年版，第 442 页。

75. 在《王鑑艺术论》一文中，蔡星仪根据王时敏之子王撰称“先君（王时敏）以世务牵制，晚年愁冗纷集，兼多向平之累，兴会所至，时一渲染，未遑朝夕从事于斯。而湘翁则萧然一身，屏去尘事，得以馀力专意盘礴……”，以此断言王鑑“妻子早逝”、“并无儿女”，实为牵强。见蔡星仪：《王鑑艺术论》，朵云编辑部编：《清初“四王”画派研究论文集》，上海书画出版社，1993 年版，第 487 页、第 494 页。

76. 【清】陆时化：《吴越所见书画录》，《中国书画全书》（第八册），第 1157 页。

77. 沈受宏，太仓人，字台臣，岁贡生，著有《白溇先生文集》。

78. 【清】沈受宏：《白溇先生文集》（卷一），清乾隆三年沈起元学易堂刻本，《四库全书存目丛书》（集部・237 册）

79. 【清】恽寿平辑：《清晖堂同人尺牍汇存四卷》（卷一），咸丰七年刻本，国家图书馆藏。

80. 另据笔者所见王鑑应酬作品中的题跋，称不同受赠人为“亲翁”者甚多，如：似孟新亲翁（《仿巨然山水轴》，见徐邦达编：《历代流传书画作品编年表》，上海人民美术出版社，1963 年版，第 132 页。）为式臣年亲翁画（《虞山十景图册》，现藏于苏州博物馆，见徐邦达编：《历代流传书画作品编年表》，上海人民美术出版社，1963 年版，第 132 页。又，《文物》，1982 年第 3 期，第 29 页。）为田俞亲翁寿（《金笺山水轴》，跋语转引自郑威：《王鑑年谱》，《朵云》，1989 年第 3 期，第 99 页。）祝湛源老亲翁六十初度（《山水图轴》，现藏于故宫博物院，见《故宫书画馆》（第二编），紫禁城出版社，2008 年版，第 124 页。）为崙老亲翁词宗画（徐邦达编：《历代流传书画作品编年表》，上海人民美术出版社，1963 年版，第 130 页。）静岩老亲翁索画（《梦境图》，现藏于故宫博物院，见《王鑑精品集》，人民美术出版社，2008 年版，第 15 页。）似元度老亲翁正（《山水册页》，现藏于上海博物馆，跋语转引自郑威：《王鑑年谱》，《朵云》，1989 年第 3 期，第 101 页。）奉祝惟老亲翁五十初度（《山水轴》，现藏于天津市艺术博物馆，图录见《天津市艺术博物馆藏画集》，文物出版社，1959 年版，第 70 页。）似公济老亲翁（《仿赵孟頫清溪渔隐图》，现藏于上海博物馆，见《中国古代书画图目》（第三册），第 59 页。）

81. 【清】钱唐、姜怡亭纂辑:《国朝画传编韵》,《中国书画全书》（第十册），第 885 页。另见《国朝书画家笔录》亦误载:"王鑑，字元照……由进士起家，曾为廉州太守。"【清】窦镇撰:《国朝书画家笔录》，见于玉安编辑《中国历代画史汇编》（第十册），天津古籍出版社，1997 年版，第 326 页。

82. 《太仓州志》(卷十九)，转引自郑威:《王鑑年谱》,《朵云》,1989 年第 3 期，第 96 页。

83. 《北固山图》，现藏于广东博物馆，图录见《王鑑画集》（上），中国民族摄影出版社，2003 年版，第 12 页。

84. 郭味蕖《宋元明清书画家年表》载:"1635 乙亥崇祯八年，王鑑知廉州。"（郭味蕖编:《宋元明清书画家年表》，人民美术出版社，1958 年版，第 223 页）郑威又据《廉州府志》，得出王鑑做官的时间为崇祯十四年(1941)的结论。（见郑威:《王鑑年谱》，《朵云》，1989 年第 3 期，第 96 页）此后学者皆从此二说，未有深究者，乃至以讹传讹至今。

85. 徐邦达编 :《历代流传书画作品编年表》，上海人民美术出版社，1963 年版，第 129 页。

86. 陈传席 :《中国山水画史》，天津美术出版社，2001 年版，第 537 页。

87. 温肇桐 :《清初六大画家》，庄严出版社，1981 年版，第 53 页

88. 《梦境图》，图录见《王鑑精品集》，人民美术出版社，2008 年版，第 15 页。

89. 《仿古山水册》，现藏于故宫博物院。

90. 1654 年王鑑南归，时在北京做官的吴伟业作《送王元照还山》八首送别，诗载《吴梅村全集》。郑威《王鑑年谱》沿用《中国明清绘画》书误，将此诗错归于王时敏名下，称 1651 年"王时敏邀王氏（王鑑）共游相诉，作《送王元照还山》诗。"按一般常识，王时敏与王鑑时同在太仓，何来送别行径？且时间、地点、情境皆与诗意不合，此谬为不考之故。见郑威 :《王鑑年谱》，《朵云》，1989 年第 3 期，第 97 页。

91. 【清】吴伟业 :《吴梅村全集》（中），上海古籍出版社，1990 年版，第 498 页。

92. 迄至 1638 年，王鑑约有八年时间在苏州的半塘度过。戊寅（1638）年仲春，王鑑作《仿宋人山水册》，题跋云 :"余卜筑虎丘西墅几八年矣！今将归娄水，雨坐鑑雅堂，见柳色牵情山光，惜别，为之黯然。漫弄笔墨，以抒郁结，遂拟宋人十二帧。其间丘壑位置，殊多未妥。偶师其意，未能超绝。余所谓学步邯郸，殊可笑耳！"（《书画鉴影》（卷十六），转引自郑威 :《王鑑年谱》，《朵云》，1989 年第 3 期，第 95 页）。

93. 今人所记王鑑构筑染香庵时间多误，如童一鸣《王时敏年谱》"1637 年"条目云 :"夏初，王鑑解廉州知府职还，构屋弇山园址，时敏过访为题'染香'庵额。"所据《宋元明清书画家年表》、《明清江苏文人年表》二书，皆误。见《朵云》，第

46 期，1997 年版，第 109 页。

94.《虚斋名画录》（卷十四），转引自郑威：《王鑑年谱》，《朵云》，1989 年第 3 期，第 101 页。

95. 王鑑“染香庵”命名时间的确定，对于鉴定王鑑作品的真伪意义重大，凡早于庚子年款题“染香庵”的王鑑作品皆可断为伪作。

96.【清】陆时化：《吴越所见书画录》，《中国书画全书》（第八册），第 1157 页。

97.【清】佚名：《十百斋书画录》，《中国书画全书》（第七册），第 710 页。

98.【清】王昊:《硕园诗稿》（卷二十一），影印清五石斋钞本，《四库未收书辑刊》（九辑・十六册）

99.【清】吴伟业：《吴梅村全集》（上），上海古籍出版社，1990 年版，第 138 页。

100. 壬辰腊月大雪，吴伟业方外友僧苍雪过梅村草堂。是夜，二人促膝吟诗至漏下三鼓，苍雪得诗数十篇，中有和梅村《西田赏菊》韵，有“独擅秋容晚节全”、“一夜花开湖上路,半春家在雪中山”等句,皆寓遗民之节操。见《吴梅村全集》(下)，上海古籍出版社，1990 年版，第 1460 页。

101.【清】王翚：《清晖赠言》，《中国书画全书》（第七册），第 865 页。

102.【清】陆时化：《吴越所见书画录》，《中国书画全书》（第八册），第 1155 页。

103.【明】王家桢：《研堂见闻杂录》，北京古籍出版社，2002 年版，第 298 页。

104. 清人陆时化所见《王廉州小影》为：“宣德纸，高三尺一寸七分零，阔一尺四寸六分零，设色廉州像，约七寸许，明时便服坐于幽篁。石谷仿仇实父甚少，此则全用其法，湖石秀润，竹之干叶俱是勾勒，廉州所居染香庵前本有此景。”又云：“石谷师弟又绘王奉常小影坐乔木下，全师荆浩。”《王廉州小影》有王鑑自跋云：“……昔顾长康欲为殷浩传真，自嫌目疾。余抱风病，备诸丑态，子鹤隐其恶陋曲貌，形外之神，今之作者岂能梦见耶！”可知王鑑此时已经风烛残年，并患有中风。见陆时化：《吴越所见书画录》，《中国书画全书》（第八册），第 1155 页。

105. 钱穆：《国史大纲》（下），商务印书馆，1996 年版，第 849 页。

106.【清】陆时化：《吴越所见书画录》，《中国书画全书》（第八册），第 1157 页。

107.【元】脱脱等：《宋史》（卷四百十八），中华书局，1977 年版，第 12539 页。

108.【明】王世贞：《弇州四部稿》（卷一百十），《景印文渊阁四库全书》（集部・别集类・1280 册）

第二章　耆旧梦魇：《梦境图》与王鑑的故园记忆

一　迎恩桥头

在嘉庆癸亥（1803）年纂修的《直隶太仓州志》中，附有一幅《太仓州城图》（图十八），据该图所示，太仓城大西门外有一吊桥，名曰“迎恩桥”。在有清一代三百馀年的历史中，“迎恩桥”就像一座铭记历史的纪念碑，默默地承载着那些不堪重负的历史伤痛，成为太仓人抚今追昔的诉说对象。有关此桥的来历，还须从明清鼎革之际的甲乙（1644—1645）之变溯起。

崇祯十七年阴历甲申（1644）三月十九日，李自成的大顺军队攻入北京，崇祯皇帝朱由检自缢身死，明朝覆亡。之后不久，清军入关问鼎中原，大顺王朝在军事上相继失利，根基未稳即告夭折。顺治二年乙酉（1645）五月，清军攻克南京，垂死挣扎的弘光政权迅速坍塌。随后清军长驱直扫，数月间将江南的大小城池尽收囊中。

让我们将历史的焦距拉近。在清军进驻江南过程中，本书主人公王鑑，他的故乡太仓发生了什么？在家国横遭劫难之时，王鑑，这位明王朝的臣子——前廉州太守，他又置身何处？我们素知，在晚明政治及文

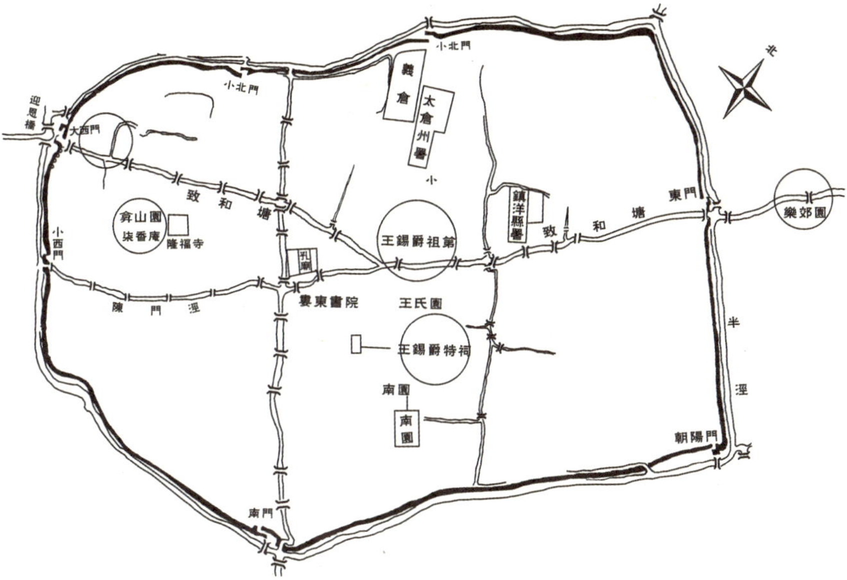

图十八　《太仓州城图》　据王祖畲纂《镇洋县志》复制

学舞台上，太仓士子所扮演的角色一直备受世人瞩目。其中，尤以万历朝内阁首辅王锡爵[109]、南都刑部尚书王世贞、太常少卿王世懋为显，及至鼎革之际，太仓文人以复社领袖张采[110]、张溥[111]、吴伟业影响尤剧。如前文所述，王鑑乃素以清流自许的晚明文坛巨子王世贞曾孙，其好友王时敏的祖父王锡爵曾任万历朝首辅，而“江左三大家”之一的复社领袖吴伟业，与“二王”交谊亦非同恒泛。由此可见，在明清之际的太仓文化圈中，王鑑正处于这个士夫文人集团的中心而未曾置身事外。作为明大臣之后，亦为人臣，又是家族与乡里推重的“郡伯”、“王廉州”，在生死攸关的板荡之际，王鑑如何应对这一历史困境？因史料所限，这个历史谜团似乎已无据可揭，不过当我们回到清初太仓文化圈的历史语境中，亦未尝不可作一考察。

清军占据南京后，迅速向南挺进，直取苏淞周遍州县。在钱谦益等汉族降臣的策划下，[112]江南绝大多数城池慑于清朝兵威，纳土投降。据《嘉定屠城纪略》载：

明烈皇帝殉国之次年（乙酉）五月初九日，南都破，弘光出亡。明礼部尚书钱谦益率先降附，欲树德东南，以自解于吴人士。郡人周荃，谦益客也，有口辩，密受谦益旨，谒清帅豫王，言吴下民风柔软，飞檄可定，无烦用兵。王大悦，即日拜官，使降人黄家鼒佐荃，[113]单骑安抚吴中。甫出都门，郡邑长吏望风解印绶，士大夫皆草间求活，所过辄降。[114]

此知在清军所向披靡之处，江南绅衿的政治选择是"郡邑长吏望风解印绶，士大夫皆草间求活，所过辄降。"作为吴郡下属之州，太仓士大夫的抉择，实与其心目中的偶像钱谦益难脱干系。其中，王鑑的从兄王介福即为一典型案例。据《研堂见闻杂录》载，在钱氏授意下，王介福于降清过程中做出许多卑劣行径，其详云：

不几日，大兵遂下，文骢逸去，而娄王介福事起。介福，字受兹，凤州曾孙。由恩例为中书，弘光时夤缘为海防道。除书甫下，而并猝至，钱谦益首树降旗，素与受兹善，谓之曰：'娄东汝故土，当疾驰归，以户籍献，大官可得矣。'受兹果如言，诈称使者，拥高车至娄，民香花迎之。入衙视事，首括民间金三千，及舆地籍以献，冀以行媚。而当事者大怒，恶其伪持檄苛敛民财作谄子，遂穷治其狱，入府牢。提州掌事王府则，及十八铺里正，至府质对——是役也。受兹以上下得免，而王二州几不免，百姓号呼得活。[115]

王介福甘为清廷走卒，在清军进入太仓之前，诈称使者，榨取民脂民膏，又将太仓地图及户籍献媚清军。作为一代名臣、晚明士林祭酒王世贞的曾孙，王介福此等不肖行径，实令太仓琅琊王氏家族蒙羞，此一事件也势必给王鑑的心理蒙上一层阴影。然在家国横遭兵火涂炭之际，王鑑的政治选择虽暧昧难明，但是接下来发生的事件，则将太仓士绅推到了历史的前台。

乙酉（1645）六月上旬，清军将进驻江南各城，同时发布“留发不留头，留头不留发”的薙发令，这一政策激起了江南各地民众的强烈抵抗。据载，当太仓周边各城如江阴、嘉定[116]、昆山、常州的抗清活动正如火如荼时，太仓诸士绅却集议于明伦堂，[117]作出了相反的历史选择。于是，在太仓州的西门吊桥上，以王时敏、吴伟业为首的众士绅迎恩投降。《研堂见闻杂录》载：

闰六月十三日，遂有薙头之说。时统兵官张姓者，请各乡绅会议，民间窃偶语。诸绅会议出，各掩面而涕。是日午后，即闭各城门，不论军民，一概净发。[118]

在《研堂见闻杂录》中，王家桢叙述太仓士绅降清细节时，虽隐匿了诸乡绅名姓，但江曾武《外家纪闻》却清楚地记载了这一事件主要参与者，《外家纪闻》载：

太常公遭明思宗之变，国祚已斩，宗社为屋。清军南征，将至太仓，郡人仓皇奔走。吴伟业与太常商议曰：“拒之百姓屠戮，迎之有负先帝之恩”，终无万全之策。太常筹画数昼夜，又与郡绅集议明伦堂。众以太原[119]为明之旧臣，代有显贵，咸视太常为进退。太常知时势之不可回，涕泣语众曰："余固大臣之后，死已恨晚。嘉定屠城，前车之鉴，吾宁失一人之节，以救合城百姓。"梅村相与大哭，声震数里，众亦感泣。议遂定，而清军已至。遂与父老出城迎降，至今西门吊桥，颜公迎恩。[120]

由上文可知，太仓降清之举，是以王时敏、吴梅村为首的诸乡绅集议于明伦堂的集体选择。在"拒之百姓屠戮，迎之有负先帝之恩"的激烈思想矛盾中，以"太常公"（王时敏）为首的太仓士绅在明伦堂作出决断，率众出城，于大西门的吊桥上迎接清军入城。正是由于西门吊桥见证了太仓州"迎恩"这一历史事件，人们便将之易名为迎恩桥，这便是"迎恩桥"一名的由来。由《外家纪闻》"至今西门吊桥，颜公迎恩"一语可知，迎恩桥上刻有王时敏率众迎降的史实，此桥直至汪曾武写作该书时（民国初年）尚在。

太仓士绅的迎恩之耻，数百年来一直为王时敏背负着。然细究起来，太仓降清之日，王鑑亦身在太仓，但他也在大哭的众士绅行列中么？作为明大臣之后，王时敏为自己的行为痛哭流涕，王鑑又何尝不是明大臣之后？时已罢官故里的王鑑，值此家国危亡之际，当挚友王时敏、吴伟业等聚集在明伦堂研究对策时，他以明大臣后裔及前廉州太守（州人称郡伯）的身份，又岂能置身事外？再者，据《新浏河志》记载，在过去不久的崇祯十七年（1644）九月，王鑑还与王时敏、吴伟业、张采、陆逊之等太仓士绅联名上书，为清理浏河淤泥堵塞作《为浏河塞请折漕公揭》。[121] 由王鑑平素积极参与以王时敏、吴伟业为首的地方公益事务治理的做派，以及他与王、吴二人情同手足的友谊来看，在家国生死存亡之际，当王时敏、吴伟业都出面谋划，王鑑不可能不追随其后，并最终成为迎降队伍中的一员。又据《研堂见闻杂录》载：

皇清之下江南也，吾娄首先迎之，得一城保全。其孝廉之削发从缁者，则赵自新我完也；远避不归者，华干龙天御、陈瑚言夏也；张受天以乱民之祸，身走他邑，俱不在附降之列。后赵公以云间事（吴胜兆案），牵染成狱，归竟病死。华君则教授里中，不与户外事，人亦罕见其面。陈君颇走声气，喜讲学。张公避地玉峰，未几死。此吾娄节义诸君也。[122]

从现有史料中，我们虽难以准确获知太仓迎降士绅的具体名单，然这份“俱不在附降之列”的“节义诸君”名单已经等于告诉我们，王鑑缺席于“俱不在附降之列”，反证明他应在附降之列。故而种种迹象表明，在乙酉年太仓士绅集体迎降的历史事件中，王鑑虽不是主角，但至少作为群众演员参演了这一幕，此举亦是他与王时敏、吴伟业等人声气相通的基础。

王时敏、王鑑及其先辈都曾为明朝官吏，他们的附降虽为形势所迫，也即便王时敏在兵涂之际多有义举，[123]然就迎降行为本身的道德性质来讨论，却属有失气节之举，这不能不在其心中留下深重的烙印。尤其对王鑑而言，先是从兄王介福失节在前，继而自己参与迎降，由儒家道统观来加以考量，王鑑背负的心理重负，是来自于国家与家族忠孝两方面的压力。据《娄东耆旧传》记载，清初太仓人王瀚在国变后为僧，曾作檄文声讨从贼诸臣云：“春夜宴梨园，不思凝碧池头之泣；端阳观竞渡，谁吊汨罗江上之魂。”[124]显然，王瀚所声讨的不仅是钱谦益等降清诸臣，实际上更隐指那些“端阳观竞渡”[125]的太仓士人。其中，王鑑与王时敏是否参与观赏竞渡，我们不得而知，但是“二王”的迎降行径，已然被纳入王瀚谴责范围之内。对王时敏、王鑑等太仓士绅来说，迎恩桥上的历史耻辱，实堪与当年王维“凝碧池头之恨”等而观之。

图十九 【清】禹之鼎 《端阳观竞渡吊屈原图》 故宫博物院藏

二 风雨如磐

与背着失节的心灵重负相比，战争带来的灾难则是直观的现实。史书告诉我们，尽管太仓州因王时敏等士绅的迎降得以一城之保，但乱世之中，并无太平之日。战乱时期的太仓城，风声鹤唳，到处弥漫着令人恐惧的气氛，此如王昊（王鑑堂弟）诗中描述："一天寒月冷柴门，愁绝清宵旅客魂。忽听传呼烽火近，独携诗卷走荒村。"[126] 王昊的诗句，道尽了战乱人们的流离之苦。又如钱谦益致函王时敏云："月之十三日，舟至吴门，封船趋迫，势如豺虎，宵遁昼伏，谨而得免，心悸魂摇。加以寒风砭骨，僵卧委顿，匍匐而返。"[127] 据《研堂见闻杂录》记载，乙酉年太仓城所经历的骚乱，人民所遭受的苦痛，实令人触目惊心。变故之际，太仓州虽未遭清军屠戮，却饱受"无赖子"所组成的"乌龙会"[128] 以及"奴变"[129] 侵扰，尤其对士绅阶层来说，这几乎成为许多人的梦魇。[130]

虽无直接史料显示王鑑所受冲击，但其家族内部却变故甚多，如其堂叔王瑞国的个人经历便是一例。《研堂见闻杂录》载：

吾娄增城令王公子彦，一家奴名马留者，小有憾于其主，挈其妻去之，不知其谁适。忽一日至娄，衣鲜服整，同伴皆韐韎武装。有密报王者，率众缚之；闻之贰守，系于狱，其同伴逸去。不两日，祖大将军檄至，拘王父子，而并提贰守王公，马留于狱中立出。其承檄一武弁，骄甚，寓僧寮，责供亿百端，闭子彦于寓三日夕。凡家人舍中，兵弁络绎搜缉，无不挈妻子遁去。子彦堂中，亦虎狼肆踞，其宅一空。于是上下行金，仅以身免，而更求要路白之大将军，得鞫其人还之。然王仍许以不死。其人既归，州守笞之五十，子彦系之幽室。忽一日，裂鏁逸出，不知所之，恐祸未艾也。是举子彦废金一千五百馀，而受辱受惊亦披猖极矣。同时

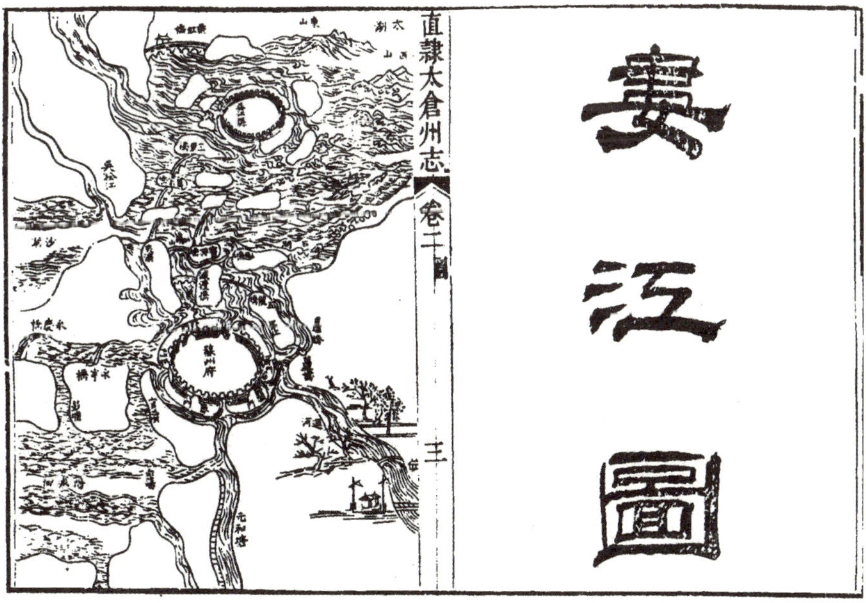

图二十　《娄江全图》　据王昶等纂修《直隶太仓州志》

闻风起者，不可枚举。州治之前，累累缚去者无数。有小怨在人者，恒惴惴不自保。至有大家闺妇不得意于夫，亦欲投旗，令人绝倒。[131]

王子彦即王瑞国（1600 — 1677），系王世懋之孙，是王鑑的叔辈，明天启元年（1621）举人，束修砥行，与吴门文震孟交好。清顺治十年（1653）授增城知县三载，归筑瘗砚斋，著述以老。在明末清初以王时敏、吴伟业为中心的太仓文化圈中，王瑞国与王鑑皆为该集团中的重要成员，故而二人亦多书画酬酢。[132] 此外，王瑞国与吴伟业还是儿女亲家，从某种角度来讲，这一点正是琅琊王氏家族与吴伟业的关系变得亲密的关键因素。鼎革之际，当太仓陷入一片无政府的混乱状态，王瑞国为家奴马留所害，几近倾家荡产。从王介福、王瑞国二人的经历可以看出，王鑑所属的太仓琅琊王氏家族，在世变中无可挽回地败落了。

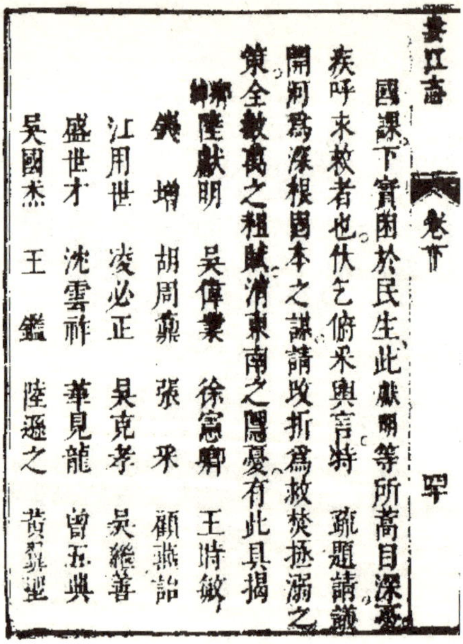
婁江志　卷下
國課下實困於民生此獻明等所蒿目深憂
疾呼求救者也伏乞俯采輿言特　疏題請議
開河爲深根固本之謀請改折爲救焚拯溺之
策全數萬之糧賦濟東南之隱憂有此具揭
鄉紳　陸獻明　吳偉業　徐宸卿　王時敏
錢　增　胡周鼐　張　釆　顧燕詒
江用世　凌必正　吳克孝　吳繼善
盛世才　沈雲祚　華見龍　曾五典
吳國杰　王　鑑　陸遜之　黃翼聖

图二十一　【清】吴伟业撰《太仓乡绅为浏河塞请折漕公揭》据顾士琏等辑《娄江志》

时代于王鑑等士人的精神逼仄，除了改朝换代之际太仓州经历的社会政治变故，其中还包括自然因素。崇祯后期，由于明政府陷入无休止的战争泥沼，已无暇顾及地方公益事务的治理。至甲申、乙酉间，除了战乱时代兵火涂炭造成的人祸，天灾亦令太仓人民的生活雪上加霜。对于太仓百姓来讲，浏河就是他们赖以生存的母亲河（图二十），却因长期失修而致淤泥堵塞，灾害连年。据《新浏河志》载，崇祯十七年甲申（1644），太仓大旱，由吴伟业执笔作《太仓乡绅为浏河塞请折漕公揭》，[133] 文末有王鑑、王时敏、张采、吴伟业等十六名太仓士子具名（图二十一），请为浏河清淤。揭云："但见黄芽芜没于平畴，白草衰迷于河畔，十室有九空之叹，千村少一突之烟，极目灾情不胜悲楚。"[134] 在揭中，吴氏还指出，他处干旱多为天降之灾，而太仓大旱却与地灾有关，即因水利失修使河床堵塞、储水不当所致。兵祸之年，明王朝自身尚且难保，又何暇顾及百姓死活？顺治元年[135] 乙酉（1645）二月，太仓人周一敬复作《请浚浏河疏》，其果未详。直至康熙乙巳年（1665），王时敏又撰写《太仓州重浚朱泾碑记》云："国家重财赋矣，亦知财赋之原乎？财赋本于农田，农田本于水利，未有置其本而不讲者也。"[136]

由王时敏、王鑑积极参与太仓州事务管理的行为来讨论，"二王"皆为地方名绅，居乡不忘为百姓谋求福祉，这与王鑑在任廉州太守时，因不满地方开矿恶政，耿介直谏而致宦途蹭蹬的作风可谓一致。从《新浏河志》中我们得知，鼎革之际积极参与太仓地方公共事业管理，尤其以王时敏为首的太原王氏家族所尽的努力堪称表率。而这种忧勤地方民生的行为，作为太仓名绅的王鑑也时有参与。但清朝定鼎之后，虽然王时敏和他的儿子们（如王挺、王揆）[137] 一如既往热衷于家乡的公益事业，王鑑的参与却陡然变少。个中缘由，应与琅琊王氏家道中落，以及王鑑晚年淡于尘事、心性渐系佛老相关。

兵火、天灾、人祸，发生于乙酉年的故园浩劫，成为埋藏在王鑑内心深处的破碎记忆。乙酉（1645）九月，王鑑在一幅作品中题诗云："溪云初起日沉阁，山雨欲来风满楼。"[138] 借助于画跋，王鑑似乎犹有馀悸地预言：灾难尚未结束，这一切只是风暴的前奏而已。

三 丧乱遣怀

中国古代社会向来重视人伦关系，《孟子·滕文公》所谓五种人伦之教：父子、君臣、夫妇、长幼、朋友（即“五伦”）。[139] 其中的“长幼”实际涵盖了同乡关系在内。《礼记·祭义》：“居乡以齿”，同书《哀公问》：“乡饮酒之礼，所以明长幼之序也。”[140] 这种乡邦文化情结极其浓厚，在统一的外貌下存在着强烈的地域观念，共同的语言、风俗、文化习惯形成这种地域认同，而由于政治、社会活动所产生的实际关系更使之加深。士人得势之后，四周往往聚集了一批乡里知旧，同乡之间相互援引，成为社会的普遍现象。将此现象置于太仓两大王氏家族（太原王氏与太仓琅琊王氏）的交往中加以考量，尤其典型。王时敏与王鑑同声相求，实系两大家族的交好素有渊源，此如王时敏云：

> 琅琊太原同源分派，见之简册者非一。然吾两家至谊实不因此，盖自司寇、奉常两公与先文肃、学宪以同里缔交，欢好宛若同气，一时有“四王”先生之称，自后子孙皆以辈行齿序异世靡斁。[141]

在王鑑的交游世界中，早年有董其昌、李流芳、陈继儒等去世于易代之前的前辈友人，与他们的书画往还，尤其是追随董其昌鉴藏书画的往昔岁月，成为铭刻于王鑑记忆中的一隅胜境。入清后，王鑑的交游圈遂局限于太仓、常州两地，在太仓主要以王时敏、吴伟业为中心，常州以钱谦益[142]、王翚为中心，形成了一个较为固定的文人交往圈。交往圈中的成员，多为有着相似经历与政治身份的士大夫文人，其中钱谦益、吴伟业、龚鼎孳为清初著名的“贰臣”，而王时敏、王鑑等虽未入仕新朝，却有着迎降清军的痛史。特别是在太仓，以王时敏为中心形成了一个特殊的文人交往群体，他们本为故明臣子，世变中沦为贰臣或顺民，同病相怜，互通声气，构成了典型的“两截人”集群文化现象。考察王鑑晚年的心理轨迹，此现象实为一条可资探寻的路径。

此外，这个文人集团的成员，不仅在明清两代具有盘根交错的关系，而且一直延续着稳固不移的文化致身传统。以王时敏为例，他与太原王氏家族素有三代世交的董其昌结成儿女亲家，使这层关系的纽带得到进一步强化。入清前后，王时敏还将众子弟托付并从学于政、学两界深有影响的钱谦益、吴伟业等人。王时敏与钱谦益交谊非同恒泛，入清后二人惺惺相惜，屡以书函相慰，商略文章得失之事，令钱氏尝生“安得与仁兄明灯促席，杯酒细论，相与俯仰江河，倾吐胸中结郁耶”[143]的感喟。而王鑑所在的琅琊王氏家族，王瑞国与吴伟业亦缔结为儿女亲家，此一姻盟纽带，则是1653年王瑞国为清廷起用（时吴伟业被清廷任命为国子监祭酒）任增城县令的重要原因。

王鑑一生行迹，固然如王时敏所言“宦游、里居、踪迹略同，亦有笔墨之嗜”[144]，然沧桑后，二人的心境与行为方式却并不完全一致。如前所述，王鑑的郡望为琅琊，王时敏的郡望为太原，太原王氏与琅琊王氏为太仓大族，渊源至深，而易代之际，升沉各异。王时敏本人虽未入仕新朝，但却悉心培植其子孙追求功名，鼓励他们在清朝为官举业，如其激励女婿吴圣符云：“愿益淬厉制举子业，整融天斐。”[145]他尝提醒嗜好绘画的儿子王撰，不可为笔墨小技而耽溺经世之业：“但经生本分内事，所以当心者甚多，笔墨小技，不愿其如此癖嗜也。”[146]为了保持家族立于不败之地，失节后的王时敏虽然未起出山之念，但却激励其子嗣选择科举，以图仕进。在后辈的仕途举业中，王时敏予以全力支持，曾致函朝中权贵，期望得到引拔：

不肖某，琐尾陈人，衰残朽质，尚未通名典谒，何敢妄有渎陈？惟是嫡男州庠生某，府庠生某，平日下帷攻业，每试则曹偶。而稚儿童生某，皆髫年力学，有志向往。……用不禁舐犊深情，循例于请，倘蒙老祖台俯垂藻鉴，拔置前茅，则寒门贱质，一家悉何生成？他日幸邀寸进，援琴立雪，其敢一日忘明赐哉！[147]

王时敏苦心经营的结果是，其子王掞、孙王原祁皆中进士，前者官至大学士，于是入清后太原王氏依旧显贵。当太仓太原王氏家族很快又再现往昔辉煌之际，琅琊王氏却无可挽回地败落了。王鑑诸兄弟中，既有出家遁入空门，还有二人沦落为俳优，以歌舞自活，可谓潦倒之极。（现有史料亦无王鑑与其嫡亲之间的往来信息）同族王世懋后人中，虽有王瑞国仕清任增城县令，也不足以挽回琅琊王氏家族的颓势。世变中，王瑞国厄运迭至，家庭屡遭变故，几至破家。入仕新朝后，又为其子狎邪不法所累，[148]晚境颓唐。举凡琅琊王氏家族的败落之状，势必与乙酉迎降的历史记忆，熔铸成一具压在王鑑心头的沉重枷锁，使得他在入清后，虽未正式披缁为僧，却弃家独居，"日坐蒲团，焚柏子一炉"，虽不辞兴会，生活状态却与出家人无异。

即如钱谦益、吴伟业在其晚年遗民心理的强烈萌发，历史复杂性的一面在王鑑身上亦有体现。固然，王鑑、王时敏虽有迎降经历，但二人并未出仕清廷，在出处上与遗民已难分辨，尤其是前者抛弃红尘、过着近乎方外人士的生活。但是，清人张庚在其著述中却提供了一则信息，称王鑑在入清后有着出仕经历，其云："既而廉州将远宦，念非奉常勿能卒此子（王翚）业。"[149]张庚"将远宦"一语，实指王鑑于1654年的北京之行。囿于史料之阙，我们难以获知王鑑此行的确切心理动机，然联系当时的历史现实可以判断，王鑑1654年北上京都，其性质虽非张庚所说“远宦”，但确与谋官有一定关系。顺治八年甲午（1654）前后，是前明士人出山做官最活跃的时期，此与顺治七年（1653）清廷发布“诏起遗逸”的政策有关，吴伟业即于是年被清廷起用。亦于同年，王鑑的堂叔王瑞国赴京谋求官职，得授增城县令一职。在此期间，当其好友纷纷出山做官，王鑑亦难遣寂寞，萌生青云之想也在情理之中。在京期间，王鑑的交游对象盖以清廷贰臣新贵为多，如《梦境图》跋语云：

客岁游燕，真定梁大司马玉立、曹少司农秋岳，皆属余作《草堂图》，尚未有以应之。盖两先生方作长安贵人，筹边计国，何暇及此。更俟几年写以寄之，代《北山移文》可耳。”[150]

“梁大司马玉立”，指梁清标，明崇祯十六年翰林，康熙二十三年擢保和殿大学士，二十七年入相，为清初大收藏家。“曹少司农秋岳”即曹溶，明崇祯十年进士，官御史，清顺治初授原位，亦家富收藏。王鑑与梁清标、曹溶等雅好鉴藏的新朝大吏的行谊说明，固然有“纵观名画”的目的，亦难脱攀附权贵之嫌。是年，同里知友吴伟业在京任秘书院侍讲，二人过从甚密。值王鑑南归之际，吴伟业曾两度赋诗赠别，其《送王元照还山》[151]七绝八首[152]云：

青山補屋爱流泉，画里移家就辋川。添得一舟乘兴上，烟波随处小游仙。

始兴公子旧诸侯，丹荔红蕉岭外游。席帽京尘浑忘却，被人强唤作廉州。

报国松根庙市开，公侯车马闹如雷。疲驴一笑且归去，刑部街前且看来。

内府图书不计钱，汉家珠玉散云烟。而今零散无收出，故国兴亡已十年。

布衣懒自入侯门，手迹流传姓氏存。闻道相公谈翰墨，向人欲访赵王孙。

朔风归思满萧关，笔墨荒寒点染间。何似大痴三丈卷，万松残雪富春山。

河北三公一纸书，浪游何处曳长裾。归田旧业春山尽，华子冈头自钓鱼。

五马南来韦使君，古人相见共论文。酒阑面乞黄堂俸，明日西山买白云。[153]

从“始兴公子旧诸侯”、“向人欲访赵王孙”等诗句可以看出，吴伟业将王鑑的北上之行与元季的赵孟頫相联系，在京“手迹流传”而宣传自我。“酒阑面乞黄堂俸”一句则直指王鑑的求禄行为，却因为不遇而“疲驴一笑且归去。”“疲驴”一词，亦隐含王鑑为谋官奔波、疲于奔命之意。特别是该诗题为《送王元照还山》，所谓“还山”，正是“出山”的对应辞，若非先有“出山”，又何来“还山”？显然有与“出山”谋官相对应的意味。透过吴氏诗中语意，大略可知王鑑此行隐含的功利性，结果却谋官未遂、碰壁而归。另外，从吴诗“汉家珠玉散云烟”、“画里移家就辋川”、“华子冈头自钓鱼”等句，不难体阅沦为贰臣的吴伟业对故国的深切哀悼与悲凉心境，并以王维的辋川意象来奉劝好友选择归隐。由此可见，作为罪臣孽子的王鑑，在明亡以后并未彻底忘怀功名，其以游历为名，实际上是与为清廷招安的吴伟业会合，混迹于清初的新贵权僚之间，再探青云之路。然身份的转换于王鑑辈而言，失势使之，不得不然，虽有遗憾，但面对异族统治下的满清政权，即令是归隐或逃禅，亦未尝不失为务实之举。盖由是年始，王鑑渐生构筑染香庵之念，此则宣告了王鑑入仕理想的彻底终结。

遭遇丧国之痛的清初耆老如钱谦益、吴伟业、王时敏辈，其“老而弥惭”的痛苦心理自非一般人能理解，如王时敏自寿诗《七十自咏》云：“恩波太液浩无津，每咏秋槐倍怆神。窃禄五朝叨法从，偷生七袠愧遗民。”诗中，王时敏称其家族“窃禄五朝”，并愧称自己的忍辱偷生有失遗民风范。[154] 与此相近，钱谦益在晚年亦常常对自己的失节行为进行深刻的反省与自责，致函王时敏云：“岁月逾迈，老病侵寻。陈人长物，不免引镜自憎，且复自笑。每士友从娄东来，流传仁翁记存之殷，奖借之过，欣慨交并，感愧兼集。……中年少知途径，重自悔悟。歧路已深，回车弥远。顷者衰迟潦倒，回向空门。”[155] 出于同样心理，清人胡介[156] 致函吴伟业，亦将其出仕喻为“日斜歧路”，其自怜自弃的语气，反映了清初“两截人”痛苦而又矛盾的心理，函云：

昨坐对竟日，见先生神意不佳。幸善为眠食，五浊亦名缺陷。既落世网中，顺行逆行，冷暖自喻。要之古庙香炉，酬偿本愿，我辈唯以不负三生为大耳。从来慧业文人，皆道人之名根色相未净，转展迁流者，故世遇率坎坷多故，正以助发其回首拂衣也。……兹日斜歧路，转觉怆然，惟万万审时珍重。[157]

丧乱之后，兴会如旧，只是平添了几分心怀故国的感伤色调，王时敏家中成为前明耆旧兴会的聚集场所。吴伟业《琵琶行》载：“去梅村一里，为王太常烟客南园。今春梅花盛开，予偶步到此，忽闻琵琶声，出于短垣丛竹间。循墙侧听，当其妙处，不觉拊掌。主人开门延客，问向谁弹？则通州白在湄子彧如父子。善琵琶，好为新声。须臾花下置酒……”[158]

在王时敏家中，通州艺人白氏父子为吴伟业弹奏一曲，主题是崇祯十七年以来的沧桑往事，吴伟业、王时敏等不胜感慨，“相与咽者久之。”[159] 顺治四年丁亥（1647）秋月，王时敏借赏菊为名，邀吴伟业等友人在西田别墅兴会雅集，吴伟业即兴吟诗二首：“不扶自直疏还密，已折仍开瘦更妍。最爱萧斋临素壁，好因高烛耀华钿。”“坐来艳质同杯泛，老去孤根仅瓦全。苦向邻家怨移植，寄人篱下受人怜。[160] 吴诗以吟菊花起兴，借物言事，以吟叹折节之菊，来隐喻他与王时敏等人堪怜的失节之痛，以及寄人篱下的不幸遭遇。[161]

在江山易祚之际，梅兰竹菊之类的题材，在士人的精神世界里有着菟丝附女萝的关系。以“咏菊”寄寓故国哀思，以及寄人篱下的屈辱无奈，实为清初士人遗民情结的一种宣泄方式。虽则尚无迹象显示王鑑参与此次雅集，但毋庸置疑的是，王鑑作为该文化圈的重要人物，势必也会染有这种令人难以超拔的抑郁。譬如，壬子年（1672）的一个冬夜，王鑑与梅清、笪重光、恽南田等兴会于毗陵（常州）西郊舟中，诸友相继为王翚《雪图》题咏。王鑑即兴题七绝二首，抒发其对高隐意象的憧憬。其云：

城中翠馆沸歌钟，城外霜林叶正红。抛却豪华对幽寂，先生高迹许谁同?

辋川笔迹少陵诗，泛泛轻舟兴所之。闲与沙鸥定盟处，莫叫笑我不追随。[162]

王朝的更迭，使王鑑、王时敏辈心绪纷乱，矛盾重重。客观地说，“二王”在明代皆为仕宦，入清后不仕，表面上是为保全不事二主的儒家名节，实质上则因未获清廷起用。他们在清初与达官显宦交接频繁，其中尤以鼎食明清两朝的贰臣居多，如吴伟业、钱谦益、龚鼎孳、梁清标、曹溶、宋荦等。王鉴、王时敏在清初虽无出仕经历，但迎降失节行为却成为其一生的梦魇与暗伤，从此角度来看王鉴、王时敏的文化身份，与严格意义上的遗民显然不可同日而语。但是，倘若将“二王”的迎降行为搁置一边，仅仅从他们在清初出处上看，他们又具有一般遗民的特征——其言行充满了对故国的怀思与对归隐山林的渴望。因此，今人在定位王鉴与王时敏的政治身份时颇多分歧，特别是将其定位为遗民则基于一种笼统的立场。[163] 按照一般的理解，遗民与贰臣是属于两个不同世界中的人物，二者之间似是汉贼不两立的。然事实上，在清初即便像顾炎武、黄宗羲、傅山那样耿直的遗民，也居然能够与身为贰臣的清廷大吏相视为莫逆，亦不足为奇，更不消说王鉴、王时敏辈有着如此微妙的“两截人”身份。正如谢正光指出：“事实上，遗民与贰臣被推向于两个极端，并不只限于道学家的催化，也由于一些专门为遗民立传的‘明遗民录’的史家于有意无意之间为之定型。”[164] 故而，如果将政治操守的量尺暂时搁置起来，而从一个较宏观的文化观点去考察遗民与贰臣之间的行谊，则有其社会伦理之基础。萧启庆将宋元之际的遗民分为“激进”、“温和”与“边缘”三种类型，[165] 其中“边缘型”遗民，乃指其人政治态度模棱两可：不宋不元又亦宋亦元，此如王时敏、王鉴辈既附降清朝，又未有出仕行为。故而在清初的明遗民中，耿亮守节者，不必尽是山野或田园中人，亦不必都是伯夷、叔齐式的，或陶渊明式的。

清初遗民心态中，有一种“失节”的恐惧如梦魇缠身。遗民首先面临的是气节操守的时间问题，甚至连长寿都变成一种负担，到最后落得晚节不保。正如戴名世发现：“明之亡也，诸生自隐退，誓不出者多矣，久之，变其初志十七八。”[166] 陈垣亦感叹云：“噫！遗民易为，遗民高寿则难为。”[167] 言下之意，易代之际的遗民只有死得其时，才有能力保有晚节。可以这样说，在清初的政治环境中，那些经历“失节”之痛后，又徘徊复归的士人言行，也许这类人群才是清初士人的大多数，他们的言行也才是一种“常态”，而王鑑、王时敏所代表的士人群体，则是考察这种常态的绝佳范本。王鑑的社会网络，鲜明地折射出清初江南社会“两截人”士人群体的生活与心理世界，他与这个网络的互动，塑造了他的人格、个性与文化身份。同时，王鑑复杂的人生经历与心理动向，也使得清初太仓文化圈呈现出奇警多姿的面相。

经历“乙酉失节”与“甲午不遇”双重打击的“两截人”王鑑，听从好友吴伟业的劝告，弃家独居，追求起纯粹的隐居生活，并开始经营自己的“辋川”（染香庵）以明志。自此，王鑑的心理由儒入释，其如染香庵中的沙门者，过着一种“静爱小窗丛竹里，夜深禅诵佛灯红”的生活。表面上，王鑑“托隐逃禅”，内心却逐渐滋生出一种人生如梦的幻灭感，对往事进行深刻忏悔，故而时常搏斗于“失节”的梦魇中。如其《梦境图》云：“然余年已四十八，颠毛种种，纵至七十，亦不过二十年一梦耳”，所谓“二十年一梦耳”，反映了王鑑强烈的时间焦虑感，“托隐逃禅”未必能“咸登彼岸”，唯有托身辋川，方可换得片刻安宁。虽则创作《梦境图》时，筹划已久的染香庵尚未筑就，然于梦里相遇神往已久的辋川，实则寄寓了王鑑构筑“终老之地”的梦想，以及寻找“桃花源”的避世信念。

四 弇园升沉

在《品味奢华——晚明的消费社会与士大夫》一书中，巫仁恕对晚明的造物与消费文化的奢华作风进行了出色的考察。[168] 但有关明清物质消费奢侈风气的学术研究中，有些议题在观点和立场上仍存争议，特别是鼎革之后的消费文化特性，呈现出两极化的看法。晚明拜物主义的奢侈风尚，在清初是否出现转机？这些著作皆未能给出答案。甲乙之变

（1644—1645），明王朝近三百年的基业迅速坍塌。江山易手外族，在战乱中惊魂甫定的士人阶层如何自我安顿，尤其对于王鑑等太仓士人这一有着特殊历史背景的文人而言，他们在入清的后半生选择何种生活方式，皆是不容忽视的议题。本节以士大夫文人在明末清初造园筑室这一重要的物质消费活动为视野，一窥王鑑等江南士人在朝代更替前后的心理变化，以及这种心理变迁在《梦境图》中的反映。

图二十二　王鑑祖茔　见太仓市政协文史委员会编《太仓文史·第九辑》

晚明时期，由于政治钳制的松动，社会生活趋向奢靡，士人在对国家前途抱以消极态度的同时，也滋长了享乐人生的心态。奢侈风尚的濡染，使得大多数士人流连于戏台与园林之所，优游于城市与园林之间，消磨光景，纵乐人生。其时“高堂大厦，罔思身后之图；美食鲜衣，惟顾目前之计。”[169] 如何良俊所言：“凡家累千金，垣屋稍治，必欲营治一园。若士大夫之家，其力稍赢，尤以此相胜。大略三吴城中，园苑棋置，侵市肆民居大半。”[170] 此见晚明置办园林房舍的僭拟风气之烈。而在三吴园林竞胜的语境中，王世贞的弇园颇具典型，顾起元曰：

国初以稽古定制，约饬文武官员家不得多占隙地，妨民居住。又不得于宅内穿池养鱼，伤泄地气。故其时大家鲜有为园囿者，即弇州所纪诸园，大抵皆正、嘉以来所创也。[171]

“弇州所纪诸园”即指王鑑的祖业弇山园，（图二十二、二十三）系王世贞所构。弇山园俗呼王家山，位于太仓城隆福寺西，广七十馀亩。弇山园由三座山峰构成，分别称为东弇、中弇、西弇，在当时，人们又称西弇为旱山，东弇为水山。[172]弇山园极尽亭池卉木之胜，园中峰峦秀石，皆从王世贞父亲王忬所住的麋场泾园[173]迁徙而至。在晚明，弇山园号称“东南第一名园”，[174]其豪阔华奢之状，《直隶太仓州志》有记：

其略曰：园之中为山者三，为岭者一，为佛阁者二，为楼者五，为堂者三，为书室者四，为轩者一，为亭者十，为修廊者一，为桥之石者二、木者六，为石梁者五，为洞者、滩者、濑者各四，为流杯者二，诸岩磴涧壑不可以指计，竹木卉草香药之类不可以句股计，园亩七十，而羸土石得十之四，水三之，室庐二之，竹树一之。[175]

王世贞之风华绝代，由其营造的弇山园可见一斑。[176]然好景不长，弇山园却在王世贞后人手中迅速败落。王世贞死后，其子王士骐将其所居——弇山园的一部分易名为贲园，王士骐性虽奢侈，尚能传续家声，但至王鑑的父亲王瑞庭时，家道便迅速败落了，弇山园被其挥霍变卖，终致四分五裂，不复旧观。据顾思义《梅村先生年谱》记载，王瑞庭穷奢极侈，曾在琅琊贲园中三建廓然堂，终使家败，以致使廓然堂连同琅琊贲园一并易主为吴伟业所有，改名为“梅村”。吴翌凤引《娄东耆旧传》，指出弇山园“至元照（王鑑）时一拳石，一篑土皆零粥之矣。惟弇山堂转

图二十三　王鑑祖茔石雕　太仓市政协文史委员会编《太仓文史·第九辑》

施南广寺为天王堂，乃于弇园故址筑室，曰染香。”[178]因为早在崇祯十五年以前，“弇山园”就已经“转售人，不复旧胜”。[179]因此，弇山园昔日之辉煌，于王鑑而言，不过是失去的地平线。

即便如此，在王鑑的青年时代，其个性亦难免不受家风影响，对华屋精舍的兴趣并不亚于其父。戊寅（1638）年仲春，王鑑作《仿宋人山水册》，其跋云：“余卜筑虎丘西墅几八年矣！今将归娄水，雨坐鉴雅堂，见柳色牵情山光，惜别，为之黯然。”[180]由此可知，王鑑在出仕之前，作为一位破落贵族的公子，曾耗费八年时间在苏州虎丘打造自己的别业“虎丘西墅”（即半塘精舍）。琅琊王氏四代热衷于追逐园林之胜，从弇山园、贲园、廓然堂至王鑑的半塘精舍，其时间跨度正好经历了晚明的百年历史，堪称晚明士人阶层物质消费奢侈风尚的显例。由于自幼沉浸于这种文化情境中，在山河变色之前，王鑑身上亦濡染着晚明士大夫阶层迷恋奢华的典型特征。

但是入清以后，在经历乙酉失节与北上不遇的双重打击下，王鑑逐渐舍弃浮华，心系禅悦，清心寡欲，在居室上也力求简约，此从他于顺治十七年（1660）构筑染香庵这一行为即可看出。染香庵之面貌，王鑑《起帖图首合册》跋语有所描述：

余庚子夏，筑室二楹于弇山之北，仅可容膝。窗外悉栽花竹，聊以盘礴。奉常烟客过而颜之曰:‘染香’，盖取《楞严经》中语也。从此闭关，日坐蒲团，焚柏子一炉而已。”[181]

从上可知，染香庵系一两楹“仅可容膝”的小斋。王鑑的晚年，便是在染香庵中日坐蒲团，过着一种沙门老僧般的闲淡时光。从王世贞时代弇山园的昔日辉煌败落至染香庵里的老僧淡定，实则是晚明至清初江南社会剧变的一个缩影。有感于琅琊王氏家族及其祖业弇园的升沉兴衰，王鑑堂弟王昊曾作《弇园》组诗伤怀感兴，其云：

江左名园号辟疆，当年池馆重堪伤。烟生衰草空堂黑，日转颓墙老树黄。栗里衣冠时丧乱，兰亭笔墨事凄凉。荒塘遗墓难回首，夜夜悲风响白杨。山堂图史已烟销，歌舞新来也寂寥。北海酒空人有恨，西堂花落梦无聊。危楼不见繙经室，废巷虚存送客桥。独喜文漪清玩在，好从书画认前朝。(文漪堂名元照[182]家兄所居）闲游废苑暗沾襟，家园沧桑恨莫深。千古已完兄弟事，百年空痛子孙心。浊河枯柳催秋暮，破庙残碑送夕荫。林下独吟魂断处，谢公遗迹不堪寻。[183]

王昊的诗句，通过对弇山园残垣断壁的吟咏，将王氏子孙对于家族败落的痛心疾首寄寓其中。弇山园的升沉，非但是晚明江南世家大族由兴至衰的一个显例，同时亦为明王朝走向衰亡的一个缩影。这多少也因了那一历史时刻，废园触目皆是，在在引发士大夫的麦秀黍离之感，废园便成为板荡之际特有的修辞。然就王鑑的个人经历而言，从半塘精舍到染香庵，实则上反映了明清之际士人阶层经历丧乱之后的一种普遍心路历程。王鑑晚年的生活面貌，一面是卜居简室，另一面则是流连于诗酒酬酢，全然一副陶然自乐的隐者形象，正如诗人王昊描述："珠丸队队春生里，玉树声声月满楼。潦倒正逢寻乐地，莫将烽火系闲愁。"[184]"潦倒"、"寻乐地"、"烽火"等语，指出了琅琊王氏家族的败落与王鑑的不遇，转而借酒消愁，构成了一幅乱世"避秦"的画面。诗人吴绮在一首诗中，则直接将王鑑的住处喻为"辋川"，云："瞽叟幽栖旧辋川，入门花气自嫣然。相逢南郭仍三月，不到西川已八年。梅屋藏书山窈窕，竹房酾酒月婵娟。白头莫叹漳濵卧，茗熟香清更散仙。"[185]在王鑑的作品《戊申小春仿子久笔》中，再一次表露出他的"草堂"情结："家在山中树结邻，草堂枯坐一幽人。卷簾终日相对坐，户外云峰不断青。"[186]

1675年春，王鑑借助宋人林和靖[187]诗题画言志，云："山水未深鱼鸟少，此生还拟再移居。只应三竺溪流上，独木为桥小结庐。[188]王鑑嫌现实世界"山水未深"，也不曾以实际拥有的染香庵为安身终老之所，总是"此生还拟再移居。"但对此时的王鑑来说，并非真正要移居一个安身终老之地，所谓"三竺"，也非定指杭州西湖的三竺山，而是王鑑在画图中所期望开辟的乐土。去世之年，王鑑以赵孟頫的画法再度自塑形象，在该作跋中题诗云："曲水低桥细路分，一重树色一重云。老夫趁得枝藤健，又向溪南访隐君。"[189]图中近景虹桥上，一位策杖老翁，当为王鑑本人自拟，在抱琴童子的陪伴下，又向溪南寻访隐者。

王鑑筑庵明志，体现在王时敏身上则是"筑田明志"。顺治八年秋，王时敏迁居至太仓城西十里之外的归村隐居，邀请好友吴伟业与钱谦益为之撰文作记，如吴伟业《归村躬耕记》云："吾友王烟客奉常治西田于归泾之上。归泾者，去城西十有二里，或曰先有归姓者居焉，或曰以其沿吴塘而北可归也，故名之。烟客自号归村老农，筑农庆堂以居，而以告其友人曰：吾年六十，盖已老矣，将躬耕乎此。”[190] 由此可知，王时敏将新居冠名为“西田”、“农庆堂”，实则是将之作为“归隐”的一种精神寄托。吴伟业曾多次造访西田，并写有《西田招隐诗》，以述农家至乐，诗云：“穿筑倦人事，田野得自然。偶来北郭外，学住西溪边。道大习隐难，地僻起众传。而我忽相访，棹入菰蒲天。落日浮远树，桑柘生微烟。径转溪路迷，凫鸭引我船。香近闻芰荷，卧入花鲜妍。人语出垂柳，曲岸渔槎偏。执手顾而笑，此乃吾西田。长得君辈客，野兴同流连。藉草倾一壶，聊以娱馀年……此地堪卧游，不负幽人室。愿以求长生，芝草堪采食。”[191] 诗中，吴伟业将西田视为王时敏颐养天年之地。顺治十八年（1661）王时敏七十大寿，吴伟业为之作《王奉常烟客七十序》，生动地描绘了王时敏从明至清的心理轨迹：

江南故多名园，其最者曰乐郊。烟峦洞壑，风亭月榭，经营位置，有若天成。兵兴之后，再辟西田于距城十里之归村，因以老农自号。盖追念国恩，感怀今昔。虽居赐第，游尘寰，屡思从樵牧自放。赋调日急，生计浸微，内有所不释于中，乃日偕高僧君子往来赠答，间召集梨园老乐工，用丝竹陶写。以此行年七十，齿发不衰，人服公之天资夷旷，而不知其寄托则固深远矣。[192]

正如吴伟业指出，王时敏辟西田，以老农自居，实在“追念国恩，感怀今昔。”有意思的是，钱谦益并未亲临西田，却为王时敏作《西田记》，盛赞西田的农趣之乐，大有身临其境之感，云：

西田者，太仓王奉常逊之之别墅也，出太仓西门郊牧之间。隩隈表里，沙丘迤迤；畴平如陆，岸坟如防；瓜田错互，荳篱映望；袯襫挂门，笭箵缘路；水南云北，迥异人间；游尘世嚣，不屏而绝，西田之风土也。广平百里，却望极目；玉山西南，虞山西北；若前而揖，若背而负；日落而起，月降水升；归云属连，倒影薄射，西田之景物也。娱宾之堂，颜曰农庆；秋原膴膴，农务告作；馌妇在田，农歌满耳，主人所以明农而省稼也。燕处之庵，颜曰稻香；琴书横陈，花药分列；凝尘蔽榻，燕寝凝香，主人所以清齐而晏晦也。越长堤而西，菰蒲蔽□，凫鸭凌乱；清潭写空，秀木漏日；有霞外之阁以览落晖，有锦镜之亭以俯远水。又折而西，西庐在焉。中祠纯阳，法筵精洁；旁绘屋壁，粉本萧疏；启东轩则娄江如镜子，面北窗则虞山如□障。颜之曰垂丝千尺，曰绿画，而西庐之事穷。[193]

王时敏辟“西田”、筑“西庐”，甘称老农，与儿孙耕读于渚蒲汀柳、曲水清潭间，自喻为避秦乱而入幽谷的桃花源人。他认为“世道交丧，江湖日下”，旧日繁华，皆同逝水，故而惟望安闲一饱，时时训导儿孙痛洗纨袴之习，敦睦相处，慎收奴仆，早完国课，以“务崇俭德，恪守素风，读书为善”。鉴于西田胜境的隐逸性质，王昊将之比作辋川，云“草木自平泉，烟云更辋川。”[194] 同时，王昊又将王时敏喻为弃官避世的陶渊明，作诗道：“身作先朝老奉常，拂衣还卧娄江里。在昔隐者称渊明，寄托往往多深情。弃官非为五斗米，义熙年间宁迂而。东篱今复闲西田。风流标格凌其前，最难避世同梅福。”[195]

与王鑑、王时敏相似，吴伟业亦于太仓筑庵为居，作育诗人群体，其晚年回忆道：“梅村之西偏曰旧学庵，余与同里诸子读书咏诗其中。昆山徐季重僦邻舍以居，啸歌之声相接，往还十有馀载。余既役于京师，季重亦还其邑之故庐以去。……余本昆人，迁而去之者三世矣。当季重侨寓东沧，相与讲枌榆之雅，比屋城南，有皋亭水木之胜，论心学古，终焉不出。世故牵挽，不克守其匹夫之志，飘蓬劳苦，为别四年，归而所谓旧学庵者坏墙蔓草，诸子或穷或达，各以散去。”[196] 吴伟业于顺治十年秋应召赴京，次年初到京城，十三年底辞官归乡，至顺治十四年初回太仓，则离开旧学庵正好“四年”。在出仕前，吴氏与同里诸生徐季重等人读书、咏诗于梅村西偏的旧学庵。文中所谓“世故牵挽，不克守其匹夫之志，飘蓬劳苦，为别四年”，即为其仕清经历而自责。在京期间，吴氏曾为孙承泽[197]作《退谷歌》，将孙氏的退谷别业喻为避世逃时的乐土。虽则孙、吴二人以明臣仕清的身份并无二致，但《退谷歌》却反映了吴伟业进退维谷的矛盾心态，其云：

使我山不得高，水不得深；鸟不得飞，鱼不得沉。武陵洞口闻野哭，萧斧斫尽桃花林；仙人得道古来宅，劫火到处相追寻。不如三辅内，此地依青门，非朝非市非沉沦。[198]

陶潜的桃花源，“不知有汉，无论魏晋”，由避世乱演变成逃离历史的象征，但《退谷歌》中的武陵洞口与桃花林则是劫数难逃。相反，逼近京城、夹在三辅青门等政权标志之间的退谷，竟化为非进非退、亦进亦退、“非朝非市非沉沦”的两可之境，此亦吴伟业晚境自拟。以诗文书画优游仕隐之间，本是晚明文艺的一大命题，却因清初特殊的政治环境深化与转化。个中消息，即如王鑑在梦中寻找辋川一隅，来作为逃避现实矛盾的根据。

经历鼎革之变与兵火涂炭的士人，在清初一洗晚明时期嗜园成癖的奢华风气，此不单单是王鑑、王时敏等太仓文人圈的局部行为，在清初遗民世界中亦为普遍现象。如文震孟的别业本名“清瑶屿”，兵燹之后，经遗民姜埰修葺，易名为东莱草堂。[199] 诗人冒襄的水绘庵是另外一个值得考索的例子。此园原系冒襄之父所建，在清初（1654），冒襄将之易名为水绘庵，作《水绘庵约言》云："一入此中，无所还忌。如界鸿沟，其次辟地。园易为庵，庵归僧主。我是来客，静听钟鼓。"[200] 据陈维崧《水绘庵记》载："冒襄以遭值不偶……将与黄冠缁侣游。"[201] 当时的题咏均赞叹冒襄的脱略，如邓汉仪写道："俨然高士宅，半作老僧居。"[202] 于是，用以表意的符号影射时艰，文人尤有对创意的不厌追求，此皆成为清初士人表达意志的一种方式。顾炎武"复堂"、"贞烈堂"的命名，用意不言自明，其《贞烈堂记》曰："仅以一堂之名托之文字，以示子孙不忘。"[203] 彭士望致函其友曰："弟耻后之，用不敢宁居，弃家率野，穷年道路"，[204] 可自注其"耻躬堂"。又如屈大均释其"卧蓼轩"云："吾以轩名其所居，盖不忘有事于天下四方也。布之以蓼以卧，蓼之生，春苗秋华，多在洲渚之间，其味深辛……苦其心以胆，辛其身以蓼，昔之人凡以为雪耻汁计矣。予本辛人，即使无耻可雪，无仇可复，犹必与斯蓼相朝夕，况乎有所甚不能忘者于中也哉！"[205]

明清易代之际，天崩地解，士人所受挫折之剧烈，实非其它时代可比。待到尘埃落定、时局稍安后，他们纷乱的内心，非但不能因此而稍获喘息，反而随着岁月的流逝而变得愈发沉重。故而清初遗民热衷于筑土室明志的行为，在今人看来似乎无关风雅，更与晚明竞逐奢华之举形成鲜明对照。这种情形，固然有为生存"不得已而为之"的无奈，更主要则是士人阶层集体反思的结果，即所谓的"筑陋室以明志节"，实是清初士人心态的物质外化。从追逐华屋精舍到安于容膝小斋，王鑑与其身边友人在鼎革前后，大多在生活方式上发生变化。严格地说，房产物业并非艺术品，但世变却为之赋予了特殊的文化涵义。此一现象的揭示，当为我们理解王鑑既梦入辋川，却又在画中将"辋川图式"的楼阁式建筑改为草堂，提供了一条可资解释的路径。

五 耆旧梦魇

在《梦境图》中，王鑑自塑形象作跏趺状盘腿端坐，此造型看似渊源于传统宗教画中的罗汉样式以及卢鸿《草堂图》图式，实则反映了王鑑晚年真实的生活情状。入清以后，王鑑毅然摒绝声色，“日坐蒲团，焚柏子一炉，”俨然一副老僧模样。但是王鑑毕竟没有正式皈依佛门，甚至还做出有悖遗民之举，故其逃禅实在只是一种姿态，无非是藉此来显示他的故国情怀而已。王鑑逃禅的不彻底，就像他对前明王朝的忠诚不彻底一样。清初遗民的逃禅，固然有政治与佛教的关系为背景，却更有清初社会、学术、士风转型之背景，这也是士人赖以选择的大语境与学术文化的大环境。在王鑑故乡的三吴地区，佛寺林立，宗教氛围尤其浓厚，如遗民徐枋云：

三吴之内，刹杆相望。其名蓝巨刹，涌殿飞楼，雄踞于通都大邑、名山胜地者无论。即僻壤穷乡，山村水落，以至五家之邻，什人之聚，亦必有招提兰若，栖托其间。[206]

著名遗民陈确对此风习甚为不满，其愤然道：“今不独夷狄，即吾中国，亦何处无寺？何人非僧？虽曰中华即是佛国，奚为不可。”[207] 陈确称举国皆僧，表面虽与徐枋一样指出佛教在清初的盛况，实隐约透露着对汉人剃发之耻的耿耿于怀。王鑑不仅自己逃禅，其胞弟更是纯粹的“沙门者”，[208] 朋辈中亦鲜有不笃信佛学者，如钱谦益、吴伟业、王时敏晚年皆沉溺于禅宗与老庄之学，钱谦益屡屡欲“回向空门”，吴伟业卒以僧衣殓。王时敏（图二十四）直师董其昌，以“画禅”为闲章，[209] 其自述学佛渊源云：“至

图二十四　【明】曾鲸　《王时敏小像》　天津艺术博物馆藏

于竺乾之学，夙所皈心，禅宗一门，亦有志趋向。诸方尊宿之至吴者，必担簦参访，亦多蒙开示，而根钝障深，道念数起，辄为世事所移，曾未有纤毫省察。”[210]在《西田感兴》诗中，王时敏自喻为出世老僧："瓢笠萧然老衲如，傍溪聊结野人庐。畏逢俗客谈尘事，贪向明窗读道书。静里观心谁是我，水边照影正逢渠。但能齐物忘憎爱，高枕松风梦亦蘧。”[211]顺治十四年（1657）与顺治十六年（1659），王时敏先后到隆福寺与杭州云栖寺拜访石公和尚，听授《法华经》，从释家的说教中寻求精神慰藉，希图达到“但能齐物忘憎爱，高枕松风梦亦遽”的境界。清初太仓文化圈中的谈禅学道之风，不仅是晚明禅悦风习的延续，同时亦是“两截人”在时间的剥蚀中，由“节操观”而生发的一种消极避世态度，此如杨念群云：

那时，“半枕黄粱”的绝望情绪开始弥漫在江南一带，弃儒服，焚诗稿，托隐逃禅，拒入城市一时成为遗民风尚。[212]

在战火频仍、政权交替的动荡时代，宗教哲理往往成为人们精神上的寄托。现实世界的骚乱与宗教境界的宁静形成鲜明对比，在现实中受到创伤的心灵，籍宗教予以抚慰，甚至医治，以重获平静。特别是面对异族政权的统治，宗教往往成为遗民逃避现实或是表现气节的方式。[213]明末清初，大批有功名在身的文人在生活方式上谈禅味道，包含了以上各种理由，但他们并非纯粹的宗教徒，并未深研佛法经典，更无人最终成为有德高僧或得道高士。不过，宗教却在他们与自然之间重新架起桥梁，让他们在远离世俗之后，能再次亲近、享受自然。从世俗世界隐退之后，文人通常都信奉古代神秘哲学和印度传入的佛学。“道”这个词，对儒家来讲，是行为道德的准则，而对道家来讲则是自然之道，清静无为，自然不伪。《道德经》中说："大道废，有仁义；智慧出，有大伪；六亲不和，有孝慈；国家昏乱，有忠臣。”[214] 身处于动荡不安的时代，文人们通过道家的“冥想”以嬗变自我而支撑自己生活下去，即如《庄子》云：“昔者庄周梦为蝴蝶，栩栩然蝴蝶也，自喻适志欤！不知周也。俄然觉，则蘧篷然周也。不知周之梦为蝴蝶欤，蝴蝶之梦为周欤？”[215]

改朝换代之际，对于那些饱受亡国之痛的君王臣子来讲，佛家的“空”与道家的“道”的哲学，固然成为其生活中莫大的精神支柱，但欲使他们在亡国之痛中彻底解脱出来，又谈何容易？这便往往在其心中滋生出一种人生如梦的幻灭感，甚至于梦魇缠身而不能自拔。逝去时代的影像片段虽然支离破碎，但仍频频在梦中再现。于是那些身怀才艺的士大夫们，便十分自然地借助于诗词文章，或者笔墨丹青，去抒写自己的梦中意象，以此来寄托那些在现实世界中无处倾泄的家国情愫。如南唐后主李煜就描写了大量的亡国之梦，如：“多少恨，昨夜梦魂中。还似旧时游上苑，车如流水马如龙，花月正春风。”[216]“梦里不知身是客，一晌贪欢。”[217]“人生愁恨何能免，销魂独我情何限。故国梦重归，觉来双泪垂。”[218] 在李煜的词中，“梦”一词出现频率很高，寄托了亡国之君梦醒时分的失落与幻灭感。北宋皇帝宋徽宗被金国掳为阶下囚时，也在梦中作故国怀想：“天遥地远，万水千山，知他故宫何处？怎不思量，除梦里有时曾去。”[219] 遗民之梦，梦境之奇，要数南宋郑思肖梦食梅花为最，其《梦游玉真峰餐梅花记》云：

德佑六年己卯冬至前三十六日，其夕三更后，郑子得一梦。始则栩栩然，冥冥然，若幂若蛰，若醉若瞶，若迷身云雾中，凭虚任其所之。俄而蘧蘧然，泠泠然，若有所至，然开目则身在山中，私谓其地为西蜀之极西。其山中岩崖巇崟，参错绵亘峙奇走怪，形势飞舞，非渔樵耕猎所趋途径，其仙怪龙虎所区窟宅。三昼游览，万不六七。忽迫暮，遇深阔彻碧之溪，竟行水面，水离足三二寸。侧石之径，行迂峻，探窅筱，至一洞，石门忽自开。入之数里，始露霄汉，宽敞如平地，见可仰不可陟壁立之，耸身即腾飞至其上。得一盘石，润洁如玉色，平满整截，方可七八百丈，四垂陡绝，下视无底。上有大古梅一，结根罅石之土，始一两花，须臾盛开，香透顶脑。复意其时初冬至，正十五、六间，月轮悬于天顶，驻而不动，相去甚近，极大极明，直千百倍，泬寥空阔，清气逼人。我心颇喜，兴趣辟易，手摘梅花食，顷空其树，匪若世间梅花，带清苦气味，甘美如嚼新软白石髓。且口咄咄，文其事欲纸。纸至，笔具随之，悬笔飞写，字状极怪，不类世俗书……[220]

郑思肖以梦餐梅花这一奇异的梦境意象，来寄寓其忠于故国的一片冰心，堪称遗民梦境之奇观。元代遗民周密寻求避世，认为只有在梦中方可求得超脱，故热衷于寻求睡方，其《齐东野语》云：“花竹幽窗午梦长，此中与世暂相忘。华山处士如容见，不觅仙方觅睡方。然则睡亦有方邪，希夷之说，不过谓举世以为息魂离神不动耳。遗教经乃有烦恼，毒蛇睡在汝心。睡蛇既出，乃可安眠之语。近世西山蔡季通有睡诀云：睡侧而屈觉正而伸，早晚以时，先睡心后睡眼，晦庵以为此古今未发之妙，然睡心睡眼之语本出千金方，季通特引此说，晦庵偶未之记耳。”[221] 周密为午梦而求睡方，实为遗民寻求自我解脱的一种诉求。在清初，描绘梦中意象成为士人言志的一种特殊表达方式。明亡后的一个冷寂之夜，傅山做了一个奇异的梦，一块古碑进入他的梦境。醒后，傅山用五言古诗写了一首《碑梦》云：

古碑到孤梦，断文不可读。莪字皦独大，梦回尚停睩。《醳名》臆莩草，是为葵之蜀。炎汉在蚕丛，汉臣心焉属？奉此向日丹，云翳安能覆？

公门虽云智，须请武侯卜。[222]

傅山的《碑梦》充满了象征与隐喻的意象，碑本身作为纪念性载体即有一种伤逝的意味。其梦中所见之“茙”字，《释名》作戎葵，亦即蜀葵。傅山由蜀葵联想到蜀地，由蜀地又想到三国时承续汉室正朔的蜀汉。特别是“奉此向日丹”一句，点明了作为蜀葵的象征意象，即臣子忠心，表达了一种“百官何日再朝天”的憧憬。籍梦言志，在清初并非只有如傅山这样骨气轩昂的遗民才会如此，便是那些气节有亏的士人也曾为梦里的忠魂所感服。最为典型的例子如，顺治八年（1654）的一个冬夜，钱谦益（图二十五）梦见自己会晤战国吴相伍子胥的场景，其记云：

甲午十月二十夜宿假我堂，梦谒吴相伍君，延坐前席，享以鱼羹，感而有述。天荒地老梦鸥夷，故国精灵信在兹。青史不刊忘郢志，白头犹记退耕时。[223] 萧吹江上商飚发，潮涌胥门朔气移。郑重吴宫鱼脍飧，寒灯一穗闪朱旗。[224]

钱谦益梦会伍子胥这位忠义之相，实则借古讽今，以作为对其降清行为的反省与自察，并影射他晚年不忘故国的赤子之心。在诗中，钱谦益宣称“故国精灵”仍然存于人心，并以“青史”留名来激励复明大业，特别是“寒灯一穗闪朱旗”一句，“朱旗”即朱明王朝的标志，将反清复明的志向暴露无遗。

心理学家弗洛伊德在研究中指出，梦境是一种用于掩饰的象征化安排，是生活的预演或再现，“我们追溯到潜意识的来源，并且分析过它们和白天遗留物的关系——而这遗留物也许是种愿望，一种精神冲动或者干脆是最近产生的印象。在这种情形下，我们都可以解释各种各样清醒时刻的思潮在梦的形成所扮演角色的重要性，甚至以这思想串列为基础，我们亦可以解释这种极端的例子——即梦追求着白天的活动，并且为真实生活中未解决的问题达至称心如意的结论。”[225] 作为有意义的精神现象，弗洛伊德认为梦是一种“精神内在的自卫”，他指出：“我们已经发现，梦取代了许多源于日常生活的思潮，并形成一个完整的逻辑秩序。因此，我们不必怀疑这些思想是否源于正常的精神生活。我们认为价值很高的思想以及极其复杂的行为，都能在梦思中找到。”[226]

有感于梦境的发源，以梅花为餐的郑思肖亦云：

夫人之梦，皆纷杂之念凝之于神。因其昏昧，乘气机恣纵变化，其魂实未尝出于身外，真有所游历。或先谶其事，或杂揉于感；多欲者梦猥而昏，无念者梦寡而清，要之俱化也，诘其根则妄尔。乐广之论未悉也，别之有周礼六梦焉。昔黄帝梦游华胥，高宗梦得说，文王梦帝与九龄，孔子梦见周公，佛梦金鼓，老子梦游厕宾，庄周梦为蝶，孰谓至人无梦乎？其实皆托言也，假梦以喻其意。[227]

图二十五 《钱谦益像》 刊于《清代学者象传》

王鑑的梦境，不仅反映着

画家的个体经验，同时亦映射着清初汉族士人的集体记忆；以纪梦题材抒写遗民意识，实为清初士人企望摆脱心理困境的一种释放途径。上述种种梦境意象，皆可对应王鑑的《梦境图》，来作为洞悉清初士人心理的参照标本。清初遗民多有悔罪心路，但其忏悔的框架却因人而异，在傅山等气节遗民身上固然自始至终，而对王鑑、钱谦益辈而言，则因时而异，越是随着年岁增长，其老而弥惭的心理越是强烈。如张岱在《陶庵梦忆》序言中申明悔意，自云把过往一切“持向佛前，一一忏悔”，[228] 但梦忆的主调是流连光景，牵念奇人异物。在《西湖梦寻》序中，张岱说乱后的西湖万万比不上他梦中的西湖——失落的故园只能在梦境、回忆与文字中追寻，[229] 这种末世之音的时代诉求，与王鑑企图在梦中寻找“老死是乡”的桃源幻想如出一辙。作为一个书法家，傅山怀着强烈的金石兴趣，借用梦中的碑文来抒发自己的遗民心理，而对于有着另类遗民心态的南方缙绅而言，王鑑以其画家身份，难免将历史记忆与画史观念纠合在一起，利用他所熟悉的画史题材来寄托心境。其梦中意象，自然是一片梦里家山意象，而这意象与王维、赵孟頫这种具有共同历史经验的前贤相合，则表达了画家如同在消受梦中佳境一般，在历史的文化记忆中寻找倾诉与自我慰藉的对象。

甲申之变为晚明文人士大夫一生命运的权衡与坐标。在这场政治与社会的大变革中，清初士人不同的政治抉择并不足以动摇固有的文化和社会网络。拒绝接受现实，这可能是带着夷夏之防的汉族文人在面对文化冲突时的第一反应。传统的历史论述称这种文化人为“遗民”，并特别标榜他们不仕外族王朝的道德气节，有时还刻意强调他们在承续汉文化传统努力中的象征性地位。在他们之中，既有像《采薇图》中伯夷、叔齐“不食周粟”的气节，亦有郑思肖“此地暂胡马，终身只宋民”、“不信山河属别人”的遗民心态。相反，作为在国灭过程中精神被征服而沦为新宦的士大夫——唐以王维事胡、元以赵孟頫仕元为最著，则被历史诟病为万劫不复的罪人，甚至因人论艺，累及其文艺成就的评价。譬如清代的乾隆皇帝尤其鄙视这类文人，令其史官撰写《贰臣传》，将清初的此类士人备份在案，使之被永远钉在历史的耻辱柱上。显然，由于王鑑、王时敏辈的失节经历，使之在清初社会强烈的政治氛围中，不得不以“两截人”身份徘徊于“贰臣”与“遗民”之间，难以在政治身份上找到自己的精神归属感，此为王鑑企图借助梦境来进行自我定位的深层心理。

王鑑一生重要的经历包括：1638 年袭荫入仕——1639 年罢官——1645 年迎降清军——1654 年赴京求仕受挫——1660 年建“染香庵”。在出仕之前，他曾耗费八年光阴于苏州经营“半塘精舍”，在遭遇罢官与亡国之痛后，虽偶存出仕幻想，却很快幻灭，最终看破红尘，安于两间茅屋的“染香庵”打发馀生。可以看出，《梦境图》的创作正好距王鑑南归后不久，当为王鑑的出仕理想再度落空后，对自己一生行为反思的结果。于是在此年（1656）夏天，寄寓吴中半塘胜地的王鑑自知与功名无缘，转而逃禅避世，幻想能有一片世外桃源，来荡涤自己一生的坎坷际遇。回顾心路，学仕不成，天翻地覆之际，既未能杀身成仁，反倒一错失节，继而汲汲于功名，亦未能如愿。转为画师，雪泥鸿爪，留下的痕迹为何？对画业及画史传承初具自觉意识的王鑑，感叹人生如梦，生命如飞鸿过空，杳杳无踪，或觉唯有这梦里辋川，学禅于王摩诘，才是真正可以摆脱生命梦魇的净土。鲁迅曾道：“人生最痛苦的莫过于梦醒了无路可走。”[230] 在《梦境图》跋语中，王鑑称“然余年已四十八，颠毛种种，纵至七十，亦不过二十年一梦耳”，则表露出一种“人生苦短、譬如朝露”的生命焦虑感。对于“梦里不知身是客”的王鑑来说，当希望落空，功名成为泡影，现实的梦幻感尤显强烈，那个仲夏白日梦，兴许只是无数梦魇过后的片刻慰藉而已。

注释：

109. 王锡爵（1534 － 1610），字元驭，号荆石，太仓人。明万历初掌翰林院，累官礼部右侍郎、礼部尚书兼文渊阁大学士。著有《荆石诗文集》、《历朝尺牍大全》、《王文肃公文集》等。
110. 张采（1596 － 1645），字受先，号南郭，清初太仓人。崇祯元年（1628）进士，授临川知县，与同里张溥砥砺相学，以六经史汉倡天下，时称"娄东二张"。著有《知畏堂文存》、《太乙山房文集》等。
111. 张溥（1602 － 1641），字天如，明太仓人。与同里张采齐名，时称"娄东二张"。崇祯初，集郡中名士，相与复古学，名其文社曰"复社"。及成进士，交游日广，成员日增，声势日隆，自谓以嗣东林，执政恶之，严旨究追不已，溥卒而事犹未竟。著有《张天如先生汇订四书人物名物经史合考》、《四书尊注大全》、《通鉴纪事本末》、《汉魏六朝百三名家集》等。
112. 谢国桢《南明史略》云："(清廷）又命在南京投降、有文无行的钱谦益，作宣传文字说：'名正言顺，天与人归。'拉拢江南的地主士绅及早投降。"谢国桢：《南明史略》，上海人民出版社，1957 年，第 77 页。
113. 苏州降后，杨文骢带领一支军队闯入苏州，将清政府派来招抚苏淞地区的黄家鼎等处斩。详见顾诚：《南明史》，中国青年出版社，1997 年版，第 129 页。
114.【清】朱子素:《嘉定屠城纪略》，上海图书集成印书局，清光绪二十二年铅印本。
115.【明】王家桢：《研堂见闻杂录》，《明代野史丛书：烈皇小识》，第 272—273 页。
116. 据传，清代嘉定民间流传"有男不娶太仓女，有女不嫁太仓男"之谚，其原因与"嘉定三屠"相关。明清易代之季，嘉定县与太仓县士绅有约抵抗，直至殉国而已。嘉定全城民众无一投降，被屠城三次，死难两万以上，太仓士人则在万历首辅王锡爵后人王烟客率领下降清。
117. 明清时期，官方普建明伦堂作为储才养士的场所，肩负教化之责，但一旦它在地方社会扎根，与地方社会紧密相联后，其功能则大为扩展。在江南尤其是苏州府、松江府繁华富庶之地，明伦堂不仅仅作为士人拜谒的信仰中心，在特殊的历史时期，甚至成为士绅参与地方活动的重要场所，明伦堂在参与地方社会事务管理方面实扮演着重要的角色。在官方的倡导下，明伦堂被竭力塑造为教化士子的场所，而士子们也视其为文人信仰象征的中心，以此明伦守节。明清易代时，为明朝效忠的士人也多在此守节。如金坛冯厚敦，为江阴训导，城破自缢于明伦堂；和州刘芳远，为嘉定训导，闻闯贼陷北都，哀恸整衣冠，向北拜毕坐明伦堂自刎死；永丹阳眭明，为华亭教谕，松江破，题诗明伦堂自缢死。在弘光政权迅速瓦解的大变动中，江阴县的明朝知县林之骥解印去职，清政府委派的知县方亨上任后遵照清廷法令张贴布告令百姓剃发。乙酉（1645）闰六月初一日，生员许用等人在孔庙明伦堂集会，一致决定："头可断，发决不可剃也。"相关著作参阅：陈国栋：《哭庙与焚儒服——明末清初生员层的社会性动作》,《新史学》,第3卷第1期(1992年3月)；巫仁恕：《明清城市民变研究——传统中国城市群众集体行动之分析》,台湾大学历史学研究所博士论文，1994年6月。陈宝良：《明代儒学生员与地方社会》，中国社会科学出版社，2005年版。

118.【明】王家桢：《研堂见闻杂录》，北京古籍出版社，2002年版，第281页。

119. 太原为王时敏家族的郡望，故此处称王时敏为"太原"。陈传席在《"四王"散考》一文中认为"太原疑为太常之误"，谬也。见陈传席《"四王"散考》,《清初"四王"画派研究论文集》，上海书画出版社，1993年版，第404页。

120.【清】汪曾武：《外家纪闻》,《江苏文献》(第一、二期合刊)，民国三十一年版，江苏省国学社印行，南京图书馆特藏部。

121.【清】顾士琏等辑：《太仓州新浏河志》,《四库全书存目丛书》(史部·224册)，齐鲁书社，1996年版，第299页。

122.【明】王家桢：《研堂见闻杂录》，北京古籍出版社，2002年版，第289页。

123. 明清鼎革之际，娄东社会动荡不安，王时敏多行善义之举。《研堂见闻杂录》载："吾娄受先张公，素以搏击豪强为名，于衙蠹门役虎而翼者，尤绳束不稍贷，断断不肯相宽。而党中有陶千金数人，尤桀黠多犯科，张公屡以法中之，饮恨入骨，无以报。会大兵渡江，乱民煽起，城中一哄动。至五月十七日，晨色始霁，张公方卧起，忽有数十人入张公堂，求张公语事。张公出不意，即短衫秃巾迎之。数人仰谓曰：有大案未了，可至州辩状。盖张公于崇祯十四年境内大祲，张公祖常平遗意，每亩加米二升，官贮之，减价以食贫者；随复收值，即更贮米，以无穷利所增额外之米几数千石。一时任事者，皆贪而黠，见金即不能无色动，人人作染指计，入囊腹中。张公亦不无沾染，以是病之，为一生瘢痏。数人因即借为口实，挟其辩状，牵之走。甫出门，即两木夹而行。张公不胜楚，脱及地，即掣发狂奔，已身无完衣矣。南关门外至州治前几数里，一路惨毒备至。每至士大夫门，即屈之叩首，头欲裂。至州治，烟客王公闻之，易敝衣出，好言和解，扶之入中堂，麾众且退，谓即有未白事，吾一身可任，虽千金不靳也。是时党羽益众，门外声嘈嘈，志在必杀之，本无意于辩白；而张公故强项，又不肯即屈。王公见势汹汹，不无内惧意，而又无可奈何，姑放之行，益惨打。至城隍庙，挟令据案书侵克者姓名。书既已，拖入墀中，堂上声鼓一通，即势如风雨，至铁石并下；又一通，复如前。如是者数番，而张公竟奄奄绝矣。复惧其佯为绝也，乃以利锥长数寸者自耳旁及腰腹以下，皆锥数寸，遍千洞穴，而又汲井水数斛灌之。此时已无一息矣，乃牵之入小教场，欲作坎为瘗。系索于颈，两人曳之走，头与地相击有声，身无寸肤得完者。至教场，欲持锄断其首。从旁不平者，呵之，乃止。而此数人已气尽，各散去。一沙弥见其鼻犹有息，乃毁寺中一绰楔举之。旁有好义者，共扶至南关外宅内，作法相调理，得渐苏。会此时大乱，城中纷如麻，无暇纠举，按绳墨。张公犹惧祸不测，扁舟走出。阅一月而此事微闻，上台以为乱民，下一檄至州。一夕，昏暗中，浦君舒牵出，斩二人于市。”见【明】王家桢：《研堂见闻杂录》，北京古籍出版社，2002 年版，第 299—300 页。

124. 陈垣：《清初僧诤记》，《励耘书屋丛刻》，北京师范大学出版社，1982 年版，第 2420—2421 页。

125. 乙酉（1645）五月，清军将渡江南下。端阳日，太仓州却依然举行竞渡，可见其亡国意识极为淡漠，此事亦见载于王家桢《研堂见闻杂录》：“乙酉，端午日，予等观竞渡，知大兵已屠广陵。”见王家桢：《研堂见闻杂录》，《明代野史丛书：烈皇小识》，北京古籍出版社，2002 年版，第 272 页。

126.【清】王昊：《中夜惊闻兵至》，【清】汪学金辑《娄东诗派二十八卷》，清嘉庆九年诗志斋刻本，《四库未收书辑刊》（九辑 · 三十册），第 248 页。

127.【清】钱谦益：《牧斋杂著》（上），上海古籍出版社，2007 年版，第 195 页。

128. 乌龙会系明末清初江南地域（嘉定、上海、松江、太仓等地）以吕茂成、顾慎卿为领导的反清复明组织。详见谢国桢：《明末农民大起义在江南的影响——“削鼻班”和“乌龙会”》，载《明末清初的学风》，上海书店出版社，2006 年版。

129. 奴变，指明清之际席卷江南的家奴暴动，士大夫阶层深受冲击。详见谢国桢：《明末农民大起义在江南的影响——“削鼻班”和“乌龙会”》，载《明末清初的学风》，上海书店出版社，2006 年版。

130.《研堂见闻杂录》载“乌龙会之剧也，二三无赖，腰斧出入，无不丧魄狂走，鸡犬一空。乡人患之，各为约：遇一悍者至，则以呼为号，振衣袒；一声，则彼此四应。顷刻千百叫号，数十里毕达。各执白梃出，攒扑其人至死。于是会中不敢过雷池一步，而乡民势盛。凡遇一狰狞子，或曾指其作恶事，则群束薪赴之，烈火发，拥其人入焰中，不一顷而肤骨已灰。间或聚众东西数出，至仇怨家，则举火焚屋。火正焰，束其夫妻子女，累累掷入。如是者一日数家，而间见溪旁墓所，青烟一缕，少顷过之，骨灰成堆矣。于是乡间作恶人几尽。而镇上诸党，以巢窟在市，慎重不敢即发，约于闰六月十五日，四面会师众数万人，然后围镇搜索。适削发令下，会中人皆持戈入城，无一在家者，以是不果。后则避兵四窜，窟穴已散，终不得举。会其时城民患薙发，有潜至乡间者，乡人指为奸细，以杀为快。于是昼夜守伺，每至日落星稀之际，呼声四起，各执梃狂奔，如见神鬼者，使人睡梦不宁，一夕数起。间指某家已薙发、某家藏薙发者，则千人持戈赴之，举家鸟兽散，以得全性命为幸。猖狂月馀，适陈瑶甫至寺中，妄称总镇，复欲肆毒。乡民以为魁首也，将灭之，以成初志。鸣锣聚众万人，入镇，谓将灭此朝食。而瑶甫党有三、四骁桀者，提刀奔出，无不狼狈披靡，攀崖落水而走者有二十馀人，馀则丧首刳腹为游魂，不敢复谭天下事，而乡民之气始不振。”【明】王家桢：《研堂见闻杂录》，北京古籍出版社，2002 年版，第 278—279 页。

131.【明】王家桢 :《研堂见闻杂录》，北京古籍出版社，2002 年版，第 336 页。

132. 王鑑与王瑞国的交往，多见载于王鑑画跋中。崇祯十一年戊寅(1638)，王鑑曾作《溪山深秀图》题赠王瑞国，跋云“……彦翁叔父教政”，见《中国古代书画目录》(第三册)，第 58 页。在同年王鑑所作的《仿黄公望山水轴》中，有王瑞国长跋云:“书画小技也，而极其所至，可以成名。彼学问之士矻矻穷年，而或扼于时命，或限于精力，迄于一无所就者，每不能望其万一焉。此孟氏有五谷之喻，退之兴二鸟之感也。偶问家玄照画，见其工绝，系赏之馀，为之三叹。”见铃木敬编 :《中国绘画总合图录》(第三册)，东京大学出版社，1983 年版。

133.【清】顾士琏等辑:《娄江志》，故宫博物院图书馆藏清康熙五年序刻吴中开江书本，《四库全书存目丛书》(史部 · 224 册)，齐鲁书社，1996 年版，第 299 页。

134.【清】顾士琏等辑 :《太仓州新浏河志》，《四库全书存目丛书》(史部 · 224 册)，齐鲁书社，1996 年版，第 298 页。

135.《太仓州新浏河志》作“弘光元年”。

136.【清】顾士琏等辑 :《新浏河志》，故宫博物院图书馆藏清康熙五年序刻吴中开江书本，《四库全书存目丛书》(史部 · 224 册)，齐鲁书社，1996 年版，第 201—202 页。

137. 王时敏共有子九人，排行分别为挺、揆、撰、持、抃、摅、扶、掞、抑。参见《王时敏与娄东画派》，浙江人民美术出版社，1994 年版。

138. 王鑑 :《仿巨然笔意山水》，现藏于上海博物馆。

139.【宋】蔡模 :《孟子集疏》(卷一)，《景印文渊阁四库全书》(经部 · 四书类)

140.【汉】郑玄注，【唐】贾公彦疏:《周礼注疏》(卷十一)，《景印文渊阁四库全书》(经部 · 礼类 · 周礼之属)

141.【清】王时敏:《题书城兄小像》，《王奉常书画题跋》，《中国书画全书》(第七册)，第 929 页。

142. 在创作《梦境图》前后，王鑑与钱谦益交往频繁，其于己丑年 (1649) 创作的一幅山水中题曰 :“叔明《九峰读书图》为钱宗伯收藏，余时得借观，今仿其笔意，呈仲翁老宗台教正。”(王鑑 :《九峰读书图》，现藏北京故宫博物院，图录见《王鑑精品集》，人民美术出版社，1999 年版。) 又，癸巳年 (1653) 二月，王鑑赴虞山拜访钱谦益，并作《拂水岩图》，其题跋云 :“癸巳二月访牧斋宗伯于虞山，放舟拂水岩写所见。”(王鑑 :《拂水岩图》，现藏北京故宫博物院，图录见《王鑑精品集》，人民美术出版社，1999 年版。)

143.【清】钱谦益 :《牧斋有学集》(下)，中华书局，1996 年版，第 1366 页。

144.【清】王时敏 :《王奉常书画题跋》，《中国书画全书》(第七册)，第 918 页。

145.【清】王时敏 :《王奉常书画题跋》，《中国书画全书》(第七册)，第 919 页。

146.【清】王时敏：《王奉常书画题跋》，《中国书画全书》（第七册），第 918 页。

147.【清】王时敏：《王烟客先生集》（尺牍卷·致王光晋），民国五年苏州振新书社铅印本。

148. 据《研堂见闻杂录》载："其（王瑞国）子景，字明先，即以狎邪为不法，几破家，狱经年不解，受榜笞无数，摈之远郊，不列士类。"见王家桢：《研堂见闻杂录》，《明代野史丛书：烈皇小识》，北京古籍出版社，2002 年版，第 297—298 页。

149.【清】张庚：《国朝画征录》，于安澜编：《画史丛书》（第三册），文史哲出版社，1983 年版，第 25 页。

150.《梦境图》，图录见《王鑑精品集》，人民美术出版社，2008 年版，第 15 页。

151. 1654 年，王鑑南归，时在北京做官的吴伟业作《送王元照还山》八首送别，诗载《吴梅村全集》。郑威《王鑑年谱》沿用《中国明清绘画》一书所误，将此诗作者错归于王时敏名下，称 1651 年"王时敏邀王氏（王鑑）共游相诉，作《送王元照还山》诗。"按一般常识，王时敏与王鑑时同在太仓，何来送别行径？且时间、地点、情境皆与诗意不合，此谬为不考之故。见郑威：《王鑑年谱》，《朵云》，1989 年第 3 期，第 97 页。

152. 冯金伯《国朝画识》载："董文骥和吴学士《送王元照还山》诗：'故国重来客蓟门，宣和画迹已无存。白头只索丹青引，文采风流旧子孙。'"【清】冯金伯：《国朝画识》，《清代传记丛刊·艺林类》，周骏富辑，明文书局，1986 年版，第 389 页。

153.【清】吴伟业：《吴梅村全集》（中），中华书局，1990 年版，第 498 页。

154.【清】王时敏：《七十自咏》，童一鸣：《王时敏年谱》，《朵云》第 46 期，第 117 页。

155.【清】钱谦益：《致王时敏信函》，《牧斋杂著》（上），中华书局，2007 年版，第 196 页。

156. 胡介，初名士登，字彦远，号旅堂，钱塘诸生。入清后，入城僦居一亩田，遂更其名，以示蛊上履二之志。尝一游京师，梅村、芝麓诸公皆折节纳交，而彦远意气傲兀，亦未能笼绊之。

157.【清】胡介：《与吴骏公先辈》，周亮工纂：《赖古堂尺牍新钞》，康熙元年（1662）赖古堂刻本，国家图书馆藏。

158.【清】吴伟业：《吴梅村诗集笺注》（卷二），[清]程穆衡原笺，[清]杨学沆补注，上海古籍出版社，1983 年版，第 121 页。

159.【清】吴伟业：《吴梅村诗集笺注》（卷二），[清]程穆衡原笺，[清]杨学沆补注，上海古籍出版社，1983 年版，第 128 页。

160.【清】吴伟业：《吴梅村全集》（上），上海古籍出版社，1990 年版，第 138 页。

161. 吴梅村与著名遗民诗僧苍雪法师的交往即为显例。1652 年腊月，苍雪过吴梅村草堂，二人促膝相谈至"漏下三鼓"，得诗数十篇。苍雪和吴梅村《西田赏菊诗》，有"赏菊秋容晚节全"等句，皆以咏菊来寄托遗民心境。见《吴梅村全集》（下），上海古籍出版社，1990 年版，第 1460 页。

162.【清】王翚：《清晖赠言》，《中国书画全书》（第七册），第 865 页。

163. 在 2009 年 9 月澳门艺术博物馆举办的“毫素深心——上海美术馆珍藏明末清初遗民金石书画”展览及研讨会中，王时敏、王鑑皆被纳为清初遗民画家的行列。参见《毫素深心——明末清初遗民金石书画展》（别册），澳门艺术博物馆，2009 年版。

164. 谢正光：《清初诗文与士人交游考》，南京大学出版社，2001 年版，第 383 页。

165. 萧启庆：《宋元之际的遗民与贰臣》，《内北国而外中国：蒙元史研究》，中华书局，2007 年版，第 151 页。

166.【清】戴名世：《温滢家传》，《戴名世集》（卷七），中华书局，2000 年版，第 201 页。

167. 陈垣：《明季滇黔佛教考》，河北教育出版社，2000 年版，第 428 页。

168. 参见巫仁恕：《品味奢华——晚明的消费社会与士大夫》，中华书局，2008 年版。

169.【明】钟化民：《救荒图说》，上海博古斋“墨海金壶”丛书本，民国十年版。

170.【明】何良俊：《西园雅会集序》，《何翰林集》（卷十二），《四库全书存目丛书》（集部 · 142 册），第 109 页。

171.【明】顾起元：《客座赘语》（卷五 · 古园），中华书局，1987 年版，第 162 页。

172.【清】王昶等纂修：《直隶太仓州志》，《续修四库全书》（史部 · 698 册），上海古籍出版社，第 78 页。

173.【清】王昶等纂修：《直隶太仓州志》，《续修四库全书》（史部 · 698 册），上海古籍出版社，第 78 页。

174.【民国】王祖畬纂：《镇洋县志》，《中国方志丛书》（华中地方 · 第一七七号），台湾成文出版社有限公司印行，1975 年版，第 8—9 页。《镇洋县志》亦載有张采志是园甚详，云：“弇山园，尚书王世贞筑，俗呼王家山。在隆福寺西，前临小溪，园亩七十而赢。左方近建祠，祀弇州先生。祠后故小祇林藏经阁址；阁废，存石桥曰梵生。右得木门，繇知津桥，取道弇山堂；堂东折而北，为长溪，有水西注。跨石桥，曰萃胜，踞三山口；三山口者，曰西弇，中弇，东弇。俗呼西为旱山，中东为水山。度桥即西弇，循岭北，得一滩，日突星。右峰二，据岭而頫，径数武，迳断两石，不接尺许，涧水下流，通小龙湫；湫西南一线道，伛偻上，曰石公弄。更数武，有岩中盘石，日息岩。迳尽一磴，曰误游。磴寻得洞，曰陬牙；上横大石梁，曰青虹。循西南下，入洞屋；屋上架重楼，曰缥缈；楼是三弇最高处，西望娄水如练，马鞍山在三十里外；北望虞山，百里而近，曰大观。楼南稍东，得石磴，东北十级而下，题日隔几，为三弇第一洞天。水左与天镜潭合，覆怪石。北趋蜿蜒涧，俯视若一星，曰潜虬。出洞稍南为枕流滩；更北遇小石梁，值青虹下，曰雌霓。复入陬牙洞，转登超然台，少西曰丛桂。亭寻抵绾奇，台下数级有石，傍出水，可以钓，曰忘鱼矶。小转得月波桥，得中弇；中弇在水中。月波南稍东折，列危峰；不数武得洞，曰率然。过洞西，南折而下，有石卧水，为钓矶。旧藏经阁未毁，正距南岸，为唤渡处，曰西归津。循洞东转，度清波梁，小转而南，两壁上狭，卧一石，曰小云门。转入磬玉峡，峡石声如磬，故名。转可十五级，得石栏，为壶公。楼左下穿石梁，曰鳌背。度梁有亭，曰徙倚。南折下数级，得东冷桥，而中弇尽桥为东弇道，今桥废，寻东弇则渡小舟；分胜亭以南，尽竹木，无复峰壁。亭东北斜上三级，得广台；台凿石为芙蓉，屏石西南，修可五尺，馀广倍之，曰云根嶂。嶂下窦曲折，穿芙蓉屏，曰流觞所。更十馀级而下，为大滩，滩势直下，几不能收足，曰嘉树。小舟北渡，登岸循廊而西，为文漪堂；俯视方池，宽广可数亩。堂三楹，与壶公楼对收中弇东弇胜。堂左折而入，得广除三楹，曰凉风。稍东，西北为门，枕通流，榜曰瑯玡别墅。昔所载尔雅楼，小西楼，振屧廊诸处，今皆为居室，不复可游观。此园名在天下，不同凡墅，故约略入记，就所存详纪之。"【民国】王祖畲纂:《镇洋县志》,《中国方志丛书》(华中地方·第一七七号)，中国台湾成文出版社有限公司印行，1975 年版，第 16—18 页。

175.【清】王昶等纂修：《直隶太仓州志》,《续修四库全书》(史部 · 698 册)，上海古籍出版社，第 78 页。

176. 王世贞生前，曾以一庄之代价换得宋版《汉书》，堪称豪举。详见范景中：《书籍之为艺术——赵孟頫的藏书与〈汲黯传〉》,《新美术》，2009 年第 4 期。

177.【清】吴伟业:《吴梅村全集》(卷下)，李学颖评校，上海古籍出版社，1990 年版，第 1474—1475 页。

178.【清】吴伟业:《吴梅村诗集笺注》(卷十七)，[清] 程穆衡原笺，[清] 杨学沆补注，河洛图书公司，1975 年版，第 500 页。

179.《太仓州志》(卷十五 · 园林)，崇祯十五年刊本，第 15 页。

180.《书画鉴影》(卷十六)，转引自郑威:《王鑑年谱》,《朵云》,1989 年第 3 期，第 95 页。

181.【民国】庞元济：《虚斋名画录》(影印清宣统元年乌程庞氏上海刻本),《续修四库全书》(子部 · 1090 册)

182. 王昊此处称王鑑为"元照"，则知此诗当作于康熙年间，王鑑因避玄烨讳将字玄照改为"元照"或"圆照"。

183.【清】汪学金辑：《娄东诗派二十八卷》，清嘉庆九年诗志斋刻本，《四库未收书辑刊》(九辑 · 三十册)，第 247 页。

184.【清】王昊：《硕园诗稿》,《四库未收书辑刊》(九集 · 十六册)，第 466 页。

185.【清】吴绮：《同维夏饮王廉州来云馆感赋》,《林蕙堂全集》(卷十八),《景印文渊阁四库全书》(集部 · 别集类 · 1314 册)

186.【民国】顾麟士:《过云楼书画续记》，江苏古籍出版社，1999 年版，第 77—78 页。

187. 林和靖，即林逋 (967 — 1028)，字君复，北宋初年著名隐逸诗人。今存词三首，诗三百馀首，后人辑有《林和靖先生诗集》四卷。

188. 王鑑：《三竺溪流图轴》，徐邦达编：《历代流传书画作品编年表》，上海人民美术出版社，1963 年版，第 133 页。

189. 王鑑：《仿赵孟頫山水轴》，徐邦达编：《历代流传书画作品编年表》，上海人民美术出版社，1963 年版，第 133 页。

190.【清】吴伟业：《吴梅村全集》（中），上海古籍出版社，1990 年版，第 828 页。

191.【清】吴伟业:《吴梅村全集》（上），上海古籍出版社，1990 年版，第 17—19 页。

192.【清】吴伟业：《吴梅村全集》（中），上海古籍出版社，1990 年版，第 781 页。

193.【清】钱谦益:《牧斋有学集》（中），上海古籍出版社，1996 年版，第 997—999 页。

194.【清】王昊:《游王烟客奉常西田有述》,《硕园诗稿》,《四库未收书辑刊》（九集·十六册），第 453 页：

195.【清】王昊：《西田歌寿王烟客奉常六十》，《硕园诗稿》，《四库未收书辑刊》（九集·十六册），第 437 页。

196.【清】吴伟业:《徐季重诗序》，《吴梅村全集》（中），上海古籍出版社，1990 年版，第 703 页。

197. 孙承泽（1592—1676），字耳北，号北海，又号退谷、退翁、退道人。山东益州人，但藏印中自称“北平孙氏”，精鉴赏，富收藏。著有《庚子消夏记》。

198.【清】吴伟业：《退谷歌》，靳荣藩辑注：《吴诗集览》（第三册），中华书局，1936 年版，第 15—17 页。

199.【清】姜安节、姜实节编订：《府君贞毅先生年谱续编》，收入《敬亭集》，《四库全书存目丛书》（集部·173 册）

200.【清】冒襄：《巢民文集》（卷五），《续修四库全书》（集部·1399 册），上海古籍出版社，1995 年—2002 年版，第 9—10 页。

201.【清】陈维崧:《水绘庵记》，收入冒襄辑:《同人集》（卷三），《四库全书存目丛书》（集部·385 册）

202.【清】邓汉仪：《庚子冬日过水绘庵次其年原韵》，收入冒襄辑：《同人集》（卷六），《四库全书存目丛书》（集部·385 册）

203.【清】顾炎武：《顾亭林诗文集》，中华书局，1985 年版，第 107 页。

204.【清】彭士望：《与陈君书》，《耻躬堂文钞》（卷一），影印清咸丰二年刻本，《四库禁毁丛刊》（集部·52 册）

205.【清】屈大均:《卧蓼轩记》，《翁山文外》（卷一），影印上海图书馆藏康熙间刻本，《续修四库全书》（集部·1412 册）

206.【清】徐枋:《法林庵募制庄严序》,《居易堂集》(卷七),《续修四库全书》(集部·1404 册)

207.【清】陈确：《陈确集》，中华书局，1979 年版，第 433 页。

208.【明】王家桢：《研堂见闻杂录》，《明代野史丛书：烈皇小识》，北京古籍出版社，2002 年版，第 297—298 页。

209. 见上海博物馆编:《中国书画家印鉴款识》（上），文物出版社，1993 年版，第 52 页。

210.【清】王时敏：《自述》，王宝仁辑：《娄水文征》（第十二册 · 卷四十三），道光壬辰有馀斋刊本，第 20-21 页。

211.【清】汪学金辑：《娄东诗派》，《四库未收书辑刊》（九辑 · 三十册），第 215 页。此典故出于《庄子 · 齐物论》“昔者庄周梦为胡蝶，栩栩然胡蝶也，自喻适志欤！不知周也。俄而觉，则蘧蘧然周也。”陈鼓应注释：《庄子今译》，中华书局，1983 年版，第 92 页。

212. 杨念群：《文字何以成狱？——清初士人逃隐风格与“江南话题”》，《新史学》（第一卷），杨念群主编，中华书局，2007 年版，第 27 页。

213. 陈垣亦云：“明季遗民多逃禅，示不仕决心也。”见陈垣：《明季滇黔佛教考》，河北教育出版社，2000 年版，第 416 页。

214.【春秋】老子：《道德经》（十八章），《老子道德经·老子本义》，(【魏】王弼注，【清】魏源注）上海书店出版社，第 12 页。

215.【战国】庄周：《庄子·齐物论》，陈鼓应注释：《庄子今译》，中华书局，1983 年版，第 92 页。

216.【南唐】李煜：《望江南》，收于俞平伯编：《唐诗词选释》，第 59 页。

217.【南唐】李煜：《望江南》，收于俞平伯编：《唐诗词选释》，第 61 页。

218.【南唐】李煜：《望江南》，收于俞平伯编：《唐诗词选释》，第 60 页。

219.【宋】赵佶：《燕山亭 · 北行见杏花》，胡云翼编：《宋词选》，上海古籍出版社，1962 年版，第 125—126 页。

220.【宋】郑思肖：《郑思肖集》，上海古籍出版社，1991 年版，第 117—120 页。

221.【元】周密：《齐东野语》（卷十六），《景印文渊阁四库全书》（子部 · 865 册）

222.【清】傅山：《傅山全书》（第一册），山西人民出版社，1991 年版，第 51 页。

223.《史记》“伍子胥传”：“方子胥窘于江上，道乞食，志岂尝须臾忘郢耶？”【西汉】司马迁：《史记》（第七册），中华书局，1959 年版，第 2183 页。

224.【清】钱谦益：《牧斋有学集》，上海古籍出版社，1996 年版，第 210—211 页。

225.【奥】弗洛伊德：《梦的解析》，作家出版社，1986 年版，第 453 页。

226.【奥】弗洛伊德：《梦的解析》，作家出版社，1986 年版，第 477 页。

227.【宋】郑思肖：《郑思肖集》，上海古籍出版社，1991 年版，第 117—120 页。

228.【清】张岱：《陶庵梦忆》，（影印国家图书馆藏清乾隆五十九年王文诰刻本），《续修四库全书》（子部 · 1260 册）

229.【清】张岱：《西湖梦寻》，(影印清光绪九年刻本)，《四库存目丛书》（史部·0237 册）

230. 鲁迅：《娜拉走后怎样》，《鲁迅全集》，人民文学出版社，1981 年版，第 161 页。

第三章　毫素深心：《梦境图》与辋川意象

画山水而兼园亭，自摩诘《辋川》、卢鸿《草堂》图始。后至元季，赵文敏好写此景，绝无画院习气。叔明乃其甥也，故每效之，更加风韵。——《梦境图》

郭熙《林泉高致》云："盖仁者乐山，宜如白乐天《草堂图》，山居之意裕足也；智者乐水，宜如王摩诘《辋川图》，水中之乐饶给也。"[231]这句互文见义的修辞，表达了中国古代士人阶层内心，崇尚一种与山林相亲的高隐情怀。而将这种情怀诉诸画面，则以《辋川图》与《草堂图》题材为最显。在这种心理驱使下，辋川与草堂母题成为历代画家热衷表现的对象，寄情寓志其中。作为中国画隐逸题材的要角，《辋川图》的知名度，显然不仅仅在于辋川幽澹绝尘的地理特殊性，同时作为一种文化意象，[232]实与王维在中国历史上的个人魅力密切相关。这就如同中国历史上的许多文化现象，如在陶渊明与桃源、卢鸿与草堂、苏轼与赤壁之间，皆维系着一种象征艺术的张力。同时我们还发现，绘画史上一些著名母题，最先多由文学（如诗歌、散文）上的一些经典意象转化而来，逐渐才形成一个较为稳定的图式，以供历代风雅者追摹或改创。在中国绘画史上，由文字转化为图像的隐逸题材，较为著名的有《桃花源记》之于《桃源图》、《赤壁赋》之于《赤壁图》、《渔父》之于《渔父图》、《草堂》之于《草堂图》，等等。

前文关于王鑑的身世、经历及其所在江南文化圈的社会语境的讨论，探寻的是王鑑创作《梦境图》心路历程的外围因素。然回到《梦境图》作品本身，王鑑先是梦入辋川，后又借助《辋川图》这一美术史经典母题，进而将传统的“辋川图式”与“草堂图式”相融合，以作为对自身处境及心理的一种影射。其别具深心之处，非但在于“辋川意象”所特有的隐逸内涵，作为失节文人心目中的理想楷模，在王维与《辋川图》身上被赋予的政治象征寓意，才真正是促使王鑑选择其作为表现对象的根本缘由。因此，纵向追溯《辋川图》这一重要母题形成背后的历史语境，对于我们理解《梦境图》的图像志内涵具有重要意义。

一　《辋川图》及其画本传序

《辋川图》所表现的辋川溪谷，位于长安南边的南田县附近，最先是初唐诗人宋之问在此置别业，名为蓝田山庄。王维与辋川的结缘，当与他在辋川的隐居生活相关，《旧唐书》本传载：

得宋之问蓝田别墅，在辋口。辋水周于舍下，别涨竹洲花坞，与道友裴迪浮舟往来，弹琴赋诗，啸咏终日。尝聚其田园所为诗，号《辋川集》。[233]

如上记载情形，王维从宋之问处得到蓝田别墅后，[234] 引来河流，使辋水环绕宅基，并在辋口的洲渚上种上花竹，与道友裴迪终日优游其间，以琴棋书画为乐。辋口庄只是辋川别业中的一处景观，是王维信仰与艺术生活的据点，并在此创作了大量与辋川有关的诗歌，其中代表作是包含有二十首组诗的《辋川集》。[235] 除了这些描绘辋川景致的诗歌，王维还留下一封文辞优美小札，其云：

近腊月下，景气和畅，故山殊可过。足下方温经，猥不敢相烦，辄便往山中，憩感配寺，与山僧饭讫而去。北涉玄灞，清月映廓，夜登华子冈，辋水沦涟，与月上下，寒山远火，明灭林外，深巷寒犬，吠声如豹，村墟夜舂，复与疏钟相间。此时独坐，童仆静默，多思曩昔携手赋诗，步仄径，临清流也。当待春中，草木蔓发，春山可望，轻鲦出水，白鸥矫翼，露湿青皋，麦垅朝雊，斯之不远，傥能从我游乎？非子天机清妙者，岂能以此不急之务相邀？然是中有深趣矣，无忽，因驮黄檗人往，不一。山中人王维白。[236]

这篇文辞优美的短札，意在邀请好友裴迪相偕山中踏春。在信札中，王维以画家兼诗人独特的眼光，轻灵的笔触与诗般的语言，向裴迪描绘了辋川之春的如画风物，营造了一幅辋川之夜的美丽画面。同时，王维还从不同的侧面写出了辋川生活的闲情逸致，流露出对往昔与友人诗酒相和的留恋，以及对恬静脱俗

图二十六 《辋川图》（唐摹本） 日本圣福寺藏

的乡居生活的向往与眷念，同时也透露出对官场的厌倦情绪。王维画《辋川图》，最早见载于《历代名画记》：

蓝田置别业，以山水琴书自娱。工画山水，体涉古今。人家所蓄，多是右丞指挥工人布色，原野簇成远树，过于朴拙，复务细巧，翻更失真。清源寺壁上画辋川，笔力雄壮。

图像传承毕竟不同文字，王维的《辋川图》早已失传，今人对该图的认识端赖于历代摹本。古原宏伸主编的《文人画粹编·王维》卷中，收录了数卷不同时代绘制的《辋川图》。他对历代《辋川图》进行梳理后认为，现存的《辋川图》约有三十件之多。[237] 尽管流传的《辋川图》在形式上可见其承续渊源，但原本《辋川图》已不可考，且与年代最久的（约11世纪的郭忠恕本）《辋川图》之间有着相当长的隔绝时期，因此无法确

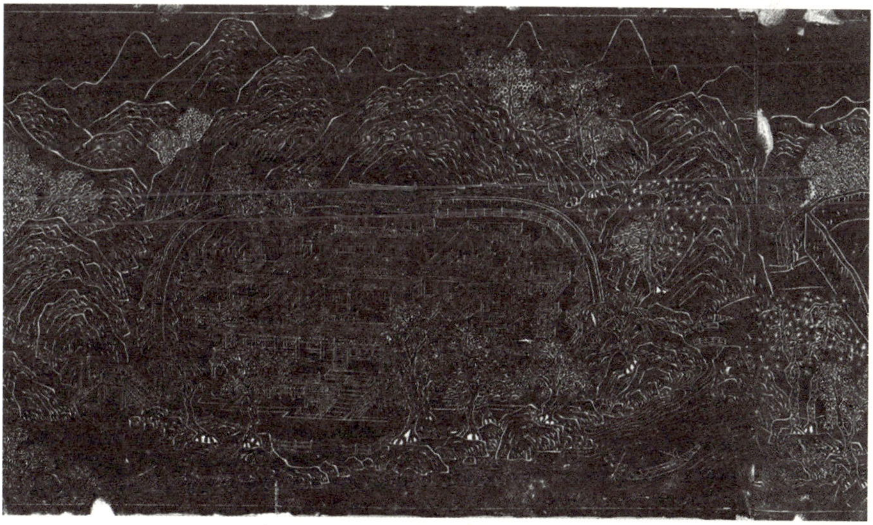

图二十七　郭世元　《石刻郭忠恕临王维辋川图》墨拓本（局部）　美国芝加哥东方图书馆藏

定王维《辋川图》的庐山真面。即便如此，作为了解王维的画风，另一位日本学者铃木敬仍支持从郭忠恕的《辋川图》摹本中寻踪，他的理由是，既然这些作品被称为王维名下的摹本，那么至少可以从中看出王维山水风格的影子。比较今天流传下来不同时代的各种《辋川图》（如日本圣福寺唐摹本（图二十六）、台北故宫博物院藏的宋摹本（图三十、三十一）以及万历年间的石刻本（图二十七、二十八、二十九））后不难发现，这些作品除去笔法风格上的差异不谈，它们在图式的组织与位置经营方面却惊人的一致，显示出一脉相承的渊源。这些《辋川图》传本的重要性，在于它们与王维《辋川集》所咏各景点的统一。《广川画跋》记载：[237]

《辋川集》总田园所为诗，分序先后，可以意得其处。古传辋水如车辋头，因以得名。维自罢官，居辋口者十年，日与裴迪浮舟往来，弹琴赋诗。此图于像见之，然诗有南垞、北垞、华子冈、欹湖、竹里馆、茱萸沜、辛夷坞，此画颇失其旧，当依其说改定。其后维舍此地为浮图居，今清源寺是也。[238]

从艺术史的承续经验来看《辋川图》的图式演变，铃木敬指出，“画树法或各个山的表现法，加阴影的方法等，都比较地容易受到当世风格的影响。至于构图与随之而有的图形的处理方法则比较不易改变，否则，在临摹古画时，古画则毫无意义可言。”[239] 此一观点，道明了中国绘画史中的一个重要现象，即当一个母题被确定下来之后，常常会有一个与之对应的图式稳定地延续下去。（图三十二）即便是风格因时代的更替而改变，但前代图式一经确立却不会轻易地改变，以供后继者在同一母题创作中获得启发。

元初，由于赵孟頫提倡复古主义[240]，主张恢复北宋以前的绘画传统，

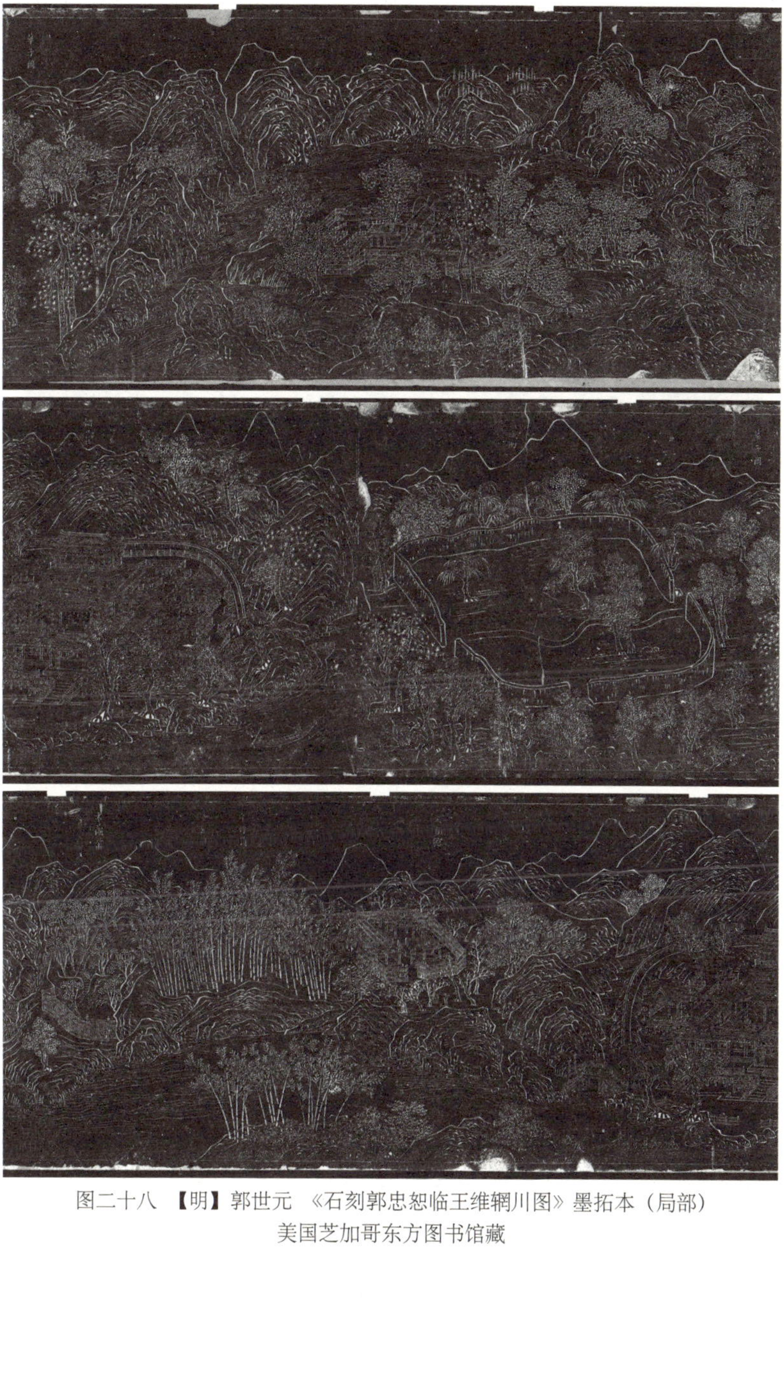

图二十八　【明】郭世元　《石刻郭忠恕临王维辋川图》墨拓本（局部）
美国芝加哥东方图书馆藏

王维的《辋川图》成为最适时合人的表现对象，赵孟頫甚至将之与王羲之《兰亭序》相提并论，予以高度重视。现藏大英博物馆的《辋川图卷》，一般认为是他亲手摹制。王维在元代受到的关注程度有甚于宋人，这与汉人在蒙元异族统治下，对唐宋时期有所向往的复古倾向有关，吸引了许多文官画家投入《辋川图》临仿与创作。王维对于整个元代有着无比的吸引力，就是由于他在遇到政治剧变时，抱着佛家与世无争、及时隐退的态度，及时退出政治生涯，归隐田园。对于那些面对同样局势的元代画家（如赵孟頫、王蒙辈）而言，王维的经历与艺术则给了他们以启示与慰藉。到晚明，此种对《辋川图》的崇尚现象，经由众多鉴赏家著录题跋的宣扬，在王维风格已无真迹流传、而早期临本又缺乏精善具有权威者的情况下，各种《辋川图》新制的仿古版本根据不同的需求灿然大盛。

明万历四十五年（1617），由陕西省蓝田知县沈国华主持的《辋川图》石刻制作，将历代流传《辋川图》与蓝田的辋川山水结合起来，意在凝聚地方意识与文化认同，凸显蓝田县地灵人杰的形象。这个浩大的工程

图二十九　【明】郭世元　《石刻郭忠恕临王维辋川图》墨拓本引首　郭宗昌题
美国芝加哥东方图书馆藏

请来画家郭世元临摹来复家藏的《宋郭忠恕临右丞真迹善本》，该本线韵流畅、画技精湛，使《辋川图》以石刻的形式得以保存。晚明以降，郭世元的石刻本《辋川图》影响日剧，不仅是由于它尊重原貌，其作为石刻可以大量拓制的特性，使之易于传播则为主要因素，如今天存世的便有大阪市立美术馆、美国芝加哥东方图书馆以及集翠山房等藏本。李日华曾见郭世元《辋川图》石刻拓本云：

摩诘画有极简古粗疏者，作树头如撮米，树木如钉橛，山如浪起，沙如锥画，千重百重只馀梢末露之。余于荥泽公馆中见一屏，就视乃陕刻摩诘《蓝田庄图》石本，虽石顽工拙未尽本妙，然其用意未尝不可追

图三十　（传）宋人《临辋川图卷》台北故宫博物院藏

图三十一　（传）宋人　《临辋川图卷》（局部）　台北故宫博物院藏

图三十二　三幅宋本《辋川图》中的“辋口庄”　台北故宫博物院藏

而思也。[241]

基于文人论画的立场，李日华对该本的评价难免带有“石顽工拙”的缺憾，但仍认为未尝不可追思摩诘《辋川图》之遗风。《辋川图》的传播之于清初画家，大抵与李日华相同，多通过郭世元石刻拓本中得以了解。如王原祁 1711 年创作的《辋川图》[242]，便以之为粉本，其于画中题道：“寄翁老先生论交已久，三年前拟卢鸿草堂图，即拟订为辋川长卷，以未见粉本不敢妄拟，客秋偶见行世石刻，并取集中诗参考，以我意自成，不落画工形似。”由此可知，王原祁创作《辋川图》的态度是“未见粉本不敢妄拟”，可见古人在表现古典题材上的虔诚心理。王鑑素以鉴赏著称，其一生寓目名迹不计其数，其中亦必包括各种《辋川图》传本或郭世元临本。其曾祖王世贞曾得观《辋川图》云：“右丞王摩诘《辋川图》，临之者郭忠恕，再临者仇英实父也。其二十绝句书者，文待诏徵仲也。余尝谓读摩诘绝句，更一览《辋川图》，便觉如上下华子冈、斤竹岭，骋宫槐陌，泛南北垞、欹湖、柳浪，徙倚木兰柴、茱萸沜，即文杏馆而休焉。酌金屑之泉，与裴迪秀才对语，不知我之为摩诘，摩诘之为我也。然则摹本何必实父，而书亦何必徵仲哉。”[243] 正如王世贞谈到，欣赏《辋川图》如同身临其境，神游其间，几至令其产生一种“不知我之为摩诘，摩诘之为我”的错觉。与其曾祖王世贞一样，王鑑也熟知《辋川图》的创作传统，如《梦境图》题跋云:“画山水而兼园亭，自摩诘《辋川》、卢鸿《草堂》图始。后至元季，赵文敏好写此景，绝无画院习气。叔明乃其甥也，故每效之，更加风韵。”王鑑对赵孟頫、王蒙《辋川图》、《草堂图》的评价，说明了他曾寓目这些作品，而这些鉴藏经历也为其创作《梦境图》提供了可资借鉴的图式信息。[244]

二 《辋川图》的政治内涵

万历四十年（1612）二月十八日，里居嘉兴的李日华见到一幅《郭忠恕摹王右丞辋川图》，经其鉴定，定为“江南李后主时临本”，弥足珍贵。作品尾有数跋，其中“临江李杭”诗云：

猪龙儿嬉锦朋好，三郎岁晚欢娱老。阿环姊娣拥华清，朝士宫前谁敢到？右丞脱却尚书履，布袜青鞋弄烟水。蓝田别业堪图画，矮本丹青自游戏。华子冈，辋川庄，湖亭竹馆遥相望。小桥折转青红窗，树窠历历烟茫茫。栾家濑前两舟上，柳浪一尺春水狂。诗成与和者谁子？我外裴迪谁能双。丘壑风流妙如此，安知画外凄凉意？凝碧池头天乐声，白发累臣泪如洗。乱后归来旧第中，玄墙绿户老秋风。人生过眼皆梦境，乞与山僧开梵宫。伊谁得此千金价？客来寒日莫匆匆。[245]

“丘壑风流妙如此，安知画外凄凉意？”李杭的题诗，用史笔的方式揭示了《辋川图》的画外寓意。表层上，《辋川图》不惟是中国古代文人超迈情怀的言志原乡，实质其内核处，却暗含着一种无法言传的苦涩与苍凉。天宝十四年（755）十一月，割据河北的安禄山起兵反叛。十五年（756）六月，叛军占领长安，身居长安的大部分官员因扈从不及而身陷囹圄，被迫接受了安禄山的官爵，王维便是其中之一。王维被安禄山叛军俘获后的状况，为时议熟知，《旧唐书》本传载：

禄山陷两都，玄宗出幸，维扈从不及，为贼所得。维服药取痢，伪称暗病。禄山素怜之，遣人迎之洛阳，拘于普施寺，迫以伪署。[246]

王维被迫接受伪官的经历，[247] 成为其人格上的严重污点，亦成为许多后代文人诟病的对象。朱熹云："维以诗名于开元间，遭禄山之乱，陷贼中不能死，事平复幸不诛，其人既不足言。"[248] 宋末元初的家铉翁，则对《辋川图》中的亭台楼阁之豪奢表示不满，认为这并不符合真隐士作风，其云："士有见于道，则知登山临水之为乐。于道苟无见焉，则崇台池，饰观榭，穷奢角奇，而后为可乐。是其乐有内外，不可以一律观也。王摩诘自谓能隐，余观此图，包络山谷，绵亘广远，与豪客贵翁，穷奢角奇者，亦何以异？"[249] 至顾炎武，其言语则不留丝毫情面："古来以文辞欺人者，莫若谢灵运，次则王维。"[250] 王维的人品之所以遭到历代文人之贬抑，正如入谷仙介分析那样："可以说对他（王维）的非议是因为其'身与名为仇'了。然而虽然只是形式，但接受了伪官毕竟是不争的事实。身在敌营难以辨明无辜，背着'贰臣'、'变节者'的污名却无可奈何。"[251]

在历代《辋川图》题咏中，除了秦观的亲身体会使之确信《辋川图》具有疗疾功用，[252]（图三十三）《辋川图》最主要的意义还是在于它的隐逸内涵，但其中亦不乏许多批评者。对《辋川图》提出批评者，多将此图与王维的失节经历相系。如宋人韩琦云："辋川诚自好，人各爱吾园。欲纵家山乐，终縻吏事繁。鸿飞思避弋，羝触困羸藩。几日归陶径，方知践此言。"[253] 在韩琦的诗中，虽提及王维身陷羸藩的事实，却并未加以责难。同样，王秋涧在《题王右丞辋川图》中亦指出王维的不忠，但仍委婉地表达了对其遭遇的同情："骚韵禅谈意未央，欹湖烟月堕微茫。园林钟鼓清时乐，好个裴公绿野堂。状物何如及物功，开元真宰说姚崇。未妨僦屋招提里，斗米三钱四海同。凝碧池边野鹿过，空垂双泣赋悲歌。论忠不到平原列，驰誉丹青未足多。文采风流映一时，丹青三昧有余师。戏将万斛欹湖水，写尽南山五字诗。"[254]

然至元代，则骂声可闻。如李珏将《辋川图》与王维的晚节联系起来，认为王维的人格有负辋川的林泉之美，其《题王右丞辋川图》云："园图亲画早流传，已是人间五百年。凝碧池头秋句在，当年几负此林泉。"[255] 再如吴师道《跋辋川图临本后》云:"王右丞维《辋川图》,既属之李赵公,后传南唐建业文房。《宣和谱》已不复有。世所见者，往往临本也。今观领军赵侯孟威所藏，亦甚精绝可玩，彼真迹当何如邪！予尝论维文词清雅，风度高胜，超然山林间，疑非世之人矣！而居位显荣，汙贼不能死，适累是图，惜哉！昔刘焘无言，尝以丽纸写维诗，并裴迪所赋，谓裴在唐无闻,而诗与维抗衡,其人亦可以想见。予谓迪之不婴世,故高蹈自全,贤于维矣。"[256] 在题跋中，吴师道不仅指出王维的人品远远不及其好友裴迪，更重要的是因其人格的沦丧而累及《辋川图》在后人心目中的美好形象。对王维的失节责之最苛者，当数元代大儒刘因[257]，其著名的《辋川图记》云：

是图唐宋金源诸画谱皆有，评识者谓惟李伯时山庄可以比之，盖维平生得意画也。癸酉之春，予得观之。唐史暨维集之所谓"竹观"、"柳浪"等皆可考，其一人与之对谈或泛舟者疑裴迪也。江山雄胜，草木润秀，使人徘徊抚卷而忘掩，浩然有结庐终焉之想，而不知秦之非吾土也。物之移人，观者如是，而彼方以是自嬉者，固宜疲精极思而不知其劳也。

呜呼！古人之于艺也，适意玩情而已矣。若画，则非如书计乐舞之可为修己治人之资，则又所不暇而不屑为者。魏晋以来，虽或为之，然而如阎立本者已知所以自耻矣。维以清才位通显，而天下复以高人目之，彼方偃然以前身画师自居，其人品已不足道。然使其移绘一水一石一草一木之精致，而思所以文其身，则亦不至于陷贼而不死，苟免而不耻，其紊乱错逆如是之甚也。岂其自负者固止于此，而不知世有大节，将处己于名臣乎？斯亦不足议者。

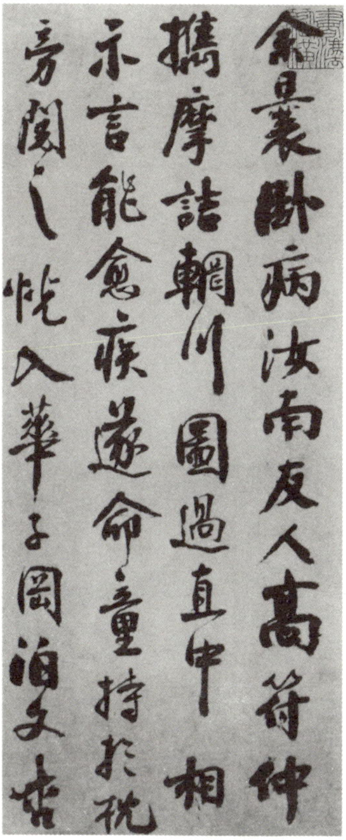

图三十三　【宋】秦观
《书摩诘辋川图跋》（局部）

予特以当时朝廷之所以享盛名，而豪贵之所以虚左而迎、亲王之所以师友而待者，则能诗能画、背主事贼之维辈也。如颜太师之守孤城，倡大义，忠诚盖一世，遗烈振万古，则不知其作何状，其时事可知矣。后世论者，喜言文章以气为主，又喜言境因人胜，故朱子谓维诗虽清雅，亦萎弱少气骨，程子谓绿野堂宜为后人所存，若王维庄，虽取而有之，可也。呜呼！人之大节一亏，百事涂地，凡可以为百世之甘棠者，而人皆得以刍狗之。彼将以文艺高逸自名者，亦当以此自反也。

予以他日之经行，或有可以按之，以考夫俯仰间已有古今之异者，欲如韩文公《画记》，以谱其次第之大概，而未暇，姑书此于后，庶几士大夫不以此自负，而亦不复重此，而向之所谓豪贵王公，或亦有所感而知所趋向焉。三月望日记。[258]

刘因的《辋川图记》，是中国文学史上名篇。该文立足于一种严格的儒家道统观，籍辋川言事，指向于对王维失节经历的声讨。在文中，刘因对王维其人其艺予以一种历史性的评断，认为“人之大节一亏，百事涂地，凡可以为百世之甘棠者，而人皆得以刍狗之”，同时警醒“彼将以文艺高逸自名者，亦当以此自反也。”继刘因之后，元代另一大儒虞集也在《辋川图》题跋中，数落王维“无卓然节操”及“志荒之罪”，其云：

宋景文公著《唐书》列传，文法严简，其势无由泛及散漫，而于摩诘，备载华子冈、欹湖、竹里馆、柳浪、茱萸沜、辛夷坞之目，何所不惮烦耶？君子隐居以求其志，行义以达其道，随所寓而自得焉。必欲山水花木之胜，则其志荒矣。是故文艺绝人，高韵天放，而无卓然节操者，志荒之罪也。宋公之意，其殆有儆于玩物者乎？善观是图者，并以是求之。[259]

王维遭到元人的强烈谴责，反映了汉人在蒙元异族统治下的不平与压抑。他们试图通过对历史上失节者的痛诉，来警示当时的汉族士人洁身自爱，甚至将矛头指向于对历代文人极具诱惑力的《辋川图》。因此，在历代《辋川图》题咏中，“辋川意象”被赋予了一层浓重的政治道德隐喻意味，这便指向于王维的晚节与其隐逸作风之间所构成的剧烈冲突。表面上，辋川是人们向往的世外桃源，为历代仁人高士追攀寄怀，实则其中却暗含着强烈的道德内涵。尤其对于江山易代、异族统治下，有着与王维类似经历的汉族士大夫（如赵孟頫、王鑑）而言，《辋川图》则具有一种强烈的象征意义，其人格化的隐逸内涵使之不啻于失节者的心灵避难所，即如入谷仙介指出：“王维的辋川，却是一个能缓解、治疗心灵创伤的处所”。[260] 特别是由于赵孟頫的出现，他特殊的历史身份和思想，使其创作的作品（如《辋川图》与《鹊华秋色图》）在《辋川图》母题传承中有着重要意义。从而，《辋川图》所具有的隐语系统，也逐渐深入其形式中，并最终成为一种根深蒂固的文化传统。

三 赵孟頫与《辋川图》

在历代画史文本中，有关《辋川图》的流变，郭忠恕摹本一直被公认为具有里程碑意义。而《梦境图》题跋中，王鑑撇开郭忠恕的重要地位，强化赵孟頫（图三十五）、王蒙在《辋川图》历史流变中的位置，显然带有个人的理解与需要。固然，赵孟頫、王蒙在这个传承体系中的意义不可小觑，然赵氏一生之所以高标王维与其名作《辋川图》，实乃其时代环境与个人经历使然，即王维的《辋川图》对他具有特别的意义。赵氏心理世界中的《辋川图》，之于王鑑也具有同样意义，考察赵孟頫与《辋川图》之间的关系，以及赵氏在强化"辋川意象"伦理意义上的作用，实是我们洞察《梦境图》内在世界的一扇窗口。

与同时代的刘因、虞集态度不同，赵孟頫则将王维当作偶像加以顶礼膜拜。赵氏对王维的推重，除其友人的题跋可资证明外，他自己亦留下许多文字。在他眼中，王维诗画相辅，是魏晋至唐的画坛冠冕。其云："王摩诘能诗更能画，诗入圣而画入神。自魏晋及唐几三百年，惟君独振，至是画家蹊径，陶铸洗刷，无复馀蕴矣。"[261] 赵氏不但视王维绘画为圭臬，同时亦高标王维的人品与胸次，谓其"非尘壤中人"，云：

王摩诘家蓝田辋口，所为台榭亭坨合有若干处，无不入画，无不有诗。以此则摩诘胸次潇洒，情致高远，固非尘壤中人所得仿佛也。其图亦出自摩诘点染，有高本、矮本传世。此图乃高本也，较之矮本更胜。后复系以诗题，种种神妙，世所称卷中三绝，孰有逾于此者！昔明皇见郑虔画题为三绝，其亦未见此耳。若见此卷，其称赏又当何如耶！一日太仆危君出示余，惜余衰迈已甚，而不能悉其旨趣，唯有击节三叹而已！[262]

由此可知，赵氏非但亲眼目鉴王维的《辋川图》，并且还为之题跋。元人柳贯在大都时，从赵孟頫游，得观《辋川图》，其云："往年备官京都，从吴兴公入道山延阁，书题装潢画卷，见王摩诘《辋川庄图草》，后又见图本郝参知家，有四川宣抚司都大茶马司官印，位置纤悉俱备。”[263] 柳贯这段文字，记载他曾追随赵孟頫鉴赏《辋川图》的经历。在《梦境图》题跋中，尽管王鑑因主题之需，刻意强化赵氏在《辋川图》历史流变中的重要地位，可惜赵氏的《辋川图》早已失传，使人无从一睹其神采。然幸运的是，赵氏的另一件作品《鹊华秋色图》（图三十四），却在某种程度上为我们弥补了这一缺憾。历代《鹊华秋色图》跋文的作者，皆将该作画法渊源与《辋川图》相勾连，特别指出该图源自王维《辋川图》，甚至可以与之媲美。最早将赵孟頫《鹊华秋色图》与王维《辋川图》齐驱等观，是赵氏的友人杨载，[264] 他在该图题跋中云：

羲之摩诘，千载书画之绝，独兰亭叙、辋川图，尤得意之笔。吴兴赵承旨，以书画名当代。评者谓能兼美乎二公。兹观鹊华秋色一图，自识其上，种种臻妙，清思可人，一洗工气，谓非得意之笔可乎。诚羲之之兰亭，摩诘之辋川也。[265]

晚明以降，文人题跋多指向于赵孟頫画风中的王维因素，甚至直接指出《鹊华秋色图》师法《辋川图》，如王世懋曾云：“（《鹊华秋色图》）山头皆作青绿，全师王摩诘”；[266] 董其昌前后曾五题《鹊华秋色图》，谓：“吴兴此图，兼右丞北苑二家画法。有唐人之致，去其纤；有北宋之雄，去其犷。故师法舍短，亦如书家，以肖似古人不能变体为书奴也。”[267] 这段题跋，足以反映赵孟頫在董其昌心目中的地位，而非其一贯出尔反尔，或扬或贬，实将赵氏视为偶像与超越的目标。[268] 除去《鹊华秋色图》，董其昌还指出，赵孟頫的另一名作《水村图》亦出自《辋川图》，其云：“吾家有赵集贤《水村图》及文太史临本，皆从《辋川》得笔。二卷久已失之，仿佛为此。”[269] 董其昌的挚友陈继儒，亦熟知《鹊华秋色图》的画风渊源，他在《妮古

图三十四　【元】赵孟頫　《鹊华秋色图》　台北故宫博物院藏

录》中写道："鹊华秋色卷，赵子昂为周公谨作。山头皆作青绿，全学王右丞与董源"[270] 董其昌卒于1636年，王鑑在其去世前曾多次造访，并有机会一睹《鹊华秋色图》真迹风采，对此王鑑回忆道："余向在董思翁斋头见赵文敏《鹊华秋色卷》，及余家所藏子久《浮岚远岫图》，皆设青绿色，无画苑习气。今二画不知流落何处，时形之梦寐，闲窗息纷，追师两家笔法而成此卷，虽不敢望古人万一，庶免近时蹊迳耳。"[271] 对于赵氏画风中的王维传统，王鑑也作为学习对象加以吸收，其云："赵文敏从右丞发源，故峰峦深秀、草木华滋，见之有天际真人之想。余此图欲拟之，奈心钝腕弱，不能仿佛万一，掷笔流汗。"[272]

作为赵孟頫最著名的作品，《鹊华秋色图》娴熟地运用了古风母题，成为元初文人画审美的绝佳范本。在图式上，该作亦受《辋川图》启发，同样是一个连续后退的统一空间，两座山峰脚下，树木与房屋被安排成如同《辋川图》一样的环形。图中山峦与丘陵沼泽的形式塑造，赵氏将董源的披麻皴与渴笔的书法线条相融合，在树木和群山周围营造一种空气的流动感。在《鹊华秋色图》历代题跋中，杨载、董其昌等皆认为该图风格源于王维，甚至可与《辋川图》竞美，但将《鹊华秋色图》与《辋川图》的图式进行系统的研究，则已充分体现在今人李铸晋的著作中，在此不再详述。[273]

正如前文指出，在王维的形象被元人严重贬抑并视为"负面教材"的语境下，赵孟頫却予以崇高评价。在许多作品中，他将《辋川图》作为参考对象加以师法，其创作动因并非仅仅出于艺术观之认同，王维画艺对他的感召力，实与赵氏在元代的政治境遇相关。在历史的重要关口，正是由于赵孟頫有着与王维相似的政治经历与文化身份，才唤起了他在艺术与人格上与王维的共鸣感。赵孟頫一生"被遇五朝，官居一品，名满天下"，其经历与王维一样，因出仕异族政权被视为贰臣的典型。[274]

故而当其受到元廷恩遇时，内心却时刻充满矛盾与痛苦，为失节而感到追悔，如其《罪出》诗云："在山为远志，出山为小草。古语已云然，见事苦不早。平生独往愿，丘壑寄怀抱。图书时自误，野性期自保。"[275]又云："君子重道义，小人重功名。天爵元自尊，世纷何足荣？"[276]赵孟頫由悔罪转而向往隐逸的心理，深深地写在《鹊华秋色图》等作品中。在该作诸多题跋中，元代画家张雨的一首题诗指出了赵孟頫创作此图的心理动机。他暗示，在《鹊华秋色图》中，赵氏试图通过一种"怀乡情结"，来表达他对好友周密在政治立场上的尊敬，[277]其诗云：

弁阳老人公谨父，周之孙子犹怀土。
南采寄食弁山阳，梦作齐东野人语。
济南别驾平原君，为貌家山入囊楮。
鹊华秋色翠可食，耕稼陶渔在其下。
吴侬白头不归去，不如掩卷听春雨。[278]

赵孟頫由出仕的悔恨，至感富贵之压抑，转而憧憬能够归隐。在他心目中，除了庄子、陶渊明是其理想化身，王维与《辋川图》则成为他寄托怀抱的对象。赵氏一生的大量画作，皆为心灵寻找一隅栖息之所。南宋灭亡后的相当长时间里，赵氏与钱选的心境相似，都是在怀旧中求取安慰，钱选绘陶渊明《归去来辞》明志，赵孟頫则画谢幼舆自况。除了《陶渊明像》及陶诗图，《幼舆丘壑图》也是一幅寓意深刻的作品，（图三十六）[279]画面自然景物具有一定的象征性，[280]其中的古松和谢幼舆，分别象征着气节和赵孟頫本人。

赵孟頫晚年，对失节的悔恨达到了无以复加的地步，终日"中肠惨戚泪常流。"其《自警》诗云："齿豁童头六十三，一生事事总堪惭。唯余笔砚

图三十五　【元】赵孟頫　《自写小像》　故宫博物院藏

图三十六　【元】赵孟頫　《谢幼舆丘壑图》(局部)
美国普林斯顿大学美术馆藏

情犹在，留于人间作笑谈。”这种悔罪心理，与王维晚年的心态何其相似。[281] 赵孟頫生前，人们尚未将谴责王维失节的言辞诉诸于他。但自明以降，世人始由惋惜其失节，转而将之与其艺品、人格相勾连，并加以挞伐。[282] 如沈周《题赵文敏〈渊明像〉并书归去来辞卷》云："典午山河已莫支，先生归去自嫌迟。"[283] 亦如宋人何梦桂指责王维因失节而累及《辋川图》，张丑也认为赵氏画风"过为妍媚纤柔，殊乏大节不夺之气。"清初傅山尤其"薄其为人，痛恶其书浅俗"，谓其"只缘学问不正，遂流软美一途，心手之不可欺也如此。"[284] 迨至清中期，郑板桥则索性将其与王维系于一绳，诋为画师，责之最苛："若王摩诘、赵子昂辈，不过唐宋间两画师耳！试看其平生诗文，可曾一句道着民间痛痒？……门馆才情，游客伎俩，只合剪树枝、造亭榭、辨古玩、斗茗茶，为扫除小吏作头目耳，何足数哉！何足数哉！"[285] 数百年来，赵孟頫的仕元一直成为世人诟病的焦点，由此对其艺术的评价也大打折扣，正如今人高木森云：

我国文人画史上有四位划时代的人物：王维、苏轼、赵孟頫和董其昌，各领风骚二、三百年。其中赵氏比较不受国人重视，因为国人往往把他看成元、明复古主义的始作俑者，也是我国绘画堕落的开始。此外，他的政治立场在他的人格上留下了污点，令后世儒士耻于启口。[286]

综合赵孟頫的人生经历与心路历程，他之所以在《鹊华秋色图》中运用《辋川图》的风格因素，实不难看出《辋川图》作为一个重要文化母题，其背后隐含的深刻寓意。在元人批判王维的浪潮中，赵孟頫却毫不隐晦地表达对王维的敬意，或许这就是他有感于自己和王维相似的失节经历，故而在心理上产生一种亲密感，将其视为精神与艺术上的偶像。于是，当他沉湎于《辋川图》的创作表达，实在是将之作为一贴治疗心疾的良药，以缓释自己“罪出”的矛盾与痛苦。

经由元人（如赵孟頫、王蒙等）在《辋川图》题材上的表现高潮后，“辋川意象”的政治内涵得以进一步巩固。当历史的车轮转到清初这一异族统治的时代，“辋川意象”作为一个极有价值的象征符号，凭籍其丰富的文化内涵再次发生作用。王鑑、王时敏迎降清军，虽然与王维、赵孟頫的贰臣经历有所区别，但在本质上却同属失节者行列。有足够证据表明，王鑑在1654年赴京不遇后，其内心的赵孟頫情结愈发高涨。如吴伟业记其在京期间，极力寻访赵氏翰墨，“闻道相公谈翰墨，向人欲访赵王孙。”[287] 特别是在南还途中（1655年），王鑑还特地赴山东历下，寻访赵氏遗迹，这里正是《鹊华秋色图》中鹊山与华不注山的所在地。这次经历，见载于其《云壑松阴图轴》题跋中，其云：

彦博先生雅有好古之癖，更具法眼，凡笔墨妍媸，莫能逃其鉴识。索余拙笔已十五年矣，未敢应命。今岁乙未，为彦翁七十，值余浪游历下，不得同社中诸公捧觞为寿，聊仿叔明《云壑松阴图》赠之，知不免持布过雷门矣。[288]

历下之游，加深了王鑑对历史人物赵孟頫及其《鹊华秋色图》的认识。[289] 至为重要的是，此行还激发了王鑑对自我身份的反思，并找到价值平衡的坐标，即开始由政治立场的两可者向文化遗民进行身份转换。作为对身份转型的一种回应，王鑑在回乡翌年创作出《梦境图》。当赵孟頫希望通过《鹊华秋色图》与友人共享怀乡情愫，王鑑则以“梦归辋川”来与历史上的大师（王维、赵孟頫）会合，一起分担那份相似的痛苦记忆。在《梦境图》中，王鑑别具匠心地运用与转化“辋川意象”，且诉诸以更丰富的图像形式与隐喻内涵。故而当王鑑身在梦境或《梦境图》画面中，趺坐草堂里的高士究竟是王鑑本人，还是王维？抑或赵孟頫？其身份所指早已不甚重要，即如庄周梦蝶，已然幻化为一种精神上的理想诉求了。

四　王蒙笔法：《梦境图》中的玄幻空间

艺术史家罗樾（Max Loehr）曾这样描述《鹊华秋色图》给他的感觉：“在那真实的世界里，时间巨轮似乎已经停止转动了，画里的空间关系就像梦境般的不稳定。”[290] 这段文字，用于描述《梦境图》中的意象，亦无不可。在《梦境图》中，王鑑为了塑造一种梦境幽微般的意境，匠心独运地使用赵孟頫与王蒙的一些风格因素，尤其以后者为主。

在元四大家中，王蒙画风代表着由元入明的新变化。他的山水在笔墨与布局上，以密集的解索皴相对于赵孟頫以来的清逸简淡，繁密高叠的山石相对于倪瓒的一河两岸。这种画法与造型的新形式，全部为王鑑吸收并运用；在《梦境图》中，除了树木采用赵孟頫的“习者画法”，占画面主体的“几”字形山峦，以及细琐的水波画法，特别是那些躁动不安的解索皴与苔点，则是王蒙的标志性画法。如前文指出，王鑑之所以在《梦境图》中融合王维、赵孟頫、王蒙的艺术语言，主要基于其特殊的创作心理动机，即王维、赵孟頫、王蒙在《辋川图》承续中的角色与意义，如其《梦境图》题跋云：“画山水而兼园亭，白摩诘《辋川》、卢鸿《草堂》图始。后至元季，赵文敏好写此景，绝无画院习气。叔明乃其甥也，故每效之，更加风韵。”

王鑑集合赵、王画法来表现梦境中的辋川意象，并幻想将之作为一种心理寄托，实因王维、赵孟頫、王蒙皆为其“身份意义”与文化网络中的成员。“身份意义”上的统一赖以成立，固然是基于意识形态方面的考察，但王蒙画法中的王维、赵孟頫渊源，则为此添加了一条文脉注脚。

如文徵明曾在王蒙的《会阮图》题跋中，一再声称王蒙绘画中的王维传统得益于赵孟頫。《会阮图》曾为清代鉴藏家毕泷收藏，毕泷的题跋亦指出该作画法源于王维《辋川图》的事实，其云：

黄鹤山樵画，真者绝少。明何元朗收元四大家画共有六十馀帧，叔明仅一帧，其少可知矣。余留心叔明画三十载，所得挂幅三帧，内有竹一帧，似较胜于元朗。可不谓幸欤！今又来此卷，观其用笔，全摹摩诘《辋川图》，声稀味淡，非俗眼可识。[291]

有关王蒙画风中王维渊薮的叙述，在明清画史言论中不胜枚举，如“叔明师王维，秾郁深至”[292]、“（王蒙）以辋川为骨，北苑为神，赵吴兴为风韵，苍浑沈古，兼备诸长”、“叔明少学右丞，后酷似吴兴，得董巨墨法，方变化本家体”[294]，等等。作为深谙王蒙画风的专家，王鑑显然熟知其画风渊源，如其《溪山仙馆图轴》跋云：“余甲午在长安见孙少宰所藏叔明《溪山仙馆图》，纯师王右丞，绝无画家纵横习。”[295]不仅如此，王鑑还指出王蒙画风与赵孟頫的关系，如其题《仿王蒙册》云：“叔明画

图三十七 【元】王蒙 《青卞隐居图》 上海博物馆藏

虽学董巨，而能自成一家。余见其《九峰读书图》、《关山萧寺》，有幽微淡远之致，绝无本色。叔明乃赵松雪之甥，故变化无穷，酷似其舅。余亦效颦，知不免为东家施也。”[296] 此外，王原祁在一则画跋中，更将王蒙画风的渊源追溯至《辋川图》：

黄鹤山樵，元四家中为空前绝后之笔。其初酷似其舅赵吴兴，从右丞辋川粉本得来。后从董巨发出笔墨大源头，乃一变本家法。出没变化，莫可端倪，不可以右丞之体推董巨之用。而学者拘于见闻，谓山樵离奇夭矫，别有一种新裁。而董巨之精神不复讲求，山樵之本领终归乌有，于是右丞之气韵生动为纸上浮谈矣。[297]

晚明至清的主流画坛，从董其昌到“四王”，绘画创作与鉴赏活动的关系越发紧密。文人画家通过大量目鉴的经验积累，目识心记，将历代大师的画风烂熟于胸，从而掀起一股“集古式”的创作热潮。所谓的“集古式”创作方式，则是画家通过梳理历代大师画法及风格之间的承续关系，将其中的某种或多种形式作为自己的学习对象。如在晚明，王蒙画风已然形成一种固定化的模式，其表现形态有三：一是籍以细密统一的解索皴山石画法；二是滚龙状山石组合而成的“龙脉式”结构；三是近景几株松树被固定为一成不变的构图样式。与黄公望、倪瓒一样，王蒙山水图式成为清初最为流行的绘画样式之一，甚至其形式本身也成为一种创作主题——形式即内容。作为中国画最主要的艺术形式之一，王蒙画风在清初“四王”绘画世界中具有很高地位，其中尤以王鉴涉之最深。在王鉴的一本《仿古山水册》中，王时敏不惜以“叔明再生”来称赏老友在继承王蒙画风上成就：“山樵画全师北苑，而以苍莽沉郁一变其格。此图笔墨既以酷肖，设色更复奇古，当令叔明数百年后复开生面。”[298]

图三十八 【元】王蒙 《秋山草堂图》 台北故宫博物院藏

我国古代的山水画家有一个共同的梦想，希图在作品中营造出千仞百回的气势。宗炳心目中理想的画面意境是“竖画三寸，当千仞之高；横墨数尺，体百里之迥”。[299] 继郭熙的“三远”空间理论，韩拙又云：“愚又论三远者，有近岸广水，旷阔遥山者，谓之阔远；有野雾溟溟，野水隔而彷佛不见者，谓之迷远；景物至绝而微茫飘渺者，谓之幽远。”[300] 早期山水画因材料与技法的局限，画面多呈现一种装饰性特征，直至五代北宋才开始追求体量感上的空间表现。两宋山水画的空间表现，多借助于陂陀、山脚、水域之间的相互穿插，主要以一个实体由下至上连成一气。

正如郭若虚云：“画水者，有一摆之波，三折之浪，布‘之’字之势，分虎爪之形，汤汤若动，使观者浩然有江湖之思，为妙也。”[301] 元代以前的山水画，固然不乏高山大岭式的形式，但真正意义上通过重叠的视觉手法来传达一种千仞百回的视觉特效，则于王蒙身上才得以实现，这便是他独创的“几”字形山峦在画面中的视觉呈现，王原祁称之为绘画中的“龙脉”，其云：

> 古人南宗北宗，各分眷属。然一家眷属内，有各用龙脉处，有各用开合起伏处，是其气味得力关头也，不可不细心揣摩。如董、巨全体浑沦，元气磅礴，令人莫可端倪。元季四家俱私淑之。山樵用龙脉多蜿蜒之致，仲圭以直笔出之，各有分合，须探索其配搭处。子久则不脱不粘，用而不用，不用而用，与两家较有别致。云林纤尘不染，平易中有矜贵，简略中有精彩，又在章法笔法之外，为四家第一逸品。先奉常最得力倪、黄，曾深言源委，谨识之，为鉴赏之助。[302]

发轫于王蒙山水画的龙脉气势，（图三十七、三十八）皴染繁复绵密，造型变化多端，以纠结缠绕的“几”字形山脉来传达一种深远的空间深度。

有感于王蒙的奇特风格，埃尔金斯这样认为：“对古怪个性和心理疾病的暗示经常出现在对倪瓒和王蒙的讨论之中，这些暗示也是适宜的，因为正是矫饰主义者的一代人，他们发展了有关忧郁气质和精神变态的反社会的复杂思想。”[303] 确如埃尔金斯所感，王蒙的隐居山水传递出强烈不安的骚动感，则体现了元代士人心理上的一种时代情绪。在文以诚的著作《〈青卞隐居图〉研究》中，作者由元末王蒙家乡吴兴一带的政治与社会环境入手，认为《青卞隐居图》中令人不安的解索皴所体现的“不稳定的情绪”，实际上隐含着作者在动乱时代的家山意识。[304]

在中国美术史学界，对王蒙绘画的研究成果，大抵体现在高木森、石守谦、高居翰、洪再新、文以诚等学者的著作中。一个有意思的现象是，这些学者不约而同地指出王蒙作品中的隐居内涵与视觉幻像个性。就像罗樾认为《鹊华秋色图》富有梦境般的视觉效果，高木森也指出王蒙画风中的梦幻意识：“王氏的画有一种“繁殖”的生命力，配上他那细而干毛的皴点，展现在观者眼前的是一种洪荒浩瀚的大境界，似乎不是现世界所能有的，而是由某些荒凉的梦境聚合而成。”[305] 在高氏看来，王蒙变动不羁的画面实际上传达出一种“荒凉的梦境”意象。王蒙画境之所以给人一种梦幻意识，显然出于其技法上的视觉特效。王氏所创的解索皴笔法，细琐繁密，飘忽不居，在视觉上颇有些接近西方“印象派”的用笔触感，具有强烈的梦幻心理特征。在《梦境图》画面中，占据于画面主体空间的“S”形山脉蜿蜒不断，是典型的“复杂的、向上冲的有机体”（罗樾语）的王蒙画风，那些纷纷欲坠的苔点与变幻不居的解索皴，似乎要将观者引入一个幽微明灭的梦境世界。显而易见，王鑑之所以在《梦境图》中深度演绎王蒙画法，绝非单纯基于兴趣及王蒙在《辋川图》图式流变中的重要地位，从根本上讲，也唯有王蒙画法本身所凝聚的幻觉特征，才能更好地契合他所要表现的主题——梦境中的意象。

五　文化史视角的图像学解释

至此，本书选择的考察途径至少有三：首先第一章以考证为基础，廓清了既往画史中关于王鑑身世的诸多疑端，此为后文的深入研究铺平道路；在本书第二章、第三章中，笔者从社会历史学角度考察了王鑑在清初的相关经历与活动，从而了解到《梦境图》背后的特殊历史背景。本章立足于图像志角度，结合王鑑在《梦境图》中所涉的前辈大师，考察了这些历史人物赋予“辋川意象”的特殊意义。以上不同的考察路径，皆指向于《梦境图》生成语境的揭示，在方法与目标上互为依存，从而可以得出一个完整的图像学解释。[306] 在本章前四节中，笔者正是立足于图像志层面的考察，描述“辋川意象”在画史上的特殊内涵。进入本节的分析则是将“辋川意象”与《梦境图》相勾连，从而进入图像学解释层面的论述。

文以诚从中国山水画内涵的角度，将历史上的作品分为“一般景物”（如《溪山行旅图》、《早春图》等）与“特殊景物”[307]（如《辋川图》、《鹊华秋色图》、《青卞隐居图》）。他认为，后者在中国的文化传统中，较多与画家经历、身份背景乃至家庭财产（如庄园私宅之类）联系在一起，因此这类作品的风格、内涵与创作背景更为复杂。在《梦境图》中，尽管王鑑所绘的是梦中的虚拟景物，但作品的图式、内容却以历史上的“辋川意象”为依托。《辋川图》具有的文化内涵，则成为王鑑以梦境寄托怀抱的根据。故而，虽则《梦境图》表现的是虚拟的梦境意象，我们仍然可以将之作为“特殊景物”来理解。

高木森曾这样描述赵孟頫时代的困惑：“元初社会、经济以及政治架构变化很大。两宋以来的一大批贵族世家以及士大夫，在改朝换代之后，有的丧失了旧日的地位，有的委屈仕元，但不论隐居或出仕，他们心理上都有一些负担，也有一些郁结。俗语说就是‘不能开心’。那种感觉，大概很像冰天雪地里的松树，或早霜里的菊花。”[308] 其实，在清初士人的精神世界里，也同样纠结着这种难以释怀的时代困惑，从而呈现出种种“不平则鸣”的文化现象。士人艺术家或以文字或用形象，来传达所见所闻以寄情寓志，这正反映了儒家对语言力量的信念，就像《春秋》中的“一字之贬”、“一言惩恶”，王鑑则以《梦境图》赋以那个“艰难时代”具体化的形象。

在清初，“归隐”与“避秦”成为时代关键词之两面，归隐思想是辋川崇拜的根本原因，但这首先是官僚文化中的一个现象，因为无仕则必无隐。自中唐开始，一种因外族入侵的行为反应模式业已形成：失节文人（如王维、赵孟頫、王鑑等）沮丧哀悼，反思自己的失败经历与寻找开脱的生活方式。在这个过程中，他们往往通过艺术重新找到寻求真理的老路。作为传统社会的精英群体，他们具有历史知识，对先辈处于异族统治下的命运归宿熟谙于心，这使得他们在面临同样的社会剧变时，常常会感觉到自己的痛苦经验似曾相识，从而将自己与古人对应，作为心理自卫的一种方式。因此在他们的艺术中，一个共有的形象与信念为基础的艺术传统，逐渐成形。当有元以后的《辋川图》被赋予浓重的理学与道统色彩后，《辋川图》在某种意义上便成为“失节者”的桃源。诚然，以王时敏、吴伟业、王鑑为代表的太仓文人圈的降清行为，用今天的历史观观之，已经很难用意识形态的思维来对之加以责难。但从中国传统士人的道德准则来看，“二王”的迎降行为则成为他们一生最大污点。今人在研究清初失节士人的心理世界时，多将焦点锁定在钱谦益、吴伟业、周亮工等进入《贰臣传》黑名单中的政治人物，而对像王时敏、王鑑这些入清未仕却有着迎降背景的“两截人”的探讨，则显得远远不够。

因此，王鑑的艺术创作活动，实与其心理史合成不可分离的整体。

当我们深入至《梦境图》图像世界内部来考察时，便会深切感受到时代予之的精神逼仄。绘画作为人类文化精神符号的意义，在不熟悉特定社会背景与文化心理的人是难以理解，而生活在圈内的人则心领神会。对于中国古代的士人来讲，“辋川意象”的功能与陶潜的桃花源颇似，是他们在遇到现实矛盾时内心寻找调适的一片后花园。故而，“隐逸”题材也继之成为整个17世纪文人绘画活动中的要角，其中尤以表现遗民情感的桃源题材的作品不计其数，仅仅石涛一人便有数十幅之多。（图三十九、图四十）固然，隐士、遗民和那些有气节的士人，他们心仪“陶诗维画”，是寻找同调并有借以自励的意味。但对那些失魂落魄的失节文人而言，其意义却有所不同。那些在政治上有失气节的士人，他们之所以在作品中追和陶、王，很大程度上则是为了弥补和挽救其心灵上的缺憾，甚至借以自我粉饰。这两种情况，恰好从正反两个方面显示出王维的巨大影响。从这个意义讲，“辋川意象”就像一面镜子，映照出那些追和者各自的精神面目、人格情操与生命价值。

因此，正是由于王鑑的个人生活经验，与文化史上“辋川意象”的隐逸及政治寓意相契合，才构成了《梦境图》丰满的意义世界。王鑑或许不是什么完美人格的典型，但他的确曾经在美感的片刻，创作出真诚的作品，并从中编织出其时代士大夫的共同梦想。同时，这也反映了士人出处的一种普遍心理：在历史的克难期，他们总是在寻找心目中的桃花源求以自处。对那些心怀故国的文人画家而言，朝代的更替无疑是一场噩梦，而历史上的“辋川”、“桃源”等母题则为之提供了一个心灵归宿。于是他们在绘画中，通过对世外桃源的构筑，来进行一种超越时空限制的历史对话，以换取内心的平静与安宁。

深入《梦境图》的意义世界，图像本身是理想的出发点。就该图所利用的“辋川意象”在清初的意义而言，在不同的时间段、历史人物身

图三十九 【清】石涛 《桃源图》 美国佛利尔美术馆藏

图四十 【清】八大山人 《桃花源记图卷》(局部) 故宫博物院藏

上却有着不同的体现方式，如从王鑑的《梦境图》到王原祁的《辋川图》就体现了历史环境的微妙变化，前者，王鑑为其时代际遇的困顿所激发，苦心孤诣地将历史人物与个人生活经历相勾连，将辋川的旧模式融合在新创的图像世界中，从而使之在形式上呈现出一种新活力。而当王原祁企图用其个性化的笔墨对之进行新的尝试时，由于缺少激荡时代的个人体验，于图式上则又恢复到旧有的《辋川图》窠臼中，仅仅籍以抒情达意而已，此则反映出其生活时代的渐趋平静化状态。（图四十一）由此可见，作为历代不衰的经典题材，王维的《辋川图》被画家们不厌其烦地加以利用，而一旦模式化后，反而变得不易显出真情。加上它往往成为上层社会社交活动中的一环，被用来虚饰与夸张高士隐逸的不实情感，随着反复无新意的摹制，则易出现僵化的趋势。17世纪中叶，士人画家在世变后各有不同的心路历程，其中王鑑等太仓士人群体的特殊经历，在思想上为旧有的“辋川样”添注了新活力。在此基础上，王鑑以其在清初的生活经验为依托，将此情感与历史上的“辋川意象”构成一种精神联系，托体于梦中山阿，从而避免了落入既往“辋川样”的窠臼中，来推动与旧模式的决裂。以此角度来看《梦境图》，它就不仅仅是一幅走出《辋川图》旧模式的佳构，更是文化史意义上“两截人”情结落实到文人画创作中的一个重要创举。

在中国绘画史中，不仅固定化的图式永远叙述着母题的故事，即便在一些主题不太明确的花鸟与山水画作品中，由成熟笔法构成的艺术符号也被赋予了浓郁的象征与纪念意味，[309] 更不消说像《梦境图》这般巧妙地利用“辋川意象”所凝聚的文化内涵。凯瑟琳·里斯坎指出：“纪念性绘画和相关文献提供了一种特殊的文本，在这种‘容器’中，它们与各种中国历史的书写，包括自传都有关系。一般而言，前代的理想楷模塑造了当今生活中人物与事件的样本，文学与视觉艺术中的纪念性作品，

图四十一 【清】王原祁 《輞川图》(局部) 美国纽约大都会博物馆藏

赞美了仿效古代楷模的同时代人，并以此强化、复活这些楷模身上所显现的价值。”[310] 作为一个稳定的绘画题材，《辋川图》具有明显的文学化隐逸内涵，只有将之置于特定的时代与社会文化情境中进行微观考察，才能把握其所特有的精神内涵——如其背后隐蔽的政治寓意尤其容易被忽略。一般情况下，描绘《辋川图》的动因，大抵是追慕其表层上的退隐观念。但是，一旦当其与中国历史上的特殊时代相遇——如元代与清初，士大夫（尤其对王维、赵孟頫、王鑑辈而言）所面临的时代困境则迫使其与之产生某种亲切感，这个图式便会出现各种不同的演绎方式，其深层的政治喻意亦随之浮出，并成为对他们有价值的精神符号。

就《梦境图》而言，王鑑不仅巧妙地利用与转化了《辋川图》图式，还煞费苦心地根据该图的文化理路与画面需要，选择了赵孟頫、王蒙的典型画法来进行表现，非但使这些画法具有一种文化符号的属性，而且赋予了《梦境图》更深刻的人文内涵。正是由于绘画语言（画法）本身具有的思想内涵，才使得清初主流画家对元代大师的各种画法如此沉湎，并努力使之成为自己艺术生命的一部分，或许这便是方闻所认为的：“在一幅画能被看作反映了特殊的社会和文化相互关系之前，它必须被认为是一个技法、结构和传统结成的栩栩如生的系统。它有自己的发展，而不是仅仅象一个自然外在的代表物。”[311]

六　《北山移文》：一个文学典故的解读

在《梦境图》题跋中，尽管王鑑声称画债累累，并欠新朝大吏梁清标、曹溶《草堂图》各一幅，但是《梦境图》的受赠者却并非梁、曹二人。从该图长跋可以看出这是一幅别具深心的纪梦之作，为画家“悬之座右，以当望梅止渴”之用的心爱之作。后来应索画之请，王鑑将此图赠给一位名叫“静岩”的求画者。正如题跋所云：“静岩老亲翁索画，即以此帧请政。弟鑑。”[312] 静岩是何人，王鑑竟然将这一精心之作慷慨相赠？顾文彬《过云楼书画记》有载：

山列平腰，坡平镜面，草堂南向，两廊翼张。门前杂植石楠山柿之属，承以湖石如排衙，然四面风漪，鳞鳞绿波。左岸小桥三折，有渔父刺船而至。奇峰突起，峭崖斗绝，水亭一角，望见堂上一人，席地面壁而坐。画师山樵，苔大或如豆，幅端纪梦，其略云……按静岩，当姓郁，梅村《郁静岩家谱序》云：‘余外家郁氏，为吴中右姓，其后人静岩名滋，笃行君子也。’即其人也。[313]

由此可知，受赠者静岩姓郁名滋，苏州人，为吴伟业外家郁氏后人。吴伟业曾为《吴静岩家谱》作序，称之为“笃行君子也，孝友修饬，为士林模楷”[314]，可知郁滋是一位品行高洁的士人。吴氏与郁滋的交情，非同恒泛。郁氏六十岁时，吴伟业曾为之作祝寿长文，盛赞郁滋的君子风度，并自愧“四不如也”。[315] 吴伟业还作有《题郁静岩斋前垒石》一诗，以咏石为寄托，赞誉郁氏的高风亮节，诗云：“就石补奇云，潭幽乱石文。贞坚应有性，高下亦惟君。鸟雀因人乱，松杉我独闻。苔阶含古色，落落自同群。”[316] 此外，王时敏也曾应郁滋所求，作画相赠，其《题自画为郁静岩》云：“静岩亲翁以此纸嘱画，老懒久疏笔砚，留箧中者经年。春暮晴窗，屏居多暇，兴至漫为点染。而思干涸手生，每致相戾，兼以纸涩，拒笔益复增其痂癞。草率成图，聊以酬宿诺耳，固不暇计工拙也。”[317]

既然郁滋为吴伟业外家后人，而吴伟业又与王鑑堂叔王瑞国为姻亲，那么王鑑与郁氏也有些沾亲带故的关系，故其在题款中称郁氏为“老亲翁”，并且以弟自称，可见二人交接之亲近。郁滋既为“笃行君子”、“士林模楷”，此当是王鑑将《梦境图》割爱相赠的主要原因。而同样因索画之请，新朝大吏梁清标、曹溶在其眼中却是另外一种形象，其《梦境图》跋语云：

客岁游燕，真定梁大司马玉立、曹少司农秋岳，皆属余作《草堂图》，尚未有以应之。盖两先生方作长安贵人，筹边计国，何暇及此。更俟几年写以寄之，代《北山移文》可耳。

“客岁游燕”，指王鑑1654年北上求官一事。在京城王鑑曾应新朝大吏梁清标、曹溶所求，各画一幅《草堂图》。如今事过两载，画债却尚未了断，此亦王鑑的心病。颇值玩味的是，王鑑在提及梁清标、曹溶二人时，其言辞语调颇为独特。先以“长安贵人”相称，已然带有一丝嘲讽之意，后又称将以《草堂图》“代《北山移文》可耳”。《北山移文》系南朝文人孔稚珪[318]的名篇，内容如下：

钟山之英，草堂之灵。驰烟驿路，勒移山庭。夫以耿介拔俗之标，潇洒出尘之想，度白雪以方洁，干青云而直上，吾方知之矣。若其亭亭物表，皎皎霞外，芥千金而不盼，屣万乘其如脱，闻凤吹于洛浦，值薪歌于延濑，固亦有焉。岂期终始参差，苍黄反覆，泪翟子之悲，恸朱公之哭。乍回迹以心染，或先贞而后黩，何其谬哉！呜呼！尚生不存，仲氏既往，山阿寂寥，千载谁赏？

世有周子，隽俗之士，既文既博，亦玄亦史。然而学遁东鲁，习隐南郭，窃吹草堂，滥巾北岳，诱我松桂，欺我云壑。虽假容于江皋，乃缨情于好爵。其始至也，将欲排巢父，拉许由。傲百氏，蔑王侯，风情张日，霜气横秋。或叹幽人长往，或怨王孙不游。谈空空于释部，覈玄玄于道流。

务光何足比，涓子不能俦。及其鸣驺入谷，鹤书赴陇，形驰魄散，志变神动。尔乃眉轩席次，袂耸筵上，焚芰制而裂荷衣，抗尘容而走俗状。风云凄其带愤，石泉咽而下怆，望林峦而有失，顾草木而如丧。至其纽金章，绾墨绶，跨属城之雄，冠百里之首，张英风于海甸，驰妙誉于浙右。道帙长摈，法筵久埋，敲扑喧嚣犯其虑，牒诉倥偬装其怀。琴歌既断，酒赋无续，常绸缪于结课，每纷纶于折狱。笼张赵于往图，架卓鲁于前箓;希踪三辅豪，驰声九州牧。使其高霞孤映，明月独举，青松落阴，白云谁侣?涧户摧绝无与归,石径荒凉徒延伫。至于还飙入幕，写雾出楹，蕙帐空兮夜鹤怨，山人去兮晓猿惊。昔闻投簪逸海岸，今见解兰缚尘缨。于是南岳献嘲，北陇腾笑，列壑争讥，攒峰竦诮。慨游子之我欺，悲无人以赴吊。故其林惭无尽，涧愧不歇，秋桂遣风，春萝摆月。骋西山之逸议，驰东皋之素谒。

今又促装下邑，浪拽上京。虽情投于魏阙，或假步于山扃。岂可使芳杜厚颜,薜荔蒙耻,碧岭再辱,丹崖重滓,尘游躅于蕙路,污渌池以洗耳?宜扃岫幌，掩云关，敛轻雾，藏鸣湍，截来辕于谷口，杜妄辔于郊端。于是丛条瞋胆，叠颖怒魄，或飞柯以折轮，乍低枝而扫迹。请回俗士驾，为君谢逋客。[319]

在《北山移文》中，北齐文人孔稚珪形象地塑造了一个“假隐士”形象，意在讽刺孔氏同时代文人周颙的出仕行为。[320]作为文学史上的名作,《北山移文》影响深远，多被后世文人用来讽刺那些心猿意马的假隐士与变节者。如北宋初年的种放,曾隐居终南山三十年,后因人推荐出仕。在朝廷的一次宴会上，同僚杜槁则以诵《北山移文》相讽。[321]又如宋元之际的潘音，曾作《反北山嘲》诗四首，故意反用《北山移文》这一典故来讽刺仕元宋臣，诗云：“达人知进退，曲士岂同谋。尽使藏身去，谁能为国忧？烟霞成痼疾，声价藉巢由。虎啸雄心在，胡为鹤唳愁。”[322]《反北山嘲》的思想主旨，钱钟书曾如此解释道："反言若正，则讥宋臣之出仕于元者也。集中数申斯意，题曰《反北山》，实为续《北山》也。”[323]

入清以后，王时敏对自己的政治表现深感内疚，一方面自我辩解："无地堪投足，村居且退藏，”另一方面也以《北山移文》自讼自责："偷生称隐逸，惭愧北山灵。”[324]在《梦境图》中，王鑑不仅运用“辋川意象”自我影射，甚至还不忘在题跋中嘲弄那些贰臣朋友，称将以《草堂图》“代《北山移文》”相赠。显然，王鑑使用《北山移文》这一典故，意在嘲讽曹溶、梁清标的附庸风雅，既为新朝显贵，却假以《草堂图》这种名不副实的自命风流之举。同时，王鑑此举的弦外之音是，相对于那些出山入仕清廷的朋友，自己还算是洁身自爱的。至少，在创作《梦境图》时，他已经放弃了一切的功名幻想，并决心归隐，开始其遗民身份的彻底转换。由此回观《梦境图》，其图像与文字间的隐语系统相互映发，堪称王鑑晚年的一幅精神自画像。

注释：

231.【宋】郭熙：《林泉高致》，《中国书画全书》（第一册），第 499 页。

232. 意象（imagery）一词，美国学者 Abrams 归纳出三种通常的用法：1、诗歌或其他文学作品里，以直述、暗示或比拟等手法使读者感受到物体及其特征。2、较狭窄的意思仅仅指对于可见的物体与景象进行描写，尤其是生动细致的描写。3、目前最普遍的用法是指比喻的语言，尤其是指隐喻和明喻的媒介。新批评（New Criticism）学者认为"意象"是诗的基本要素，是构成诗的意义、结构及影响的主要核心。参阅 M · H · Abrams, *A Glossary of Literary Terms* (New York : Holt, Rinehart and Winston, 1981), pp-78—79.

233.【五代】刘昫等:《旧唐书》（第一百九十卷·下），《景印文渊阁四库全书》（史部·正史类）

234. 宋氏遗族将辋川别业脱手给王维，是由于天宝年间宋之悌死后，家道败落。日本学者入谷仙介认为，辋川庄归于王维的时间，从王维与宋氏家族两方面的情形看，应在天宝年间。入谷仙介:《王维研究》，卢燕平译，中华书局，2005 年版，第 222 页。

235. 在王维的《辋川集》中，王维咏诗二十首，其游止有孟城坳、华子冈、文杏馆、斤竹岭、鹿柴、木兰柴、茱萸片、宫槐陌、临湖亭、南垞等二十景。历代《辋川图》画本，大抵皆以此二十景为表现题材。【清】赵殿成：《王右丞集笺注》，上海古籍出版社，1961 年版，第 241—250 页。

236.【唐】王维：《山中与裴秀才迪书》，【清】赵殿成注：《王右丞集笺注》，上海古籍出版社，1961 年版，第 332 页。

237.【日】铃木敬:《中国绘画史》(上)，魏美月译，台北故宫博物院，1987 年版，第 84 页。

238.【宋】董逌：《广川画跋》，《景印文渊阁四库全书》（子部 · 0813 册）

239.【日】铃木敬:《中国绘画史》(上)，魏美月译，台北故宫博物院，1987 年版，第 87 页。

240. 李零认为，"复古艺术"的类型包含三个步骤：第一是地下发现的强烈刺激，以及人们对它的研究和认识；第二是由前者引发，人们对古迹、古物的崇尚与模仿；第三是对古代的憧憬和幻想，以及利用这类幻想对古代艺术进行再创造。由此思路，王鑑《梦境图》对《辋川图》、《草堂图》图像的借鉴与挪用，无疑可以视为古代艺术的一种再生与创造。这就像李零指出："很多复古都只是表面上的仿古，其实总是包含着变古，有些甚至完全是出于想象。借尸还魂的目的，是要突出新意。所以，只有前两步，还谈不上复古。"（参见李零：《铄古铸今：考古发现和复古艺术》，生活·读书·新知 三联书店，2007 年版，第 11 页）将此说延伸到"四王"身上，即便是通常被认为泥古最深的王时敏与王原祁，无论是从其作品与创作思想上，都有一种强烈的变古与创新意识。（参见王时敏：《王奉常书画题跋》，《中国书画全书》（第七册））

241.【明】李日华：《竹嬾画媵》，西泠印社出版社，2008年版，第186—187页。
242. 王原祁《辋川图》，现藏于美国大都会博物馆，图录参见《中国历代书画名家经典大系·王原祁》，江西美术出版社，2009年版，第274—279页。
243.【明】王世贞：《王弇州续稿》，《景印文渊阁四库全书》（集部·别集类·第1284册）
244. 由《梦境图》转化卢鸿《草堂图》图式可知，王鑑曾获观此作。李日华《味水轩日记》万历三十八年十一月二十九日记载："过项晦甫、玄度昆季。晦甫出观《卢浩然嵩山十志图》……后有杨凝式行书题数字。……又沈石田、周东村合画韩退之画记景物、文徵仲行书记文。"（【明】李日华：《味水轩日记》，上海远东出版社，1996年版，第148—149页。）李日华所提及的《卢浩然嵩山十志图》，是晚明江南鉴藏界很著名的一幅画，即现藏于台北故宫博物院的卢鸿《草堂十志图》，画的是卢鸿隐居嵩山草堂之十段景物，后有杨凝式题跋，《珊瑚网》等同时代文献皆有著录。据上文可知，该作时藏于著名收藏家族嘉兴项氏家中，李日华则于项元汴第四子项晦甫手中获观此作。以王鑑一生鉴藏名画的游踪，且嘉兴相距太仓并不遥远，他或许在某个时令于项氏后人手上获观此作亦未可知。
245.【明】李日华：《味水轩日记》，上海远东出版社，1996年版，第216页。郁逢庆：《郁氏书画题跋记》，《中国书画全书》（第四册），第674页。
246.【五代】刘昫等：《旧唐书》（第一百九十卷·下），《文渊阁四库全书》（史部·正史类）
247. 安史之乱中，王维因未及扈从玄宗出逃，身陷长安，被迫接受安禄山之伪职。唐军平定安史之乱后，王维因其弟王缙冒死请求降阶，以赎兄罪。其次，王维于乱中曾作《凝碧池》一诗，以怀故国，为新帝肃宗所闻，故对王维失节的处分较轻，仅被降阶一级。在这种宽容的气氛中，本拟在乱平出家的王维，于是失去了隐遁的机会。详见【日】入谷仙介：《王维研究》，中华书局，2005年版，第257—302页。
248.【宋】朱熹：《楚辞后语》（卷二），光绪传经堂刻本。
249.【宋】家铉翁：《则堂集》（卷四），《景印文渊阁四库全书》（集部·1189册）
250.【清】顾炎武：《日知录》，陈垣校注，安徽大学出版社，2007年版，第1056页。明清易代之际，士大夫群体置身于清浊、朝野、满汉诸多矛盾冲突之中，进退失据，政治立场急遽分化。世事翻覆带来前所未有的心灵激荡，文学中既有最强烈的情感表现，也充斥着文过饰非的虚假言辞。尤其是那些贰臣诗中的两面性，对最坚定的遗民顾炎武来说是绝对难以忍受的。因此，无论从道德的角度还是从文学的角度，判断文辞的真诚性在他都有最迫切的要求。《日知录》"文辞欺人"条痛斥谢灵运、王维是古来以文辞欺人之最，可谓古今最严厉的判词。至于当代名流的表现："今有颠沛之馀，投身异姓，至摈斥不容，而后发为忠愤之论，与夫名污伪籍而自托乃心，比于康乐、右丞之辈，吾见其愈下矣。"矛头所指似乎包括贰臣群体的全部，其代表人物则是钱谦益和吴伟业。参见蒋寅：《顾炎武的诗学史意义》，《南开大学学报》（哲学社会科学版），2003年1期。

251.【日】入谷仙介：《王维研究》，中华书局，2005 年版，第 266 页。
252. 秦观自云得疾，因获观《辋川图》而不治而愈。曰："余为汝南，得疾卧直舍，高仲符携辋川图示余曰，阅此可以疗疾。余本江海人，得图喜甚，即使二儿从旁引之，阅于枕上，恍然若与摩诘入辋川，度华子冈，经孟城坳，憩辋口庄，泊文杏馆，上斤竹岭，并木兰柴，绝茱萸沐，蹑槐陌，窥尘紫，返于南北。航欹湖，戏柳浪，濯奕家濑，酌金屑泉，过白石滩，停竹里馆，转辛夷坞抵漆园，幅巾杖屦棋奕茗饮，或赋诗自娱，忘其身之匏系于汝南也。数日疾良愈。"见【宋】陈直：《寿亲养志新书》（卷三），《景印文渊阁四库全书》（史部 · 0738 册）
253.【宋】韩琦：《和文潞公题右丞辋川图》，《安阳集》（卷二十），《景印文渊阁四库全书》（集部 · 1089 册）
254.【元】王秋涧：《题王右丞辋川图》，见陈高华：《隋唐画家史料》，文物出版社，1987 年版，第 272 页。
255.【元】李珏：《题王右丞辋川图》，《宋诗纪事一百卷》（卷七十六），《景印文渊阁四库全书》（集部 · 1485 册）
256. 陈高华：《隋唐画家史料》，文物出版社，1987 年版，第 275 页。
257. 刘因 (1249—1293)，字梦吉，号静修，雄州容城（今河北徐水县）人。因爱诸葛亮"静以修身"之语，题所居为 " 静修 "。元世祖至元十九年 (1282) 应召入朝，为承德郎、右赞善大夫，不久借口母病辞官归，母死后居丧在家。至元二十八年，忽必烈再度遣使召其为官，以疾辞。死后追赠翰林学士。著有《静修先生文集》22 卷。
258.【元】刘因：《静修集》（卷十），《景印文渊阁四库全书》（集部 · 1198 册）；陈高华：《隋唐画家史料》，文物出版社，1987 年版，第 271 页。
259.【元】虞集：《跋王维辋川图后》，《道园学古录》（卷十一），《景印文渊阁四库全书》（集部 · 1207 册）；另见陈高华：《隋唐画家史料》，文物出版社，1987 年版，第 275 页。
260.【日】入谷仙介：《王维研究》，卢燕平译，中华书局，2005 年版，第 251 页。
261.【元】赵孟頫：《题王摩诘松岩石室图》，《赵孟頫集 · 续集》，任道斌点校，浙江古籍出版社，1986 年版，第 257 页。
262. 李修生编：《全元文》（第 19 册），江苏古籍出版社，2003 年版，第 155 页。
263.【元】柳贯：《待制集》，《景印文渊阁四库全书》（集部 · 1210 册）
264. 杨载（1271—1323)，延祐间进士，任朝廷史官。杨载当时文名颇大，与虞集、范梈、揭傒斯齐名，为"四大家"之一。文章以气为主，赵孟頫等对他都很推重，著有《杨仲弘诗》八卷，文已散失。
265.《鹊华秋色图》，现藏于台北故宫博物院。
266.【明】汪珂玉：《珊瑚网》（卷二十三），台北商务印书馆，1983 年版，第 1367 页。
267.《鹊华秋色图》，现藏于台北故宫博物院。董其昌对唐宋绘画的观点，由此跋识可窥之一斑，此语亦与王鑑同庚的晚明画家陈洪绶的观点暗合。陈洪绶在文集中云：

“然今人作家，学宋者失之匠，何也？不带唐流也。学元者失之野，不溯宋源也。如以唐之韵，运宋之板，宋之理，行元之格，则大成矣。眉公先生曰：‘宋人不能单刀直入，不如元之疏。’非定论也。如大年、北苑、巨然、晋卿、龙眠、襄阳诸君子，亦谓之密耶？此元人王、黄、倪、吴、高、赵之祖。”见陈洪绶：《陈洪绶集》，浙江古籍出版社，1994 年版，第 22—23 页。

268. 董其昌对赵孟頫的崇贬，一方面反映了赵氏在文人画图式领域的地位不可动摇，董氏无法剪断这段历史来重塑文人画史，即便是在其南北宗论的体系中赵孟頫的缺席，董氏在其一生的艺术实践中屡屡流露出对赵孟頫的崇拜。另一方面，在董氏文人画体系中，赵孟頫确实是一个矛盾的个案，赵氏在绘画题材乃至技术上的多样性，其中有些确实与其南宗风格有所抵牾，在赵氏身上，董其昌无法自圆其说，合理的解释最终变异为他对非我异己风格的排斥。董其昌的赵孟頫情结，表现在他的画论与书论中，可谓贯穿其一生。详见黄惇：《董其昌的书法世界》，《中国书法全集・董其昌卷》，荣宝斋出版社，1992 年版，第 6 页。

269.【清】安岐：《墨缘汇观》（卷下），（影印清光绪元年刻粤雅堂丛书本）《续修四库全书》，（子部・第 1067 册）

270.【明】陈继儒：《妮古录》，上海文明书局“宝颜堂秘籍”本。

271. 图录见《王鑑精品集》，人民美术出版社，1999 年版。

272.【民国】庞元济：《虚斋名画录》（影印清宣统元年乌程庞氏上海刻本），《续修四库全书》（子部・1090 册），另见庞元济：《虚斋名画续录》，《中国书画全书》（第十二册），第 663 页。

273. 在《鹊华秋色——赵孟頫的生平与画艺》一书中，李铸晋以郭世元石刻本《辋川图》为参照系，从构图、空间、造型、笔法等角度将之与《鹊华秋色图》进行仔细比对分析，认为二作确有很多关联，从而确证《鹊华秋色图》与《辋川图》的渊源以及历代题跋中的观点。详见李铸晋：《鹊华秋色——赵孟頫的生平与画艺》，生活・读者・新知 三联书店，2008 年版，第 115—224 页。

274. 对赵孟頫仕元问题的历史考察，现代学者多能持论宽容，从客观的角度予以正面评价。其立论深入肯綮者，莫若黄惇《从杭州到大都——赵孟頫书法评传》一书，该书借用元末来复的诗句“雅知国灭史不灭，家声无愧三百年”来肯定“作为赵氏的王孙，赵孟頫不是不知自己仕元意味着什么，相反，深通历史的他完全知道‘国灭史不灭’的道理。这既将他的一生置之仕与隐的两难境地，又使他时刻不忘中国历史、中国文化、中国艺术的传承，并立志以文艺致身，去完成他的历史使命。”（详见黄惇：《从杭州到大都——赵孟頫书法评传》，上海书画出版社，2003 年版，第 80 页）台湾学者石守谦亦认为，尽管后世对赵孟頫的气节颇有微词，但“赵氏作此选择，亦相当明瞭他在道德上所冒的风险。不过，他似乎有着更强的使命感，在面对当时文化冲突激烈，汉文化传统濒临存续的危急关键之际，决定尽己之所能去维系该文化传统之生命。”（参见石守谦：《冲突与交融：蒙元多族士人圈中的书画艺术》，载《大汗的世纪——蒙元时代的多元文化与艺术》，台北故宫博物院，2001 年版，第 204 页）

275.【元】赵孟頫：《罪出》，《松雪斋集》（卷二），《四部丛刊·集部》

276.【元】赵孟頫：《自释》，《松雪斋集》（卷二），《四部丛刊·集部》

277. 李铸晋亦指出：“在（《鹊华秋色图》）题款中，画者的基本动机显而易见。由于周密终生没有还乡的机会，故赵孟頫把鹊山和华不注山四周直接画出来，作为对其友描述故里风景的一种办法。既是如此，画中现出一片忧郁的秋景，带着一丝怀乡的愁绪；这境界很可能使其友渴望回到先人的祖居地。对周密来说，他宁可在蒙古人灭宋以后退隐南方，深居不出，这幅画大概只表现出一个独一无二的心愿，就是重过画中农夫渔叟的简朴生活，远离像他一辈故宋忠臣所陷的政治困境。”参见李铸晋：《鹊华秋色——赵孟頫的生平与画艺》，生活·读者·新知 三联书店，2008 年版，第 129 页。

278. 见《鹊华秋色图》，现藏于台北故宫博物院。图录见《宋元明山水名画选·鹊华秋色图》，天津人民美术出版社，2007 年版。

279. 赵孟頫去世后，其子赵雍题《幼舆丘壑图》跋语云：“右先承旨早年所作，幼舆丘壑图真迹无疑，拜观之馀，悲喜交集，不能去乎无言，师宜宝之。雍谨识。”由赵雍题跋可知，该作为赵氏早年所作。另有王绮跋云：“昔顾长康画谢幼舆于岩石里。人问其故，答曰：幼舆一丘一壑，自谓过之，故宜置此子丘壑也。观其清逸标致，固是嘉尚，然能确守臣节，当同幕罕有及之者。今松雪翁后数百年载，心领神会作为此图，最是位置有方，笔意奇妙。使长康复生，见此必当点头。东庐王绮。”

280. 有关赵孟頫画作中的象征意蕴，历代文献皆有记载，以《二羊图》为例，赵氏的跋语原题为：“余尝画马，未尝画羊，因仲信求画，余故戏为写生。虽不能逼近古人，颇于气韵有得。”然该作后世的相关题跋则多将其与“苏武牧羊”典故相联系，多有讽喻意味。如张大本跋云：“又惜其丹青之笔不写苏武持节之容，青海牧羝之景也。为之三叹！”又，戒得人跋云：“水晶宫中松雪翁，玉堂归来金盖峰……也知临时感先朝，不写中郎持汉节。”殆至晚明，李日华亦云：“子昂肖物之妙无所不早极。此二羝乃其偶作，而宛然如入黄沙白草间，详者纷纷征苏卿事，我恐此妙趣正复当面蹉过也，吾深叹其亡羊。”李铸晋认为，赵氏图中以绵羊喻苏武，山羊喻李陵，以图苏、李道别的情景。参见李铸晋《赵孟頫〈二羊图〉之意义》，刊于《新美术》，1993 年第 2 期和第 3 期。

281. 王维晚年创作大量的悔罪诗文，详见赵殿成注：《王右丞集笺注》，上海古籍出版社，1961 年版。

282. 对此，黄惇先生曾指出：“赵孟頫卒后，元代文人大抵都能理解他，对它的艺术推崇备至。但至明代则推崇有之，惋惜有之，讽刺有之，盖因赵孟頫为‘宗室之亲，辱于夷狄之变，’因仕元而贬其艺术。”黄惇：《从杭州到大都——赵孟頫书法评传》，上海书画出版社，2003 年版，第 81 页。

283.【明】郁逢庆：《书画题跋记》（卷六），《景印文渊阁四库全书》（子部・艺术类・书画之属）

284.【清】傅山：《作字示儿孙》，《霜红龛集》，影印清宣统三年丁氏刻本，《续修四库全书》（集部・1395 册）

285.【清】郑燮：《潍县署中与舍弟第五书》，《郑板桥集》，上海古籍出版社，1979 年版，第 22 页。

286. 高木森：《元气淋漓——元画思想探微》，东大图书股份有限公司，1998 年版，第 61 页。

287.【清】吴伟业：《吴梅村全集》（中），中华书局，1990 年版，第 498 页。

288. 徐邦达编：《历代流传书画作品编年表》，上海人民美术出版社，1963 年版，第 130 页。

289. 现存王鉴的作品中，海外私人藏有《鹊华秋色》扇面一件，自题“鹊华秋色，壬子（1672）中秋画”，著录见《自怡悦斋书画录》（卷二十五），铃木敬编：《中国绘画总合图录续录》，东京大学出版社，1983 年版。

290. Max Loehr，*The Great Painters of China*，New York，1980，p・234

291. 台北故宫博物院编：《故宫书画录》（卷三），台北故宫博物院。

292.【明】王世贞：《艺苑卮言》，《续修四库全书》（集部・1695 册）

293.【清】恽格：《南田画跋》，黄宾虹、邓实编：《美术丛书》（第三册），江苏古籍出版社，1997 年版，第 2440 页。

294.【清】盛大士：《溪山卧游录》，黄宾虹、邓实编：《美术丛书》（第二册），江苏古籍出版社，1997 年版，第 1342 页。

295.【清】佚名：《十百斋书画录》，《中国书画全书》（第七册），第 544 页。

296.【清】陆时化：《吴越所见书画录》，《中国书画全书》（第八册），第 1160 页。

297.【清】王原祁：《麓台题画稿》，影印浙江图书馆藏道光二十四年刻本，《续修四库全书》（子部・1066 册）

298.【清】王时敏：《王奉常书画题跋》，《中国书画全书》（第七册），上海书画出版社，1994 年版，第 921 页。王鉴对王蒙画风的酷嗜，正如韦克斯指出：“王时敏偏好黄公望，王鉴则完全沉浸在王蒙的作品之中，有时甚至被人誉为‘王蒙再生。’”见韦克斯：《王蒙与清代画家——十七、十八世纪中国文人绘画模古研究》，《朵云》，1994 年第 1 期，第 26 页。

299.【南朝】宗炳：《画山水序》，《历代名画记》（卷六），人民美术出版社，1963 年版，第 131 页。

300.【宋】韩拙：《山水纯全集》，黄宾虹、邓实编：《美术丛书》（第三册），江苏古籍出版社，1997 年版，第 1134 页。

301.【宋】郭若虚：《图画见闻志》，邓白注，四川美术出版社，1986 年版，第 33 页。

302.【清】王原祁：《雨窗漫笔》，西泠印社出版社，2008 年版，第 23—24 页。王原祁对绘画中的“龙脉”理论有详细的解释，在一则画跋中云：“画中龙脉，开合起伏。古法虽备，未经标出。石谷阐明，后学知所矜式。然愚意以为不参体用二字，学者终无入手处。龙脉为画中气势源头，有斜有正，有浑有碎，有断有续，有隐有现，谓之体也。开合从高至下，宾主历然，有时结聚，有时澹荡，峰回路转，云合水分，俱从此出。起伏由近及远，向背分明，有时高耸，有时平修，欹侧照应，山头、山腹、山足两悉称者，谓之用也。若知有龙脉，而不辨开合起伏，必至拘索失势。知开合起伏，而不本龙脉，是谓顾子失母。故强扭龙脉则生病，开合逼塞浅露则生病，起伏呆重漏缺则生病。且通幅有开合，分股中亦有开合。通幅有起伏，分股中亦有起伏。尤妙在过接映带间，制其有馀，补其不足，使龙之斜正、浑碎、隐现、断续，活泼泼地于其中，方为真画。如能从此参透，则小块积成大块，焉有不臻妙境者乎！”见王原祁:《雨窗漫笔》，西泠印社出版社，2008 年版，第 21—22 页。

303.【美】詹姆斯·埃尔金斯：《西方美术史学者的中国山水画》，潘耀昌、顾泠译，中国美术学院出版社，1999 年版，第 89 页。

304. Vinograd, Richard : "Family Properties : Personal Contex and Cultural Pattern in Wang Mengs‘Pien Mountains’of 1633 " *Ars Orientalis* 13 (1982) ·

305. 高木森：《王蒙的空间幻象》，《朵云·王蒙研究》（第 65 集），上海书画出版社，第 30 页。

306. 贡布里希指出，图像学的要点是“研究物像有寓意（allegory）和象征（symbolism）用法中的功能，研究它们跟可称为‘不可见的观念世界’(Invisible world of ideas）的指称作用。”（贡布里希：《艺术与错觉— 图画再现的心理学研究》，湖南科学技术出版社，2004 年版，第 4 页。）至于图像学的阐释路径，潘诺夫斯基则将之分为三个层次的表述：艺术作品的自然题材组成第一层次，属于前图像志描述阶段，其解释基础是实际经验，修正解释的依据是风格史；图像故事和寓言世界的程式化题材组成第二层次，属于图像志分析阶段，其解释基础是原典知识，修正解释的依据是类型史；象征世界的内在意义组成第三层次，属于图像学解释阶段，其解释基础是综合直觉，修正解释的依据是一般意义的文化象征史。（见范景中：《〈图像学研究〉中译本序》，《新美术》，2007 年第 4 期。）

307. 参见文以诚：《家庭财富：王蒙 1366 年〈青卞隐居图〉中的个人家境和文化类型》，洪再新译，《新美术》，1990 年第 4 期。

308. 高木森：《元气淋漓——元画思想探微》，东大图书股份有限公司，1998 年版，第 66 页。

309. 其如“米氏云山”于文人交游酬酢中的意义。参见笔者《“米氏云山”——中国古代文人酬酢中的交际辞令》(未刊稿)

310. 凯瑟琳·里斯坎：《权力共享：中国纪念性艺术中的一种修辞性策略》,《美术馆》(2003 年 A 辑),广西师范大学出版社,2003 年版,第 137 页。

311. 方闻：《书评：高居翰的〈气势撼人〉》,《艺术通报》,1986 年第 68 期。

312. 著录见【清】顾文彬：《过云楼书画记》(卷六),影印清光绪间刻本,《续修四库全书》(子部·1085 册);图录见《王鑑精品集》(人民美术出版社,2008 年版)、《四王吴恽绘画》(中国香港商务印书馆,1996 年版)

313.【清】顾文彬:《过云楼书画记》(卷五),影印清光绪间刻本,《续修四库全书》(子部·1085 册)

314.【清】吴伟业：《吴梅村全集》(下),上海古籍出版社,1990 年版,第 1203 页。

315.【清】吴伟业:《郁静岩六十序》,《吴梅村全集》(中),上海古籍出版社,1990 年版,第 798—803 页。

316.【清】吴伟业：《吴梅村全集》(上),上海古籍出版社,1990 年版,第 394 页。

317.【清】王时敏：《王奉常书画题跋》,《中国书画全书》(第七册),第 935 页。

318. 孔稚珪(447—501),字德璋,南朝齐会稽山阴人。官至太子詹事,加散骑常侍。《南齐书》称他“不乐世务,居宅盛营山水,凭几独酌,傍无杂事。门庭之内,草莱不剪。”有《孔詹事集》辑本一卷。

319.【南朝】孔稚珪:《孔稚珪集》,【明】张溥辑:《汉魏六朝百三家集》(第七十九卷),《文渊阁四库全书》(集部·总集类)

320. 北山即钟山,又名紫金山,在今江苏南京市北。南朝齐周颙先隐居钟山,后接受征聘出仕,为海盐令,期满进京,要路过钟山,孔稚珪写了这篇移文声讨他。移文亦称为移书,与檄文在文体上相近,多用于晓谕或声讨。

321.【元】脱脱等：《宋史·种放传》(第四百五十七卷),《景印文渊阁四库全书》(史部·正史类)

322.【南宋】陈思编：《两宋名贤小集》(第三百八十卷),《景印文渊阁四库全书》(集部·总集类)

323. 钱钟书：《管锥编》(第四册),中华书局,1979 年版,第 1347 页。

324. 转引自傅抱石：《明末民族艺人传》,商务印书馆,民国二十八年版。

第四章　太仓计划：《梦境图》与王鑑的画史观念

图四十二　【明】曾鲸、项圣谟《董其昌小像》　上海博物馆藏

王鑑匠心独运，以王维《辋川图》与卢鸿《草堂图》意象为灵感来源，大胆剪裁，并施以王蒙笔法与赵孟頫的图式风味，将梦中景致巧作排布，相互链结成富于理想意味的自传性象征系统。作为画家精神自写的《梦境图》，不仅黏合着图像与历史之间的内在联系，同时也传达出王鑑的画史观念。在《梦境图》题跋中，从王维、赵孟頫、王蒙到董其昌，王鑑一一提及其颙望的大师，而对董其昌梦寐在焉，则凸显了他对老师的深厚情感。《梦境图》中的每一位大师，都是王鑑毕生仰慕的画业偶像，代表着他所认同的画史谱系。《梦境图》融《辋川图》与《草堂图》图式、

王蒙与赵孟頫画法为一炉，画家如此娴熟地运用集古式画法，不仅折射出他所依托的太仓文化圈的地域文化传统与时代性格，也反映了王鑑在画史中寻找个人坐标的不懈追求。

在《梦境图》中，王鑑除了表现梦境中的“辋川意象”，还悉心绘制出“趺坐中堂，观左壁画，乃思翁笔，幽微淡远，不觉抚掌赞叹”这一特殊场景。王鑑对董其昌绘画的痴迷竟到了“寤寐交挥”的程度，可见他对恩师情感之真挚、思念之殷切。（图四十二）在其作品题跋中，王鑑屡屡追忆早年与董氏交游的经历，如其回忆学画经历云：“余初学画即宗子久，谓为思翁赏识，中年浪踪四方，无暇恳习，故未能成。”[325] 受董氏教泽，王鑑履行的是将鉴藏古画与艺术贯穿起来的学习方式。王鑑出身名门世家，其曾祖王世贞为晚明著名的鉴藏家[326]，收藏巨富，然其家藏经祖父王士骐、父亲王瑞庭肆意挥霍，至王鑑时已是强弩之末，不复旧观。故而，王鑑早年所接受的艺术熏陶，只有极少部分源自于弇山园的藏品，其鉴赏的主要渠道，还是得益于与董其昌、钱谦益[327]、王时敏等师友的交往。特别是董其昌庋藏的名画——如董源、赵孟頫、黄公望的作品，则成为王鑑早年观摩学习的主要对象，如其回忆在董其昌处获观吴镇《溪山深秀图》云：

梅道人《溪山深秀》为董文敏所藏，余曾借观数月，后归袁褰中宪副。两兄今墓木已拱，画今不知流落何处。客窗漫思其法，愧不能梦见古人，追思往昔，恍如隔世，掷笔为之惘然。[328]

在王鑑的创作生涯中，自始至终贯穿着董其昌艺术观念的影响。即便在其跳出前人窠臼卓然成家时，也未尝不将董氏视为对自己影响最巨的导师。王鑑对董其昌的景仰，多反映在他对董氏的回忆与艺术评价中，其云：“以淡见真，以简入妙，神理意趣，溢于笔端。今海内所以折服文敏者，盖前无古人后无来者，莫之与竞也。麟凤之祥不离飞走，文敏其犹龙乎！”[329] 又如其《仿董其昌遗意图轴》题跋云："近代画家首推文、沈，虽属神品，然未免过熟，尚不离丹青习气，独华亭董文敏脱画纵横气味，真如天骏腾空，绛云出岫，乃所谓士大夫画，非具仙骨，岂能梦见其万一。此图漫师遗意，终似嫫母王嫱，徒令人捧腹耳。”[330] 董其昌对其学生辈王鑑、王时敏的艺术影响，主要在于他将目鉴与创作融会贯通的"集大成"观念。[331] 这种艺术观念，不仅包含着《梦境图》中王鑑集合王蒙与赵孟頫画法的创作方法，也关乎明清山水画整体创作模式与艺术生态的内在理路。

一 "太仓计划"

2004 年 9 月，澳门艺术博物馆与故宫博物院、上海博物馆合作，举办"南宗北斗——董其昌诞生四百五十周年书画特展"，集中展示了董氏一生中不同时期的书画作品。[332] 在这次展览中，有一件较为特殊的山水长卷——《集古树石图》(图四十三)甚是引人注目。严格地讲，《集古树石图》是一件带有粉本或课稿性质的手卷，有别于一般意义上的山水画创作。[333] 该作以局部的树石画法作示范，间以题字说明，汇集了董其昌艺术视界中许多古代大师的典型图式。从粉本的功能来看，《集古树石图》与倪瓒《画谱》、顾见龙《摹古粉本》颇似，在构图、立意上并无系统的创作章法，而是综采诸家笔法与造型特点，画松柏、杂树、芦荻、水草、坡石、溪渚、亭榭，乃至庭院、人物等等，卷末以黄公望、倪瓒画法收尾。其中以树木画法尤详，佐以简短的注解如"万松金阙赵希远画，全用横点、竖点，不甚用墨，以绿汁助之，乃知米画亦是学王维也，都不作马牙钩。"正如董氏所言，《万松金阙图》(图四十四)并未使用传统的马牙钩法来表现"万

图四十三　【明】董其昌　《集古树石图》（局部）　故宫博物院藏

松意象”，而是采取米芾的画法，以绿色的横点与竖点来加以表现。对照赵伯骕《万松金阙图》[334]观之，董氏截取画面一角树石，并以水墨的横点、竖点画出背景的万松意象，力图从笔法上溯其源头并化为己用。凡此注解，尚有“红树”、“俟体”、“圆点”等语。值得注意的是，《集古树石图》卷末有陈继儒题云：

此玄宰集古树石，每作大幅出摹之。焚劫之后，偶得于装潢家，勿复示之，恐动其胸中火矣也。[335]

由陈继儒的跋识可知，《集古树石图》为董其昌出游囊中必携之物，是其创作大幅作品时以资参考的粉本。[336]比对董氏的山水画作可以看出，其局部的树石画法与整体画面构图，确实存在一种重复性、模式化特征，足见其创作对粉本的依赖程度；或者说通过目识心记，在董氏心中形成了一套相对稳定的符号与图式，正如其云：

画中山水，位置皴法，皆各有门庭，不可相通。惟有树木则不然。虽李成、董源、范宽、郭熙、赵大年、赵千里、马、夏、李唐，上至荆、关，下逮黄子久、吴仲圭辈，皆可通用也。或曰，须自成一家，此殊不然。如柳则赵千里，松则马和之，枯树则李成，此千古不易。虽复变之，不离本源，岂有舍古法而独创者乎？倪云林亦出自郭熙、李成，少加柔隽耳。如赵文敏则极得此意，盖萃古人之美于树木，不在石上着力，而石自秀润矣。今欲重临古人树木一册，以为奚囊。[337]

至16世纪晚期，董其昌临仿了大量的古画贮之奚囊，以资粉本之用，如其在一本仿古册页中称：“此余壬辰、癸巳为庶常请告，家居多暇，与

图四十四　【南宋】赵伯骕　《万松金阙图》（局部）　故宫博物院藏

顾中舍、宋太学借画临仿之笔。所谓粉本，用贮奚囊者，不下数十幅，遗散渐画，仅存此耳。自是蓄画颇多，临摹反不及前。武帝既得相如，平平耳，非复读赋诗时庶几遇之意也。”[338]现藏于瑞典斯多哥摩尔远东博物馆的《临郭恕先画粉本》，上有董其昌题跋云："此余在长安苑西草堂所临郭恕先画粉本也。恨未设色与点缀小树，然布置与真本相似。”[339]

由此可见，董其昌的绘画经验主要立足于对画史的熟悉与分析，所谓“岂有舍古法而独创乎？”即在他看来，习画重要的是对古人画法的烂熟于心。通过分类与总结，董氏将各种树石画法与历史上的大师一一对应，声称“柳则赵千里，松则马和之，枯树则李成”，并强调其“千古不易”的规律。基于这种理念，董氏的习画日课则表现为:“日临树一二株，石山土坡，随意皴染。”[340]

从董其昌对树石画法的经验总结可以看出，在创作上他实是采取一种集古式的办法，甚至可以完全撇开对自然实景的依赖，将预设的树石符号拼合组装成完整的画面。当然，这种方式在不同的创作语境中，也会受到不同因素的影响，譬如董其昌常常在游历中将自然景观与历史上的某件作品、某种画法发生联系，以此来阐发自己对自然与艺术的领

图四十五 【清】王时敏、陈廉《小中现大册》
第二开《仿范宽溪山行旅图》 台北故宫博物院藏

会。如其题跋云：“昨岁在石湖写此图，今携至西湖展观，乃绝似两峰六桥景界。惟是积雨连旬，烟霏不开，与李营丘画法无当，须米家父子可为传神也。”[341] 这种假托自然景观变化的需要，否定李成画法而诉于米氏云山来驾驭画面，显然还是建立在对文本图式根深蒂固的依赖。同时，这也促使董其昌影响下的晚明至清的绘画，其所表达的不尽是对自然的真实感受，而是更沉湎于一种集古图式的翰墨游戏，即通过对古人画法的追溯与效仿，将绘画关注的焦点从表现自然挪移至预成的画法与笔墨上，不再热衷于探求图式与造型上的新意。据方闻、傅申介绍，美国波士顿大学亦藏有一幅类似于《集古树石图》的画卷，此图在功能上即便不是董氏创作备用之物，也必定是其课徒时所授范本。如董其昌曾应王锡爵之请，为王时敏绘制一幅树石画稿，供其临习之用，[342] 此见恽寿平《瓯香馆集》云：

娄东王奉常烟客，自龆时便游娱绘事。乃祖文肃公属董文敏随意作树石，以为临摹粉本，乃辋川、洪谷、北苑、南宫、华原、营丘树法石骨，皴擦钩染，皆有一二语拈提，根极理要。观其随笔率略处，别有一种贵秀逸宕之韵，不可掩者。且体备众家，服习所珍，昔人最重粉本有以也夫。[343]

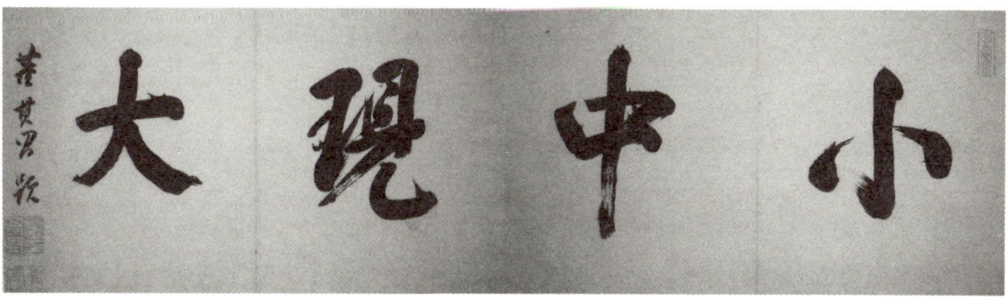

图四十六　【明】董其昌题《小中现大册》引首　台北故宫博物院藏

恽寿平的文字告诉我们，王时敏幼时习画，董其昌授之以法，其所用摹本与董氏自备的《集古树石图》相类。此类作品，既可视为画家创作籍以借鉴的粉本，也可看作绘画传承中师资授受的重要媒介。于是，当我们将《集古树石图》与王时敏精心设计的《小中现大册》（图四十五、四十六）[344] 相互映发，便可茅塞顿开，犹如进入一个古人艺术创作的鸿蒙世界。《小中现大册》亦称《仿宋元人缩本画及跋》，是王时敏在家藏的历代大师名作中，精心选出二十二幅宋元名迹，用册页的形制请画家陈廉临摹装订成册。这些极其忠实原作风格的临本被称为“缩本”，其中十八幅缩本的对页，则由董其昌亲笔题写了对作品的鉴定意见、画家评价、画风渊源及流传经历等等。王原祁曾提及这幅图册的渊源，其云：

余先奉常赠公汇宋元诸家，定其体裁，摹其骨髓，缩成二十馀幅，名曰缩本。行间墨里，精神三昧出焉，此大父一生得力处也。华亭宗伯题册首云‘小中现大’，又每幅重题鉴赏跋语，以见渊源授受之意。先奉常于丁巳夏初，忽以授余，其属望也深矣[345]。

然而，《小中现大册》的形制虽为王时敏的创意性发明，却非王氏本人绘制，而系松江画师陈廉在其指导下精心绘出，此见王时敏《题陈明卿廉雪卷》云：“……（陈廉）初以赵文度为宗，继从余家纵观宋元真迹，多有悟入，所诣益深。为余摹诸名图，以寻丈巨轴，缩为方册，能使笔墨酷肖，毫发不遗，真画史之绝技。”[346] 又见王时敏《题陈明卿仿黄子久卷》云：“明卿为赵文度高足弟子。初到娄时，尚守其师法。既为余临宋元诸名迹，缩为小本，因此大有悟入，画格遂为一变。”[347] 陈廉名姓翳然不彰，概因多致力于摹古而不化，在明清笔墨至上的艺术生态中，难免被人当作画工而忽视。然而，王时敏何以倾力打造《小中现大册》？其缘由可从张庚《国朝画征录》一窥之：

（王时敏）尝择古迹之法备气至者二十四幅为缩本，装成巨册，载在行笥，出入与俱，以时模楷。故凡布置设施，勾勒斫拂，水晕墨章，悉有根柢。[348]

就像董其昌奚囊中的《集古树石图》，《小中见大册》亦被王时敏当作创作粉本"载在行笥，出入与俱，以时模楷。"继王时敏制作《小中现大册》后，在以其为中心的太仓书画圈遂兴起一股制作《小中现大册》的风尚，对于这一画史现象，方闻形象地将之比喻为"太仓计划"、"太仓艺术工程。"[349] 如吴历的"小中现大册"（《临宋元画册缩本》），有钱谦益题跋云："……冬日屏居，渔山吴子，示予手临宋、元画卷，烘染皴皴，穷工画意。笔毫水墨，皆负云气。向之慨慕子久，与华亭所手摹心追者，一往攒聚尺幅，如坐镜中，岂不快哉！渔山古淡安雅，如古图画中人物。人将谓子久一派，近在虞山。余深望之。此卷真迹，皆烟客奉常藏，又亲传华亭一灯，密有指授，故渔山妙契如此。"[350] 对于吴历将寻丈巨幅缩于尺幅之间的高超技艺，王时敏曾揄扬不已，其题跋曰：

图四十七　【清】王鑑　《仿范宽溪山深秀图》　台北故宫博物院藏

临摹之难甚于自画。盖自画犹可从宕匠心，临摹则必尺寸前规，不爽毫发，乃称能事。即使形似，宛然笔墨，岂能兼妙？而欲缩寻丈于尺幅之间，求其气韵位置，略不失古人面目又难矣。渔山索观余所藏诸画，随临仿缩作小本。间架草树，用笔设色，一一乱真，且能于生纸上渲染烟云，冉冉欲动，毫无痕迹可寻，是真刻刺神技，斫轮妙手，冥心默契不可思议者也。况自此与宋元人血战，曾未匝月，见其近作扇册，皆从诸画中伐毛洗髓得来，脱尽向时畦径。方在妙年，遂已度越时流，后正未见其止，虽欲不独步得来。尝见牧翁伯题其《桃溪诗稿》，以攻文汲古为画道权舆。又闻古人云：善书者必善画。渔山博综群书，精研八法，涵茹风雅，悉以回向笔端，宜其变化不穷，踌躇满志乃尔也。叹服叹服。[351]

姑且不论张庚所记图册是否就是今藏台北故宫博物院的《小中现大册》，但它却传递了一个重要信息——《小中现大册》在王时敏创作中的功能，此如《集古树石图》于董其昌创作的意义，即“载在行笥，出入与俱，以时模楷”。由此可见，藉由汇集那些古代大师杰作的缩本，董其昌与他的追随者们构建了一套堪称典范的山水图式。诚如该册页引首董氏题写的“小中现大”四字，透露出董其昌与其弟子们构建理想中的山水图式的雄心。推测董氏书画船中出入相随的江参《千里江山图卷》，也极有可能是其创作时参用的依托图式，其理由不仅在于该卷所绘物象之丰富，还在于其画风正是董氏提倡的正宗，如其画中题云：“董、巨画道，中绝久矣，贯道（江参）独传其巧，远出李唐、郭熙、马、夏之上。”[352]

董氏与其弟子对山水图式与语汇的总结方式，令人想到贡布里希提出的“先制造，后匹配”（making before matching）的创作观念，对帮助我们理解、评价明清时期艺术创作中的摹古之风，颇有启示。[353] 尽管贡布里希构建的纯粹模拟理论就解释艺术创造活动来说稍过简约，但其提出的“需要解释的不是模拟的缺席，而是模拟何以产生”一语，仍值得我们深思。在《集古树石图》、《小中见大册》以及那些带有创作性质的仿古画册中，蕴涵着丰富的画史信息，这为我们探究明清画家的创作模式及画史观念提供了丰富的史料依据。凡此种种，清楚地反映了明清文人画师资授受的传播途径，同时也见证了文人画在长期发展流变中，至晚明业已形成了一套相当完备的预成语汇与图式。通过驾驭这些山水画创作语汇（如《集古树石图》）与图式（如《小中现大册》），画家可以灵活地按照某种古典图式进行创作。结合《集古树石图》与《小中现大册》所绘内容，我们不难看出，该图不仅集中反映了董其昌及其弟子们的授业与创作模式，同时也折射出那个时代具有相当影响力的艺术趣味。在特殊的历史语境下，董其昌与“二王”的艺术趣味催发了一场画史的生态演奏——仿作与临作的兴盛。结合董其昌及其追随者们大量仿拟作品中的跋识——多为对其私淑的古贤画法的总结与评价，或可验证罗樾关于“明清画史是关于绘画史的绘画”的论断乃肯綮之见。[354]

二 王鑑与《小中现大册》

除了陈廉、吴历、王翚在王时敏的授意下制作《小中现大册》，王鑑也有类似经历，他甚至还乐此不疲地将之演绎成各种不同的形式，从而深入到古代大师的技法传统中来提升自己对画史的理解。在王鑑的《宋元名迹缩本》（即王鑑制作的《小中现大册》）题跋中，王时敏如此赞美了王鑑的临仿功力：

余以一生精血裒集宋元名迹，十有六帧，宝护不啻头目髓脑。年来衰病侵寻，岁荒赋急，贫不能守，先后散归之好事者家，罄无一存襟，索寞犹失水之鱼，濡沫无所。兹幸廉州斫轮妙手，借余所留粉本神而明之，缩成此册，神采宛在，纤毫不遗，洵足洞心骇目。顾余展玩廻环，抚今追昔，深自愧挈瓶之智，益不胜故剑之思，书以志慨。[355]

图四十八 【清】王鑑 《仿古山水册》之一《仿范宽山水》 故宫博物院藏

我们素知，王鑑与王时敏都是董其昌艺术思想的追随者。他们坚定地实践着这一思想的全部原则，尤其注重结构与造型的规范化。故其画中山石的交迭布置，树木流泉的穿插呼应，所使用的都是一套标准化的图式与符号。在王鑑所绘的大量山水册页中，皆可看出《小中现大册》的影响，如现藏于上海博物馆的《仿宋元山水十二页》，[356] 原系毕泷旧藏，其中有八幅即摹自《小中现大册》，该册有王鑑跋语云："文敏尝谓书画收藏家与鉴赏家不同……前辈风流，零落欲尽。惟吾娄太原烟客先生，鲁灵光巍然独存。其清秘阁中，尚存墨宝，然不遇知者，亦不轻示。曾将所藏宋元大家真迹，属华亭故友陈明卿缩成一册，出入携带，以当卧游。余今朝偶来南翔，缔交文庶社长……余因复临陈本赠之，枕中之秘，不敢擅。"[357] 饶有兴味的是，该册第十一开王鑑题为"仿赵文敏"，（图五十）而其参照本《小中现大册》则题为《临黄公望仿董北苑夏山图》(下称《夏山图》)。（图四十九）既然《小中现大册》为《夏山图》，王鑑何以将临本画风冠以赵孟頫之名？仔细比对《夏山图》与临本即可发现，尽管临本移用了《夏山图》的图式，但在局部山石的处理上却有别于后者，特别是将《夏山图》

图四十九 【清】王时敏、陈廉 《小中见大册》之《临黄公望仿董北苑夏山图》 台北故宫博物院藏

图五十 【清】王鑑 《仿宋元山水十二页》之《仿赵文敏》 上海博物馆藏

山峦上琐碎的矾头略去，从而弱化了董源、黄公望图式中的标识性语汇，同时，该作在树石画法上则加强了赵孟頫的工细风格。由此可见，王鑑的摹古作品并非被动的教条之作，实则体现了他灵活运用古代画家经典语言的匠心。此如顾麟士云：

仿者，仿其大意，非临摹比也。临摹得其人之偏，不如仿古得其人之全；临摹得其人之形，不如仿古得其人之神。[358]

王鑑的许多大幅作品，亦得益于其册页中收集的众多古法。如2009年9月澳门艺术博物馆举办的“毫素深心——明末清初遗民金石书画展”中，便展有王鑑的《仿古条屏十二页》，其第七屏《仿范宽山水》显然是王时敏收藏的《溪山行旅图》的摹本，（见图五十一、五十二）就像摹制《小中现大册》那样，王鑑通过精心设计，将一系列古代的经典作品浓缩在固定的尺幅中。在《仿范宽山水屏》中，王鑑题云：“范宽笔法原与董巨相似，但雄壮过之。此图为吾娄王奉常所藏，闻已为人易去，今拟其意，不求形似也。”[357]北宋画家范宽的《溪山行旅图》，曾被王时敏、陈廉缩临汇集在《小中现大册》中，王鑑得之启示，曾反复模拟，故而此图式不仅出现在王鑑的《仿宋元画册》中，并且还以不同的形式出现在其它作品中。在王鑑创作的大量册页中，范宽《溪山行旅图》的图式与语汇反复出现，如其《仿古山水图》[360]、《仿宋元八家图》[361]中，范宽的标识性语汇——细长的瀑布与繁茂的山顶被王鑑多次运用。王鑑热衷于表现范宽语汇，实则反映他试图将南宗与北宗画法熔为一炉的理想，其题《仿范宽山水图》云：“近代丹青家皆宗董巨，未有师范中立者，盖未见其真迹耳。余向观王仲和宪副所藏一巨幅，峰峦苍秀，草木华滋，与董巨论笔法，各有门庭，而元气云通，又自有相合处。”[362]对于临仿之价值，王鑑曾籍董其昌之口表达了自己的信念：

董文敏常谓余曰：“学画惟多仿古人，使心手相熟，便能名世。”每思此言，信足启发后进。奈何赋性懒怠，总染数笔，即目昏手倦之案头，故五十馀年终无所成。今夏避暑于半塘禅室，大千道兄出笺素索拙笔，留两月始得小景数帧。虽有志仿古，竟未能梦见万一，恃大老知爱，自为我藏拙也。[363]

图五十一　【清】王鑑　《仿古条屏十二页》之《仿范宽山水》　上海博物馆藏

图五十二　【清】王鑑　《仿范宽山水图》　上海博物馆藏

在清初太仓绘画圈中，选择某些古代大师的经典作品临摹成册，成为一时风习。通常情况下，这种精心缩临古人作品的册页被称为《小中现大册》。与此同时，一种与《小中现大册》有所不同的“仿拟”册页也颇为流行。其区别在于，前者是一种忠于原作的临摹之作，只是在形制上被缩小，以便于携带交流与学习；而后者虽名为“仿拟”，实则属于一种随性的创作，它只是利用前辈画家的某些习惯性笔法或构图、造型等形式元素，并不追求与原作分毫不差的临摹效果。与前者建立图像范本的初衷不同的是，这些微型的仿古册页则体现了画家纯粹的创作思维。以王鑑历时四载绘制完成的《仿古山水册》为例，为平生得意之作，其钟爱之深，如其在册中题云：“此册在案头甚久，首尾四载，方就十帧，实余生平入细画，无过于此者。迩年来衰病日增，所遭坎坷，心境殊恶，恐再欲如是作精光已消亡。纵弄笔墨皆应酬，草率焉能似此？倘遇知己不鄙弃而收之，余魂魄犹依依于旁也”[364] 该册内含仿王蒙作品两帧，仿李成、刘松年、马文璧、范宽、燕文贵、黄公望、赵孟頫、吴镇各一，可谓风格多样，兼收南宗与北宗画法。对于王鑑这种并不严格恪守南宗体系的绘画理念，王时敏曾云：

夫画道亦甚难矣！工力深者类鲜逸致，意趣胜者每鲜精能，求其法韵兼得神逸并臻，真不数观也。廉州画学浩如烟海，自五代宋元诸名迹，无不摹写，亦无不肖似。规矩既极谨慼，神韵又复超逸，真得士气，绝去习者蹊径，而精诣入微处，将使白石逊其妍、宗伯让其工矣。余年来所见仿诸家小册甚夥，此册尤为合作。适有持以见示者，留几间累旬，爱玩不能释手。[365]

诸如此类的仿古册页，画家一生创作甚多，总是采用前辈大师的某种标识性画法或图式，来进行一种笔墨演奏，其形制上趋小的嗜好亦体现了“小中现大”的审美趣味。陆时化记载王鑑《仿宋元袖珍册》云:“白宋纸，每幅高五寸八分，阔三寸三分，真芥子见须弥。”[366]而另一《仿古袖珍册》大小为：“宣德纸，高每幅五寸七分，阔三寸八分零。”[367]一本袖珍的仿古册页凝聚了王鑑如此的心血，足见仿拟风气在清初的文化语境中，已经不再是低层次的摹习过程，而成为一种饶有意味的创作行为。由此也可见，这种荟集古法图册的盛行，反映了“通变古法”不仅是一个时代的审美观念，同时也成为一种固定的创作题材，深入到画家的创作内部，即如王时敏云：

近代惟石田先生于宋元诸家名迹，悉能变化出入，遇得意处真不让古人。惟其笔老力胜往往过之，故于神韵时或稍异。今廉州继起，董巨李范三赵以暨元季四大家皆得心印，非但肖其形似，兼能抉其神髓，不待标题，即知为某家笔意，诚士林之绝艺、画苑之宗工也。此十帧摹仿诸家，俨有生气，学者得之，如大海获遇导师，不烦更问津涉也。[368]

图五十三　【清】王鑑　《青绿山水图》(局部)　故宫博物院藏

通过册页的桥梁，王鑑在创作与古画真迹之间建立“通变古法”的关系，并以各种画幅形制提供“自出机杼”的空间。对王鑑、王时敏辈而言，各式各样的《小中现大册》就像图像库一样，通过对其中一些图式的转化、凝练，便可以成为自己所需的形式，并衍生出一些新的符号，如王时敏题王鑑画册云：“廉州刻意摹古，所作卷轴，一树一石，必与宋元诸名家血战，力厚功深，久而与之俱化。不但笔墨位置，咄咄逼真，而取神去粗，秀逸高华，骎骎殆将过之。盖古法形模，可以临仿，惟笔端灵秀之气，必自胎骨中带来，未可学习，故有神品之分。”[369] 即如王时敏所言，“与宋元诸名家血战”，其结果是“与之俱化”，那么在“四王”画派体系中，荟萃并融入诸家古法则可通向艺术的彼岸。

王鑑将诸家画法熔于一炉的尝试多体现在其代表性作品中，如画于1649年的《四家灵气图》，(图五十四）其跋语云：“己丑冬十月余浪游武陵，承登子张公祖渡江相访，出其同乡朱相国家所藏元四大家真迹鉴赏，俗眼为之一清。归如渔夫出桃源，不复记忆，然笔端灵气，于梦寐中彷佛见之。”[370] 乍看上去，《四家灵气图》是一幅以黄公望、吴镇画法为主的作品，圆笔中锋。待细看又可发现，王鑑在远山的皴法处理上，实际上采用了王蒙的解索皴法，而置于画幅前端的几株小树，则又被赋予了倪瓒风格的清隽风神。王鑑集古法于一体的画学理念，贯穿其一生的创作实践中，如作于1658年的《青绿山水图卷》（图五十三）便是一幅将赵孟頫与黄公望的画法相融合的代表作品，其题跋云：

余向在董思翁斋头见赵文敏《鹊华秋色卷》，及余家所藏子久《浮岚远岫图》，皆设青绿色，无画苑习气。今二画不知流落何处，时形之梦寐，闲窗息纷，追师两家笔法而成此卷，虽不敢望古人万一，庶免近时蹊径耳。[371]

图五十四 【清】王鑑 《四家灵气图》
故宫博物院藏

图五十五 【清】王鑑 《仿赵孟頫茂林萧寺图》
台北故宫博物院藏

据王鑑称，他曾在1636年与董其昌共同欣赏过赵孟頫的《鹊华秋色图》与黄公望的《秋山图》，二图皆以设色著称，且无院体习气，令王鑑一生记忆犹新。在《青绿山水图卷》中，画家将赵孟頫《鹊华秋色图》

与自家所藏的黄公望《浮岚远岫图》的画法相结合，作品敷色极为秾丽沉郁，突破了文人画设色淡雅的格调，却又保持了明洁清新的艺术特点，体现了画家企图将青绿古法与水墨画风相融合的创作理念。作于1671年的《仿范宽、董源山水轴》，则是一幅试图结合南北宗画风的作品。正如跋中王鑑题道："范宽、董源皆北宋大家，故用笔相肖，范画浑厚，董画幽淡。各极其致，非南宋后所能梦见。余此图虽拟华原，而时露北苑，因余幼习董熟耳。"[372]

图五十六 【清】王鑑 《溪色棹声图》 南京博物院藏

又如作于同年的《溪色棹声图》[373]，（图五十六）为一幅小青绿着色山水。该作底端为一低缓坡岸，岸上绘有几株高柳，溪中则一处放棹；中景山峦逶迤重叠，山路、阁亭、杂树、院落散布其间；远景则为交叠的平缓山丘。从整体的图式与画法来看，该作显然是以黄公望的画风为主，明显可见《富春山居图》、《富春大岭图》、《九峰雪霁图》的画法特征。然在局部的物象上，王鑑则综采诸家：画树纯师王蒙，苔点专习吴镇，远山出自倪瓒，设色则似沈、文，杂糅诸家。此作虽非王鑑最具代表性的作品，却很能体现了王鑑的绘画方式与画史观念，即其试图在历代大师的画法中寻找通便的途径，从而建立自己的画史坐标。就像他在《梦境图》中演绎的赵孟頫与王蒙画法一样，全然反映了晚明清初文人画创作理念的一种新方向。

三　《梦境图》与王鑑的仿王蒙画风

假如认同文以诚将王蒙《青卞隐居图》及其时代的大量山水画称为"地产山水"的话，那么在清初"四王"的艺术世界中，这种对实景山水的兴趣早已丧失。当王时敏、王鑑等太仓画家在经历国殇之痛后，其画中非但"地产山水"鲜见，自然实景山水的表现也相当罕见。[374] 其普遍的创作现象是，画家多借助于古代"地产山水"母题（《辋川图》、《草堂十图》、《龙眠山庄图》等）或通过转化元人山水世界中的笔墨趣味，来寻求一种精神上的脱略。一个不容回避的事实是，元代山水在清初的仿拟潮流中得到了无以复加的推崇，究其原因，也许不止是董其昌"南北宗"理论的影响，其背后的时代与社会语境更应值得关注。于清初士人而言，他们与元代文人的时代遭遇何其相似，反映在艺术上，与其说是元代画风的吸引，还不如说在元代大师身上他们找到了某种精神慰藉，就像在《梦境图》中，王鑑熔铸元人赵孟頫、王蒙的笔法与画风来寄托怀抱（殇情）。在《梦境图》题跋中，王鑑叙述梦游辋川的同时，还勾起他对另一些往事的回忆。其中之一是，若干年前，徽州画商王越石曾将一幅伪作《南郇草堂图》高价售予其叔祖王士騄。[375] 作为精熟王蒙画风的鉴藏专家，王鑑对这件作品的真伪甚有把握，于是他告知王士騄这件署名王蒙的画作系一伪作。可是，颇有戏剧性的一幕发生了，当叔祖王士騄正欲将这件伪作退还王越石时，

图五十七　【清】王鑑　《九峰读书图》
故宫博物院藏

图五十八　【清】王鑑　《仿王蒙山水图》
故宫博物院藏

奸诈的王越石却倒打一耙，反咬定是王鑑觊觎此画，故意怂恿其叔祖退画。王士騄果真上当，非但不再退还，反而愈加如获至宝，视之若天球珙璧。王鑑之所以在跋中提起这段令其不悦的往事，实则出于他深谙王蒙画风的自信。

在中国绘画史中，王蒙的画风素以丘壑与龙脉结构而著称，但在晚明，王蒙的画风传序却经历了短暂的断裂，俞剑华曾以董其昌为例，指出这个时代的风格总趋势："董其昌平生虽以王维为标榜，其实是学元四家，在元四家中取了吴镇的墨，黄公望的笔，和倪瓒的意，构成了他的独特的作风，独缺乏王蒙的丘壑。"[376] 王鑑似乎从董其昌的缺陷中找到自己另辟蹊径的方向，故而在王蒙画风上用力至深。如前文指出，王鑑集古风格的多样性，体现在他不仅认同董其昌倡导的"南宗"画脉，同时以巨大的心力来揣摩、临习"北宗"的青绿一格，以致有学者将之与蓝瑛并列，同归"浓丽"一体。[377]

清人所仿的王蒙山水图式，前景多由几株松树构成，远景则由渴笔的解索皴法画出交错迭起的山峦，形成一种固定化的图式及语汇，较少实质性意义上的深度仿习。然综观王鑑一生的仿王蒙画风作品，可以看出他在综采百家基础上，实将王蒙作为其研究与超越的对象。

相对于王时敏更偏爱黄公望来说，王鑑则完全拜倒在王蒙足下，甚至被王时敏称为"叔明再生。"《梦境图》是王鑑盛年力作，较多地体现了他力求创变的艺术倾向。该作刻意避开王蒙经典语汇中的近景松树，而参以赵孟頫较为工细的画法使之具有古意，从而更加贴合主题的需要。从总体的空间表现上看，《梦境图》以一种鸟瞰式的深远视角加以表现，视镜被拉得更远，让画面景观更加山重水复、层峦峰秀，故而在图式层面较王蒙作品更为宏阔。由此，对王鑑不同阶段的仿王蒙画风作品进行考察，无疑是了解王鑑创作理念求变意识的重要途径。

图五十九 【清】王鑑 《仿王蒙长松仙馆图》 故宫博物院藏

现存最早的王鑑仿王蒙风格作品，是画于1649年的《仿王蒙九峰读书图》（图五十七），该作跋云："叔明《九峰读书图》为钱宗伯收藏，岁余时得借观，今仿其笔意，呈仲翁老宗台教正。"[378] 清初著名书画交易人吴其贞曾在钱谦益家中获观王蒙《九峰读书图》，据其描绘，此图"气色尚佳，画高松耸翠，危峰陡立，松下有楼房草屋读书于窗内。"[379] 由此可知，王鑑虽云"仿其（王蒙）笔意"，实则在图式上亦以王蒙原作为粉本，运用解索皴拖墨而下，用笔尖秀，峰顶矾头云集，矾头周遭点苔星罗密布，苔大如豆，点法甚为自由，纷纷攘攘，由峰顶的矾头向山腰逸去。该作山石画法与《梦境图》颇为一致，只是近景树木更接近王蒙的典型特征。此图逸笔草草，其画面虽不及《梦境图》工稳、丰富，然从技法上看，实与《梦境图》同属王鑑中年阶段的成熟画风。再如作于顺治十三年（1654）的《仿王蒙山水图轴》（图五十八），与《梦境图》为同年之作，是王鑑仿王蒙画风的另一代表作，其跋云："丙申春初仿叔明笔于定慧禅寺"。[380] 此图空间营造与《梦境图》颇似，为一种俯瞰视角的深远之作，整体画意虽不及《梦境图》更具奇幻感，但其画风却与王蒙的典型图式更为接近。

中年的王鑑，不仅对王蒙画风心摹手追，且能别开生面，有所创造。从这一时期的作品图式来看，他所面对的主要挑战是山水的"取势"问题。王鑑擅长以生动流畅的大曲线为龙脉造势，这一手法，令山势于开张奇肆之外，更添几分活泼妍妩。至于龙脉的细部结构及其衔接处，则又缜密谨严，起承转合一如交响乐之旋律，纵横交错、回环跌宕。王鑑所要创造的是一种场面辽阔的全景式山水世界，力追北宋大家在规模和气局上的恢宏雄健之气，这种创作意识令其与同时代者显示出一定的审美异趣。王鑑藉助王蒙龙脉式的空间表现方法，就像不同的"九宫"以掌握古画的结构原则，对各种主题加以变奏处理，求取青出于蓝、自创新法的成就。正如王原祁云："临画不如看画。遇古人真本，向上研求，视其定意若何，结构若何，出入若何，安放若何，用笔若何，积墨若何。必于我有一出头地，久之自与吻合矣。”[381]

王鑑独出机杼的仿王蒙画风作品，大抵以《梦境图》与《仿王蒙山水图轴》最为突出，此一阶段正值王鑑创作力最旺盛的时期。其晚年的仿王蒙画作，在画法上渐趋保守，多以忠实王蒙原作风貌为鹄，较少渗入个人机趣，如其画于1667年的《长松仙馆图》[382]、1675年的《仿叔明云壑松阴图》[383]，（见图五十九、图六十）无论在图式、笔法，还是意境营造上，皆以忠实王蒙的原作画风为旨趣，难免陷入一个尽显他神而无我神的窠臼中。

四 《梦境图》与明清绘画生态

唐代诗人杜牧尝言："丸之走盘，横斜圆直，计于临时，不可尽知。其必可知者，是知丸之不能出于盘也。”[384]借用“丸之走盘”一语来比喻中国传统绘画，我们不妨将“盘”视为传统的外在结构，“丸”则象征传统内部的诸种发展动力。大体上看，20世纪以前的中国传统绘画，其内部虽然经历了大大小小的各种变动，有时甚至是很激烈的，但始终没有突破传统的基本格局，就像“丸之不能出于盘”一样。王鑑生活的时代，正是传统面临重新诠释的一个时代，是故在清初画坛，分布全国各地的画家对于传统的理解虽以不同的变革面相出现，但总体上皆没有逸出晚明以来的绘画发展方向——尤其是董其昌构建的画史正脉框架。诚然，俞剑华的社会历史学解释方式难免有其片面与偏激的一面，但是今天看来，其见地亦不乏吉光片羽之语，如他对晚明以来的山水画生态背景的分析可谓剀切："董其昌推崇王维，而不推崇李思训，因为董其昌正处在明帝国衰弱危亡的时代，当然不可能有盛唐时代李思训那种富丽堂皇的

图六十一　【清】王鑑　《仿赵孟頫山水》　台北故宫博物院藏

气象，只有在萧疏荒凉的意境里讨生活，这种意境也正是安史之乱后王维隐居辋川以后的情形。”[385]

明代中后期，复古与性灵之风交替涌现于文坛。特别至明末，娄东派、云间派重倡前、后七子的复古观念，将十七世纪上半叶的诗坛流风由世俗化的边缘拉回古典化的道路。活动在这一背景下的太仓两大王氏家族，以其不同的文学主张与创作风貌，集中反映了这场旷日持久的复古与性灵之争。太仓两大王氏家族中，琅琊王氏持复古之论，太原王氏主性灵之风。特别是“后七子”核心人物王世贞的成就及影响，使得太仓成为当时文坛复古运动的中心。[386] 王世贞称“文必西汉，诗必盛唐，大历以后书勿读”，[387] 继“前七子”之后再次掀起复古文学的热潮。李攀龙逝后，王世贞因“著作日益繁富，而其地望之高、游道之广，声力气义，足以翕张贤豪、吹嘘才俊”[388]，其文艺思想“独操柄二十年”，琅琊王氏家族内部又岂会不遵其轨？太仓两王氏家族融合复古与性灵之风的文化传统，一直影响到清初的娄东派。娄东派于明末兴起于太仓，其领袖吴伟业、张溥、张采等人，在文学上继承王世贞的复古思想，反对公安、竟陵诗风。吴伟业声称，太仓文学“至于琅琊、太原两王公而后大，两王既没，雅道澌灭。吾党出，相率经学古为高”，[389] 清楚地指出王世贞、王锡爵等先贤的影响。陆元辅在《王烟客先生集·序》中云：“元美既殁，弹射四起，公安倡之于前，竟陵和之于后。然矫枉过正，或流于俚俗，或变而纤佻，风雅之道日以弊坏，斯君子有江河之叹也。先生谢绝品流，因心师古，本性情，参才调，不落浅易，不事叫嚣。”[390] 这段话，清楚地指明王时敏诗歌的“师古”特色及其对王世贞“风雅之道”的继承。绘画观念必随文学思潮，此乃文艺史的发展规律。作为王世贞、王锡爵的后人，王鑑、王时敏在其老师董其昌的引导下，于绘画创作观念上，如同诗文一样承续其祖辈所倡导的复古与性灵观。[391]

其次，由清初太仓文化圈特殊的地域政治形态观之，以“四王”为代表的集古画学观念（如同王鑑《梦境图》中对传统母题与古法的运用），其生成动力则可获得社会学层面的揭示。入清以后，以王时敏、吴伟业为中心的太仓文人交往圈被浸染上一层浓重的政治色彩，即太仓士人迎降清军的集体选择，使得他们的政治身份陷入一种尴尬境地，令其馀生在精神上无法释怀，故而在出处上呈现出一种典型的封闭性特征。以王时敏、王鑑为例，他们在清初的活动范围仅仅局限于苏州周边地区，与外界往来甚少，甚至与艺术氛围浓厚的金陵艺术圈亦罕有交接。尽管王时敏曾致函周亮工，推荐王翚的画艺，但二人的行谊也仅限于此。尤其是在周亮工的《读画录》中，王时敏与王鑑的缺席使人无法想象他们在清初画坛的盟主地位，[392] 可见“二王”在清初画坛的地位并不乐观。可以这样说，在清初，“二王”的知名度与影响力尚局限于苏州周边地区，与之颉颃的金陵艺术圈则是遗民画家的天地，更遑论其它地区。“二王”艺术影响力的剧增，当在其逝后随着王翚、王原祁在北方的声名鹊起而远播。故而就此而言，这个文人集团的内向型性格，则是决定他们与那些遗民画家在风格上产生显著差异的根本原因。

再者，在审美上，将仿作、临作、拟作等复古艺术与原创作品等量齐观，不仅是晚明至清山水画创作的一个流行趋势，也是中国画传承中的一个重要途径。这一现象与书法类似，如薛龙春通过对王铎应酬作品的统计研究指出："将一件临摹品作为独立的作品，用于赠送或是售卖，不仅表明了王铎个人对临帖的态度——将临帖与创作等量齐观，也说明临帖在晚明业已成为他人可以接受的作品。"[393] 作为古人习画经验的临仿现象，俞剑华堪称目光如炬，他认为："临摹固为模仿，而写生亦模仿也。盖临摹乃模仿古人已成之画，写生则模仿自然物以成画者也"，[394] 可谓肯綮之见。至于模仿的独特价值，俞氏认为："画材之中，若山水，若人物，若花卉翎毛，何一而非自然物乎？此等山水、人物、花卉、翎毛之画，何一而非从自然物模仿而得乎？若模仿力发达，则人之学术，可以模仿为己之学术；人之发明，可以模仿为己之发明。举凡一切世界之优点，俱可模仿为吾国之所有矣。不见自己毫无文化，而专门模仿中国与西洋之学术者，亦可以雄视东亚乎？则模仿力讵可忽视乎哉！中国古代之画多模仿自然物，近古以后之画多模仿古人，其模仿力之伟大，为西洋画家所不及。唯近代画家不知临摹为习画之手段，而误认临摹为作画之目的，以至每况愈下，今不及古，此乃不善用模仿力所致，非模仿力之罪也。"[395]

明晚时期，能够触动文人心弦的山水画形式语言，已经不再是宋元绘画中的体量感，而是与书法审美相近的笔墨趣味。在大多数情况下，画风的选择、学习、改变过程，是一个画家及其家学渊源、绘画传统、文化氛围和当下生存环境之间持续互动的过程，而不仅仅是意识形态倾向的产物。就像王鑑的大多数作品，甚至可以肯定地说，很多都是一种延续过去经验下的惯性创作活动，特别是在复古情境下的创作，使其个性化的锐思多为临仿面相所掩。而《梦境图》这幅立意隽永、精心经营的作品，集中凝聚着那个特定时代与社会环境下，文人画家的审美倾向、个人际遇及情感归属等多层面内容，实属可贵。本书之所以凸显《梦境图》在清代画史中的重要意义，不仅由于它是王鑑创作意识最为高涨时期的杰作，更基于该作多面地体现了艺术发展过程中的风格与思想之间的张力。在艺术发展史上，风格的稳定性往往更甚于其变革性，社会秩序的重整，并不足以立即中断人们对一种成熟风格的需求。在朝代更替之际，推动艺术风格的嬗变，多半不是创作主体的迫切需要或者主动努力的方向，他们更愿意回到古代大师的传统中，去求索那些符合内心体验的图式样本。对于世变与社会转型期间的艺术趋向，白谦慎以书法为例分析道：“如果认为书法风格会因朝代的更替而在一夕之间突然发生变化，那就未免太天真了。我们可以举出许多例子来证明，某些书法家的风格并未因改朝换代而迅速改变。书法家所能够改变的，是其书法的文本。这就像一些身处改朝换代之际但从未改变其风格的画家，可能会通过描绘陶渊明笔下的‘桃花源’的田园风光，以寄托对‘乌托邦’的向往，暂时忘却乱世的动荡。”[396] 在中国美术史上，以陶诗维画作为创作母题的作品，可谓不计其数。即便是像李公麟《龙眠山庄图》这样的作品，其主题看似无关乎传统，然在实际的画面营造上，画家却移花接木，巧妙地将《辋川图》与《草堂图》的图式融合在画面中。[397] 简而言之，这种图式转化现象，其本质上代表着一种复古行为。[398] 确实，从艺术发展的普遍规律来看，“复古”就像贡布里希提出的“习得图式”理论，[399] 它贯穿着中国美术史发展的前因后果，只是具体到不同的时代或相异的文化情境中，我们绝不可将“复古”视为一个没有血肉的死物，特定环境下的个体，其创作行为往往会造就一种艺术史的特殊性。[400]

“文人画”理念渊源下的中国山水画发展至晚明时期，集腋成裘的文化因素终于发酵成一片灿烂的笔墨景观：一方面表现为画家对传统图式依赖性的加强，另一方面，图式作为笔墨的载体已不再具有一味的求异需要。至少有一点非常清楚，在明清山水画稳定的图式表象下，律动着一个变动不居的笔墨表现世界。这个世界，只有尽可能地将之放归于历史原景中加以考察，才不至于被肢解与误读。既往的美术史研究在讨论明清山水主流画风时，多集中于分析其图式的程式化，而忽视画家笔墨个性的新变化。对此现象，罗樾的观点得到美术史界的普遍认同，他认为，明清绘画是“历史性的东方时期”，“传统风格开始作为主题起作用，而且被解释为它们就是本来的现实。”[401]

倘若正如罗樾所言，明清绘画确是“关于绘画史的绘画”与“其内容就是思想”，那么它显然包孕着一种集大成的画史理念，足以作为中国艺术思维的标本供我们进一步研究。

晚明以来的中国山水画，以画坛执牛耳者董其昌的艺术实践与创作理论为标识，在形式上形成一种相对稳定的“集古式”创作模式。这一创作模式的普及化，一方面与有宋以来文人介入绘画领域相关；另一方面，也是中国绘画与文学、书法等姊妹艺术融会贯通的结果，从而赋予中国山水画在图式与结构上有着明显的符号化与观念化特征。我们素知，董其昌的创作经验及画史观念，是在其鉴藏与临仿活动中逐渐形成。后人之所以将董氏看作山水画集大成者，亦根据他对古代大师风格的研究与清理，并总结出一套“理论粉本”。这种“理论粉本”在其题跋中不绝如缕，其中尤以“南北宗”论为显，即将其颙望的历代大师的风格特征抽绎出来，加以综合再注入到自己的创作中，如其《容台别集》云：“画平远师赵大年，重山叠嶂师江贯道，皴法用董源披麻皴及《潇湘图》点子皴，树用北苑子昂二家法，石用大李将军《秋江待渡图》及郭忠恕《雪景》，李成画法有小幅水墨及着色青绿，俱宜宗之。”[402]此种创作观念，董氏亦谓：“集其大成，自出机轴。”鉴于明清大量以画史评语为滕的现象，罗樾有足够理由将董其昌时代的艺术称为“绘画史的艺术”。

本章藉由对《梦境图》图式思维的探讨，比对清初画坛的仿作与临作现象，得以一窥古典母题（如“辋川图”题材）在中国绘画中的稳定性，而这种稳定性，正是中国绘画生态得以恒定延续的关键所在。二十世纪以来的西方视觉模式对国人审美观念的篡位，促使人们在观照传统艺术的时候，往往会忽略视觉立场的先验思维与传统艺术历史情境的不对应性，这也正是二十世纪以来，学界对明清绘画提出苛刻批评的根源所在。

作为经验的集古思维，是多么深刻地植根于汉字、文学与文化传统中。只有当我们浸入中国文化传统情境中，才能够真正领会中国绘画绵延发展的特殊方式。本书写作目的，不是要简单地颠覆二十世纪以来对明清绘画的种种固有观点，而是希望给这些观点添加一些新的注脚，从而重视母题的文化内涵在中国画中的潜在能量与活力。故而就其本质而言，中国艺术发展史是一部带有“追溯”动力的“图式沉积史”，其结果就是起点。历史学家清楚，对图式公式化的反感是近代的审美心理，现代人多剪断历史，惯于用西方的自然实景观来观照中国山水画，极易误读中国古人对自然的理解，也降低了古人对自然的体察与视觉品味。

注释：

325. 王鉴：《拟黄公望烟峦水阁图》，《中国古代书画目录》（第三册），第 59 页。

326. 王世贞为晚明重要鉴藏家，曾自云：“好读书及古帖、名迹之类，已而旁及古器垆鼎酒鎗。”（王世贞：《弇山园记七》，《弇州续稿》（卷五十九），《景印文渊阁四库全书》（集部 · 1282 册），第 777 页。又，李日华谓之：“王弇州不徒文章盖代，而于法书亦极精诣。余得观其所藏右军真迹三帖，赏会评量，著语往往深入其意，毅然以琅琊后昆自任，而奉此为赤刀，非只为鉴收者也。”（李日华:《六研斋笔记》卷二，《景印文渊阁四库全书》（子部 · 867 册），第 511 页）王世贞不仅精于鉴藏，而且还是明代重要的艺术赞助人，晚明很多重要的画家如钱穀、陆治、尤求等著名画家皆受惠于他的赞助。（参见 Louise Yuhas：《赞助人王世贞》，石莉、陈传席译，载《陈传席文集》，安徽美术出版社，2007 年版，第 347—369 页）

327. 钱谦益收藏名画颇富，据古玩商吴其贞记载，1642 年 11 月，他在吴子含“去非馆”遇到钱谦益，并从他手上观赏了王蒙的《九峰读书图》和黄公望的《草堂图》及其他作品。当时，吴其贞乘机向他请教手中的近百幅元人字画的作者，钱谦益如数家珍向他指明，使得吴其贞大为叹服：“先生自昔以文章名望著天下，性好博古。……可见先生学博，称为才人，名不虚誉矣。”见【清】吴其贞:《书画记》(卷三)，

《中国书画全书》(第八册),第52页。王鑑与钱谦益交往甚密,时常从钱氏家中获观古代名迹。

328. 王鑑:《溪山深秀图》,藏于中国国家博物馆。

329.【清】杨翰:《归石轩画谈》,《中国书画全书》(第十二册),第103页。

330. 徐邦达:《历代流传书画作品编年表》,上海人民美术出版社,1963年版,第133页。

331. 董其昌将目鉴与绘画创作相联系的学习方法,与其学书历程是一致的。详参黄惇:《目鉴与董其昌的学书之路》,《中国书法》,2010年第3期。

332. 2004年,董其昌诞辰四百五十周年,澳门艺术博物馆与故宫博物院、上海博物馆三方合作,携手合办"南宗北斗——董其昌诞生四百五十周年书画特展",《南宗北斗——董其昌诞生四百五十周年书画特集》(澳门艺术博物馆,2004年版)为该展书画作品集。

333. 在中国画史上,树石自古为一画科,与山水平行发展,米芾《画史》云:"山水李成只见二本,一松石、一山水"(【宋】米芾:《画史》,《中国书画全书》(第一册),上海书画出版社,第979页)可见树石既为一种题材,转而又升级为一种画科,与山水并行发展,《画史》云"江南陈常以飞白笔作树石,有清逸意。"(同前引,第986页)但董其昌《集古树石图》却非严格意义的树石创作,乃是一种集古树石画法的范本。

334. 董其昌接触赵伯骕《万松金阙图》,见载于《画旨》:"今年避暑无事,遂作数图,此幅则以许中舍携赵伯骕《万松金阙卷》见示,故仿之耳。"【明】董其昌:《画旨》(卷下),毛建波校注,西泠印社出版社,2008年版,第141页。

335. 澳门艺术博物馆编:《南宗北斗——董其昌诞生四百五十周年书画特集》(上),2005年版,第11页。

336. 由陈继儒题跋可知,《集古树石图》应作于"民抄董宅"事件之前。该图系陈继儒于万历四十四年(1616)三月董宅被焚后得于"装潢家",因"恐动其胸中火",故不敢将此图轻示董其昌。

337.【明】杨无补辑:《画禅室随笔》,《中国书画全书》(第三册),上海书画出版社,第1014页。

338.【明】董其昌:《画旨》,《容台别集》(卷四),明崇祯庚午本,北京大学图书馆藏。

339. 见张子宁:《〈小中现大〉析疑》,《清初"四王"画派研究论文集》,上海书画出版社,1993年版,第535页。

340.【明】董其昌:《画旨》(卷下),毛建波校注,西泠印社出版社,2008年版,第112页。

341.【明】董其昌:《画旨》,《容台别集》(卷四),明崇祯庚午本,北京大学图书馆藏。

342. 王时敏祖父王锡爵好交名士,曾邀董其昌(1555—1636)、陈继儒(1558—1639)到支硎山与王衡一起读书,王时敏也濡染文风,研习书画,从小奠下良好基础。(参阅汪世清:《略论王时敏与董其昌的关系》和李铸晋:《王时敏与董其昌》,收

录于朵云编辑部:《清初"四王"画派研究论文集》,上海书画出版社,1993年版,第435—448页、第449—462页)

343.【清】恽寿平:《瓯香馆集》,学海书局,1972年版,第13页;又见恽寿平:《南田画跋》,《中国书画全书》(第七册),第985页。

344. 关于《小中现大册》作者之谜,学界意见至今尚未统一,迄今较为流行的说法有"董其昌说"、"王时敏说"、"王翚说"、"陈廉说",笔者通过分析采信于启功的"陈廉说",将另文加以探讨。参见启功:《启功丛稿》,中华书局,1981年版,第161—163页。

345.【清】王原祁:《麓台题画稿》,影印浙江图书馆藏道光二十四年刻本,《续修四库全书》(子部·1066册)

346.【清】王时敏:《王奉常书画题跋》(卷上),《中国书画全书》(第七册),上海书画出版社,1994年版,第920页。

347.【清】王时敏:《王奉常书画题跋》(卷上),《中国书画全书》(第七册),上海书画出版社,1994年版,第921页。

348.【清】张庚:《国朝画征录》,于安澜编:《画史丛书》(上),上海人民美术出版社,1963年版,第2页。

349. 方闻在《王翚与中国艺术史》中写道:"1992年,'董其昌的世纪'国际借展在美国举行,通过这次重要的展览,一批王时敏《小中现大册》的摹本——大多数出自声名赫赫的王鉴、王翚和吴历之手——进入人们的视野,并受到了详细的学术检验。从中浮现的,是一个由来自不同背景的、有创造力的画家与收藏家所构成的同人圈子,与彼此间复杂的、相互影响的丰富画面,——我们或可用一个低调的词,称之为'太仓艺术工程'。""王时敏失去他当初收藏的宋元名迹,则恰在1672年,1660年代至1670年代,王翚在王时敏的严格督导下工作着,这'太仓计划'——即为清初正统派绘画'集宋元风格之大成'——的完成,则要留待于他了。"见方闻:《王翚与中国艺术史》,《我的学术思路——方闻先生中国艺术史论文选编》(复印本),中国·杭州,2008年4月。

350.【清】钱谦益:《牧斋有学集》(下),中华书局,1996年版,第1545页。

351.【清】王时敏:《王奉常书画题跋》,《中国书画全书》(第七册),第934页。

352.【明】董其昌:《画旨》,《容台别集》(卷四),明崇祯庚午本,北京大学图书馆藏。

353. 在《艺术与错觉》一书中,贡布里希将造型艺术的创作规律归结于一个简短的公式——"先制作后匹配"(making before matching),认为"艺术家后来才有意为可见世界的景物找到了匹配之物,其前提是想创造一些有独立存在价值的东西。这种情况不仅仅存在于某个神秘的往昔。"(贡布里希:《艺术与错觉——图画再现的心理学研究》,林夕、李本正、范景中译,湖南科学技术出版社,2004年版,第84页。)

354. 罗樾将中国绘画史划分为三个发展阶段:第一阶段是新石器时代至周代的"装饰

性艺术”，此时，风格是形式上的；第二阶段是从汉代到南宋的“再现性艺术”，此时，风格是发现把握现实的一种工具；第三个阶段是元代至清代的“超越再现性艺术”，此时，宋代的再现性艺术被主观表现所取代（元代），传统的风格开始作为主题起作用（明代和清代）。参见罗樾《中国画：阶段与内容》(Max Loehr, “Phase and Content in Chinese Painting”)，载《中国绘画国际学术研讨会文集》(*Proceedings of the International Symposium on Chinese Painting*)，台北故宫博物院，1970年出版，第286－297页。然而这里的每一个阶段都由它的内容来划分，罗樾并没有给出历史性的风格描述，他的划分仅仅涉及到中国绘画内容的变更，而没有涉及到阶段风格。

355.【清】王时敏：《王奉常书画题跋》，《中国书画全书》（第七册），第931页。

356.《王鑑画集》（上），中国民族摄影艺术出版社，2003年版，第154—171页。

357. 王鑑此册中有四页画稿不见缩本大册，知今存之缩本大册亦有散佚之页。

358. 顾麟士：《过云楼续书画记》，江苏古籍出版社，1999年版，第66页。

359.《毫素深心——明末清初遗民金石书画展》（别册），澳门艺术博物馆，2009年版，第49页。

360.《王鑑画集》（上），中国民族摄影艺术出版社，2003年版，第172页。

361.《王鑑画集》（下），中国民族摄影艺术出版社，2003年版，第236页。

362. 王鑑：《仿范宽山水图轴》，藏于上海博物馆。

363.【清】陆时化编：《吴越所见图画录》，《中国书画全书》（第八册），第1160页。

364.【清】潘正炜：《听帆楼续刻书画记》，《中国书画全书》（第十一册），第922页。

365.【清】王时敏：《王奉常书画题跋》，《中国书画全书》（第八册），第935页。

366.【清】陆时化：《吴越所见书画录》，《中国书画全书》（第八册），第1160页。

367.【清】陆时化：《吴越所见书画录》，《中国书画全书》（第八册），第1161页。

368.【清】王时敏：《王奉常书画题跋》，《中国书画全书》（第七册），第935页。

369.【清】王时敏：《王奉常书画题跋》，《中国书画全书》（第七册），第921页。

370.【清】陆时化：《吴越所见书画录》，《中国书画全书》（第八册），第1158页。《四家灵气图》现藏于北京故宫博物院，图录见萧燕翼编：《故宫博物院藏文物珍品大系・四王吴恽绘画》，商务印书馆（香港），1996年版，第40页。

371. 王鑑：《青绿山水图卷》，现藏于北京故宫博物院，图录见萧燕翼编：《故宫博物院藏文物珍品大系・四王吴恽绘画》，商务印书馆（香港），1996年版，第51页。

372. 王鑑：《仿范宽董源山水轴》，著录见徐邦达编：《历代流传书画作品编年表》，上海人民美术出版社，1963年版，第132页。

373. 王鑑：《溪色棹声图》，藏于南京博物院。著录见徐邦达编：《历代流传书画作品编年表》，上海人民美术出版社，1963年版，第132页。

374.“四王”绘画中的实景山水甚为罕见，以王鑑为例，其实景山水仅见《北固山图》、

《拂水岩图》等少数几幅，其绝大多数作品皆为仿拟性作品。

375. 王士騄为王世懋子，与王鑑祖父王士骐为堂兄弟，《太仓州志》载其小传云："子士騄，字闲仲，万历二十二年（1594）举人，亦有文名。"其子王瑞国，字子彦，与士林祭酒吴伟业为儿女亲家，是清初太仓文化圈之要角。

376. 俞剑华:《中国山水画的南北宗论》，上海人民美术出版社，1961 年版，第 92 页。

377. 饶宗颐根据刘勰《文心雕龙》论文分八体，仿其艺匠，据笔墨异采，将晚明画家画格分为八体，列次如下："一曰繁缛：峰岭纵横，解衣磅礴，吴彬、龚贤是也；二曰疏简：萧寥数笔，断绝尘襟，程嘉燧、八大是也；三曰干渴：干皴渴擦，神理自足，程邃、戴本孝是也；四曰湿润：风雨不来，青障犹湿，查士标、笪重光是也；五曰浓丽：工致精绝，六法全备，蓝瑛、王鑑是也；六曰闲淡：扫除蹊径，独出幽异，邵僧弥、沈颢是也；七曰圆颈：行草中锋，别有真趣，鄒之麟、程正揆是也；八曰险侧：不立队伍，无坚不摧，黄道周、倪元璐是也。"（参见饶宗颐：《明季文人与绘画》，《画宁——国画史论集》，时报文化出版企业有限公司，1993 年版，第 471—472 页）

378. 王鑑:《仿王蒙九峰读书图》，现藏于北京故宫博物院，图录见《王鑑画集》（上），中国民族摄影艺术出版社，2003 年版，第 28 页。

379.【清】吴其贞：《书画记》（卷三），《中国书画全书》（第八册），第 52 页。

380.【清】陆时化编：《吴越所见图画录》，《中国书画全书》（第八册），第 1158 页。该作现藏于北京故宫博物院，图录见萧燕翼编:《故宫博物院藏文物珍品大系・四王吴恽绘画》，商务印书馆（香港），1996 年版，第 42 页。

381.【清】王原祁：《雨窗漫笔》，于安澜编：《画论丛刊》，华正书局，1984 年版，第 206—209 页。

382. 王鑑：《长松仙馆图》，现藏于北京故宫博物院，图录见萧燕翼编：《故宫博物院藏文物珍品大系・四王吴恽绘画》，商务印书馆（香港），1996 年版，第 70 页。

383. 王鑑：《仿叔明云壑松阴图》，现藏于上海博物馆，图录见《王鑑画集》（下），中国民族摄影艺术出版社，2003 年版，第 306 页。王鑑晚年多次临仿该作，其《仿叔明云壑松阴图》今存世共有四本，上海博物馆两本，天津艺术博物馆与广州美术馆各藏一本，图录见《王鑑画集》（上），中国民族摄影艺术出版社，2003 年版。

384.【唐】杜牧：《注孙子序》，《十一家注孙子》，《续修四库全书》（子部・959 册）

385. 俞剑华:《中国山水画的南北宗论》，上海人民美术出版社，1961 年版，第 102 页。

386. 关于"复古艺术"的本质，李零认为："人类对乱世的绝望和由此引起的怀旧情绪，与艺术的风气转移是类似现象。不仅厚古薄今的复古艺术是如此，喜新厌旧的现代艺术也是如此。它们经常都是处于风尚的循环之中。艺术的复古对历史进化观念史尖锐的挑战，就连对这一观念完全肯定的马克思也不能不承认这一点。"（参见李零：《铄古铸今：考古发现和复古艺术》，生活・读书・新知 三联书店，

2007 年版，第 10 页）
387.【清】张廷玉等：《明史》，中华书局，1974 年版，第 7381 页。
388.【清】钱谦益：《列朝诗集小传》，上海古籍出版社，1983 年版，第 436 页。
389.【清】吴伟业编：《太仓十子诗选》，齐鲁书社，1997 年版，第 787 页。
390.【清】王时敏：《王烟客先生集》，民国五年苏州振新书社铅印本，第 1 页。
391.“四王”的复古观念，今人固然多能予以平正客观的评价，而这种印象在二十世纪初叶，则成为近代学者众矢之的。对“四王”的艺术重新给予理性而客观的评价，在一九九二年十月上海举行的“‘四王’绘画艺术国际研讨会”上达到了一个学术高度，参见朵云编辑部编：《清初“四王”画派研究论文集》，上海书画出版社，1993 年版。
392. 在清初重要的画史文献如周亮工《读画录》中，王鑑、王时敏缺席于画家传记，姓名仅见于“附画人姓氏”，则可推知“二王”在金陵艺术圈中并无实际影响力。见【清】周亮工：《读画录》，《中国书画全书》（第七册），上海书画出版社，1994 年版，第 943—963 页。
393. 薛龙春：《王铎应酬作品的统计研究》，《艺术学研究》（二），南京大学出版社，2008 年版，第 227 页。
394. 俞剑华：《国画研究》，广西师范大学出版社，2005 年版，第 15 页。
395. 俞剑华：《国画研究》，广西师范大学出版社，2005 年版，第 15 页。
396. 白谦慎：《傅山的世界》，读书・生活・新知 三联书店，2006 年版，第 153 页。
397. 李公麟作《龙眠山庄图》，含有相当强的私人性意图，参见（Robert Harrist, *Painting and Private Life in Eleventh—Century China : Mountain Villa by Li Gonglin* · Princeton : Princeton University Press, 1998）（罗伯特・哈里斯特《11 世纪中国绘画与私人生活——〈龙眠山庄图〉研究》）
398. 详见石守谦：《风格、画意与画史重建》，《朵云・解读溪岸图》（第 58 期），上海书画出版社，2003 年版，第 186 页。
399. 在《艺术与错觉》一书中，艺术史家贡布里希提出一个富有洞见的艺术创作理论——“习得图式“(Acquired formulas)。(贡布里希的《艺术与错觉》一书，目前可见“林夕、李本正、范景中译本”与“周彦译本”，“Acquired formulas ”一语，据范景中先生解释，“Acquired”一词在生物学上具有后天获得的意思，故“林夕、李本正、范景中译本”译为“习得公式”，而周译本译为“预成图式”，则无此层含义。）在该书中，贡布里希以大量的古希腊、埃及、中国的图像实例说明，“习得图式”是艺术创作中“经受得住任何美学变化和目的变迁考验的人类共同特征”。贡氏认为，在造型艺术领域，任何一位艺术家在创作中都必须依赖于一系列的预成语汇与图式，即画家在悉心观察和认真表现事物之前，对表现对象预先形成一个约定俗成的图像表现范式，且任何创造物象的企图都无例外地采用图式与改良（schema and correction）的规律。（贡布里希：《艺术与错觉——图画再现的心理学研究》，林夕、李本正、范景中译，湖南科学技术出版社，2004年版，第96页。）贡布里希还将“习得图式”创作规律归结于一个简短的公式——“先制作后匹配”（making before matching），认为“艺术家后来才有意为可见世界的景物找到了匹配之物，其前提是想创造一些有独立存在价值的东西。这种情况不仅仅存在于某个神秘的往昔。”（贡布里希：《艺术与错觉——图画再现的心理学研究》，林夕、李本正、范景中译，湖南科学技术出版社，2004年版，第84页。）作为一种历史或文化的传统，“习得图式”是一种近乎集体无意识的产物，是人类共同体在长期实践中形成的对某些事物加以把握的共同经验、共同知觉、共同识见、共同原型与共同期望。在一定条件下，是一种先于具体个人而存在的文化物。对于具体的画家而言，“习得图式”既是个体对族内经验、文化的内化，也是个体对自身以往经验、知觉、识见的晶化。它们作为早于观察和表现某些事物的先验因素，预先约束着对这些事物的观察与表现。基于该理论基础，贡布里希对西方艺术的发展特征作如是观：“在中世纪，图式就是图像；对于中世纪以后的艺术家而言，图式是矫正、调整、顺应的出发点，是探索现实、处理个体的手段。”也正是在这本书中，贡布里希谈到了中国绘画中的“习得图式”现象给他的深刻印象：“没有一种艺术传统像中国古代的艺术传统那样着力坚持对灵感的自发性需要，但是，我们正是在那里发现了依赖于习得词汇（Acquired vocabulary）的情况。”（贡布里希：《艺术与错觉——图画再现的心理学研究》，林夕、李本正、范景中译，湖南科学技术出版社，2004年版，第109页。）进而贡布里希运用《芥子园画谱》中的图例说明：“我们看到比较刻板的中国传统的语汇表是如何作为一个选择性的过滤器——它只允许图式中存在的特性进入——起作用的。画家只是被那些能用他的语言表现的母题所吸引，当他扫视风景时，那些能够成功地和他所学会运用的预成图式（Acquired formulas）相匹配的景象先跳入他的注意中心，样式像媒介一样，创造一种心理定向——它使艺术家去寻找周围风景中那些他所表现的方面。画画是一种主动的活动，因此艺术家倾向于去看他所画的东西，而不画他所看见的东西。”（贡布里希：《艺术与幻觉——绘画再现的心理研究》，周彦译，湖南人民出版社，1987年版，第80页。）

“习得图式”理论不仅在西方艺术史学界受到广泛的关注与赞誉，贡布里希对中国艺术特征的观察，也得到了一些中国艺术史领域学者的认同，如方闻在其力作《心印》中便以此理论为依据，认为《女史箴图》中的女性形象是早期帛画中“花瓶式”女神像的改良结果。（方闻:《心印》，陕西人民美术出版社，2004年版，第253页。）林木在《明清文人画新潮》中认为“贡布里希更概括地提出他具有经典意义的公式，即‘预成图式与修正’。……正是由于各个时代众多的艺术巨匠们一个接一个地踩在前人的肩膀上，一个接一个地传递接力，才不断地在艺术遗产的预成图式基础上修正、添加、创造，日趋丰富。”（林木:《明清文人画新潮》，上海人民美术出版社，1991 年版，第 277 页。）樊波在《董其昌》中，则将董其昌所说的古法与贡布里希的“预成图式”相对应。（樊波：《董其昌》，吉林美术出版社，1996 年版，第 154—155 页。）“习得图式”理论，对我们研究中国早期艺术中的原型及母题问题具有重要启发。但是，贡氏毕竟不是专门的中国艺术史专家，他初步的观察尚停留于一种感觉经验层次上的判断，并未深入到中国文化与社会习俗中来考察中国画语言的复杂性与特殊性，更不用说分析特定时代的中国画风格变异因素体现在图式上的张力。因此选择了王鑑的《梦境图》进行深入研究，这不仅有助于我们理解中国绘画传统绵延传承的一些习俗、法则、范式，同时对于把握中国画“习得图式”现象与特定社会文化习俗之间的张力，亦不无助益。

400. 对此，贡布里希曾这样阐述：“在我看来，历史学者的立论很容易滑向似是而非的境况。真正的认识源于从普遍原理中抽取出的特殊性，人们的认识就像穿行在普遍原理迷宫中呈螺旋形迂回盘旋的曲径，只有那些在普遍原理的迷宫中寻绎出的特殊性才能还原历史的真实。”贡布里希:《艺术与学识》(E. H. Gombrich,“Art and Scholarship”)，载 *College Art Journal* 1704 (Summer 1958)，第 34 页。罗樾也指出：“在进行涉及到解释学思想的风格分析的时候，批评家总是局限于在一个理论的基础上概括个别事物的方法的圈子里，而这只有完全掌握了那些事物的人才能够正确地阐述出来。”罗樾:《中国绘画史中的基本问题》(Max Loehr，“Some Fundamental Issues in the History of Chinese Painting”)，载 *Journal of Asian Studies* 23，no. 2 (February 1964)，第 185—187 页。

401. 罗樾：《中国画的阶段与内容》，《中国绘画国际学术讨论会文集》，台北故宫博物院，1970 年版，第 286 页。

402.【明】董其昌:《画旨》，《容台别集》(卷四)，明崇祯庚午本，北京大学图书馆藏。

403. 陈寅恪：《〈桃花源记〉旁证》，《清华学报》，第 11 卷。

404.【清】吴历：《墨井画跋》，《中国书画全书》(第七册)，第 972 页。

405. 转引自【明】李日华：《味水轩日记》，上海远东出版社，1996 年版，第 216 页。又见【明】郁逢庆:《郁氏书画题跋记》，《中国书画全书》(第四册)，第 674 页。

尾语　寻找桃花源

在《桃花源记》中，陶渊明描绘了一幅乱世仙境图，“避秦”是初衷，“隔绝”是手段。“不知有汉，无论魏晋”，远离了真实历史的纷扰，才能保有“黄发垂髫，并怡然自乐”的美好境界。陈寅恪相信，陶渊明的桃花源是有确切地址的现实所在，其云：“陶渊明桃花源记寓意之文，亦纪实之文”。[403] 事实上，所谓世外桃源实乃五胡时代北方人为避苻秦虐政所筑的屯坞，陶潜只不过将事实加以理想化以寄其希羡之情。随着时代观念的变化与社会风气的更替，人们所追求的桃花源各不相同，但不论其为虚为实，每个人的心中都有属于他自己的桃花源。基本上，“桃花源”是非历史、非现实，是超越的，因此也只能存于人们的心斋中。“问津”者则试图将心中的美好图像建造于外在世界，寻求内心世界与外在世界之间的津渡。武陵渔人无意中闯入桃源仙境，那是人们心中存在梦想的闪现，召唤命途多舛、经历乱世患难的人们来寻找心灵安顿的原乡。

藉由广袤无际的梦境世界与不近人世的空旷相对照，抒发其人格理想在现实中的失落，以及只能企求命运相同的古代高隐的同情，像王鑑这样在形迹上与现实妥协，但求内心予以调适的士人，在清初占有很大的比例。《梦境图》所体现的，除了王鑑的个人经历与情感，也涵盖了鼎革之后文人士大夫的集体文化记忆，及其精神上所背负着的沉重枷锁。虽则，我们无法将王鑑等同于傅山、陈确这样的思想者，但是在内心感悟上，他们却是相同的历史经验者。当其好友——沦为贰臣的吴伟业、钱谦益等运用“字字泣血”的诗句来抒发亡国之痛，作为一介画者，王鑑也惟有用这纸上云烟来记录其“重重复重重”的梦里家山。自亡国后，酝酿而成的画业期许及画史意识不得不发，遂凝而成梦，倾而为画，题而为跋。此如吴历所言：

晋宋人物意不在酒，托于酒以免时艰；元季人士亦借绘事以逃名，悠然自适，老于林泉矣。人世事无大小，皆如一梦，而绘事独非梦乎？然予所梦，惟笔与墨，梦之所见，山川草木而已。[404]

宋人李杭题《辋川图》云：“丘壑风流妙如此，安知画外凄凉意？”[405]在形成传统的发展过程中，《辋川图》虽然攀附上王维的名号，但王维扮演的角色并非与他所代表的“南宗之祖”相关，而是被后人整合成一个隐忧参半的形象。从表面上看，辋川命题被诉诸于一种隐逸内涵，但画外却暗含着特定时空下失节士大夫的心灵暗伤。在《梦境图》中，王鑑巧妙地运用了“辋川意象”的象征内涵，并借助于赵孟頫、王蒙画风，来表达自己对这一画史文脉的忠诚。尤为重要的是，王鑑别出心裁地以王维、赵孟頫、王蒙画法系统，来维系“辋川意象”的特殊文化内涵，即其希图在身份认定上，能够将自己从徘徊于“遗民”与“贰臣”的两可之境中拔出。作为一种历史回应，《梦境图》的问世实际上暗示着王鑑朝着“文化遗民”方向身份转换的开始，同时这也使《梦境图》具有强烈的纪念性内涵。

纪念性绘画所呈现的文本，犹如一口汇集创作者历史经验与自适意图的“容器”，它不仅是对古代作品的仿效，亦关乎今人对沧桑世事的思索与感喟。通过这些作品，人们引述甚至复活古典楷模的价值。一般而言，前代的理想楷模塑造了当代生活中人物与事件的样本，文学与绘画中的纪念性作品，赞美了仿效古代楷模的同时代人，并以此强化、复活这些楷模身上所显现的价值。当然，这里似乎还隐藏着另一重含义，那就是纪念性作品的背后，实则是对获得不朽声名的渴望。这意味着，纪念性艺术品以唤起对过去的追忆来褒扬当代人，令其将来也被尊为值得尊崇的典范。文人士大夫的画艺活动发生于社会与历史的坐标上，其任何一件作品，都涉及到横向的社会关系和纵向的历史记忆，《梦境图》亦莫能外。从本书的研究路线来看，“横向”指的是与画家经历相关的特殊人生际遇，“纵向”则是对应于这种特殊际遇的文化记忆。二者交织构成的精神面相，促使画家在抚今追昔的感遇情境中，穿越时空，在画史中寻找自我价值的人格坐标。无论是主题还是形式方面，《梦境图》有别于中国山水画史上的一切其它作品，画家通过描绘梦中意象，着力将之与现实之间拉开距离，试图创造一个非现实的理想世界。在这个世界中，王鑑塑造的“辋川意象”并非泛指，而是隐含着画家在特定历史环境下的“两截人”身世与重塑自我形象的心理。画家之所以选择王维、赵孟頫等有着特殊历史身份的古代大师作为自察的对象，实则试图通过强化、复活这些楷模身上所显现的价值，来缓释其内心的时代焦虑与困惑，并渴望在画史上获得不朽的声名。

对于中国传统文人性格命运与时代变迁之关系，陈寅恪有一段著名议论，其云：

纵览史乘，凡士大夫阶级之转移升降，往往与道德标准及社会风习之变迁有关。当其新旧蜕嬗之际，常是一纷纭综错之情态，即新道德标准与旧道德标准，新社会风习与旧社会风习并存杂用，各是其所是，而非其所非也。斯诚亦事实之无可如何者。虽然，值此道德标准社会风习纷乱变易之时，此转移升降之士大夫阶级之人，有贤不肖拙巧之分别，而其贤者拙者，常感受痛苦，终于消灭而已。其不肖者巧者，则多享受欢乐。往往富贵荣显，身泰名遂。其故何也！由于善利用或不善利用此两种以上不同之标准及习俗以应付此环境而已。”[406]

在《梦境图》中，王鑑充分利用历史知识与画史母题，在自己身上看到了其尊崇的大师王维、赵孟頫的影子，并籍“辋川意象”的文化内涵来调适时代予之的焦虑感。昔年，王维陷贼被困菩提寺，作诗诵示好友裴迪，云：“安得舍尘网，拂衣辞世喧？悠然策藜杖，归向桃花源”，[407]以寄托其栖身世外的强烈愿望。出于共通的心理，康熙丁巳年（1677）秋，也就在王鑑临终前不久，他于一幅仿赵孟頫画风的作品中题曰：“曲水板桥细路分，一重树色一重云。老夫趁得枝藤健，又向溪南访隐君。”[408]（图六十一）在这幅绝笔之作中，王鑑再次以赵氏画风来寄寓他寻找出口的心迹。王鑑去世后，诗人钱嘏在其画中题诗云：“乾坤何处可容身，屋外青山不染尘。一幅苍凉烟水阔，此中应有避秦人。”[409]一句“此中应有避秦人”[410]，实在是道尽了王鑑晚年的苍凉心境，堪作《梦境图》的最佳注解。

注释：

406. 陈寅恪：《元白诗笺证稿》，上海古籍出版社，1978年版，第82页。
407.【清】王维：《菩提寺禁口号又示裴迪》，《全唐诗》（卷一二八），中华书局，1960年版，第1304页。
408. 王鑑：《仿赵孟頫山水》，现藏于台北故宫博物院，著录见台北故宫博物院编辑委员会编：《故宫藏画大系》（卷十一），台北故宫博物院编集委员会，1995年版。
409.【清】陆时化：《吴越所见书画录》，《中国书画全书》（第八册），第1157页。
410. 清初，遗民诗充斥诗坛，出现了一些约定俗成的遗民词汇，其中“避秦”一词颇具典型。“避秦”一词出自陶渊明《桃花源记》：“先世避秦时乱，率妻子邑人，来此绝境，不复出焉。”这个典故，在被清初遗民普遍接受过程中，尤其看重桃花源中居民的遗民身份，故在诗文中常以“避秦”隐射“避清”。

图六十一　【清】王鑑　《仿赵孟頫山水》　台北故宫博物院藏

附 图

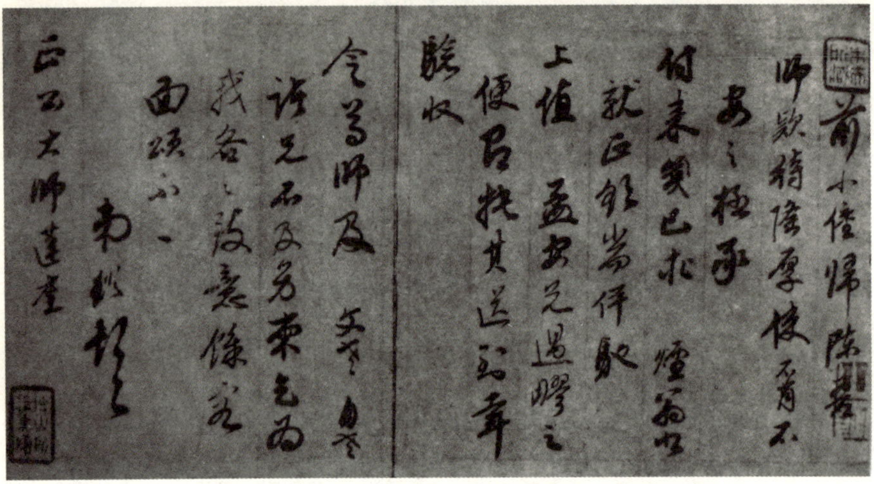

附图一　王鑑手札（致正公大师）

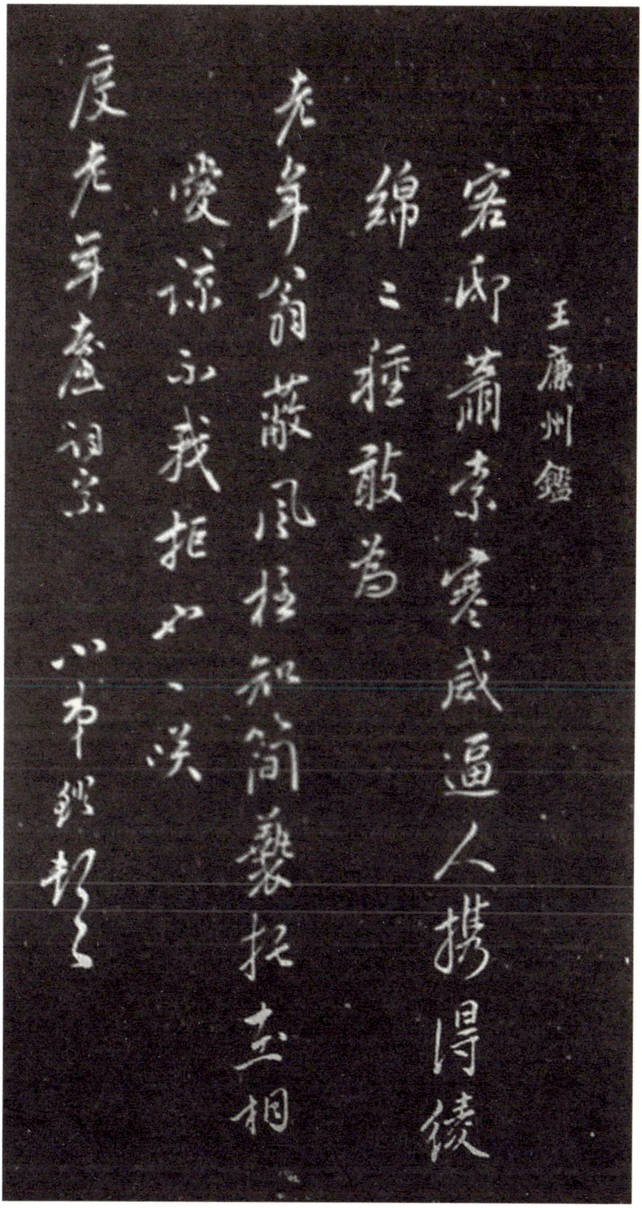

王廉州鑑

客邸蕭索寒威逼人携得綾

綿之種敢為

老年翁蔽風極知簡褻擬莫相

愛諒不我拒也之渼

度老年臺祖宗　小弟鑑頓首

附图二　王鑑手札《致度老年台》

图　次

绪论

第一章

第二章

故宫博物院藏

图二十：《娄江全图》，据王昶等纂修《直隶太仓州志》

图二十一：（清）吴伟业撰《太仓乡绅为浏河塞请折漕公揭》，顾士琏等辑《娄江志》

图二十二：王鑑祖茔，见太仓市政协文史委员会编《太仓文史 · 第九辑》

图二十三：王鑑祖茔石雕，太仓市政协文史委员会编《太仓文史·第九辑》

图二十四：（明）曾鲸《王时敏小像》，1616 年作，绢本设色，纵 64 厘米，横 42.3 厘米，天津艺术博物馆藏

图二十五：《钱谦益像》，刊于叶恭绰编《清代学者象传》，商务印书馆，1930 年版

第三章

图二十六：《辋川图》（局部）（唐摹本），绢本设色，全图纵 29.8，横 481.6 厘米，日本圣福寺藏

图二十七：（明）郭世元《石刻郭忠恕临王维辋川图》墨拓本（局部），尺寸不详，美国芝加哥东方图书馆藏

图二十八：（明）郭世元《石刻郭忠恕临王维辋川图》墨拓本（局部），美国芝加哥东方图书馆藏

图二十九：（明）郭世元《石刻郭忠恕临王维辋川图》墨拓本引首，美国芝加哥东方图书馆藏

图三十：（传）宋人《临辋川图卷》，纸本水墨，纵 43.8 厘米，横 959.4 厘米，台北故宫博物院藏

图三十一：（传）宋人《临辋川图卷》（局部），纸本水墨，纵 43.8 厘米，横 959.4 厘米，台北故宫博物院藏

图三十二：三幅宋本《辋川图》中的“辋口庄”，台北故宫博物院藏

图三十三：（宋）秦观《书摩诘辋川图跋》（之一），纸本，纵 25.2 厘米，横 39.4 ㎝厘米，藏地不详

图三十四：（元）赵孟頫《鹊华秋色图》，纸本设色，纵 28.4 厘米，横 93.2 厘米，现藏台北故宫博物院

图三十五:（元）赵孟頫《自写小像》，绢本设色，纵 24 厘米，横 23 厘米，故宫博物院藏

图三十六：（元）赵孟頫《谢幼舆丘壑图》（局部），绢本设色，全图纵 27 厘米，横 116.8 厘米，美国普林斯顿大学美术馆藏

图三十七：（元）王蒙《青卞隐居图》，纸本水墨，纵 140.6 厘米，横 42.2 厘米，上海博物馆藏

图三十八：（元）王蒙《秋山草堂图》，纸本设色，纵 123.3 厘米，横 54.8 厘米，台北故宫博物院藏

图三十九:（清）石涛:《桃源图》，纸本设色，纵 25 厘米，横 157.8 厘米，美国佛利尔美术馆藏

图四十:（清）八大山人:《桃花源记图卷》（局部），纸本水墨，纵 26 厘米，横 211 厘米，故宫博物院藏

图四十一:（清）王原祁:《辋川图》（局部），纸本设色，全图纵 35.7 厘米，横 545.1 厘米，美国纽约大都会博物馆藏

第四章

图四十二:（明）曾鲸、项圣谟《董其昌小像》，绢本设色，纵 53.2 厘米，横 30.5 厘米，上海博物馆藏

图四十三:（明）董其昌《集古树石图》（局部），绢本水墨，全图纵 30.1 厘米，横 527.7 厘米，故宫博物院藏

图四十四：（南宋）赵伯骕《万松金阙图》（局部），绢本设色，全图纵

27.7 厘米，横 136 厘米，故宫博物院藏

图四十五：（清）王时敏、陈廉《仿仿范宽溪山行旅图》，《小中现大册》第二开，此册共 22 开，每开纵 70.2 厘米，横 40.2 厘米，台北故宫博物院藏

图四十六：（明）董其昌题《小中现大册》引首，台北故宫博物院藏

图四十七：（清）王鑑《仿范宽溪山深秀图》，纸本设色，纵 118 厘米，横 61.9 厘米，台北故宫博物院藏

图四十八：（清）王鑑《仿古山水册》之一《仿范宽山水》，1662 年作，纸本设色，纵 31.1 厘米，横 24 厘米，故宫博物院藏

图四十九：（清）王时敏、陈廉《小中见大册》之《临黄公望仿董北苑夏山图》，台北故宫博物院藏

图五十：（清）王鑑《仿宋元山水十二页》之《仿赵文敏》，纸本设色，纵 55.2 厘米，横 35.2 厘米，上海博物馆藏

图五十一：（清）王鑑《仿古条屏十二页》之《仿范宽山水》，绢本水墨，纵 162.7 厘米，横 51.1 厘米，上海博物馆藏

图五十二：（清）王鑑《仿范宽山水图》，纸本设色，纵 98 厘米，横 50.8 厘米，上海博物馆藏

图五十三：王鑑《青绿山水图》（局部），1658 年作，纸本设色，全图纵 23 厘米，横 198.7 厘米，故宫博物院藏

图五十四：（清）王鑑《四家灵气图》，纸本水墨，纵 130 厘米，横 53.5 厘米，故宫博物院藏

图五十五：（清）王鑑《仿赵孟頫茂林萧寺图》，纸本设色，纵 101.9 厘米，横 47.4 厘米，台北故宫博物院藏

图五十六：（清）王鑑《溪色棹声图》，纸本设色，纵 118 厘米，横 61.9 厘米，南京博物院藏

尾语

附图

参考文献

一　图录

1. 中国古代书画鉴定组编：《中国古代书画图目》，文物出版社，2000年版
2. 《中国绘画全集》，文物出版社，浙江人民美术出版社，2001年版
3. 中国美术全集编辑委员会编：《中国美术全集·绘画编》，上海人民出版社，1988年版
4. 故宫博物院编：《故宫博物院藏画》，上海人民美术出版社，1993年版
5. 台北故宫博物院编辑委员会编：《故宫藏画大系》（1—16），台北故宫博物院编集委员会，1993—1998年版
6. 台北故宫博物院编辑委员会编：《故宫书画图录》，台北故宫博物院，1989版
7. 铃木敬编：《中国绘画总合图录》，东京大学出版社，1983年版
8. 澳门艺术博物馆编：《南宗北斗——董其昌诞生四百五十周年书画特集》，澳门艺术博物馆，2005年版

9. 澳门艺术博物馆编：《毫素深心——上海博物馆珍藏明末清初遗民金石书画》，澳门艺术博物馆，2009 年版
10. 单国强编：《王鑑精品集》，人民美术出版社，1999 年版
11. 萧燕翼编：《故宫博物院藏文物珍品大系・四王吴恽绘画》，商务印书馆（香港），1996 年版
12. 李玉珉主编：《古色——十六至十八世纪艺术的仿古风》，台北故宫博物院，2003 年版
13.《故宫书画馆》（第二编），紫禁城出版社，2008 年版
14.《故宫博物院藏明清扇面书画集》，人民美术出版社，1985 年版
15.《董其昌书画集》，天津美术出版社，1996 年版
16.《清王原祁画山水画轴特展》，台北故宫博物院，1997 年版
17.《王鑑画集》，中国民族摄影出版社，2003 年版
18.《四王画集》，天津美术出版社，1992 年版
19.《中国山水画全集》，西苑出版社，2000 年版
20.《清代名人尺牍》，陕西人民出版社，2003 年版
21.《明清书画家尺牍》，上海书店出版社，1996 年版
22.《书画拍卖集成 1995—2002：清代绘画》，湖南美术出版社，2004 年版
23.《天津市艺术博物馆藏画集》，文物出版社，1959 年版

二　古代文献

1. 【汉】郑玄注，【唐】贾公彦疏：《周礼注疏》，《景印文渊阁四库全书》（经部・礼类）
2. 【唐】杜牧：《注孙子序》，《十一家注孙子》，《续修四库全书》（子部・959 册），上海古籍出版社，1995—2002 年版

3. 【唐】张彦远 :《历代名画记》，人民美术出版社，1963 年版

4. 【五代】刘昫等 :《旧唐书》，《景印文渊阁四库全书》（史部 · 正史类 · 268—271 册）

5. 【宋】蔡模 :《孟子集疏》，《景印文渊阁四库全书》（经部 · 四书类）

6. 【宋】郑思肖 :《郑思肖集》，上海古籍出版社，1991 年版

7. 【宋】郭熙:《林泉高致》,《中国书画全书》（第一册），上海书画出版社，1992 年版

8. 【宋】陈直:《寿亲养志新书》,《景印文渊阁四库全书》（史部·0738 册）

9. 【宋】韩琦 :《安阳集》，张士隆河东鹾使署，明正德九年 (1514) 刻本

10. 【宋】米芾 :《画史》，《中国书画全书》（第一册），上海书画出版社，1992 年版

11. 【宋】韩拙 :《山水纯全集》，黄宾虹、邓实编 :《美术丛书》，江苏古籍出版社，1997 年版

12. 【宋】郭若虚 :《图画见闻志》，邓白注，四川美术出版社，1986 年版

13. 【宋】董逌 :《广川画跋》，《景印文渊阁四库全书》（子部 · 0813 册）

14. 【宋】黄休复 :《益州名画录》，人民美术出版社，1964 年版

15. 【宋】家铉翁 :《则堂集》，民国商务印书馆影印故宫博物院文渊阁本，1936 年版

16. 【宋】朱熹 :《楚辞后语》，光绪传经堂刻本

17. 【元】刘因 :《静修集》，《景印文渊阁四库全书》（集部 · 1198 册）

18. 【元】柳贯 :《待制集》，《景印文渊阁四库全书》（集部 · 1210 册）

19. 【元】虞集 :《道园学古录》，《景印文渊阁四库全书》（集部 · 1207 册）

20. 【元】周密 :《齐东野语》，《景印文渊阁四库全书》（子部 · 865 册）

21. 【元】脱脱等 :《宋史》，中华书局，1977 年版

22. 【明】李贽 :《焚书 · 续焚书》，岳麓书店，1990 年版

23.【明】何良俊：《何翰林集》，《四库全书存目丛书》（集部 · 142 册），齐鲁书社，1996 年版

24.【明】顾起元：《客座赘语》，中华书局，1987 年版

25.【明】钟化民：《救荒图说》，上海博古斋“墨海金壶”丛书本，民国十年（1921）版

26.【明】王世贞：《弇州四部稿》，《景印文渊阁四库全书》（集部·别集类）

27.【明】王世贞：《王弇州续稿》，《景印文渊阁四库全书》（集部·别集类）

28.【明】王世贞：《艺苑卮言》，《续修四库全书》（集部 · 1695 册）

29.【明】王锡爵：《王文肃公集》（影印明万历间王时敏刻本），《四库禁毁丛刊》（集部 · 7—8 册）

30.【明】沈德符：《万历野获编》，中华书局，1959 年版

31.【明】高濂：《遵生八笺》，人民卫生出版社，1994 年版

32.【明】汪珂玉：《珊瑚网》，《景印文渊阁四库全书》（子部 · 818 册）

33.【明】董其昌：《容台别集》，明崇祯庚午本，北京大学图书馆藏

34.【明】董其昌撰：《画禅室随笔》，【清】杨补辑，江苏教育出版社，1998 年版

35.【明】陈继儒：《妮古录》，上海文明书局“宝颜堂秘籍”本

36.【明】陈继儒：《眉公书画史》，黄宾虹、邓实编：《美术丛书》，江苏古籍出版社，1997 年版

37.【明】陈继儒：《晚香堂集》，《四库禁毁书丛刊》（集部 · 66 册），北京出版社，1998 年版

38.【明】冯梦祯：《快雪堂集》，《四库全书存目丛书》（集部·165—165 册）

39.【明】文嘉：《钤山堂书画记》，黄宾虹、邓实编：《美术丛书》，江苏古籍出版社，1997 年版

40.【明】徐沁：《明画录》，黄宾虹、邓实编：《美术丛书》，江苏古籍出版社，

1997 年版
41.【明】李日华 :《味水轩日记》，上海远东出版社，1996 年版
42.【明】李日华 :《竹嬾画媵》，西泠印社出版社，2008 年版
43.【明】李日华:《六研斋笔记》,《景印文渊阁四库全书》(子部·867 册)
44.【明】姜埰:《敬亭集》(影印清康熙间刻本),《四库全书存目丛书》(集部 · 193 册)
45.【明】唐志契 :《绘事微言》,《中国书画全书》(第四册)，上海书画出版社，1992 年版
46.【明】陈洪绶 :《陈洪绶集》，浙江古籍出版社，1994 年版
47.【明】王衡:《缑山先生集》(影印明万历间刻本),《四库全书存目丛书》(集部 · 179 册)
48.【明】张溥辑:《汉魏六朝百三家集》,《文渊阁四库全书》(集部·总集类)
49.【明】王家桢 :《研堂见闻杂录》，北京古籍出版社，2002 年版
50.【明】郁逢庆 :《郁氏书画题跋记》,《中国书画全书》(第四册)，上海书画出版社，1992 年版
51.【清】冒襄 :《巢民文集》,《续修四库全书》(集部 · 1399 册)
52.【清】冒襄辑 :《同人集》,《四库全书存目丛书》(集部 · 385 册)
53.【清】顾炎武 :《顾亭林诗文集》，中华书局，1985 年版
54.【清】顾炎武 :《日知录》，陈垣校注，安徽大学出版社，2007 年版
55.【清】彭士望:《耻躬堂文钞》(影印清咸丰二年刻本),《四库禁毁丛刊》(集部 · 52 册)
56.【清】屈大均 :《翁山文外》(影印上海图书馆藏康熙间刻本),《续修四库全书》(集部 · 1412 册)
57.【清】毛师柱 :《端峰诗选》,《四库未收书辑刊》(八集 · 二十二册)
58.【清】文昭:《姿幢轩诗集三十一卷》,《四库未收书辑刊》(八集·二十二

册）

59.【清】徐枋：《居易堂集》，《续修四库全书》（集部 · 1404 册）

60.【清】王摅：《芦中集十卷》，《四库未收书辑刊》（八集 · 二十二册）

61.【清】陈确：《陈确集》，中华书局，1979 年版

62.【清】傅山：《傅山全书》，山西人民出版社，1991 年版

63.【清】沈受宏:《白溇先生文集》（清乾隆三年沈起元学易堂刻本），《四库全书存目丛书》（集部 · 237 册）

64.【清】张岱：《石匮书后集》，中华书局，1959 年版

65.【清】王鉴：《染香庵题跋》，沈子丞编：《历代论画名著汇编》，文物出版社，1982 年版

66.【清】王时敏：《王奉常书画题跋》，《中国书画全书》（第七册），上海书画出版社，1994 年版

67.【清】王时敏：《烟客题跋》（通州李玉棻韵湖校本），上海人民美术出版社，1986 年版

68.【清】王时敏：《王烟客先生集》，苏新书社，1916 年版

69.【清】王翚:《清晖赠言》,《中国书画全书》（第七册），上海书画出版社，1994 年版

70.【清】王原祁:《麓台题画稿》（影印浙江图书馆藏道光二十四年刻本），《续修四库全书》（子部 · 1066 册）

71.【清】王原祁：《雨窗漫笔》，西泠印社出版社，2008 年版

72.【清】吴历:《墨井画跋》,《中国书画全书》（第七册），上海书画出版社，1994 年版

73.【清】恽寿平：《南田画跋》，黄宾虹、邓实编：《美术丛书》，江苏古籍出版社，1997 年版

74.【清】恽寿平：《瓯香馆集》，学海书局，1972 年版

75. 【清】恽寿平辑：《清晖堂同人尺牍汇存四卷》（咸丰七年刻本），国家图书馆藏
76. 【清】王昊:《硕园诗稿》（影印清五石斋钞本）,《四库未收书辑刊》（九辑 · 十六册）
77. 【清】汪曾武：《外家纪闻》，《江苏文献》（第一、二期合刊），民国三十一年版，江苏省国学社印行，南京图书馆特藏部
78. 【清】汪学金辑：《娄东诗派二十八卷》（清嘉庆九年诗志斋刻本），《四库未收书辑刊》（九辑 · 三十册）
79. 【清】顾士琏等辑：《娄江志》（故宫博物院图书馆藏清康熙五年序刻吴中开江书本），《四库全书存目丛书》（史部 · 224 册）
80. 【清】顾士琏等辑:《太仓州新浏河志》,《四库全书存目丛书》（史部·224 册）
81. 【清】王昶等纂修:《直隶太仓州志》，《续修四库全书》（史部·697 卷）
82. 【清】金鸿、李鏻纂修：《镇洋县志》，乾隆十年重刻本，上海图书馆藏
83. 【清】王宝仁辑：《娄水文征》，道光壬辰有余斋刊本
84. 【清】吴绮:《林蕙堂集》,《景印文渊阁四库全书》（集部·别集类·1314 册）
85. 【清】靳荣藩辑注：《吴诗集览》，中华书局，1936 年版
86. 【清】陆时化编：《吴越所见书画录》，《中国书画全书》（第八册），上海书画出版社，1994 年版
87. 【清】钱谦益：《牧斋初学集》，上海古籍出版社，1985 年版
88. 【清】钱谦益：《牧斋有学集》，上海古籍出版社，1996 年版
89. 【清】钱谦益：《牧斋杂著》，上海古籍出版社，2007 年版
90. 【清】钱谦益：《列朝诗集小传》，上海古籍出版社，1983 年版

91.【清】吴伟业：《吴梅村全集》，上海古籍出版社，1990 年版
92.【清】吴伟业：《吴伟业诗集笺注》，[清] 程穆衡原笺，[清] 杨学沆补注，上海古籍出版社，1983 年版
93.【清】吴伟业编：《太仓十子诗选》，齐鲁书社，1997 年版
94.【清】吴其贞：《书画记》，《中国书画全书》（第八册），上海书画出版社，1994 年版
95.【清】周亮工纂：《赖古堂尺牍新钞》，康熙元年（1662）赖古堂刻本，国家图书馆藏
96.【清】周亮工：《读画录》，《中国书画全书》（第七册），上海书画出版社，1994 年版
97.【清】赵宏恩等编：《江南通志》，《景印文渊阁四库全书》（史部·地理类）
98.【清】安岐：《墨缘汇观》，（影印清光绪元年刻粤雅堂丛书本）《续修四库全书》，（子部 · 1067 册）
99.【清】钱唐、姜怡亭纂辑：《国朝画传编韵》，《中国书画全书》（第十册），上海书画出版社，1996 年版
100.【清】窦镇撰：《国朝书画家笔录》，见于玉安编辑《中国历代画史汇编》（第十册），天津古籍出版社，1997 年版
101.【清】佚名：《十百斋书画录》，《中国书画全书》（第七册），上海书画出版社，1994 年版
102.【清】谢堃：《书画所见录》，黄宾虹、邓实编：《美术丛书》，江苏古籍出版社，1997 年版
103.【清】吴荣光：《历代名人年谱》（五卷本），商务印书馆，1930 年版
104.【清】王士禛：《精华录》，《景印文渊阁四库全书》（集部 · 1315 册）
105.【清】王宝仁编：《奉常公年谱》，清道光十八年刻本，北京图书馆藏
106.【清】张庚：《国朝画征录》，《中国书画全书》（第十册），上海书画出版社，

1996 年版

107.【清】朱子素：《嘉定屠城纪略》，上海图书集成印书局，清光绪二十二年铅印本

108.【清】张廷玉等：《明史》，中华书局，1974 年版

109.【清】郑燮：《郑板桥集》，上海古籍出版社，1979 年版

110.【清】顾文彬：《过云楼书画记》（影印清光绪间刻本），《续修四库全书》（子部 · 1085 册）

111.【清】盛大士：《溪山卧游录》，黄宾虹、邓实编：《美术丛书》，江苏古籍出版社，1997 年版

112.【清】杨翰：《归石轩画谈》，《中国书画全书》（第十二册），上海书画出版社，1998 年版

113.【清】赵殿成注：《王右丞集笺注》，上海古籍出版社，1961 年版

114.【清】梁章钜：《退庵所藏金石书画跋尾》，《中国书画全书》（第九册），上海书画出版社，1996 年版

115.【清】潘正炜：《听帆楼续刻书画记》，《中国书画全书》（第十一册），上海书画出版社，1997 年版

三　近现代文献

1. 【民国】庞元济：《虚斋名画录》（影印清宣统元年乌程庞氏上海刻本），《续修四库全书》（子部 · 1090 册）

2. 【民国】王祖畲纂：《镇洋县志》，《中国方志丛书》（华中地方 · 第一七七号），台北成文出版社有限公司印行，1975 年版

3. 【民国】顾麟士：《过云楼书画续记》，江苏古籍出版社，1999 年版

4. 【民国】崇彝：《选学斋书画寓目笔记 · 续编》，民国十一年刊本，中

央研究院傅斯年图书馆藏
5. 叶恭绰编：《清代学者像传》，商务印书馆，1930 年版
6. 傅抱石：《明末民族艺人传》，商务印书馆，1939 年版
7. 赵尔巽等：《清史稿》，中华书局，1977 年版
8. 俞剑华：《中国美术史》，东南大学出版社，2009 年版
9. 俞剑华：《国画研究》，广西师范大学出版社，2005 年版
10. 俞剑华编：《中国美术家人名辞典》，上海人民美术出版社，1981 年版
11. 谢国桢：《明末清初的学风》，上海世纪出版集团，2006 年版
12. 谢国桢：《南明史略》，上海人民出版社，1957 年版
13. 陈垣:《明季滇黔佛教考》，河北教育出版社，2000 年版，第 416 页。
14. 陈垣：《清初僧诤记》，北京师范大学出版社，1982 年版
15. 陈登原：《古今典籍聚散考》，上海书店，1983 年版
16. 朱铸禹编：《中国历代画家人名辞典》，人民美术出版社，2003 年版
17. 张慧剑：《明清江苏文人年表》，上海古籍出版社，2008 年版
18. 徐邦达编：《历代流传书画作品编年表》，上海人民美术出版社，1963 年版
19. 饶宗颐：《画宁：国画史论集》，时报文化出版企业有限公司，1993 版
20. 钱穆：《国史大纲》，商务印书馆，1996 年版
21. 顾诚：《南明史》，中国青年出版社，1997 年版
22. 谢正光：《清初诗文与士人交游考》，南京大学出版社，2001 年版
23. 汪世清：《卷怀天地自有真——汪世清艺苑查疑补证散考》，石头出版股份有限公司，2006 年版
24. 李修生编：《全元文》，江苏古籍出版社，2003 年版

25. 陈高华：《隋唐画家史料》，文物出版社，1987 年版
26. 陈鼓应注释：《庄子今译》，中华书局，1983 年版
27. 高木森：《元气淋漓——元画思想探微》，东大图书股份有限公司，1998 年版
28. 启功：《启功丛稿》，中华书局，1981 年版
29. 方闻：《心印——中国书画风格与结构分析研究》，陕西人民美术出版社，2004 年版
30. 萧启庆：《内北国而外中国：蒙元史研究》，中华书局，2007 年版
31. 黄惇：《从杭州到大都——赵孟頫书法评传》，上海书画出版社，2003 年版
32. 黄惇：《中国书法全集 · 董其昌卷》，荣宝斋出版社，1992 年版
33. 黄惇：《目鉴与董其昌的学书之路》，《中国书法》，2010 年第 3 期
34. 石守谦：《风格与世变——中国绘画史论集》，允晨文化实业股份有限公司，1996 年版
35. 太仓市政协文史委员会编:《王时敏与娄东画派》（太仓文史·第九辑），浙江人民美术出版社，1994 年版
36. 郑利华：《王世贞年谱》，复旦大学出版社，1993 年版
37. 刘伟冬：《图像的意义——中国美术史研究文集》，四川美术出版社，2006 年版
38. 白谦慎：《傅山的世界》，生活 · 读者 · 新知 三联书店，2006 年版
39. 王利民、丁富生、顾启：《冒辟疆与董小宛》，中华书局，2004 年版
40. 陈宝良：《明代儒学生员与地方社会》，中国社会科学出版社，2005 年版
41. 巫仁恕：《品味奢华——晚明的消费社会与士大夫》，中华书局，2008 年版

42. 李零:《铄古铸今:考古发现和复古艺术》,生活·读书·新知 三联书店,2007 年版
43. 樊波 :《董其昌》,吉林美术出版社,1996 年版
44. 存萃学社编集 :《中国画论丛——山水画史之研究》,大东图书公司,1979 年版
45. 赵国英 :《王鑑绘画研究》,新华出版社,2005 年版
46. 朵云编辑部编 :《清初“四王”画派研究论文集》,上海书画出版社,1993 年版
47. 陈寅恪 :《〈桃花源记〉旁证》,《清华学报》,第 11 卷
48. 范景中 :《书籍之为艺术——赵孟頫的藏书与〈汲黯传〉》,《新美术》,2009 年第 4 期
49. 范景中 :《〈图像学研究〉中译本序》,《新美术》,2007 年第 4 期
50. 杨念群:《文字何以成狱?——清初士人逃隐风格与“江南话题”》,《新史学》(第一卷),中华书局,2007 年版
51. 徐邦达 :《古画辨伪识真(三),董其昌、王时敏、王鑑作品真伪考》,《朵云》第 6 集
52. 萧燕翼 :《王鑑是王世贞曾孙考》,《文物》,1997 年第 9 期
53. 郑威 :《王鑑年谱》,《朵云》,1989 年第 3 期
54. 陈国栋 :《哭庙与焚儒服——明末清初生员层的社会性动作》,《新史学》第 3 卷第 1 期
55. 薛龙春 :《王铎应酬作品的统计研究》,《艺术学研究》(二),南京大学出版社,2008 年版
56. 张长虹:《明末清初江南艺术市场与艺术交易人》,《故宫博物院院刊》,2006 年第 2 期
57. 【美】高居翰 :《中国山水画的意义与功能》,《新美术》,1997 年第 4

期

58.【美】詹姆斯·埃而金斯：《西方美术史学中的中国山水画》，中国美术学院出版社，1999 年版

59.【英】贡布里希：《艺术与错觉——图画再现的心理学研究》，林夕、李本正、范景中译，湖南科学技术出版社，2004 年版

60.【英】贡布里希：《艺术与幻觉——绘画再现的心理研究》，周彦译，湖南人民出版社，1987 年版

61.【英】贡布里希：《图像学的目的与范围》，《象征的图像——贡布里希图像学文集》，杨思梁、范景中编选，上海书画出版社，1990 年版

62.【法】埃马纽埃尔·勒华拉杜里：《蒙塔尤：1294—1324 年奥克西坦尼的一个小山村》，许明龙、马胜利译，商务印书馆，2007 年版

63.【奥】弗洛伊德：《梦的解析》，作家出版社，1986 年版

64.【日】铃木敬：《中国绘画史》（上），魏美月译，台北故宫博物院，1987 年版

65.【日】入谷仙介：《王维研究》，卢燕平译，中华书局，2005 年版

66. 凯瑟琳·里斯坎：《权力共享：中国纪念性艺术中的一种修辞性策略》，李若晴译，《美术馆》（2003 年 A 辑），广西师范大学出版社，2003 年版

附录　王鑑作品年表

年代	作品	尺幅	题跋	著录	收藏
1629 崇祯二年己巳	《双松图轴》	长三尺一寸，阔一尺六寸三分	己巳冬日，画于半塘精舍，王鑑。	《自怡悦斋书画录》、《历代流传书画作品编年表》，第129页。	
1632 崇祯五年壬申	《山水卷》	高七寸另九分，长六尺七寸八分	壬申长夏，染香庵主，琅琊王鑑。	《别下斋书画录》卷七、《历代流传书画作品编年表》，第129页。	
1633 崇祯六年癸酉	《南山晚翠图轴》		癸酉夏日写，王鑑。	《中国名画集》（第五集）	
1634 崇祯七年甲戌	《花石盆兰图轴》	纵五尺，横二尺二寸	甲戌夏日写，王鑑。	《石渠宝笈续编》（乾清宫十一）	
1636 崇祯九年丙子	《仿古山水册》	纵26，横36厘米，四开			常熟博物馆
	《烟溪远岫图》	立轴，纵95.5，横51.5厘米。	丙子春仲，娄东王鑑。	中贸圣佳拍卖，2002年12月6日。《书画拍卖集成·清代绘画》，第12页。	
1637 崇祯十年丁丑	《秋山图轴》	纵124.2，横54.4厘米	丁丑夏日，仿梅道人笔意。琅琊王鑑。 王时敏题：玄照画道独步海内，赝作纷纷，不无鱼目混珠之叹。昔人题名迹谓“如岳阳楼亲见洞宾，觉悟开画本都不类”。余于此图亦云然。王时敏。 陈继儒题：毕钵罗峰迴入霄，不逢猿鸟不通樵。谁施横木如飞栈，半月仙人一换桥。玄照司寇此图极得梅沙弥画脉，而布构极奇。眉公题。	《中国清代名画集》、《中国古代书画目录》（第三册）第58页。	上海博物馆
1638 崇祯	《溪山深秀图轴》	纵119.2，横49.8厘米	溪山深秀。戊寅正月，仿北苑笔意，呈彦翁叔父教政。小侄鑑。	《神州大观》第七号、《中国古代书画目录》（第三册）	上海博物馆

十一年戊寅				第 58 页。	
	《仿黄公望山水轴》	纵 133.8，横 54.3 厘米	戊寅春，仿子久笔。王鑑。 王士昧题：予初不辞画理，每见吾家玄照画，极爱之间，从以重价购得之，妄拟其皴法墨气之妙，深得董、巨三昧，不直闯大痴、梅花道人堂奥。今见外论渐归，有谓压倒昔时吴中诸名手。而见其所诣，可以无古人者，兼信者当之矣。王右丞“诗中有画，画中有诗”，先弇州文章为昭代第一人，固不第诗中画，乃玄照画中诗，亦已分摩诘之半，吾琅琊复占一不朽绝艺何快。为浮大白而题其上。真率居士王士昧书，时年七十有一。 陈继儒题：书必竹简，篆隶有之。颜、柳借篆、隶，必正为即此法也。尽者画也，画以皴为主，董、巨、范、李妙在于 ，昔有大痴，今有玄照，谁复解此三昧乎？若斧劈并吴中尽兹便行，四大家不从此入。八十一翁陈眉公记。 王时敏题：玄照此图，丘壑位置 ，深得梅道人三昧，而皴法出入董、巨，绝 ，记能梦见，当今画家不得不推为第一。展玩不觉下拜，遂欲焚砚矣。王时敏观因题。 王瑞国题：书画小技也，而极其所至，可以成名。彼学问之士矻矻穷年，而或扼于时命，或限于精力，迄于一无所就者，每不能望其万一焉。此孟氏有五谷之喻，退之兴二鸟之感也。偶问家玄照画，见其工绝，系赏之馀，为之三叹。王瑞国题。	《清朝书画谱》，第 7 页；《神州大观》（第二号）；《域外所藏中国古画集·清》（一）；《中国绘画总合图录》（第三册）；《明清の绘画》，第 102 页；《中国明清绘画》，第 51 页；《CHINESE PAINTING OSVALO SIREN》VI、第 343 页。	日本京都国立博物馆
	《仿巨然仙山楼阁图轴》	高五尺六寸，阔一尺八寸	戊寅春，仿巨然《仙山楼阁》。王鑑。	《梦园书画录》（卷十八）；《历代流传书画作品编年表》，第 129 页。	
	《仿宋人山水册》	高一尺三寸五分，宽一尺九寸四分，十二开	余卜筑虎丘西野几八年矣。今将归娄水，雨坐鉴雅堂，见柳色牵情山光，惜别为之黯然。漫弄笔墨，以抒郁结，遂拟宋人十二帧。其间丘壑位置，殊多未妥。偶师其意，未能超绝。余所谓“学步邯郸”，殊可笑耳。戊寅仲春，王鑑识。	《书画鉴影》（卷十六）；《历代流传书画作品编年表》，第 129 页。	
	《仿董源山水	纵 16，横 49.7		《中国古代书画目录》（第	故宫博物馆

	扇册》	厘米		二册），第 84 页。	
1639 崇祯十二年己	《北固山图》	纵 103.3，横 46.6 厘米	余自戊寅入都，日为业绩所苦，笔墨不知为何物。今岁仲夏，出守粤东，回思风尘马背光景，如脱笼之鸟矣。归舟望见北固山，不胜沾沾自喜，拈笔写此不问工拙也。己卯六月，王鑑识。		广东省博物馆
	《枯树图轴》	纵 88.2，横 51.5 厘米	余得石田翁一画纸，用元季四大家树，而无深崖绝壑，想为后学者范耳。雨窗岑寂，拈笔临之，不识合作否？己卯九秋，王鑑识。	《书苑》(卷四)，第十一号；《槐安居乐事》，第 27 页；《世界美术全集》(第十七集)，第 98 页；《日本现在支那名画目录》，第 250 页。	日本
	《秋山图轴》	纵三尺四寸三分，横一尺五寸	《秋山图》，己卯九画似季升大词宗政。王鑑。	《石渠宝笈三编》(延春阁二十八)；《历代流传书画作品编年表》，第 129 页。	
	《山水轴》	高四尺三寸，宽一尺八寸	己卯小春画于虎丘山房。王鑑。	《瓯钵罗室书画过目考》(卷一)；《书画鉴影》(卷二十三)；《迟鸿轩所见书画录》(卷二)；《历代流传书画作品编年表》，第 129 页。	
1642 崇祯十五年壬午	《仿董源夏山图轴》	纵 170.5，横 90.8 厘米	崇祯壬午春三月，屏迹水村，闲窗展阅古人墨本，遂拟北苑《夏山图》意，以适幽况。湘翁王鑑。	《清初正统画派》9 页	私人藏
	《仿巨然真迹轴》	高三尺二寸五分，阔一尺五寸七分	董宗伯藏巨然真迹，今归袁襄中使君，昨在其署中出此相示。余丙子年曾见于宗伯斋头，今得复还旧观，为之三叹，漫仿其意，不识合作否？壬午小春，王鑑识。	《吴越所见书画录》(卷六)；《历代流传书画作品编年表》，第 129 页。	
1643 崇祯十六年癸未	《仿各家山水册》	纵 25，横 17.5 厘米，七开	崇祯癸未，作水墨八幅于云间舟次，王鑑。	《广州美术馆藏明清绘画》，第 119 页。	广州市美术馆
	《仿赵孟頫九夏松风图轴》		吾师廉州王公笔墨妙天下。此仿赵文敏《九夏松风图》，设色幽秀，神韵超逸，兼得北宋高贤三昧。余于丙申嘉平过娄，欣获披玩，恍覩光霁于五十年前矣，何幸。	《过云楼书画记》(卷五)	
	《仿巨然山水扇叶》	纵 16.2，横 50.5 厘米		《中国古代书画目录》(第二册)，第 84 页。	故宫博物院
1644 顺治元年甲申	《秋山图轴》	长三尺七寸，阔一尺五寸六分	甲申春仲写于山阁。王鑑。	《自怡悦斋书画录》(卷四)；《历代流传书画作品编年表》，第 129 页。	
1645 顺治	《溪山深秀图轴》		乙酉春日仿巨然《溪山深秀》，似漪伯年翁先生正。娄水王鑑。	《中国名画》(第十六集)；《支那南画大成》(续卷	

二年乙酉				四），第45页；《支那南画集成》（第一期），第九辑；《宋元明清书画家年表》，第239页。	
1647顺治四年丁亥	《仿吴镇山水轴》	纵三尺五寸，横一尺三寸五分	丁亥夏五月，仿梅道人笔，似墨痴道丈先生。王鑑。	《石渠宝笈三编》（延春阁二十八）；《宋元明清书画家年表》，第241页；《历代流传书画作品编年表》，第129页。	故宫博物院
	《仿董源潇湘图》		王时敏题：北苑《潇湘图》，余昔从宗伯借观，留斋头者年馀。丙寅以北行，归之二十余年时落梦寐，以为求其形似，如中郎虎贲者，已不可得。今得玄照背临长卷，规模位置，顿还旧观。而烟云灭没，笔墨奔放，殆又过之。余于画道老而无成，久已弃去不学。迩年田居多暇时，复弄笔墨以消永日。今见此卷驰气□墨，遂欲焚君苗研矣，特书以志吾愧。	《王奉常书画题跋》（卷上），第14页。	
1648顺治五年戊子	《仿古山水册》	纵25.6，横32.2厘米，十开	戊子春二月，拟古十帧于鉴雅堂。王鑑。	《中国绘画总合图录》（第一册）	景元斋
	《秋山图轴》		十年踪迹任飘蓬，不向丹青问拙工。今日闲窗重把玩，画中犹作故人逢。戊子夏六月，湘碧重拾。	《中国清代名画集》；《中国古代书画目录》（第三册）；第58页。	上海博物馆
1649顺治六年己丑	《九峰读书图》	纵142，横57.5厘米	叔明《九峰读书图》为钱宗伯收藏，岁余时得借观，今仿其笔意，呈仲翁老宗台教正。己丑季夏，小弟鑑。		故宫博物院
	《四家灵气图轴》	纵130，横53.5厘米	己丑冬十月，余浪游武陵，承登子张公祖渡江相访，出其同乡朱相国家所藏元四大家真迹鉴赏，俗眼为之一清扫，如渔父出桃源，不复记忆，然笔端灵气于梦寐中仿佛见之。闲窗图此，不识能得其万一否？东海王鑑。	《吴越所见书画录》（卷六）；《历代流传书画作品编年表》，第129页；《中国古代书画目录》（第二册），第83页。	故宫博物院
	《仿吴镇山水扇页》			《铁琴铜剑楼藏扇集锦》	
1650顺治七年庚戌	《仿沈周山水轴》	纵83.5，横37.5厘米	烟岚屈曲径交加，新作茅堂窄亦佳。手种松衫皆老大，经年不踏县门衙。庚戌夏五月端阳前二日，仿白石翁笔。王鑑。	《中国古代书画目录》（第一册），第293页。	首都博物馆
	《仿刘钰夏山欲雨图轴》	高四尺一寸，阔一尺六寸二分	余家藏刘完庵佥宪仿梅道人《夏山欲雨图》，石田翁记之，以长篇古风，元气灵通，为完翁笔法，知不免邯郸学步矣。掷笔为之一笑。王鑑。	《吴越所见书画录》（卷六）；《历代流传书画作品编年表》，第129页。	

1651 顺治 八年 辛卯	《墨山水轴》	长四尺四寸六分，阔一尺九寸六分	辛卯小春画，王鑑。	《自怡悦斋书画录》（卷四）；《古代书画过目汇考》；《历代流传书画作品编年表》，第 129 页。	
1652 顺治 九年 壬辰	《仿古山水册》	高一尺二寸，阔八寸八分，十开	岁在戊申春壬月，庭前绿萼初华，暗香入帘，案头笔砚精良，颇觉清适，偶得宋、元画册，遂染成此十帧。虽不能仿佛古人万一，但余衰暮尚尔，恳习较之，好博弈者聊胜一筹耳。娄水王鑑。	《虚斋名画录》（卷十四）；《历代流传书画作品编年表》，第 132 页。	
	《仿宋元袖珍册》	高五寸八分，阔三分，十开	壬辰春日，仿宋、元名家笔意。王鑑。	《吴越所见书画录》（卷六）；《历代流传书画作品编年表》，第 129 页。	
	《仿宋人山水巨幅轴》	高六尺六寸，广四尺八寸八分	行人返深巷，积雪带馀晖。予己卯待罪廉阳，正毖予。张公节制两粤时也，张公乃大司空半芳刘公之至戚，予素荷司空知遇，为忘年交。张公以司空故，特破格提携，不以属礼相加，予愧无涓埃之报。而廉阳僻处海隅，少簿书鞅掌，每多暇，仿得宋、元诸家四巨帧，欲为张公寿甫成其半，而张公应少司之召，遂不及奉赠，至今犹抱耿。及余放归，复为贫累，浪迹天涯，萍踪无定。诿置箧中者几十五年，今长夏无事避暑弇山，偶简出绢素，如对故人不忍抛弃，稍加涂抹，以竟前工。然余精神消亡颠毛种，非复当年矣，掷笔为之惘然。壬辰夏六月既望，娄水王鑑识。	《穰梨馆过眼录》（卷三十七）；《历代流传书画作品编年表》，第 129 页。	
1653 顺治 十年 癸巳	《仿黄公望山水轴》		癸巳二月，仿子久笔意。王鑑。	《两枫居藏画》（第一集）	
	《水墨山水轴》	高三尺四寸三分，阔一尺七寸二分	癸巳夏仲，为崙老亲翁词宗画。王鑑。	《吴越所见书画录》（卷六）；《历代流传书画作品编年表》，第 130 页。	
	《江边茅舍图扇页》	纵 21，横 48 厘米	癸巳仲秋，似揆儒词宗。王鑑。	《中国文物集珍》（敏求精舍银禧纪念展览），第 174 页。	香港承训堂
	《拂水岩图轴》	纵 67.8，横 31.3 厘米	癸巳二月，访牧斋宗伯于虞山，放舟拂水岩，写所见。王鑑。	《古代书画过目汇考》；《历代流传书画作品编年表》，第 130 页；《中国古代书画目录》（第二册），第 83 页。	故宫博物院
	《仿巨然山水轴》	纵 107.8，横 57 厘米		《中国古代书画目录》（第一册），第 56 页。	北京市文物商店
1654	《山水扇册》	十六开	暾日媚秋水，绿苹香客舡。甲午夏画。		上海博物馆

顺治十一年甲午			王鑑。		
	《仿吴镇深山古寺图轴》	高六尺	深山飞绿雨，古寺暗红泉。甲午秋初，仿梅道人笔。王鑑。	《左庵一得续录》，第10页；《历代流传书画作品编年表》，第130页。	
	《临巨然山水轴》	纵130.3，横49.7厘米	偶游都门，承大金吾王文翁出所藏燕文贵画，卷后有东坡先生题跋，并巨然溪山长卷所示。甲午新秋，临巨然笔似。王鑑。	《石渠宝笈续编》（重华宫九）；《中国绘画总合图录》（第二册），第186页。	英国大英博物馆
1655顺治十二年乙未	《仿黄公望山水轴》	纵112.4，横52.4厘米	乙未春日，仿子久笔。王鑑。	《金匮藏画集》，第49页。	
	《云壑松阴图轴》	纵三尺一寸四分，横一尺四寸四分	彦博先生雅有好古之癖，更具法眼，凡笔墨妍媸，莫能逃其鉴识。索余拙笔已十五年矣，未敢应命。今岁乙未，为彦翁七十，值余浪游历下，不得同社中诸公捧觞为寿，聊仿叔明《云壑松阴图》赠之，知不免持布过雷门矣。娄水王鑑。	《虚斋名画录》（卷九）；《历代名画共赏集》；《历代流传书画作品编年表》，第130页。	
1656顺治十三年丙申	《仿王蒙山水轴》	纵93.3，横40.8厘米	丙申春初，仿叔明笔于定慧禅寺。王鑑。 张学曾题：曩在都门，王廉州时为比部郎，余与孙伯观中翰、陆叔度明经、王志不司农晨夕往还，共论琴画，别来廿载。廉州挂冠归娄东，余承乏吴郡，先是廉州游济上归时，余将解组矣。会晤甚难，动阔旬月，欲如曩日，过从无间，好友追攀，岂可复得也。廉州罢郡在强仕之年，顾盼林泉，肆力画苑，笔墨之妙，海内推为冠冕。吴自沈、文后，兹道久已荒榛，得廉州而复振。予获观其盛，大为吴门吐气，故乐得称道焉。客有持此画来索题，知为得意之作，余不暇论，惟有深服其画品之高，并叙其俯仰今昔之情如此。丙申中春，会稽张学曾。	《虚斋名画录》（卷九）；《中国名画》（第十三集）；《四王吴恽》；《支那南画大成》（续卷四），第51页；《历代流传书画作品编年表》，第130页。	故宫博物院
	《溪山结露图轴》	纵91.6，横39.7厘米	丙申春二月哉生明，写于定慧禅房。王鑑。		上海博物馆
	《临石田长幅》		王时敏题：此图旧藏练川给谏玉海李公家，董宗伯数向余称为白石翁生平杰作。余遂从次君彝仲购之，臻袭已三十年。丙申初夏，敉庵大谏借观，属湘碧郡伯临摹副本，笔光墨采，咄咄逼真，百馀年后复睹石翁化身示现，亦一奇也，展玩不觉叫绝。	《王奉常书画题跋》（卷上），第21页。	
	《仿董源溪山	纵24.2横	丙申长至，仿北苑《溪山图》。王鑑。	《石渠宝笈三编》（延春阁	故宫博物院

	图卷》	425.3厘米		二十八）；《历代流传书画作品编年表》，第130页；《中国古代书画目录》（第二册），第83页。	
	《梦境图轴》	纵162.8，横68厘米	画山水而兼园亭，自摩诘《辋川》、卢鸿《草堂》图始。后至元季，赵文敏好写此景，绝无画院习气。叔明乃其甥也，故每效之，更加风韵。曾见其《南邨草堂图》为得意之笔，真迹向藏新安吴氏。后王越石持一赝作售之闲仲叔祖，得值甚厚。余正其非，遂欲退还。而越石狡甚，返谓余欲得此画，故造此论。叔祖信之，复珍重如天球珙璧。乏具眼而好古，未有不受人欺者，虽赏鉴小事，其中亦难言也。客岁游燕，真定梁大司马玉立，曹少司农秋岳，皆属余作《草堂图》，尚未有以应之。盖两先生方作长安贵人，筹边计国，何暇及此，更俟几年写以寄之，代《北山移文》可耳。 今六月避暑半塘，无聊昼寝，忽梦入山水间，中有书屋一区，背山面湖，廻廊曲室，琴几萧洒，花竹扶疏，宛似辋川。轩外卷簾，清波浩渺，中流一叟乘棹垂纶，旷然自得。予趺坐中堂，观左壁画，乃思翁笔，幽微淡远，不觉抚掌赞叹。遂尔惊醒，鼻端拂拂犹作异香，令人有天际真人之想。嗟！余焉能真有此境，便当老是乡矣。然余年已四十八，颠毛种种，纵至七十，亦不过二十年一梦耳。况未能必，又安知此梦非真境耶？起而涤砚伸纸，记境成图，不爽毫发。悬之座右，以当望梅止渴而已。掷笔惘然。丙申夏六月哉生明，王鑑识。静岩老先生索画，即以此帧请政。弟鑑。	《过云楼书画记》（卷五）；《历代流传书画作品编年表》，第130页；《中国古代书画目录》（第二册），第83页；《中国绘画史图录》（第二册），第707页。	故宫博物院
	《摹沈周仿董源秋山图轴》			《瓯钵罗室书画过目考》（卷一）；《迟鸿轩所见书画录》（卷二）；《历代流传书画作品编年表》，第130页。	
1657顺治十四年丁	《山水扇页》	纵16，横49.7厘米	丁酉春，为藻儒世兄画。王鑑。	《故宫博物院藏明清扇面书画集》（第二册），第55页。	故宫博物院
	《山水扇页》		丁酉夏，为漪竹词兄画。王鑑。		上海博物馆

酉	《秋山图轴》		丁酉冬，仿大痴《秋山图》。王鑑。	《清初正统画派》，第11页；《CHINESE PAINTING OSVALO SIREN》(VI)，第345页；《中国绘画总合图录》（第一册），第13页。	
	《金笺山水轴》		丁酉仲冬，为田俞亲翁寿。王鑑。	《中国绘画总合图录》（第二册），第57页。	
1658 顺治十五年戊戌	《富春山居图》	纵117.5，横50.5厘米	山居幽赏入秋多，处处丹枫映黛螺。欲写江南好风景，云门一派出维摩。子久有《富春山图》，为荆溪吴问卿所藏，元气灵通，笔法遒美，董文敏向余击节不置。雨窗无事，漫师其意，为之殊愧，邯郸学步耳。戊戌小春，王鑑。		天津艺术博物馆
	《仿赵孟頫茂林萧寺图轴》	纵101.9，横47.4厘米	戊戌春二月，仿赵松雪《茂林萧寺》。湘碧鑑。	《石渠宝笈续编》（养心殿六）；《历代流传书画作品编年表》，第130页；《故宫藏画大系》（卷十一）。	台北故宫博物院
	《仿黄公望红树秋山图轴》	高三尺三寸，阔一尺七寸一分	戊戌花朝，仿子久笔。王鑑。	《古缘萃录》（卷七）；《历代流传书画作品编年表》，第130页。	
	《溪山仙馆图轴》	高四尺二寸，宽一尺六寸六分	余甲午在长安见孙少宰所藏叔明《溪山仙馆》，纯师王右丞，绝无画家纵横习。尝寝寐思之偶，因无事闭关，遂追仿其笔意，不识虎贲，得似中郎否？戊戌端阳后一日，王鑑。	《十百斋书画录》（丙卷）；《历代流传书画作品编年表》，第130页。	
	《仙掌人家图》	纵95.5，横35.4厘米	人家在仙掌，云气欲生衣。戊戌秋八月，仿子久笔。王鑑。		上海博物馆
	《仿子久笔意》	纵115，横60厘米	戊戌花朝，仿子久笔意。王鑑。 吴伟业题：黄一峰笔意，归村老农最为擅场。得照老此图，欢喜赞叹，作家相加，分外推服，非俗子所能识也。弟吴伟业识。		江苏省美术馆
	《山水扇册》	十六开	戊戌秋，仿子久笔，似公定表侄。王鑑。	《中国古代书画目录》（第三册），第58页。	上海博物馆
	《仿黄公望山水轴》	纵95.5，横34.5厘米	戊戌秋八月，仿子久笔。王鑑。	《虚斋名画录》（卷九）；《历代流传书画作品编年表》，第130页；《历朝名画共赏集》（卷二）；《美展特刊·古》；《中国古代书画目录》（第三册），第58页。	上海博物馆
	《山水册页》		戊戌九秋，画祝百翁老祖台大词宗寿。王鑑。	《石渠宝笈三编》（延春阁三十九）；《王时敏、王鑑、吴伟业、董珽、陆岱毓画山	

				水册》之四开。	
	《青绿山水卷》	纵 22.8，横 199.2 厘米	余向在董思翁斋头见赵文敏《鹊华秋色卷》，及余家所藏子久《浮岚远岫图》，皆设青绿色，无画苑习气。今二画不知流落何处，时行之梦寐，闲窗息分，追师两家笔法而成此卷。虽不敢望古人万一，庶免近时蹊径耳。戊戌长夏。王鑑。	《古代书画过目汇考》；《历代流传书画作品编年表》，第 130 页；《中国古代书画目录》（第二册），第 83 页。	故宫博物院
	《山村溪桥图册页》			《晋唐五代宋元明清名家书画集》，第 245 页。	
1659 顺治十六年己亥	《水阁对话图轴》	纵 112.6，横 58.6 厘米	己亥秋仲画。王鑑。	《中国古代书画目录》（第三册），第 58 页。	上海博物馆
	《仿北苑溪山图轴》	高四尺七寸六分，阔一尺七寸四分	余向在长安见北苑《溪山卷》，妙在幽微淡远之致，曾一临之，为孙少宰取去，秋光爽人，戏弄笔墨，漫师其法，不求形似也。友人索赠石倩词文寿。己亥秋仲，王鑑。	《吴越所见书画录》（卷六）；《历代流传书画作品编年表》，第 130 页。	
	《仿董源山水卷》		董文敏原藏北苑画卷，乃贾秋壑物。余丙子九月，谒文敏公于华亭，出此鉴赏，真希世之宝。后归袁襄中司农，每形于梦寐。己亥秋仲，雨坐弇园，返师其意，愧未能仿佛万一，掷笔为之汗流。王鑑识。	《白云堂藏画》（卷上），第 140 页。	
	《杨铁厓诗意图》	纵 64.7，横 40.6 厘米	鸿雁来时水拍天，平冈古木尚苍烟。借君此地安渔艇，著我西窗听雨眠。己亥小春画于弇园之韵碧轩。王鑑。		南京博物院
	《仿黄公望山水扇册》	十六开	己亥季秋，为平宙词兄仿子久笔。王鑑。	《中国古代书画目录》（第三册），第 58 页。	上海博物馆
1660 顺治十七年庚子	《仿黄公望山水轴》	纵二尺三寸二分，横一尺五寸二分	庚子初夏，仿一峰道人笔，似又铭社词兄正之。王鑑。	《虚斋名画录》（卷三）；《历代流传书画作品编年表》，第 130 页。	
	《仿王蒙云壑松阴图轴》	纵 88，横 37.2 厘米	庚子清明，仿叔明《云壑松阴图》于宜雅阁中。王鑑。	《古代书画过目汇考》；《历代流传书画作品编年表》，第 130 页；《宋元明清书画家年表》，第 257 页；《伟大的艺术传统图录》（下），第 42 页；《中国绘画总合图录》（第一册），第 287 页。	
	《仿梅花道人水竹山居图》	纵 107.5，横 53 厘米	梅花道人《水竹山居图》向为余所藏，后为王齐庵司农易去，今不知流落何处。时形梦寐，晴窗息纷，追思其意，颇称合作，掷笔不禁沾沾自喜。时庚子季冬，王鑑识。 壬寅九秋，友人索赠如老三兄七十		广州市美术馆

			寿。弟鑑。		
	《清溪泛棹图扇页》		庚子夏，画似方翁老先生正。王鑑。	《名人书画扇集》（第三十五册）	
	《仿范宽峰峦叠秀图轴》	纵 98，横 50.8 厘米	近时丹青家皆宗董、巨，未有师范中立者，盖未见其真迹耳。余向观王中和宪副所藏一巨幅，峰峦苍秀，草木华滋，与董、巨论笔法，各有门庭，而元气灵通，又自有相合处。客窗而坐，独仿其意，不敢求形似也。庚子八月朔，娄东王鑑。	《中国名画集》（第五集）；《明清山水名画选》；《古代书画过目汇考》；《中国古代书画目录》（第三册），第 58 页。	上海博物馆
	《行方阿房宫赋醉亭记双轴》	高一尺三寸，阔一尺三寸四分	岁在庚子律中仲占既望，漫书于露香堂南牖。 娄城王鑑玄照氏，庚子桂花下浣，琅琊王鑑。	《澄怀堂书画录》（卷六）	
	《没骨山水小轴》		庚子冬日，素老道长兄家。	《瓯钵罗室书画过目考》（卷一）；《迟鸿轩所见书画录》（卷二）；《历代流传书画作品编年表》，第 130 页。	
	《仿黄公望山水轴》	纵 116.3，横 54.4 厘米	庚子冬日，仿大痴笔，似楚佩词兄正。王鑑。	《中国古代书画目录》（第三册），第 58 页。	上海博物馆
	《仿黄公望山水轴》	纵 122.5，横 61.5 厘米	庚子冬日，仿大痴笔意。王鑑。 王时敏题：元四大家风格各殊，其源流要皆出于董、巨。玄照郡伯于董、巨有专诣，所作往往乱真。此图复仿子久，而用笔皴法，仍师北苑，有董、巨之功力，又有子久之逸韵，瓶盘钗钏，镕成一金。即使子久复生，神妙亦不过如此，真古今绝艺也。余老钝无成，时亦欲仿子久，而粗率疥癞，相去愈远。今见此杰作，珠玉在侧，益惭形秽，遂欲焚弃笔砚矣。叹绝！愧绝！庚子仲冬，王时敏题。	《虚斋名画录》（卷九）；《中国古代书画目录》（第二册），第 83 页；《历代流传书画作品编年表》，第 130 页。	故宫博物院
	《仿董源山水轴》		庚子小春，仿北苑笔，似我建老宗台大司坛笑政。弟鑑。	《古代书画过目汇考》；《历代流传书画作品编年表》，第 130 页；《中国绘画史图录》（卷下），第 709 页。	
	《仿北苑山水图》	纵 169，横 56.5 厘米	庚子秋，仿北苑笔。王鑑。		山西省博物馆
	《仿古山水册》	高一尺一寸六分，广八寸八分，十开	庚子小春，晴窗息纷，仿古十帧，不求形似，聊免画家习气耳。王鑑。	《石渠宝笈初编》（卷二十三）	
	《山水册》	纵 26.4，横 19.3，八开	庚子小春，寓半塘客舍，雨窗岑寂，戏弄笔墨，遂成八帧，未得古人遗愿，不足留也。王鑑。	《古代书画过目汇考》；《历代流传书画作品编年表》，第 130 页；《中国古代书画	上海博物馆

				目录》（第三册），第58页。	
	《仿古山水册》	纵26，横19.2厘米，八开	庚子小春，坐染香庵，仿古八幅，以解岑寂。王鑑。	《听帆楼书画记》（卷五）；《历代流传书画作品编年表》，第130页。	浙江省博物馆
	《山水册页》		湖山如画，吟眺怡情，庚子嘉平，鑑。	《虚斋名画录》（卷十四）；《支那南画大成》（卷续一），第73—77页；《王廉州山水册》；《历代流传书画作品编年表》，第130页。	
	《仿吴镇山水扇页》	纵15.8，横52厘米	庚子花朝，仿梅道人笔意，似书年老世兄正。王鑑。	《中国古代书画目录》（第二册），第84页。	故宫博物院
	《山水扇页》	纵16，横50厘米		《中国古代书画目录》（第二册），第84页。	故宫博物院
	《山水图》	纵17.1，横49.8厘米			台北故宫博物院
	《溪山无尽图》	纵136.2，横61.9厘米	庚午仲春，偶过槎溪得寓海会山房，晴窗默坐，仿江贯道《溪山无尽图》，请正桂老道兄知己，千莫以见笑也。王鑑。		辽宁省博物馆
	《仿黄公望山水扇页》	纵18.1，横54.5厘米		《中国古代书画目录》（第二册），第84页。	故宫博物院
	《浮烟远岫图扇页》		为口午老亲翁，时庚子九秋，仿大痴浮烟远岫图。王鑑。	《中国古代书画目录》（第三册），第58页。	上海博物馆
1661顺治十七年庚子	《山水册》，一名《七帖图首合册》	七开	第六开：辛丑元旦试笔，湘碧鑑。 第七开：倪高士《溪亭山色》，鑑。 余庚子夏，筑室二楹于弇山之北，仅可容膝，窗外悉载花竹过而颜之曰："染香"，盖取《楞严经》中语也。从此闭关，日坐蒲团，焚柏子一炉而已。腊之既望，荐之大兄携晋、唐墨拓五帙，及有明荐绅家遗先司马手札一帙相示，属余每帙仿古一幅，以弁其首，欲传之子孙。于乎近时风俗，惟重阿堵不知以画为何物。大兄家徒四壁，不事生产，独能向冷淡处留心，不易见也。心服其志，如数应之。辛丑孟春哉生明，小弟鑑识。 壬寅口秋，会遘先太恭人之戚荐之大兄，视于苦块中出草帖一帙，云为前帖之续，列为七卷，装潢成集，别其次序曰："一天星斗焕文章。"题其便曰："闲窗清玩"。展卷纵观询美，且都半为先宫保所题语具集中，故不多赘。遄岁庚子嘉平，予名为图系之简	《虚斋名画录》（卷十四）；《历代流传书画作品编年表》，第130页；《支那南画大成》（卷续一），第72—77页。	

			端，今仍属画于余，不敢弗其雅好，敬仿倪高士《溪亭山色》应以之，信手涂抹，未能梦见古人徒污。此集虽欲为闲窗清玩，恐不免佛头著之诮矣。掷笔惘然，小弟鑑识。 王撰题：江左画学渊源，明季文、沈诸公可称极盛，迨华亭董宗伯灵秀天成，神韵独超千古，迄今流传片纸等连城。嗣后先奉常与湘碧郡伯先后继起，同以画道，提倡后学临摹古人名迹，一树一石悉宗正派，扫尽世俗衰谬之习，一时声价并重四方，推善画者，有娄东二王之称。然先君以世务牵制，晚年愁冗纷集，兼多向平之累，兴会所至，时一渲染，未遑朝夕从事于斯。而湘翁则萧然一身，屏去尘事，得以馀力专意盘礴，明窗泼墨，遍仿宋、元诸家，无不逼肖，而于董、巨尤得三昧，残缣断楮得之者，如获拱璧。此册虽仅七帧，而拈毫布景，每幅中别一境界，笔笔摹拟古法，参以变化神明，故能脱尽窠臼，超逸出尘，实为平生得意之作，使人玩味不能释手。今其小阮源晟世兄念系先人所珍爱，不啻髻珠，装潢什袭，永为世宝。非独志趣可嘉，而其孝思，亦非时流可及矣。余本不知画，幸得展观，附缀数言于后。甲申六月望前三日，太原八十二叟随庵撰题于萧云阁。 王遵晖题：此先从兄圆照之真迹也。先兄笔墨妙天下，全师法宋、元诸家，而别有一种自然神韵秀出天表，觉烟云山水拂拂从十指间摇曳而出，所谓“满堂动色嗟神妙，世人那得知其故”也。此册凡七帧，为庚子、辛丑间，初构染香堂时作。老笔纷披，姿致溢溢，虽尺幅中而具有千岩万壑、深渊不测之势，尤妙入神品。荐之大兄郑重请乞而得者，再传至源晟姪，更加装潢，遂成巨帙，缥锦白口，捧阅再四，不胜叹羡有加。因忆吾家自先奉公以来，博宗艺苑，法书、名画收藏颇多，沧桑而后，遭逢患难，荡然乌有，无论其他。即先兄绘事，		

			巨幅、小条、长卷、方册无一存者。予常有句云："万卷楼头寻旧梦，缥缃零落倍伤情"，言之可为流涕。今观源晟能保守故物若此，可谓子孙之贤者矣。闻其诸郎君皆彬彬可喜，最少者亦能从事丹青所羽，庶几不朽天地间乎。岂独莽兄之式凭，亦大堪为吾宗之佳语矣。故特题数语于届寿堂寓次。		
	《仿巨然山水》	纵 49，横 23 厘米	辛丑小春，仿巨然笔于祗园精舍。王鑑。		私人藏
	《山水扇页》		辛丑春，画似元度老亲翁正。王鑑。		上海博物馆
	《仿赵孟頫山水轴》	纵 101.2，横 45.2 厘米	辛丑春三月，仿赵承旨笔。娄东王鑑。	《中国绘画总合图录》（第一册），第 373 页。	C.I.schlenker Collection
	《山水轴》	纵 118.8，横 44.4 厘米	辛丑夏日，画似怀翁道兄笑正。王鑑。	《中国古代书画目录》（第三册），第 28 页。	上海博物馆
	《仿黄公望山水轴》	纵 104，横 48 厘米	辛丑夏七夕前一日，仿子久笔，写林和靖诗意。王鑑。	《中国古代书画目录》（第三册），第 58 页。	上海博物馆
	《溪山萧寺图轴》		余昔年在白下徐六岳上公借观北苑《溪山萧寺图》，笔法遒美，元气灵通，时形梦寐，客窗夕分，漫师其意，不敢求形似也。辛丑秋初，娄东王鑑。	《壮陶阁书画录》（卷十三）；《甸斋藏名画集》。	
	《山水集锦册》	纵 21.6 横 28.9 厘米，十开	辛丑秋，仿子久。王鑑。	《中国古代书画目录》（第三册），第 58 页。	上海博物馆
	《山水扇页》		辛丑秋，为隆泉词丈画。王鑑。		上海博物馆
	《危石青松图轴》	高三尺一寸四分，阔一尺六寸三分。	泉声咽危石，日色冷青松。辛丑九秋，写似佩宜词兄。王鑑。	《虚斋名画录》（卷九）；《澄怀堂书画录》（卷六）；《宋元明清书画家年表》，第 258 页；《历代流传书画作品编年表》，第 130 页；《中国名画集》（第五册）；《中国名画》（第十集）；《支那南画大成》（卷十四），第 101 页；《支那名画宝鉴》，第 773 页；《四王吴恽》，第 4 页。	
	《山水册》		画不师古，终难名世。荣木先生此册，笔力似王右丞，风韵似赵大年，其舟车、人物则出入龙眠、舜举之间，深得古人三昧，绝无纵横习气，见之令人有天际真人之想，宜置之清秘阁中，以海外名香，天机异锦作供养，勿以寻常视之也。时辛丑小春，得观于雁宕里之祗园精舍，娄东王鑑。	《穰梨馆过眼录》（卷三十二）	
	《仿古山水	纵 42.9 横 33	辛丑小春，仿古十二帧于祗园兰若，	《虚斋名画录》（卷十四）；	故宫博物院

	册》	厘米，十二开	王鑑。 毕泷题：四王先生中，惟廉州能运笔中锋，其合作处，堪与董华亭对垒。此仿古十二帧，聚精会神，丘壑位置，渲染古雅，得宋元人之神髓，不徒以形似称能者也。画作于太仓东门外之小祇园，即弇州先生藏经之所。今祇园颓废，而斯册如新。昔人云：“笔墨之寿于金石也”，信然。乾隆辛亥春仲，重装于静逸庵因识，竹痴毕泷。	《历代流传书画作品编年表》，第130页。	
	《仿黄公望山水轴》		画学至近时，亦浸衰矣。户董、米而如倪、黄，盖不胜其秽，褓则组龙一炬，不独当加文字也。虞山王石谷年少才美，其画学已入宋、元名家之室。形似神似，蓊蓊葧葧具有妙理。繇其平生，喜怒窘穷，可惊四愕之事，皆不足以动其心。而唯以画为事，故其妙时弗能及。若仅以规摹之能手，目王子则失之远矣。辛丑闰月上浣，得观于金阊舟中，王鑑题。	《白云堂藏画》（卷上），第157页。	
	《仿倪瓒幽涧寒松图轴》	纵52.1，横24.1厘米	云林《幽涧寒松图》，周敏仲曾携过余秣陵署仲，相与叹赏，同观者为王遂东佥宪、李小湾宗伯，屈指二十九年矣，今归郡中友人处。昨小春望日后得纵观，不胜欣幸。因思衡山先生题自画诗句中有“三十年来头白尽，画中犹作古人看”，恰为余七日赋也。雨窗戏仿倪意，并书数语，以志感慨云。辛丑冬十二月望后二日，王鑑。	《中国古代书画目录》（第三册），第58页。	
	《仿黄公望山水扇页》			《铁琴铜剑楼藏扇集锦》（上）	
	《仿倪瓒雅宜山图轴》			《古代书画过目汇考》；《历代流传书画作品编年表》，第130页。	
	《仿云林雅宜山图》	立轴，纵122，横60厘米。	辛丑仿云林雅宜山图。王鑑。	北京瀚海拍卖，2000年7月2日，《书画拍卖集成·清代绘画》，第12页。	
1662 康熙元年壬寅	《仿赵孟頫画卷》		余丙子年访董文敏公于云间，出所藏《鹊华秋色卷》见示，相与鉴赏，叹其用笔浑厚，设色秀润，非后人所能梦见。忽忽三十年矣。……今春偶寓南翔之白鹤精舍，晴窗幽寂，颇觉适意，自起涤研，追师二卷镕成。此图愧不能仿佛万一，聊见衰迈之年尚欲	《退庵题跋》（卷十八）	

			悬习耳。时壬寅初，王鑑。		
	《墨竹轴》		老节疏枝保岁寒，墨池幻出两琅玕。凭君获惜千寻影，留与衰翁作钓竿。石谷社兄索题，赋此博笑。王鑑。		上海博物馆
	《仿古山水册》	纵 31.1，横 24 厘米，十开	宋元大家皆从右丞正脉，故南宗独盛，然知之者不易。穆如社兄具千秋法眼，雅深笔墨之癖，属余仿古，不揣愚陋，勉以十帧应之，不禁小巫气索矣。壬寅重阳后三日，弟鑑。 王鸿朗题：吴伟业祭酒《画中九友歌》，其于廉州则云：摆落万象烟霞收，尊彝斑驳探商周。骤读之不知所指。观此十帧，笔底金刚杵，俨若钟鼎古篆，幅幅超诣，奄有宋元诸家之胜，叹其神髓而遗其面目，但觉太空灏气，冯虚往来，然后叹祭酒摹写之妙。《图绘宝鉴》谓廉州仿董巨者居多，自跋则云右丞正脉，南宗独胜，恶池泮林礼先河岱，实前贤所未发。余生平所见廉州妙迹三十馀种，似皆逊此。惟壬戌厂肆观一巨册，修广各尺半，精采焕暎，如骖之靳庆，近思郡邸，脱五百金易之。迄今追忆，犹神往于飞鸿灭没间也。是册为薛少司空桐华精舍秘笈之一，光绪丙子持归新吾仁兄水允珍玩，神物可云得所矣。王鸿朗观并题记。	《三秋阁书画录》（卷上）；《中国古代书画目录》（第二册），第 28 页；《历代流传书画作品编年表》，第 131 页。	故宫博物院
	《山水轴》		梅道人深得巨然三昧，近代惟石田翁直接沂脉。余此欲仿道人，然未能梦见石田，何敢求似古人也。壬寅九秋，娄东王鑑识。	《十百斋书画录》（巳卷）；《历代流传书画作品编年表》，第 131 页。	
	《仿古山水册》	纵 31 横 22 厘米，二十开	壬寅九秋，仿古二十帧。王鑑。	《古缘萃录》（卷七）；《历代流传书画作品编年表》，第 131 页。	天津艺术博物馆
	《仿黄公望山水轴》		壬寅小春，仿子久笔，似绛翁老先生大词宗正。王鑑。	《支那南画大成》（续卷四），第 52 页。	
	《仿倪瓒老树远山图轴》	纵 80，横 29.8 厘米	壬寅小春，仿倪高士。王鑑。	《自怡悦斋书画录》（卷四）；《历代流传书画作品编年表》，第 131 页；《中国古代书画目录》（第三册），第 58 页。	上海博物馆
	《仿黄公望缩本册》	高六寸六分，阔四寸四分，十开	元季大家皆宗董、巨，各有所得，自成一家。梅道人得其势，王叔明得其厚，倪元镇得其韵，黄子久得其神。	《吴越所见书画录》（卷六）；《历代流传书画作品编年表》，第 131 页。	

			然子久风格尤妙，真迹亦不易见，惟华亭董文敏及吾娄王奉常收藏，一一如天球珙璧，余何幸皆得纵观。但烟云过眼，不复记忆，有负奇遘。如《浮岚暖翠》、《夏山沙碛》，为子久平生得意之作，更为笔墨至宝，时形诸梦寐。穆如社兄出此册索画，因见其雅好子久，遂追思所见，漫仿十帧请正。不是虎贲，得似中朗否？幸有以教之。壬寅嘉平，娄东社弟王鑑识。		
	《临宋元山水册》	纵 55.2，横 35.2 厘米，十二开	余因复临陈本赠之，枕中之秘，不敢独擅文。庶幸遗其陋，而取其形，勿谓此册如桓宣武似刘司空，无所不恨耳。壬寅嘉平月望前三日，娄东社弟王鑑画并识。	《中国古代书画目录》（第三册），第 58 页。	上海博物馆
	《仿古山水扇页》		仿董北苑《江山晚霁》，壬寅冬仿北苑笔，似侍泉词兄。王鑑。	《听帆楼书画记》（卷五）；《神州大观》（第二册）。	
	《仿梅花道人水竹山居图》	纵 107.5，横 53 厘米	壬寅九秋，友人索赠如老三兄七十寿，弟鑑。 梅花道人《水竹山居图》向为余所藏，后为王齐庵司农易去，今不知流落何处。时形梦寐，晴窗息纷，返师其意，颇称合作，掷笔不禁沾沾自喜。时庚子季冬，王鑑识。		广州市美术馆
	《仿古山水册》	纵 31.6，横 23.7 厘米。八开			上海博物馆
	《仿巨然山水轴》	纵 106.05，横 60.96 厘米	壬寅冬日，仿巨然似水年词兄正。王鑑。	《历代流传书画作品编年表》，第 131 页；《穰梨馆过眼续录》（卷十四）；《金匮藏画集》，第 50 页。	
	《陡壑密林图轴》	纵 56，横 35 厘米	黄子久有《陡壑密林图》，为董思翁所藏，后归奉常烟翁，余时得纵观。雨窗岑寂，戏弄笔砚，漫师其法，不求形似也。壬寅小春望日写于染香庵中。王鑑。	《中国古代书画目录》（第二册），第 28 页。	故宫博物院
	《山水扇页》	纵 16，横 59.6 厘米		《中国古代书画目录》（第二册），第 84 页。	故宫博物院
1663 康熙二年癸卯	《仿倪瓒溪亭山色图轴》	高三尺二寸三分，阔一尺五寸七分	癸卯孟春日，仿倪高士《溪亭山色》，似老年社翁正之。王鑑。	《澄怀堂书画录》（卷六）	
	《仿倪瓒山水轴》	纵 78.3，横 35.8 厘米	余见金阊友人家所藏倪高士《绿水园》，妙有幽微淡远之致，此帧拟之，愧不能仿佛万一也。癸卯冬日，王鑑	《故宫藏画大系》（卷十一）	台北故宫博物院

			识。		
	《仿赵孟頫夏山图轴》	纵四尺一寸八分，横一寸三分	癸卯仲春，偶过鹿城清凉庵，闲窗无事，适有素纸。时年曾见赵文敏公《夏山图》，结构精绝，笔墨超绝，漫师其意，愧不能仿佛万一。娄东王鑑识。	《石渠宝笈三编》（延春阁二十八）；《历代流传书画作品编年表》，第131页。	
	《山水轴》	纵99，横66厘米	癸卯春，为向宸妹丈画。王鑑。	《神州国光集》（第二十一集）	
	《山水轴》	高四尺八寸五分，宽一尺九寸五分。	癸卯夏日，画祝元老年亲翁双寿。王鑑。	《书画鉴影》（卷二十三）；《瓯钵罗室书画过目考》（卷一）；《迟鸿轩所见书画录》（卷二）；《历代流传书画作品编年表》，第131页。	
	《仿古山水册》	纵一尺五寸三分，横九寸三分	癸卯仲秋，仿古十帧，似翁老年台词宗笑政。王鑑。	《石渠宝笈三编》（延春阁二十八）；《历代流传书画作品编年表》，第131页；《中国古代书画目录》（第三册），第59页。	上海博物馆
	《山水轴》	纵96.5，横45.9厘米	癸卯九秋，拟一峰老人笔意。琅琊王鑑写。	《中国绘画总合图录》（第四册），第460页。	日本国贝琢茂村
	《山水轴》	纵89.5，横52厘米	余藏赵仲穆《溪山渔隐》，复为孙少宰以《定武兰亭》易去。时形之梦寐，闲窗息纷，漫师其法。癸卯小春，王鑑。		
	《仿董源山水轴》		癸卯小春，仿北苑笔。	《古画大观》（第四集）；《名人书画集》（第二十七集）；《美展特刊》；《宋元明清书画家年表》，第261页。	
	《仿王蒙山水轴》	长二尺四分七寸，阔一尺二寸五分。	癸卯小春，仿叔明，为国用年词兄寿。王鑑。 王时敏题：微雨不宜不滑道，断云疏复行紫崖。奔处黑白马去边，明秋日沾新影寒。江落旧声柴扉临，野确半湿捣香秔。王时敏。	《自怡悦斋书画录》（卷四）；《历代流传书画作品编年表》，第131页；《中国古代书画目录》（第三册），第59页；《别下斋书画录》（卷三）	上海博物馆
	《溪桥策杖图轴》	纵87.2，横45.5厘米	癸卯嘉平，仿梅道人笔。王鑑。	《晋唐宋元明清名画宝鉴》，第108页。	上海博物馆
	《门对翠薇图轴》				辽宁省博物馆
	《山水轴》	纵155.3，横86.9厘米	癸卯夏日，画祝湛源老亲翁六十初度。王鑑。	《中国古代书画目录》（第二册），第83页。	故宫博物院
	《仿巨然山水扇页》	尺寸不详	癸卯花朝，仿巨然笔意，似隆兴词兄。		上海博物馆
	《仿古山水册》	纵27.3，横21.8厘米，十开	余甲午年浪游长安，得纵观收藏家法书名画，如入武陵桃花源。归而似梦初醒，挂一漏万，闲坐无聊，偶记其	《中国古代书画目录》（第二册），第84页。	故宫博物院

			一二，戏将绢素写之，共得十二帧装成一册，以当卧游，未可示人，徒增捧腹。癸卯夏仲画于染香庵中。王鑑。		
1664 康熙三年甲辰	《仿赵令穰山水扇页》		甲辰清和，仿赵大年《江乡清夏》，似起老道兄正。王鑑。	《听帆楼书画记》（卷五）；《神州大观》（续编第二册）	
	《山水扇页》		甲辰夏五，仿黄子久《富春山》笔，为子元老年亲台大寿。王鑑。	《风雨楼扇粹》（第三册）；《山水扇页集册》之八。	
	《仿吴镇烟江叠嶂图轴》	高二尺一寸四分，阔一尺另九分	梅道人《烟江叠嶂》真迹，为太原奉常公所藏，纯师巨然，妙有淡远之致。晴窗萧寂，戏文弄墨，漫仿其意，愧不能梦见也。甲辰夏五月，王鑑识于染香庵。	《吴越所见书画录》（卷六）；《历代流传书画作品编年表》，第131页。	
	《溪山无尽图轴》	纵213.5，横95.4厘米	余在长安见孙少宰所藏梅道人《溪山无尽》，纯师巨然，妙有幽微淡远之致。因拟其意，愧不能仿佛万一也。甲辰九秋，王鑑。	《虚斋名画录》（卷九）；《历代流传书画作品编年表》，第131页；《中国古代书画目录》（第三册），第59页。	上海博物馆
	《山水扇页》		甲辰九秋，仿子久似飏老词兄。王鑑。	《中国古代书画目录》（第三册），第59页。	上海博物馆
	《仿黄公望山水轴》		画得子久三昧，前惟董文敏，近独奉常烟翁。此帧乃为得意之作，以含素法眼，故特赠之，真不负此笔墨矣。王鑑题。	《吴越所见书画录》（卷六）；《历代流传书画作品编年表》，第122页。	
	《山水扇页》		甲辰秋日，为秋岩词兄。王鑑。	《中国古代书画目录》（第三册），第59页。	上海博物馆
	《山水扇页》		甲辰小春，为登木道兄仿倪迂。王鑑。	《中国古代书画目录》（第三册），第59页。	上海博物馆
	《山水册》	纵28，横19.8厘米，七开	画道自文、沈、董宗伯后，几作广陵散矣。近时学者独盛于□，然所师不过李、程两先生耳。[411]余此册仿宋、元诸家，虽未能梦见古人，聊用取法乎上之意，但拙笔留于此地，如燕后光斯胡肆中，徒为识者捧腹，掷笔为之惘然。甲辰小春望日，王鑑。		上海博物馆
	《仿赵令穰山水卷》	高九寸一分，长五尺	甲辰冬仲，仿赵大年笔意。王鑑。	《澄怀堂书画录》（卷六）	
	《山水扇页》		甲辰冬日画，似冶老社翁。王鑑。	《名人书画扇集》（第二册）	
	《仿巨然山水扇页》			《明清扇面集粹》	
1665 康熙四年乙巳	《仿黄公望山水轴》	高二尺九寸三分，阔一尺四寸四分。	红树秋山飞乱云，白茅簷底界斜曛。此中大有逍遥意，难说梅君画与君。乙巳春仲，仿子久笔。王鑑。	《Chinese painting》（VI），第346页；《古缘粹录》（卷七）	
	《仿黄公望富	高六寸三分，长	子久有《富春山卷》，为平生得意之	《梦园书画录》（卷十八）；	

	春山卷》	四尺六寸。	作，漫师其法，恐不能仿佛万一耳。时乙巳花朝，王鑑。	《壮陶阁书画录》（卷十三）；《历代流传书画作品编年表》，第131页。	
	《仿吴镇水竹山居图卷》	长五尺一寸五分，高七寸	余藏梅道人《水竹山居》，为陶南村作者，纯师巨然，有出蓝之妙，后为王齐庵司农以《定武兰亭》易去。时形梦寐，闲窗息纷，追师其意，愧未能梦见万一也。时乙巳六月，王鑑识。	《十百斋书画录》（戊卷）	
	《临王蒙松阴丘壑图轴》	纵101.8，横48.3厘米	临池学书王右军，澄怀观道宗少文。王侯笔力能扛鼎，五百年来无此君。此云林题叔明《松荫丘壑图》之作也，其推重如是，非叔明笔精墨妙不能当。此余不揣拙陋，漫仿其意，未识能得万一否？时乙巳夏六月，坐雨茅舍，庭树如沐，颇称憩意。王鑑。	《石渠宝笈续编》（御书房五）；《历代流传书画作品编年表》，第131页；《故宫藏画大系》（卷十一）	台北故宫博物院
	《仿许道宁山水扇页》		乙巳夏，仿许道宁笔。王鑑。	《中国古代书画目录》（第三册），第59页。	上海博物馆
	《仿黄公望浮烟远岫图》	纵213.7，横98.6厘米	乙巳仲秋，仿子久《浮烟远岫》，似逊翁老父台正。王鑑。		上海博物馆
	《仿古山水册》	纵36，横29.8厘米，八开	乙巳清和画。王鑑。		天津艺术博物馆
	《仿宋元八家册》	纵20.9，横14.4厘米，八开	乙巳九秋，拟古八帧，似子羽词兄。王鑑。	《过云楼书画记》（卷五）；《历代流传书画作品编年表》，第131页；《中国古代书画目录》（第三册），第59页。	上海博物馆
	《溪山无尽图轴》	纵116.4，横97.5厘米	乙巳秋日，仿梅道人《溪山无尽》。王鑑。	《中国古代书画目录》（第三册），第59页。	上海博物馆
	《仿古山水册》	纵20.4，横14.1厘米，十六开。	乙巳秋，仿古十六帧。王鑑。	《中国古代书画目录》（第三册），第59页。	上海博物馆
	《翰林钟馗图轴》（顾见龙合作）			《古代书画过目考附目》	
	《山水扇页》		乙巳小春，仿梅道人似君锡词兄。王鑑。	《中国绘画总合图录》（第四册），第273页。	Yujl Eda Collection
1666康熙五年丙午	《仿巨然西山远岫轴》				上海市工艺品进出口公司
	《仿古山水册》	十二开	丙午夏杪，画于半塘精舍。娄东王鑑。		常熟市文物管理委员会
	《山水册页》		丙午仲秋，仿黄子久。王鑑。	《中国名画》（第十一集）；《山水册》（之六）	
	《山水册页》		惠崇《江南春卷》，深得右丞三昧。	《中国名画》（第十一集）；	

			今虎山龙有人，不可复见，因思其笔法为先，时丙午秋，王鑑。	《山水册》（之三）	
	《山水册页》		丙午小春，仿赵令穰。王鑑。	《中国名画》（第十一集）；《山水册》（之五）	
	《秋山图轴》		丙午小春，拟子久《秋山图》。王鑑。	《Chinese painting OSVALO SIREN》（Ⅵ），第346页。	
	《仿古山水册》	纵43，横33.1厘米		《中国古代书画目录》（第二册），第84页。	
1667 康熙六年丁未	《山水册页》	纵九寸八分，横一尺一寸八分	丁未春正月，画于梅花窗下。王鑑。	《石渠宝笈三编》（延春阁三十九）；《国朝人画山水册》（之十）	
	《仿范宽高山流水图轴》	纵184.3，横47.3厘米	丁未春孟，仿范华原《高山流水图》。王鑑。		上海博物馆
	《仿巨然山水轴》	长八尺三寸，阔二尺一寸	丁未春，仿巨然笔。王鑑。	《三秋阁书画录》（卷上）；《历代流传书画作品编年表》，第131页。	
	《山水扇页》	纵16.9，横52.3厘米	丁未春画，似思翁老表兄正。王鑑。	《中国绘画总合图录》（第三册）	日本国泉屋博古馆
	《仿古山水册》	十二开	余近得思翁画十二幅，自唐、宋至元季大家，无所不摹，皆有出蓝之妙。今春多晴日，闲窗息纷，仿古如思翁之数，手腕无灵，知不免效颦之诮矣。丁未二月，王鑑识。	《自怡悦斋书画录》（卷十四）；《历代流传书画作品编年表》，第131页。	
	《仿王蒙九峰读书图轴》	高四尺五寸，阔一尺七寸	余向见虞山钱宗伯所藏叔明《九峰读书图》，为其生平杰作，二十年往来于怀。今春多晴日，闲窗萧爽，漫仿其意，愧不能仿佛万一也。丁未花朝，王鑑。	《古代书画过目汇考》；《历代流传书画作品编年表》，第131页。	
	《长松仙馆图轴》	纵138.2，横54.5厘米	丁未清和，仿叔明《长松仙馆图》，奉祝悔庵[412]年翁五十初度。王鑑。	《虚斋名画录》（卷九）；《宋元明清书画家年表》，第266页；《历代流传书画作品编年表》，第131页；《中国古代书画名录》（第二册），第84页；《名笔集胜》（第一册）；《中国绘画史名录》（卷下），第710页。	故宫博物院
	《仿倪瓒渔庄秋色图轴》	纵112.1，横47.6厘米	丁未长夏，仿倪高士《渔庄秋色》，王鑑。 王翚题：董文敏论云林画，如天骏腾空，白云出岫，无半点尘俗气，洵不污也。此幅吾师廉州公所临，笔精墨	《吴岳所见书画录》（卷六）；《历代流传书画作品编年表》，第131页；《四望吴恽》，第5页；《域外所藏中国古画集》（清五）	

			妙，逸韵飞翔，不独形似，而且神似，诚有出蓝之美，当与倪高士真本并传千古。海虞受业门人王翚敬题。		
	《山水扇册》	十六开	丁未秋八月，仿江贯道《浮烟远岫》。王鑑。	《中国古代书画目录》（第三册），第59页。	上海博物馆
	《仿巨然溪山无尽图卷》	纵七寸九分，横九尺四寸三分	丁未秋杪，仿《巨然溪山无尽图》。王鑑。	《石渠宝笈续编》（乾清宫十一）；《宋元明清书画家年表》，第266页；《支那南画大成》（卷十六），第49页。	
	《山水扇册》	十六开	丁未秋，为异三社兄画。王鑑。		上海博物馆
	《山水扇页》		丁未秋日，画似霅老道兄。王鑑。	《风雨楼扇粹》（第二册）	
	《仿吴镇山水轴》	纵122.5，横55.8厘米	丁未冬日，仿梅道人笔，似君开姐丈。王鑑。	《古代书画过目汇考》；《历代流传书画作品编年表》，第131页。	上海博物馆
	《仿吴镇溪亭山色图轴》	纵87.4，横45.7厘米	丁未小春，仿梅道人《溪亭山色》。王鑑。 恽寿平：廉州先生用笔沉厚，墨气淋漓，盖得之于北苑者深，故仿仲圭落笔即与神合，石谷称为直逼董巨，可谓定论矣。南田寿平。 王翚：此幅廉州夫子虽仿梅道人，然其气韵苍润，直逼董巨，可谓生平杰作。己未七夕后一日，拜观于明志斋中，因识其后。虞山王翚。	《中国名画集》（第二十五集）；《古代书画过目汇考》；《历代流传书画作品编年表》，第131页。	故宫博物院
1668康熙七年戊申	《仿古山水册》；一名《仿宋元山水十帧册》	高一尺二寸，阔八寸八分，十开	岁在戊申春壬正月，庭前绿萼初华，暗香入帘。案头笔砚精良，颇觉清适，偶及宋、元画册，遂染成此十帧，虽不能仿佛古人万一，但余虽暮，尚尔肯习，较之好博弈者，聊胜一筹耳。娄水王鑑。	《过云楼书画记》（卷五）；《虚斋名画录》（卷十四）；《历代流传书画作品编年表》，第132页。	
	《仿黄公望陡壑密林图轴》	高二尺九寸，阔一尺五寸七分	元季四大家推黄子久为第一，《陡壑密林图》乃其生平得意之作，向为太原奉常公所藏，今日归之山左友人，不可复见矣。余时形梦寐，晴窗闲适，追思其法成此帧，愧不能仿佛万一，掷笔为之惘然。戊申春日，画于染香庵之梅花窗下。王鑑。	《虚斋名画录》（卷九）；《壮陶阁书画录》（卷十三）；《历代流传名画作品编年表》，第132页；《支那南画大成》（卷十），第13页；《中国名画》（第七集）；《四望吴恽》。	
	《翠峰万木图轴》，一名《仿董源山水轴》	纵219.4，横96厘米	戊申春仲，仿北苑笔意。王鑑。	《支那南画大成》（续卷四），第53页；《中国名画》（第九集）；《支那南画集成》，第二期第二辑；《中国绘画总合图录》（第一册），第377页；《古代书画过目汇考》；《历代流传书画作品	The Asian art museum of San Francisco

				编年表》，第131页。	
	《仿赵孟頫潇湘白云图轴》	纵135.4，横45厘米	余见赵文敏《潇湘白云图》，纯师北苑，妙有幽微淡远之致。雨窗岑寂，仿其笔法，愧不能仿佛万一也。戊申五月，王鑑。	《石渠宝笈三编》（乾清宫十一）；《中国绘画总合图录》（第一册），第249页。	Freer Gallery of Art（美国弗利尔美术馆）
	《溪山雪霁图轴》	纵93.6，横50.7厘米	戊申秋仲，仿李营丘《溪山雪霁》。王鑑。	《虚斋名画录》（卷九）；《历代流传书画作品编年表》，第132页；《中国古代书画目录》（第二册），第84页。	故宫博物院
	《德溪隐居图卷》		余向年得董源长卷于长安，后为袁司农易去。三十年来未见有真迹，深悔曩时轻相弃也。今岁戊申仲秋，寓居半塘，因追思前卷，漫作此图，带一漏万，不能仿佛，掷笔惘然。王鑑。		
	《山水册》	十二开	余弃笔砚久矣。今秋偶送友过金阊，借居半塘僧舍，雨窗岑寂，戏仿宋、元十二帧，惟未得古人三昧耳。戊申秋九月，王鑑。	《自怡悦斋书画录》（卷十四）；《历代流传书画作品编年表》，第132页。	
	《仿古山水册》	高八寸三分，阔六寸一分，十开	戊申秋日，仿古十帧于半塘精舍。王鑑。	《古缘萃录》（卷七）；《历代流传书画作品编年表》，第131页；《中国古代书画目录》（第二册），第84页。	故宫博物院
	《仿王蒙山水轴》	高二尺六寸，宽一尺二寸	戊申小春，仿叔明笔。王鑑。	《书画鉴影》（卷二十三）；《澄怀堂书画录》（卷六）；《历代流传书画作品编年表》，第131页。	
	《山水册页》		戊申小春，仿子久笔。王鑑。	《四王吴恽山水合册》（之二）	苏州博物馆
	《江南春图》	纵96，横44厘米	江上人家桃树枝，春寒细雨出疏篱。影遭碧水潜勾引，风妒红花却倒吹。吹花困癫傍舟楫，水光风力俱相怯。赤憎轻薄遮入怀，珍重分明不来接。湿久飞迟半日高，萦沙惹草细于毛。蜜蜂蝴蝶生情性，偷眼蜻蜓避百劳。王鑑。戊申仲冬，客窗雨坐，漫仿惠崇《江南春卷》笔意。案头偶有少陵集，因录其《落花新句》于左。王鑑。	《王鑑画集》（下卷），中国民族摄影艺术出版社，2003年版，第257页。	天津市艺术博物馆
	《山庄奇峰图》	纵120.6，横57.7厘米	戊申季冬，奉祝惟老亲翁五十初度，王鑑。	《艺苑集锦》，第31页；《天津市艺术博物馆藏画集》，第70页。	天津市艺术博物馆
	《岩屋盘车图轴》	纵98.1，横46厘米	乱水通人过，悬崖置屋牢。戊申嘉平，仿江贯道笔。王鑑。	《中国古代书画目录》（第三册），第59页。	上海博物馆
	《山水轴》	纵109.1，横40.6厘米	戊申嘉平，画似忍翁老先生词宗政。王鑑。		上海博物馆

	《仿北苑山水图》	纵 216，横 98.5	鸿雁来时水拍天，平冈古木尚苍烟。借君此地安渔艇，著我西窗听雨眠。戊申秋七月，仿北苑笔。王鑑。		广州美术馆
	《仿古山水册》	纵 26，横 18.5 厘米，八开			广州美术馆
	《仿巨然山水立帧》			《瓯体罗室书画过目录》（卷一）；《迟鸿轩所见书画录》（卷二）	
	《高峰树石图》	纵 16.5，横 50.3 厘米	戊申秋日，为默雷禅兄画。王鑑。		南京博物院
	《仿黄公望山水扇页》			《中国古代书画目录》（第三册），第 59 页。	上海博物馆
	《白云萧寺图扇页》	纵 17.2，横 49.8 厘米	向在长安见孙少宰所藏唐伯虎《仿李希古〈白云萧寺图〉》，妙有淡远幽微之致，余拟依其意，想不免效颦之诮，掷笔惘然。时戊申三月望后二日，画于染香庵之紫薇花下。王鑑。	《中国古代书画目录》（第三册），第 59 页。	上海博物馆
1669 康熙八年 己酉	《仿巨然山水扇页》		己酉春初，仿巨然笔。王鑑。	《听帆楼书画记》（卷五）；《神州大观》（续编），第二册。	
	《山水轴》	高二尺五寸，阔二尺七寸	己酉花朝，仿黄子久《密林烟轴》，似石亭老世兄正之。王鑑。	《吉云居书画续录目录》（卷中）	
	《仿赵孟頫山水扇页》		己酉花朝，仿赵文敏笔。王鑑。	《名人书画扇集》（第十三册）；《扇面大观》（第二册）；《清朝书画谱》，第 5 页；《明清扇面集粹》。	
	《仿吴镇山水轴》	纵 77.9，横 41.6 厘米	己酉春，仿梅道人笔，似舜翁老年台词宗正。王鑑。	《天津市艺术博物馆藏画集》，第 71 页。	天津市艺术博物馆
	《溪山深秀图轴》	纵 188.8，横 94.35 厘米	己酉春日，仿巨然《溪山深秀》，似漪伯年翁先生正。娄水王鑑。	《支那南画大成》（续卷四），第 54 页。	上海博物馆
	《溪山深秀图》	纵 220.7，横 104.8 厘米	梅道人《溪山深秀》为董文敏所藏，余曾借观数月，后归袁寰中宪副。两兄今墓木已拱，画今不知流落何处。客窗漫思其法，愧不能梦见古人，追思往昔，恍如隔世，掷笔为之惘然。己酉九秋，娄水王鑑。		中国国家博物馆
	《仿赵孟頫山水轴》	高六尺余	己酉清和月，仿赵松雪本。	《左庵一得初录》；《历代流传书画作品编年表》，第 132 页。	
	《仿巨然清溪待渡图》	立轴，纵 211.8，横 99 厘米	己酉九秋，仿巨然《清溪待渡图》，时寓于半塘僧舍。王鑑。	佳士得拍卖，2000 年 10 月 30 日。《书画拍卖集成·清代绘画》，第 13 页。	
	《仿江贯道山水轴》	纵 133，横 48.8 厘米	己酉清和，仿江贯道笔意。王鑑。	《唐宋元明清画选》，第 67 页；《中国古代书画目录》	上海博物馆

				（第三册），第 59 页。	
	《山水扇册》	纵 29.14，横 51.76 厘米	己酉初夏，仿赵文敏《清溪渔隐》，似公济老亲翁。王鑑。	《清朝书画谱》，第 6 页；《名人书画集》（第十三册）；《中国古代书画目录》（第三册），第 59 页。	上海博物馆
	《仿各家山水》	纵 40.5，横 28.5 厘米八开			广东省博物馆
	《溪亭步泳图轴》	纵 88，横 33.3 厘米	己酉初夏，仿叔明《溪亭泳步》。王鑑。	《中国绘画总合图录》（第四册）	日本国桥木大乙
	《仿吴镇山水轴》		己酉夏仲，仿梅道人。王鑑。	《小万柳堂藏画目》	
	《烟岚万态图》		己酉九秋，仿子久笔。王鑑。 妙绝廉州笔，烟岚万态收。晓来高阁上，一卷洞庭秋。辛亥端节观因题，吴伟业。	北京瀚海拍卖，2001 年 12 月 9 日。《书画拍卖集成·清代绘画》，第 11 页。	
	《仿古山水册》	十开	己酉夏日，避暑半塘僧舍，戏摹古人十册。王鑑。	《玉雨堂书画记》（卷四）；《吴越所见书画录》（卷六）；《历代流传书画作品编年表》，第 132 页。	
	《仿巨然山水轴》	纵 217，横 101 厘米	己酉长夏，仿巨然笔。王鑑。	《中国古代书画目录》（第三册），第 59 页。	上海博物馆
	《仿古山水屏》	纵 162.7，横 51.5 厘米，十二屏	第一屏：行人返深巷，积雪带馀辉。此右丞诗中画也，不识此画中有诗否？湘碧鑑。 第二屏： 北苑画变幻莫测，思翁所谓画中之龙，信不虚也。此画欲仿其意，愧未能梦见。王鑑。 第三屏： 壇高红树绕，院古白云封。仿马文璧，王鑑。 第四屏： 余乙未与张约庵使君联舟南下，出其所藏江贯道长卷见示，妙有幽微淡远之致，得纵观两月。忽忽将二十寒暑矣，此图仿之，不克邯郸学步之诮，何如？何如？湘碧鑑。 第五屏： 溪云初起日沉阁，山雨欲来风满楼。仿李唐笔意，鑑。 第六屏： 柳塘春水漫，花坞夕阳迟。以三赵笔法合为之，未识得似一二否？染香庵主。	《中国名画集》（第五册）；《中国古代书画目录》（第三册），第 59 页。	上海博物馆

			第七屏： 范宽笔法与董巨相似，但雄壮过之。此图为吾娄王奉常所藏，闻已为人易去。今拟其意，不求形似也。鑑。 第八屏： 仿赵文敏《云壑松阴》。 第九屏： 叔明《关山萧寺图》向为王文恪公家珍藏，乃其生平得意之作。今秋得观于拙政园中，遂仿此法。湘碧鑑。 第十屏： 子久《秋山图》为京口张氏收藏，董文敏谓此大痴一生杰作。此图拟之。鑑。 第十一屏： 黄鹤山樵《云壑松阴》，余曾见于长安孙少宰斋，已二十馀年矣，时形之梦寐，返思其意为之，不知合心否？湘碧鑑。 第十二屏： 己酉新秋寓半塘精舍，大千道兄过访，以尊翁公济先生六十华诞在癸丑小春，预出绢素索余拙笔，为是岁华封之祝，特仿古十二帧以应之。娄东王鑑。		
	《仿燕文贵山水轴》	纵47.3，横32.2厘米	余于燕都见孙少宰所藏燕文贵真迹，后有苏长公跋，元气灵通，笔法遒美，时形梦寐，此图拟之。己酉新秋，似章亚词兄。王鑑。	《中国古代书画目录》（第三册），第59页。	上海博物馆
	《仿赵孟頫山水扇页》		己酉九秋，仿赵文敏笔意。王鑑。	《明清扇面集粹》；《扇面大观》（第二集）	
	《仿赵孟頫山水轴》	纵133.8，横54.3厘米	己酉九秋，仿赵文敏笔意。王鑑。	《中国绘画总合图录》（第三册）	
	《山水扇页》		己酉秋日，画似秋翁老先生教政。王鑑。		上海博物馆
	《江天落雁图轴》	纵二尺三寸，横一尺二寸八分	鸿雁来时水拍天，平冈古木尚苍烟。借君此地安渔艇，著我西窗听雨眠。己酉九秋，仿巨然笔。王鑑。	《石渠宝笈三编》（绮春园）敷春堂。	
	《仿巨然山水轴》	纵四尺二村三分，横二尺八分	己酉九秋，仿巨然笔，似孟新亲翁。王鑑。	《虚斋名画续录》（卷三）；《历代流传书画作品编年表》，第132页。	
	《仿巨然山水轴》	纵96.5，横45.9厘米	己酉九秋，仿巨然《清溪待渡图》，时画于半塘精舍。王鑑。	《中国绘画总合图录》（第四册），第454页。	日本小幡醇
	《仿董源山水	纵105.9，横	己酉小春，仿北苑笔。王鑑。	《中国古代书画目录》（第	上海博物馆

	轴》	56.9 厘米		三册），第 59 页。	
	《仿赵孟頫山水轴》	纵 151.5，横 97.2 厘米	己酉清和，仿赵文敏笔。王鑑。	《中国古代书画目录》（第一册），第 50 页。	荣宝斋
1670 康熙九年庚戌	《仿古山水册》	高八寸四分，阔六寸六分，十开	庚戌春仲，仿古十帧。王鑑。 此册在案头甚久，首尾四载，方就十帧，实余生平入细画，无过于此者。迩年来衰病日增，所遭轲坎，心境殊恶，恐再欲如是作精光已消亡。纵弄笔墨，皆应酬草率，焉能似此？倘遇知己不鄙弃而收之，余魂魄犹依依于旁也。娄水王鑑识。	《听帆楼书画续记》（卷下）；历代流传书画作品编年表》，第 132 页。	
	《仿王蒙云壑松阴图轴》	纵 106.8，横 49.9 厘米	庚戌初夏，仿叔明《云壑松阴图》。王鑑。	《中国古代书画目录》（第三册），第 59 页。	上海博物馆
	《山水扇页》	十六开	庚戌清和，仿萧照《溪山仙馆》，似沧旭老亲翁政之。王鑑。	《中国古代书画目录》（第三册），第 59 页。	上海博物馆
	《仿黄公望山水轴》	纵 151，横 66 厘米	庚戌九秋，仿黄子久笔意。王鑑。	《辽宁省博物馆藏画集》（下册）；《IM SCHATTEN HOHER BAÜME》，第 1180 页。	辽宁省博物馆
	《仿吴镇山关秋霁图轴》	纵 177，横 95 厘米	梅道人《关山秋霁》，深得北苑、巨然三昧，向为华亭董文敏所藏，余时得纵观。三十年来不知此画在于何处，偶见绢素润细长短相似，遂追思其法而成此图，愧不能仿佛万一，掷笔为之惘然。时庚戌九秋，王鑑识。	《古缘萃录》卷七，《历代流传书画作品编年表》，第 132 页。	广州美术馆
	《仿赵令穰山水卷》	高一尺一寸二分，长一丈一尺二寸	赵令穰师法惠崇，妙有幽微淡远之致，此图拟之。庚戌九秋，王鑑。	《古缘萃录》（卷七）；《历代流传书画作品编年表》，第 132 页。	
	《仿范宽山水扇页》		庚戌九秋，仿范中立尔持词兄画。王鑑。	《听帆楼书画记》（卷五）；《神州大观》（续编），第二册；《仿古山水扇册》（之九）	
	《仿古山水十二屏》	纵 200.4，横 56.5 厘米	庚戌菊月，为孝翁老父台大词宗画。治弟王鑑。	《中国古代书画目录》（第三册），第 59 页。	上海博物馆
	《仿董源溪山笑萧寺图轴》		董北苑《溪山萧寺图》向藏在长安孙少宰处，思翁曰为天下第一。予追思其法，而成此图，愧不能仿佛万一也。庚戌小春，王鑑。	《清初正统画派》，第 59 页。	
	《十里溪塘图轴》 一名《王翚赠石门先生山水图轴》		参差林影忽闻樵，松底茆庵隔涧桥。闲策短节溪上立，不知尘世有喧嚣。庚戌嘉平廿四日，题于染香庵。王鑑。	《虚斋名画录》（卷九）	上海博物馆
	《仿范宽山水轴》			《中国名画集》（第五册）；《明清山水名画选》，第 42 页；《宋元明清书画家年	

				表》，第 270 页；《古代书画过目汇考》；《历代流传书画作品编年表》，第 132 页。	
	《仿倪瓒溪亭山水图轴》	纵 80，横 41.1 厘米	云林《溪亭山色》乃其生平得意之作，向藏吴门王文恪家，今为王长安所收。此图尚有云林书此三绝。余雨坐染香庵绿梅初放，兴与境合，因涤砚漫仿其意，并录三诗于左。时庚戌二月朔，王鑑识。 烧灯过了客思家，寂寂衡门数瞑鸦。燕子未归梅落尽，小窗明月属梨花。燕子低飞不动尘，黄莺娇小未禁春。东风绿遍门前柳，细雨含烟愁路人。春雨春风满眼花，梦中千里客还家。白鸥飞去烟波绿，谁采西园谷雨茶。	《中国古代书画目录》（第二册），第 84 页。	故宫博物院
	《仿董其昌山水轴》	纵 84，横 38.5 厘米		《古代书画过目汇考》；《历代流传书画作品编年表》，第 132 页；《中国古代书画目录》（第二册），第 84 页。	故宫博物院
	《仿黄公望密林图轴》			《中国古代书画目录》（第二册），第 84 页。	故宫博物院
	《山水扇页》	纵 15.4，横 50.5 厘米		《中国古代书画目录》（第二册），第 84 页。	故宫博物院
	《秋山密林图》	立轴，水墨，纵 90，横 37 厘米	庚戌花朔，王鑑。	上海敬华拍卖，2001 年 6 月 24。《书画拍卖集成·清代绘画》，第 11 页。	
	《山水扇页》	纵 16，横 50 厘米		《中国古代书画目录》（第二册），第 84 页。	故宫博物院
1671 康熙十年辛亥	《仿江贯道轴》			《退庵题跋》（卷一）	
	《南山涌翠图轴》				辽宁省博物馆
	《夏山高逸图轴》	纵 110，横 55.7 厘米	清净当深处，虚明向远开。卷帘无俗客，应只见云来。辛亥初夏，画于玉峰之清凉精舍。王鑑	《退庵题跋》（卷十八）；《中国古代书画目录》（第三册），第 59 页。	上海博物馆
	《仿范宽董源山水轴》	高三尺八寸二分，广一尺六寸四分	范宽、董源皆北宋大家，故用笔相肖。范画浑厚，董画幽淡，各极其致，非南宋后所能梦见。余此图虽拟华原，而时露北苑，因余幼习董熟耳。辛亥清和拟古，王鑑。	《穰梨馆过眼录》（卷二十七）；《左庵一得续录》，第 10 页；《历代流传书画作品编年表》，第 132 页。	
	《仿江贯道山水轴》	纵 127，横 50，1 厘米	辛亥清和，仿江贯道。王鑑。	《中国古代书画目录》（第三册），第 59 页。	上海博物馆
	《临巨然溪山图轴》	纵 88.6，横 50.8 厘米	余于甲午年偶在都门，承大金吾王文翁出所藏燕文贵画卷，后有东坡先生	《中国古代书画目录》（第三册），第 59 页。	上海博物馆

			题跋，并巨然溪山长卷见示，各有登峰造极之妙。疏忽十八年于兹矣，时形之梦寐。今夏借止玉峰东岩精舍，绿窗幽静，意兴颇适，追思巨然笔法而成此图，微带燕文贵之润密处。盖两卷俱当时同见，故不觉尽现笔端，虽画法各有门庭，其元气相通，何分彼此，识者自能神会之。辛亥清和，娄水王鑑。		
	《溪色棹声图轴》	纵118，横61.9厘米	鸟飞溪色里，人语棹声中。辛亥夏日画，王鑑。	《虚斋名画录》（卷九）；《历代流传书画作品编年表》，第132页；《中国名画》（第十三集）；《清初正统画派》，第56页。	南京博物院
	《峰峦深秀图轴》	纵二尺八寸，横一尺六寸	赵文敏从右丞发源，故峰峦深秀，草木华滋，见之有天际真人之想。余此图虽欲拟之，奈心钝腕弱，不能仿佛万一，掷笔流汗。辛亥夏日，似松潭道社兄。王鑑。	《虚斋名画录》（卷九）；《历代流传书画作品编年表》，第132页；《名笔集胜》（第五册）	
	《仿古山水册》	高一尺余，宽七寸，十开	辛亥夏日，拟古十帧，似殿翁老表兄正。弟王鑑。	《书画鉴影》（卷十六）；《吴越所见书画录》（卷六）；《历代流传书画作品编年表》，第132页。	
	《仿赵孟頫山水轴》	纵89.2，横51.1厘米	辛亥九秋，仿赵文敏笔。王鑑。	《吴越所见书画录》（卷六）；《历代流传书画作品编年表》，第132页；《名笔集胜》（第五册）	
	《仿赵伯驹松林远岫图轴》	高二尺另六分，阔一尺另五分	余见董文敏《仿赵千里〈松林远岫〉》，纯得右丞三昧，此图拟之。辛亥嘉平，王鑑来云馆。	《吴越所见书画录》（卷六）；《历代流传书画作品编年表》，第132页。	
	《仿荆浩山水卷》			《瓯钵罗室书画过目考》（卷一）；《迟鸿轩所见书画录》（卷二）；《历代流传书画作品编年表》，第132页。	
	《仿范宽山水轴》			《瓯钵罗室书画过目考》（卷一）；《迟鸿轩所见书画录》（卷二）；《历代流传书画作品编年表》，第132页。	
	《云山图轴》	纵143.8，横62.6厘米	云多不计山深浅，地僻绝无人往来。莫怪披图便成句，柴门曾向翠峰开。辛亥初夏，仿巨然笔。王鑑。	《中国古代书画目录》（第三册），第84页。	故宫博物院
	《仿惠崇水村图扇页》	纵16.9，横52厘米	辛亥冬，仿惠崇。王鑑。	《中国古代书画目录》（第三册），第84页。	故宫博物院
	《仿黄公望山			《名人书画集》（第三十八	

	水扇页》			集）	
1672 康熙十一年壬子	《虞山十景图册》	纵 25.5，横 18 厘米，十开	右虞山十景，为式臣年亲翁画。壬子春，王鑑。	《虚斋名画录》（卷十四）；《历代流传书画作品编年表》，第 132 页；《文物》，1985 年第 3 期，第 29 页。	苏州市博物馆
	《夏日山居图》	纵 149.1，横 85.5 厘米	壬子嘉平，仿梅道人笔。王鑑。		南京博物院
	《山水册页》	高六寸七分，宽四寸五分	仿李营丘，壬子春画，似省翁老先生正。王鑑。	《十百斋书画录》（乙卷）；《二王合璧册》（之十）	
	《万壑千崖图轴》	纵 187.2，横 77 厘米	万壑树声满，千崖秋气高。壬子春日，仿一峰道人笔。王鑑。		上海博物馆
	《仿李成积雪图轴》	纵 79.7，横 42.5 厘米	壬子三月，仿李营丘《积雪图》。王鑑。	《支那南画大成》（卷十），第 14 页；《神州国光集》（第十八集）；《中国绘画总合图录》（第二册），第 19 页。	兰千山馆
	《仿古山水册》	十二开	壬子清和，仿古十二帧。王鑑。	《王廉州仿古山水十二帧》	上海博物馆
	《鹊山秋色扇页》		壬子仲秋画。王鑑。	《自怡悦斋书画录》（卷二十五）；《扇册类》（第十四册），第 14 页。	
	《仿江贯道观泉图轴》		壬子秋日，仿江贯道笔。王鑑。	《中国名画集》（第五集）	
	《仿巨然山水轴》		壬子秋日，仿巨然笔于卧石山房。王鑑。	《宝迂阁书画录》（卷二）；《历代流传书画作品编年表》，第 132 页；《金匮藏画集》，第 51 页。	
	《烟浮远岫图轴》		壬子嘉平，仿一峰道人《烟浮远岫》。王鑑。		苏州市文物商店
1673 康熙十二年癸丑	《山水册》	十一开	癸丑新春，偶见王奉常一小册，备宋、元诸家体，精能而兼神逸，反覆展玩，悦目赏心，不禁怅触技痒，率意盘礴，遂得十帧。亦犹见猎生喜闻乐起舞之意，聊似强名非果，得其形似也。王鑑。	《王圆照仿古山水册》	
	《仿古山水册》	纵 27.7，横 18.9 厘米，十二开	癸丑花朝，仿古十二帧。王鑑。	《中国绘画总合图录》（第三册）	日本国大阪市美术馆
	《山水图》	纵 99.7，横 51.8 厘米	癸丑嘉平，上浣仿梅道人《浮岚暖翠》墨法。王鑑。		浙江省博物馆
	《山水图册》	纵 50.8，横 33.3 厘米，一开	云多不计山深浅，地僻绝无人往来。莫怪披图便成句，柴门曾向翠峰开。癸丑小春，仿子久。王鑑。		四川省博物馆
	《仿黄公望富春山图轴》	高四尺二寸二分，阔一尺八寸	子久《富春山卷》，为其生平杰作，此图拟之。癸丑初夏，王鑑。	《虚斋名画录》（卷九）；《历代流传书画作品编年表》，	

		四分		第132页。	
	《山水扇册》	十六开	癸丑清和，仿梅道人似念翁老先生正。王鑑。	《中国古代书画目录》(第三册)，第59页。	上海博物馆
	《山水扇页》		癸丑夏，仿杨升。王鑑。	《世界美术全集》(第十七集)，第12页。	日本国京都国立博物馆
	《溪山秋净图》	高一尺五寸一分，长一丈八分	癸丑长至后二日，仿大痴老人《溪山秋净图》于半塘精舍，娄水王鑑。	《古缘萃录》(卷七)；《历代流传书画作品编年表》，第132页。	
	《山水扇页》		癸丑新秋画，似子老词兄正。王鑑。	《名人画扇》(第一集)	
	《仿古山水册》	纵27.5，横22.3厘米，十六开	癸丑九秋，仿古十六帧于金阊客舍。王鑑。	《王鑑仿古山水册》；《虚斋名画录》(卷十四)；《历代流传书画作品编年表》，第133页。	上海博物馆
	《设色山水轴》	纵108.5，横28.7厘米	癸丑九秋画，王鑑。	《中国绘画总合图录》(第二册)，第103页。	
	《仿董巨山水轴》	高二尺六寸七分，阔一尺三寸四分	王时敏题：廉州作画，独得董、巨三昧，此幅渲染精工，尤非凡手可及，乃其生平合作也。癸丑秋日，王时敏题。	《吴越所见书画录》(卷六)；《历代流传书画作品编年表》，第133页。	
	《仿巨然山水轴》	纵220.8，横109厘米	癸丑秋日，仿巨然笔。王鑑。	《石渠宝笈三编》(延春阁二十八)；《历代流传书画作品编年表》，第133页；《中国古代书画目录》(第二册)，第84页。	故宫博物院
	《仿黄公望浮岚暖翠图轴》	纵112，横50厘米	癸丑小春，拟子久《浮岚暖翠》，似怀老年盟翁正之。弟王鑑。 交交林路翳，郁郁岚光浮。参差映数家，飞瀑自天流。水折山更旋，秋色弥然幽。客怀对澄澈，何必问瀛洲。怀一所藏画，康熙甲寅夏五月，龙眠方亨咸观因题。	《过云楼书画记》(卷五)；《历代流传书画作品编年表》，第133页；《中国古代书画目录》(第三册)，第59页。	上海博物馆
	《山水扇页》		癸丑小春，仿子昂《清溪渔隐》，似遴汝亲翁正。王鑑。	《明清扇面画选集》，第56页；《中国古代书画目录》(第三册)，第59页。	上海博物馆
	《山水扇页》		癸丑小春，仿巨然，似远溪年世兄正。王鑑。	《中国古代书画目录》(第三册)，第59页。	上海博物馆
	《仿黄公望浮岚暖翠图轴》	高四尺一寸五分，阔一尺七寸	癸丑小春，拟大痴道人《浮岚暖翠图》。湘碧王鑑。	《爱日吟庐书画录》(卷三)；《历代流传书画作品编年表》，第133页。	
	《山水册页》	高一尺四寸八分，阔一尺余。	癸丑小春，仿子久。王鑑。	《梦园书画录》；《国朝三王山水画册》(之八)	
	《仿高克恭云山图卷》	纵76，横42.5厘米	嘿庵道兄雅好笔墨，其鉴赏古人法书名画，毫发无遁。乃索余拙作，虽勉房山笔意应之，不禁沾沾流汗矣。时	《书画鉴影》(卷九)；《退庵题跋》(卷十八)；《历代流传书画作品编年表》，第	广州美术馆

			癸丑嘉平，王鑑。 墨光润翠，触之可挹。持赠韵人，合宜什袭。客舍雨窗，展之云入。康熙甲寅五月石城逸史方亨咸观因书。	133页。	
	《仿赵孟頫山水扇页》		癸丑冬日，仿赵文敏笔，祝济老亲翁大寿。王鑑。		上海博物馆
	《仿黄公望秋山图轴》		癸丑冬日，仿子久《秋山图》。王鑑。	《宝迂阁书画录》(卷二)；《历代流传书画作品编年表》，第133页。	
	《仿朱德润山水卷》	高九寸六分，宽七尺八分	癸丑冬日，仿朱泽民笔。王鑑。	《梦园书画录》(卷十八)；《历代流传书画作品编年表》，第133页。	
	《仿吴镇山水扇页》		癸丑冬日，仿梅花庵主《溪亭山色》，似雨老词翁正。王鑑。	《听帆楼书画记》(卷五)；《神州大观》(续编第三册)；《仿古山水册》(之三)；《支那南画大成》(卷八)；《故宫周刊》(第一一七期)；《故宫名扇集》(第五册)；《惠风和畅》，第96页；《清初正统画派》，第61页。	台北故宫博物院
	《夏木森森图轴》			《神州大观》(续编第一册)	
1674康熙十三年甲寅	《仿王维冬景山水轴》，一名《仿王维空林初雪图轴》	高二尺三寸，横一尺二寸二分	甲寅春初，仿右丞笔意。王鑑。	《神州大观》(第五册)；《四王吴恽》，第6页；《宋元明清书画家年表》，第275页；《历代流传书画作品编年表》，第133页。	
	《仿黄公望秋山图轴》	高五尺二寸五分，阔二尺二寸七分	子久有《秋山图》，设色艳冶，乃从右丞风韵中来，向为京口张修羽珍藏。余随董文敏得借观于舟次，忽忽四十馀年矣，时形之梦寐。今春多雨，闲户无聊，漫师其法，而成此帧，挂一漏万，不能仿佛一二，掷笔为之惘然。甲寅春二月朔，王鑑识。	《古缘萃录》(卷七)；《历代流传书画作品编年表》，第133页。	
	《仿王蒙夏山图卷》		叔明有《夏山图卷》，余仿其笔意，虽未梦见古人，然无近时画家习气。甲寅春仲。	《退庵题跋》(卷十八)	
	《山中茅屋图轴》	高二尺六寸，宽二尺	落木万山心，萧条无古今。留家归去晚，别业往来深。客过松闲饭，僧鸣石上琴。早成茅屋计，极向白云寻。甲寅春日，王鑑。	《十百斋书画录》(申卷)；《历代流传书画作品编年表》，第133页。	
	《仿高克恭云山图扇页》	纵16.5，横49.4厘米	宿雨乍收，晓雾未泮。甲寅清和月朔，戏仿高尚书《云山图》笔法。王鑑。	《画中九友山水合璧》	南京博物院
	《烟浮远岫	纵132，横51	甲寅夏仲，仿子久《烟浮远岫》。王		天津艺术博物

	图》	厘米	鑑。		馆
	《烟浮远岫图》	纵 125.5，横 51.6 厘米	甲寅九秋，仿巨然《烟浮远岫》呈艾翁老祖台大词宗教政。王鑑。		重庆博物馆
	《溪山深秀图轴》	纵 177.8，横 104.2 厘米	巨然笔墨深秀，出诸家之上，为艺苑中逸品，其真迹藏烟翁斋，世所希睹。甲寅初夏，染香庵晴窗无事，聊仿其意，不能有万一也。娄水王鑑。	《画苑掇英》（上）；《中国古代书画目录》（第三册），第 59 页。	上海博物馆
	《仿黄公望秋林山色图轴》		甲寅清和望日，王鑑。	《瓯钵罗室书画过目考》（卷一）；《迟鸿轩所见书画录》（卷二）；《匋斋藏名画集》；《历代流传书画作品编年表》，第 133 页。	
	《仿赵伯驹山水扇页》		河上先人生古槎，合丹只用青莲花。至今八十如四十，笑指沧溟是我家。甲寅长夏，仿赵千里。鑑。		上海博物馆
	《仿江贯道山水轴》	纵 129.6，横 56 厘米	甲寅夏，多雨，闭门惟弄笔墨自娱。案头有江贯道卷，遂仿其意，而成此图，未免邯郸学步耳。王鑑。	《四王吴恽》；《中国名画》（第二十七册）	上海博物馆
	《长松仙馆图轴》	高一尺二寸八分，阔七寸九分	甲寅初秋，仿北苑《长松仙馆图》于虎丘客馆。湘碧王鑑。	《别下斋书画录》（卷四）；《历代流传书画作品编年表》，第 133 页。	
	《仿黄公望浮岚暖翠图轴》	纵 127.8，横 51.7 厘米	子久《浮岚暖翠》，为一生得意之作，已归山左宋荔赏观察，曾携过吾娄，得纵观数日，今不知在何处。闲窗漫仿其法，愧未能梦见万一也。甲寅九秋，王鑑。 陆庆臻：琅琊先生能好奇，才子如今老画师。开士爱之入骨髓，挥毫寄尔伴军持。松衫四面云皆湿，洞壑双扉日每迟。我欲山头置茅屋，青鞋布袜总相宜。甲寅小春，为语公莲社兄题湘老画并正。笏田陆庆臻。 吴伟业题：树老不言处，秋深无事中。云根僧过白，霜信客来红。樵语隔林火，茶烟小院风。杳然松下路，人影石桥东。旧作题为语公道兄正，吴伟业。	《古缘萃录》（卷七）；《南京博物院藏画集》（下册），第 46 页；《历代流传书画作品编年表》，第 133 页。	南京博物院
	《仿江贯道山水扇页》		甲寅秋日，仿江贯道笔。王鑑。	《名人书画扇集》	
	《山水轴》	纵 164.6，横 91.6 厘米		《中国绘画总合图录》（第四册），第 241 页。	私人藏
1675 康熙十四	《三竺溪流图轴》	纵三尺一寸八分，横一尺七寸二分	乙卯春初，染香庵试笔。王鑑。	《虚斋名画续录》（卷三）；《古缘萃录》（卷七）；《清画家诗史》（卷甲上）；《历	

年乙卯				代流传书画作品编年表》，第133页；《中国名画》（第十八集）；《四王吴恽》。	
	《仿巨然烟浮远岫》	纵206.7，横95厘米	乙卯夏日，仿巨然《烟浮远岫》。王鑑。		南京博物院
	《仿子久烟浮远岫图》			《石渠宝笈三编》	
	《仿黄公望山水轴》	纵79.7，横42.5厘米	乙卯春初，仿大痴老人笔法。王鑑。	《中国古代书画目录》（第二册），第19页。	
	《云壑松阴图轴》	纵108.3，横52.2厘米	乙卯春，仿叔明《云壑松阴》。王鑑。	《梦园书画录》（卷十八）；《历代流传书画作品编年表》，第133页；《中国古代书画目录》（第三册），第59页。	上海博物馆
	《山水轴》		乙卯春，仿巨然。王鑑。	《支那南画大成》（卷十一），第165页。	
	《仿黄公望山水》	纵128.2，横61.6厘米	乙卯春日，仿子久笔意。王鑑。	《中国绘画总合图录》（第二册），第145页。	
	《仿古山水册》	纵30.8，横25.9厘米	乙卯清和，仿古十二帧于来云馆之桐阴深处。王鑑。	《艺苑掇英》（第三十四期），第36页。	美国翁万戈处
	《仿米元章笔意》		清明前一日，仿米元章笔意于清凉精舍。王鑑。		上海博物馆
	《青绿山水轴》	纵175.1，横87.7厘米	乙卯夏五月，孚翁嘱笔奉祝宸老年翁六袠初度。王鑑。	《中国古代书画目录》（第三册），第59页。	上海博物馆
	《仿巨然山水卷》		乙卯夏日，年七十八。王鑑。	《瓯钵罗室书画过目考》（卷一）；《迟鸿轩所见书画录》（卷二）；《历代流传书画编年表》，第133页。	
	《关山秋霁图轴》	纵125，横54.4厘米	乙卯嘉平，仿范华原《关山秋霁画》笔意，似舍素道兄。王鑑。	《艺林月刊》，第79页；《宋元明清书画家年表》，第267页；《中国古代书画目录》（第三册），第59页。	上海博物馆
	《秋壑山居图扇页》		乙卯夏日，画似颛翁老世台先生政。弟王鑑。	《中国古代书画目录》（第三册），第59页。	上海博物馆
1676康熙十五年丙辰	《仿董其昌遗意图轴》	高三尺八寸一分，阔一尺七寸一分	近代画家首推文、沈，虽属神品，然未免过熟，尚不离丹青习气。独华亭董文敏脱画纵横气味，真如天骏腾空，绛云出岫。乃所谓士大夫画，非具仙骨，岂能梦见其万一。此图漫师遗意，终似嫫母王嫱，徒令人捧腹耳。时丙辰仲春，于来云馆之水边林下。湘碧王鑑。	《吴越所见书画录》（卷六）；《历代流传书画作品编年表》，第133页。	
	《仿王蒙山水轴》	纵四尺四寸八分，横一尺八寸	丙辰春日，仿叔明笔，似用明老亲翁。王鑑。	《吴越所见书画录》（卷六）；《古代书画过目汇考》；	

		三分		《历代流传书画作品编年表》，第133页。	
	《溪山图》	纵60，横38.5厘米	今翁老先生具千秋法眼，海内推为风雅之宗。余何幸风烛衰年，得瞻芝宇，不揣以拙笔请政，持布雷门，不禁颜汗耳。时丙辰秋日，娄东王鑑。		荣宝斋
	《溪山深秀图轴》	纵五尺五分，横一尺九寸五分	丙辰春日，仿范华原《溪山深秀》。王鑑。	《石渠宝笈三编》（乾清宫十一）；《历代流传书画作品编年表》，第133页。	
	《仿惠崇山水扇页》		丙辰清和，仿惠崇笔似词兄。王鑑。	《扇面大观》（第五册）；《中国名画集》（外册），第33页；《支那南画大成》（卷八），第142页。	
	《雨山图轴》		丙辰清和，仿梅道人笔意。王鑑。	《六莹堂藏画》（第一集）	
	《仿赵孟頫山水轴》		丙辰清和，仿赵文敏笔。王鑑。 王时敏题：廉州画学渊邃，遍仿宋、元诸家无不工妙，而临赵松雪尤为绝诣。此图苍浑深秀，真生平之杰作也，见之不胜叹服。西庐老人王时敏题。	《画中九友山水合璧》	
	《拟黄公望烟峦水阁图》	纵96.6，横49.5厘米	余初学画即宗子久，谓为思翁赏识。中年浪踪四方，无暇悬习，故未能成。今又衰迈，不得努力，徒自悲恨耳。近因抱疴闲户，岑寂兀坐，聊以笔墨遣怀，意不计工拙也。此帧置之敝筐，用覆酱瓿，掷笔为之一笑。丙辰秋八月朔，王鑑。	《爱日吟庐书画续录》（卷四）；《中国古代书画目录》（第三册），第59页。	上海博物馆
	《仿倪瓒山水册》	六开	丙辰中秋，仿云林小景六帧于染香庵。王鑑。		
	《仿赵伯驹白云萧寺图扇页》		丙辰仲秋，仿赵千里《白云萧寺图》。王鑑。	《听帆楼书画记》（卷五）；《神州大观》（续编），第二册。	
	《云壑松阴扇页》		丙辰秋日，仿子昂《云壑松阴》。王鑑。		上海博物馆
	《烟峦水阁图》	纵96.6，横49.5厘米			上海博物馆
	《仿王蒙山水扇页》	纵16.5，横51.5厘米	丙辰冬日，仿叔明笔，祝方孝年翁五十初度。王鑑。		故宫博物院
	《仿黄公望山水轴》		丙辰小春，雨坐染香庵，戏仿子久笔。王鑑。	《神州国光集》（第六集）；《支那南画集成》（第二期十一辑）；《支那南画大成》（卷十），第16页；《古代书画过目汇考》；《历代流传书画作品编年表》，第133页。	

1677康熙十六年丁巳	《仿倪瓚山水轴》，一名《溪山秋霭图轴》		丁巳春日，仿云林笔意。王鑑。	《四王恽吴画册》，第2页；《国画苑名画大观》（四），第2页。	
	《仿赵伯驹山水轴》		丁巳清和，仿赵千里笔。王鑑。	《壮陶阁书画录》（卷十三）	
	《仿黄公望山水扇页》		丁巳长夏，为东来年翁仿子久意。王鑑。	《听帆楼书画记》（卷五），《神州大观》（续编第二册）	
	《仿赵孟頫山水轴》	纵160.4，横69.4厘米	曲水板桥细路分，一重树色一重云。老夫趁得枝藤建，又向溪南访隐君。丁巳初秋，仿赵文敏笔。王鑑。	《石渠宝笈三编》（延春阁二十八）；《历代流传书画作品编年表》，第133页；《清初正统画派》；《故宫藏画大系》（卷十一）。	台北故宫博物院
	《霜哺图卷》	高八寸四分，长二尺六寸七分	丁巳秋，为重其先生补图。王鑑。	《穰梨馆过眼录》（卷三十一）；《历代流传书画作品编年表》，第133页。	
	《山水扇页》	十六开	丁巳秋日画，祝敏翁老叔千令，兼求教政。小侄鑑。	《中国古代书画目录》（第三册），第60页。	上海博物馆
	《清夏云山图扇页》	纵17.5，横50.2厘米	丁巳春日，仿赵大年笔意，似在震词兄正。王鑑。	《中国古代书画目录》（第三册），第60页。	上海博物馆
	《山水集锦册》	纵30.5，横25.5厘米		《中国古代书画目录》（第一册），第55页。	北京市文物商店
	《山水轴》	高四尺四寸一分，阔二尺四分	丁巳九秋，为庆衍词兄画。王鑑。	《澄怀堂书画录》（卷六）	
1681	《仿巨然山水图》[413]	高三尺七寸，宽一尺五寸三分	绿树敷阴白昼长，清波蘸影晓山苍。还应走马长安客，输我溪亭五月凉。辛酉仲夏，拟巨然笔意。娄水王鑑。	《十百斋书画录》（乙卷）；《历代流传书画作品编年表》，第129页。	
无纪年作品	《仿惠崇花溪渔隐图》	扇面，纸本设色，纵17，横52厘米	甲午年余同张约庵使君联舟南下，蓬窗相对，出惠崇《花溪渔乐图》见示，日夕展玩，不欲去手。今使君墓木已拱，不知此画流落何处，余犹倦息人间，追思往昔，不禁人琴之感。偶仿其遗意，以志不忘故旧耳。染香遗老鑑。	《四王吴恽绘画》，第75页。	故宫博物院
	《西亭山色图轴》	纸本水墨，纵80.1，横41厘米	燕子低飞不动尘，黄莺娇小未禁春。东风绿遍门前草，细雨含烟愁路人。烧灯过了客思家，寂寂衡门数暝鸦。燕子未归梅落尽，小窗明月属梨花。倪高士有《溪亭山色》，向藏吴郡王文恪家，后归王长安，余时得纵观，今不知流落何处。闲坐红梅花下，风日晴美，涤砚伸纸，漫师此意，不求形似也。染香遗老王鑑。	《四王吴恽绘画》，第76页。	故宫博物院

	《仿梅道人松林高士图》	绢本水墨，立轴，纵57，横27.8厘米	仿梅道人《松林高士图》，王鑑。	《王鑑画集》（下），第371页。	美国乐艺斋
	《云壑松阴图》	纸本水墨，立轴，纵161.2，横43.5厘米	云壑松阴，仿叔明。	《王鑑画集》（下），第372页。	广州市美术馆
	《仿北苑山水图》	绢本水墨，立轴，纵97.5，横38.2厘米	雨坐半塘精舍，漫仿北苑笔意。王鑑。	《王鑑画集》（下），第373页。	天津艺术博物馆
	《云壑松阴图》	纸本水墨，立轴，纵161，横46.5厘米	仿叔明《云壑松阴》，王鑑。	《王鑑画集》（下），第374页。	天津艺术博物馆
	《仿古山水图》	十屏，纸本设色，立轴，纵198.4，横54.2厘米	第一屏：隔水笙簧。 第二屏：芳郊化雨。 第三屏：仙源积翠。 第四屏：河岩天开。 第五屏：春台万仞。 第六屏：松林晚秀。 第七屏：江乡初夏。 第八屏：烟浮远岫。 第九屏：关山霁日。 第十屏：秋山横黛。	《王鑑画集》（下），第375页。	南京博物院
	《深浅云山图》	立轴，纸本设色，纵112，横40.6厘米	云多不计山溪涉，地偏绝无人往来。莫怪披图便成句，紫梦曾向翠峰开。仿巨然。王鑑。	《王鑑画集》（下），第399页。	天津艺术博物馆
	《岭上白云图》	立轴，绢本设色，纵143.3，横50厘米	山中何所有，岭上多白云。仿范华原，王鑑。	《王鑑画集》（下），第400页。	天津艺术博物馆
	《峦容春色图》	立轴，绫本设色，纵230，横50厘米		《王鑑画集》（下），第401页。	天津艺术博物馆
	《仿古山水图册》	六开，纸本设色，纵22，横14.6厘米	仿赵千里；拟子久；仿赵文敏；仿巨然；仿江贯道；仿倪高士。	《王鑑画集》（下），第404页。	常熟博物馆
	《仿古山水图册》	八开，纸本设色，纵27，横18.3厘米	仿赵大年；仿范华原；仿巨然；仿子久；仿惠崇；仿杨昇；拟云林；仿梅道人。	《王鑑画集》（下），第412页。	上海博物馆
	《摹古山水图册》	六开，纸本设色，纵24.6，横18厘米		《王鑑画集》（下），第420页。	无锡市博物馆
	《仿古山水册》	八开，纸本设色，纵36.8，横58.5厘米		《王鑑画集》（下），第426页。	广州市文物商店
	《仿古山水	四开，纸本设		《王鑑画集》（下），第430	故宫博物院

	册》	色，纵 22，横 14.8 厘米		页。	
	《仿古山水册》	一开，纸本设色，纵 35.1，横 30.1 厘米	仿杨昇。	《王鑑画集》（下），第 434 页。	上海博物馆
	《仿黄公望秋山图》	立轴，设色，纵 103.5，横 44 厘米	子久有《秋山图》，为生年杰作，漫师其法而成此，愧未能梦见古人万一也。娄东王鑑。	北京瀚海拍卖，2000 年 12 月 10 日，《书画拍卖集成·清代绘画》，第 12 页。	

注释：

411. 王鑑此处所言“李、程两先生”，应指李流芳与程嘉燧。
412. 悔庵，指尤侗（1618—1704），尤侗字同人，号悔庵、艮斋，江苏苏州人。
413. 此作年款与王鑑卒年不符，应是伪作。

HAM

MY DURHAM

For Jeremy -

Very best wishes,

Michael Chaplin

25:11:16

HAME

MY DURHAM

Sid Chaplin

Edited by Michael Chaplin

Photographs by Karen Atkinson
Maps by Birtley Aris

Mayfly

First published in 2016 by Mayfly Press, Chase House, Rainton Bridge, Tyne and Wear, DH4 5RA

With thanks to the Chaplin family for all archive images

Cover design by Courage, UK

A CIP catalogue record for this book is available from the British Library

Paperback ISBN 978 1 911356 05 9

Ebook ISBN 978 1 911356 06 6

Printed and bound by Martins the Printers Ltd, UK

Cover image: Old pit row, Byers Green

www.mayfly.press

Mayfly

ARTS COUNCIL ENGLAND

Supported using public funding by
ARTS COUNCIL
ENGLAND

For the people of County Durham

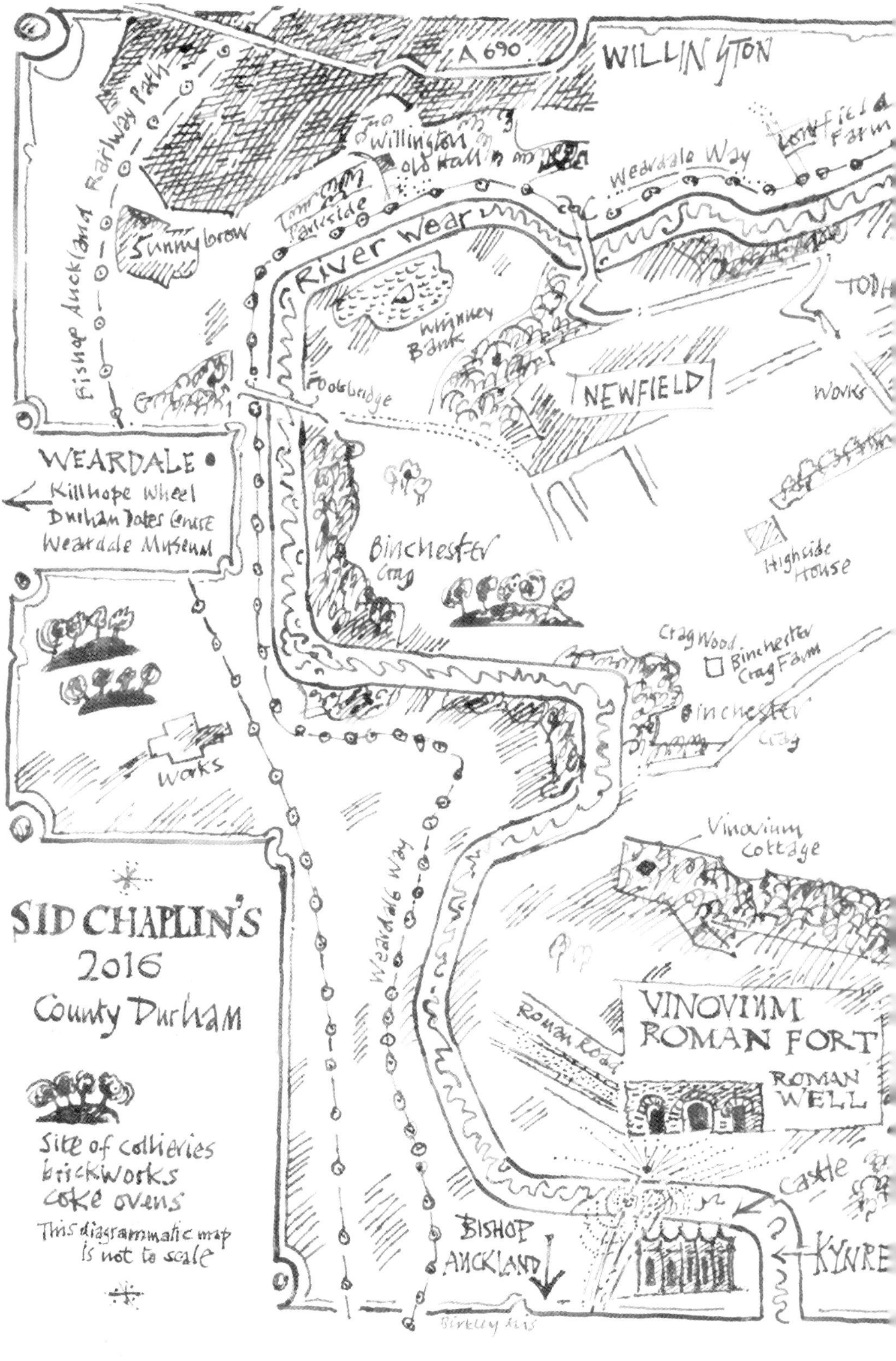
A 690
WILLINGTON
Bishop Auckland Railway Path
Willington Old Hall
Weardale Way
Parkside
Sunnybrow
River Wear
Whinney Bank
Footbridge
NEWFIELD
Works
WEARDALE
Killhope Wheel
Durham Dales Centre
Weardale Museum
Binchester Crag
Highside House
Crag Wood
Binchester Crag Farm
Binchester Crag
Works
Weardale Way
Vinovium Cottage
SID CHAPLIN'S
2016
County Durham
Site of collieries
brickworks
coke ovens
This diagrammatic map
is not to scale
Roman Road
VINOVIUM
ROMAN FORT
ROMAN
WELL
Castle
BISHOP
AUCKLAND
Birtley Ellis

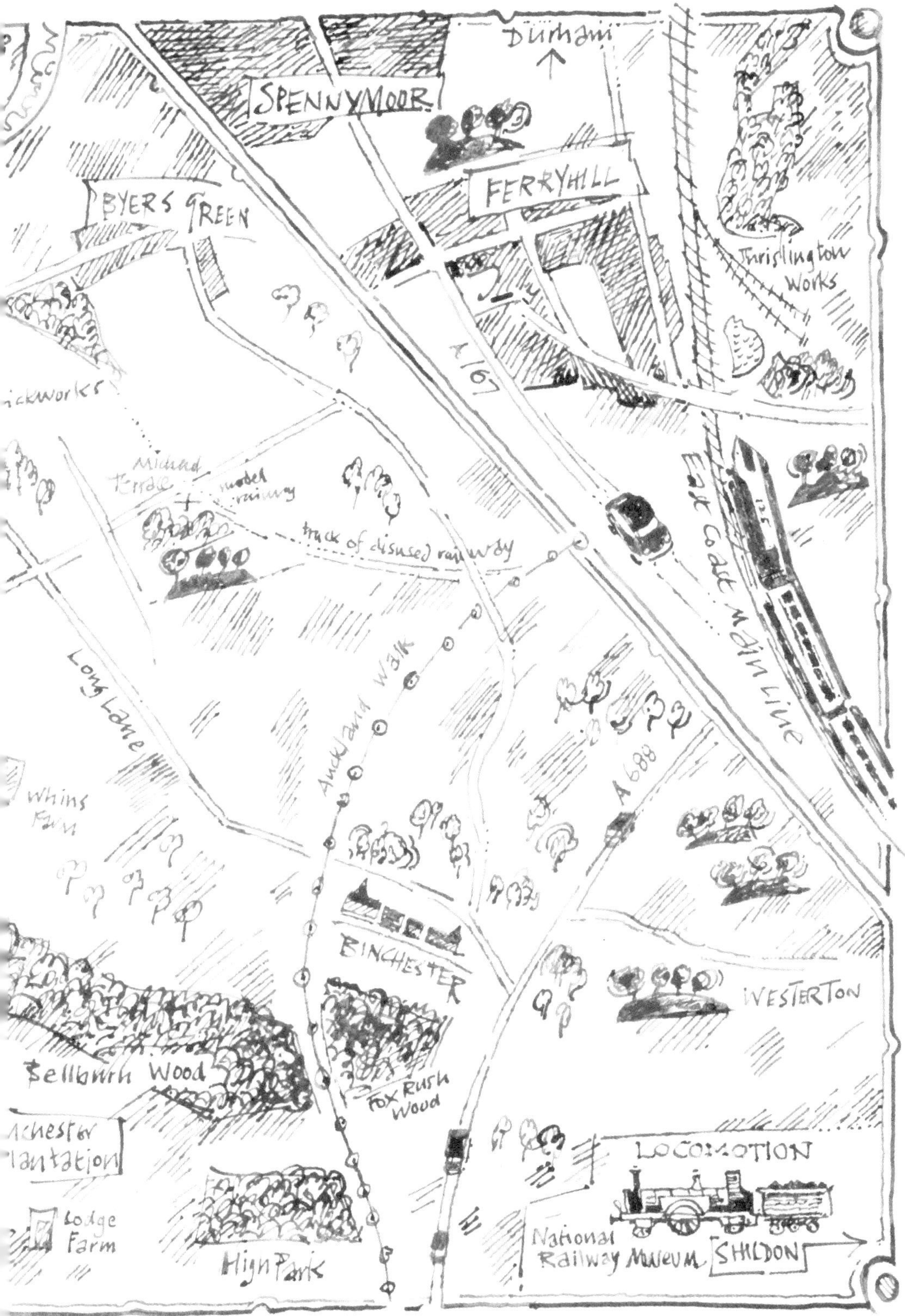

Durham
SPENNYMOOR
FERRYHILL
BYERS GREEN
Thrislington Works
A167
model railway
track of disused railway
East Coast Main Line
Long Lane
Auckland Walk
A688
Whins Farm
BINCHESTER
WESTERTON
Bellburn Wood
Fox Rush Wood
Lodge Farm
High Park
LOCOMOTION
National Railway Museum
SHILDON

The stories, essays and poems by Sid Chaplin in this book are taken from the following books:

The Leaping Lad (1946)
The Thin Seam (1950)
The Smell of Sunday Dinner (1971)
A Tree With Rosy Apples (1972)
On Christmas Day in the Morning (1978)
The Bachelor Uncle (1980)
In Blackberry Time (1987)

Contents

Hame

Sight of the crested peewit crying
God alone knows what or why.

Sight of the green smoke-flecked valley,
With the mist-tinged mountains beyond the moors.

Sight of you, my own love,
And the light in your eyes for me.

Introduction

1964 WASN'T A BAD YEAR for British films, featuring three of my then favourites: *Goldfinger*, *Zulu* and *A Hard Day's Night*, all of which I saw with my father at the Jesmond Picture House in Newcastle, known locally as 'the Jezzy'. Throughout my childhood this was our Friday evening ritual: to walk the mile there from our home by Jesmond Vale, watch the support and main feature (with choc-ice in between), before walking home in the dark discussing what we'd seen and why it was a good or indeed bad film. Apart from being an important element in my cinematic education, I treasured these Friday evenings because I had my dad to myself for a few hours, at a time in his life when he was a very busy man: prolific novelist, columnist/critic for *The Guardian* and all-round cultural activist, as well as a public relations officer for the National Coal Board (NCB). What this meant was that Monday to Friday he worked hard at this day job while in the evenings (and weekends) he closeted himself away to write, following a family tea during which he often seemed tired or preoccupied or both. As a writer myself I understand the preoccupation: he was reflecting on what he was about to sit down to write. Sid Chaplin was somewhere else, in the world of his stories.

Sometime in that year of '64, when I was 13, the whole family went to the pictures to see a film in which, extraordinarily, Dad was the star and I was supporting actor. This was a ten-minute short called *Kingdom of Coal*, made a few months earlier by the NCB's Film Unit for the series *Mining Review*, for which I got a few days off school to impersonate Sid as a boy: dressed in short trousers, with cosmetic dirty knees, wandering from a village to a river, into which I threw sticks and stones before climbing a tree. This was my first experience of working with a film crew – cameraman, sound recordist, production assistant, lighting man and director literally calling the shots – but not my last. Thirteen years later, having caught some kind of slow-growing bug, I got a job in television and began a lengthy love affair with shaping stories for films of my own.

I think this little film was just as important to Sid, for it took him back to cherished roots. The town where I joined the crew for our daily pub lunches was Bishop Auckland in Durham; the river by which I strolled for the camera was a stretch of the Wear a couple of miles downstream; and the village up the hill from the water was a little place called Newfield. Sid lived there for only a few years in the 1920s but it – and the five other villages within a six-mile radius where he spent the rest of his childhood – played a crucial role in his life. He later lived in London and Newcastle, travelled the world, writing a host of novels and short stories, poems, essays and plays of one sort or another, but the man never forgot Newfield and Ferryhill, Binchester and Byers Green. As he often acknowledged, they made him what he became, as a man and as a writer. The underlying aim of this book is to demonstrate how and why.

But what follows isn't just about one writer, one man.

Sid Chaplin died 30 years ago, at Grasmere in Cumbria on 10 January 1986, and in this year of anniversaries, he was born 100 years ago, on 20 September 1916 in Shildon, a few miles south east of Newfield. In 1916 there were between 350 and 400 collieries in the great Northern coalfield; by 1986 they had dwindled to a small fraction of that number and the last deep mine in the region closed in 2005, at Ellington in Northumberland. Much of Sid's life and work was bound up with what might be called the culture of coal. He worked as a miner for almost 20 years and spent another 20 working for the NCB. When he first became a writer in the early 1940s he had no subject other than the pit and the pit village, the miner and his family; and it remained that way that way until 1950, when he caught a train to London and swapped pit hoggers for a double-breasted suit and began working as a journalist. Then, towards the end of his life, in the late '70s and early '80s, deeply conscious of the impending end of coal (he first predicted it in print in 1951) and perhaps also of his own life, he returned to the short story form and – what else? – the pit village.

Taken altogether, this vital strand of Sid's work serves not only as literature but also as social history of the most vivid kind. In all sorts of ways, coal created the modern North East, but now it is in the past, our memories of it slipping through the fingers, like the sand we now find on the beaches once disfigured by coal dust and slurry. Children today even ask, what is coal? But if the past is a foreign country ('they do things differently there'), Sid's writing about the mining life serves as the very best of Baedekers. It's all here, in the following pages: 'The dust and the darkness, the laming and the maiming, the bitter waters and blood and sweat that mingles with comradeship on the surface.' And, one might add, the tenderness, humanity and humour; and an underlying moral purpose, Sid's self-confessed message in a bottle, what he called 'the education of the human heart'.

As his literary executor as well as youngest child, I have long been aware that Sid's birth centenary was looming in 2016, but wasn't sure how best it could be marked. Then a message came from Tim Brown, secretary of the Ferryhill History Group, with an intriguing idea: to ask Durham County Council to place a commemorative plaque on the front of the small terraced house in Gladstone Terrace, Ferryhill, where Sid and Rene

Chaplin and young family lived in the 1940s and early '50s, and where he began to write and have the results published. The council readily agreed, perhaps conscious of the fact that, as Tim put it, 'Ferryhill doesn't have many famous sons and daughters, so we should celebrate those we do, like your dad.'

It was this conversation that gave me the idea for this book: to recreate Sid's early life and the culture in which he grew up, largely in his own words, through a selection of short stories, essays and poems. It's only possible to deliver the former because the latter are taken so directly from the life around him as he lived it in childhood and early adulthood, in places like Newfield, Byers Green and Ferryhill. In an essay at the end of this book I record my own wanderings around these places huddled close to the Wear, with my photographer friend Karen Atkinson, to investigate why they inspired such fine literature of time and place, how they have changed in the last 100 years, and what their future might be without the monolithic industry that defined them for so long.

I hope you enjoy this book and its matchless evocation of a lost culture. In retrospect it's clear to me that the quality of my father's writing is a vindication of our truncated family life 50 years ago.

And for the record I still love to visit the cinema on a Friday evening...

Michael Chaplin,
August 2016

Hame, or **hyem, yem**: noun, home; place of family, comfort, sanctuary
North East England, from Scandinavian and Old English

WILLINGTON
Willington Hall
Willington Old Hall
The Park
Jubilee Bridge
River Wear
Cobey's Carr
Tod Hill
Seldom seen
Saxon Sword
Never Seen
Sid lived here
1923-5
NEWFIELD
disused
Primrose Hill
Methodist Chapel
Sid lived here
1925-8
High Row
WEARDALE
Wolsingham - Newfield approx. 8 miles
The Challies
Quarry
The Lagoon
West Hunwick
Half Moon Plantation
Roman Road
Vinovium cottage
Pumping station
River Wear
Bishop Auckland Branch
HYPOCAUST
VINOVIUM
Newton Cap
Newton Cap Flatts
SID CHAPLIN'S
1920's
County Durham
Colliery
Brickworks
Coke Ovens
This diagrammatic map is not to scale

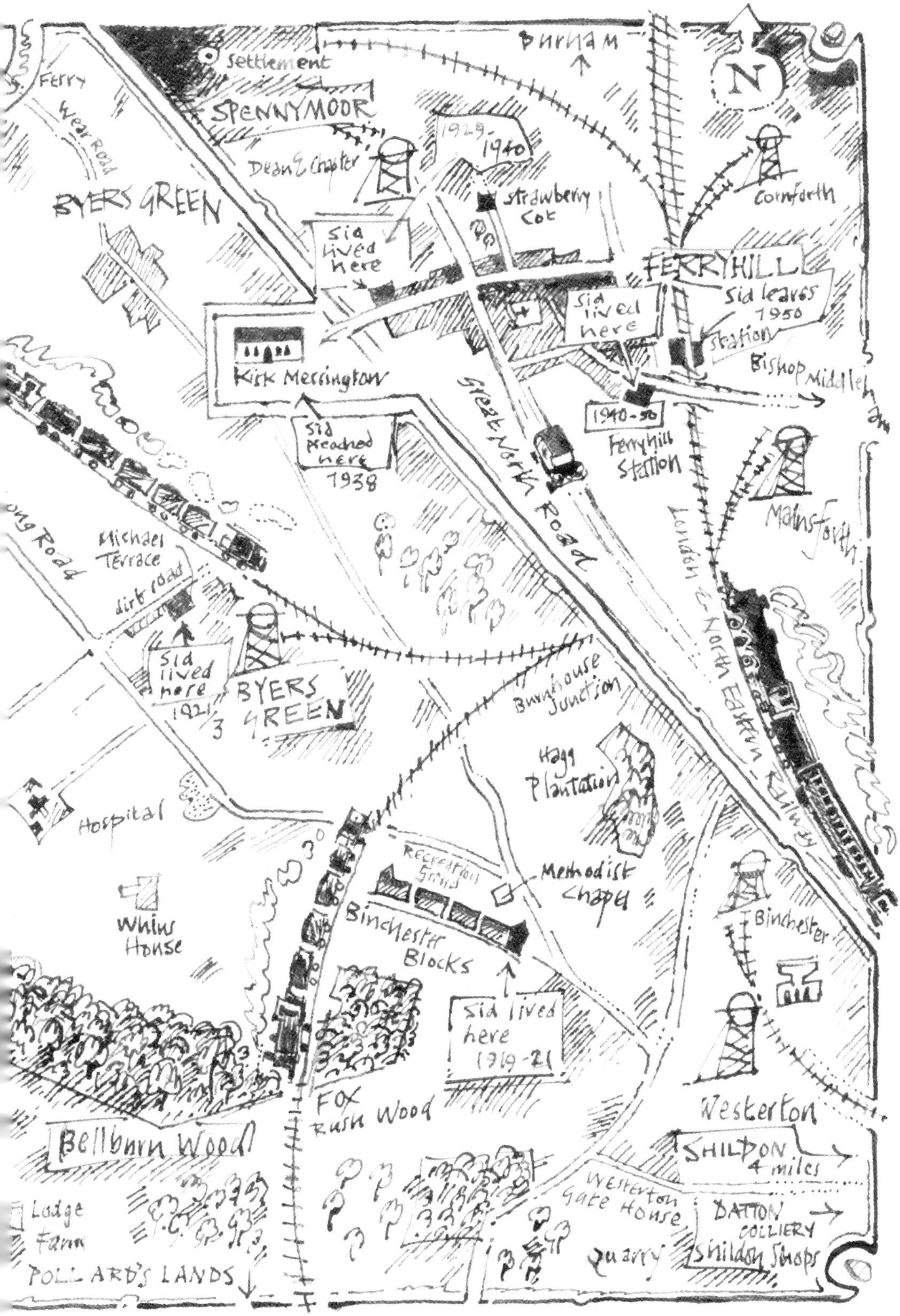

Settlement
Ferry
Wear Road
SPENNYMOOR
Durham
N
1929-1940
Dean & Chapter
BYERS GREEN
Strawberry Cot
Cornforth
Sid lived here
FERRYHILL
Sid leaves 1950
Sid lived here
Station
Kirk Merrington
Bishop Middleh
Great North Road
1940-50
Ferryhill Station
Sid preached here 1938
Mainsforth
Michael Terrace
dirt road
London & North Eastern Railway
Sid lived here 1921/3
BYERS GREEN
Burnhouse Junction
Hagg Plantation
Hospital
Recreation Ground
Methodist Chapel
Binchester Blocks
Binchester
Whins House
Sid lived here 1919-21
Fox Rush Wood
Westerton
Bellburn Wood
SHILDON 4 miles
Westerton Gate House
DATTON COLLIERY
Shildon Shops
Quarry
Lodge Farm
POLLARD'S LANDS

Sid Chaplin (right) with brother, Jack, c 1921

The boy himself…

YES, YOU WERE PODGY, DEFINITELY, and pale underneath the freckles. Oh and your hair was fine and silky. Sign of premature baldness, as if that would worry you. You were shy and reticent. Nobody knew of the world within. People remarked that you read a lot, that you would be wearing spectacles before long, that it was bad manners to read at the table. Your father tanned you for this. Because you were quiet you were bullied. You never played football. But you liked to run and jump and swim like any normal boy. In a small way you were sensitive. You shuddered at the sight of crawling parasites in matted hair, at obnoxious human smells, at cruelty or harshness. You were a bit of a snob. Your Da was an electrician. You wondered and were curious. Why do wheels go round, fish swim, plants grow, birds fly? Where do babies come from? How did everything start? You remained in ignorance of sex; in that you were an exception. You never took part in the clumsy experiments in corners of the schoolyard, or scrawled on the lavatory walls. But you stole the juice from pineapple tins, by boring a hole with the point of Ma's scissors. You stole quite a lot…

First Memory

MY FIRST CONSCIOUS MEMORY IS of being jogged on my father's shoulders along the high road which bypasses Byers Green, and hearing the wind moaning in the telephone wires, as counterpoint to the comfortable conversation of my parents far below; then all of a sudden we came over the tops and it was as if the Milky Way had dropped down, and was spread out on the darkling ground as far as the eye could see; not only the blazing fire-holes of all the pits, but also the coke-ovens which went with them, arranged in ruby-red geometrical patterns which were each absolutely constant – excepting that every now and then one of the ruby lights would explode when a coke-oven was discharged as a white-hot worm, intensely white in the darkness and so lighting up the night that one could see the columns of steam rise up as the almost molten coke was quenched or cooled.

This was my first encounter with part of Durham's vast empire of coke and coal. Needless to say it left an indelible impression on my mind.

My second encounter was with Westerton Colliery at close quarters, again in the darkness. In the far distance was the tall winding-house, almost like a pele tower, with its long narrow windows illuminating from within not only the building itself but also the lower part of the timber sheer-legs – leaving cables and pulley wheels and the cables upon which the cages were suspended in complete darkness; while the blazing coal braziers suspended from every convenient point above the waggon sidings lent an element of mystery.

But most awesome of all to me were the long rows of old-fashioned beehive coke-ovens which probably dated back to the foundation of the pit in about 1840, and which closely flanked the public highway, so near in fact that it was more prudent to cross to the other side of the road when any one of the brick-built kilns was on the point of discharging its contents. This was a job which was so far from being automated that every individual operation had to be carried out by a brawny gang of coke-burners; some demolishing the brick-stopping, while yet others pulled out the semi-molten mass of coke with long handled iron rakes. I seem to remember that most of these men wore sacks draped over their heads like cowls; and that a water-hose played continually upon them as they worked. I remember the glow reflected on their streaming faces as, each stripped to the waist, they toiled away. Yet again not the slightest element of fear was involved, only a wonderful feeling of security and comfort.

It was as if the pit, the coke-ovens and every one of those toiling coke-burners, even the fiery pit-rucks which seemed to be always on the point of erupting were, after all, simply an extension of the street in which we lived. The fact that a public right of way was maintained through every pit-yard we knew helped to maintain a feeling of belonging; and it is this feeling which still sweeps over me today, whenever I hear the song of the telephone wires. Only now it has been transferred to whatever landscape in which I happen to find myself. From that moment onwards I became, I suppose, a noticing child.

A Story-Teller's Story

IN ONE WAY IT BEGAN when I was a kid. Before we went to sleep, we would tell each other stories. They were long, rambling stories which sometimes lasted a week. Like the serials we saw at the pictures, they were episodic; but, unlike the Harry Carey serials, they did not end on an exciting note, with the hero suspended over a cliff-edge on a taut rope: final cut of the villain brandishing a knife; but drowsily – yawns interrupting, tempo declining – until we were all asleep. We only told each other stories in the winter, when the wind whistled through the window-panes and the chimney, and when the beat of rain upon the panes made a perfect background; in the summer we could read.

Quite early I was supplied with a mundane motive. When my father was on night-shift mother would whisper to me: 'Get them to sleep early, then get quietly out of bed, and you can slip over to the fish-shop for our supper.' On such occasions as this my powers of invention would suffer a sudden decline and my two brothers would be fobbed off with a short story. My mother would hear the rise and fall of the story-teller's voice come to a finish; a little later I would creep downstairs, stockings in one hand, trousers in the other. This conspiracy lasted a long time until my brother Jack awakened one night and found me missing. So he promptly set forth in search of me and found me seated in state at the supper-table. He shed some envious tears which resulted in my having to halve my plate with him. Had we but known, it was the end of an era; from that moment we began to fight for the right to 'stay up' and have our supper, and we got our stories ready-made from the pages of the *Wizard* and *The Boys' Magazine*. But a tradition was formed; the habit continued with the younger members of the family, and I can remember Cathie telling stories to Joe, and Joe to Fred, and in the end, not so very many years ago, hearing from downstairs the familiar drone of voices, as brother Fred told stories to Colin. So, in a way, I served my apprenticeship in bed; and economic necessity drove me to discover the short story form for myself.

In the beginning I told stories and that is the method I enjoy best. All my stories are told and retold to my friends until natural selection has shaped them to my satisfaction; then only do I write them down. This immediate audience is essential; without my friends my stories would be poor things. Writing a story is an enjoyable and exciting experience; but it is secondary to telling it. And the immediate audience is an infallible judge; sometimes I tell my small daughter a story and when, after I've finished she says, 'Is that all?' I know that my art is an empty thing; the elemental story was missing. My friends may not be so candid; but there are certain signs; telling the story I get to know whether the tempo is too fast or too slow, where my judgment has gone astray, and sometimes I finally discover the story is not a story at all. My practical definition of the 'short' story is 'a narrative about human beings that never fails to hold the interest and attention of other human beings'!

I find that I began to write at quite an early age. I was eleven when my teacher offered three tickets to the pictures for the three best essays. I had just started mine. It was about a diver in tropical seas (I had just read *The Coral Island*) and it started, 'Down, down, down, with the bubbles rising from his lips...' I felt his hand on my shoulder as he said, 'Good start,' and I knew that one of those tickets was already mine. From that moment I knew that some day I would be a writer, although after leaving school my creative writing was mainly in the form of letters.

You see, I got side-tracked. For a long while I became obsessed with science and nature. I studied chemistry, astronomy, geology; I went about with a little hammer, a pocket microscope and a pair of cheap field-glasses. Then I became interested in politics and economics, and, after serving my apprenticeship, actually went to a Working Men's College for a year, to fit myself for some form of political or trade-union work. The War cut my studies short and I returned to the pit-village where I live, but during that period in college the Warden told me that I should concentrate on writing, and so I started writing in real earnest.

Autobiography bores me, and so that is all I have to say about my own life. My background is more important, because it is the background of the stories you are about to read. It is a background of pits and pit villages, of pubs and chapels, and the people who frequent them. There is a river in it; all my life I have lived close to that river and every twist and turn of it is familiar to me; I know all the best bathing holes and where the trout lie.

The background is important, because I am part of it, and it is part of me. I know and love other parts of England: the Welsh Marches, the Vale of Evesham, South Wales, Thames-side; but it is in this mining valley in Durham that I will live and die. I'm a home-bird.

From boyhood I've loved the long winding valley with the Pennines hazy and half-seen in the distance. It was then that the countryside grew upon me. The microcosmos of the village, the fields and farm, the river and the woods provided new wonders everyday. When the sun shone there was open country to run wild in. The sparrow-hawk hung motionless, suspended in the blue like something cut out of cardboard and hung there for decoration, till one noticed the blur of the beating wings. The hare flashed through the meadow, passing the slow shrew, or mole, or field-mouse. Peewits wove invisible patterns over ploughed fields and broke the silence with their melancholy note.

Then there were Words and Work. In the Ball-Alley, or outside the Workmen's Club, the men stood in groups, or squatted on their 'hunkers', talking of the pit, of sport, of gambling. They used mysterious, fascinating words – my own birthright, my own dialect. All the men of the village worked in the Drift – a black hole which pierced the hillside. Steam, engines, machinery, endless steel ropes gliding into nothingness; the setts of tubs, coal-laden, running along the shining metals; clean men going in: black, spent men coming out. Later I discovered the reality behind it all; the dust and darkness, the laming and maiming, the bitter waters and blood and sweat that mingles with comradeship on the coalface. All this became part of the pattern of my living, and the pattern of my stories.

Mine is the voice and the hand of the story-teller. The stories themselves bear my signature, but by the nature of that pattern they belong to many other people. They belong to my parents and to my brothers and sister; they belong to my friends and my workmates. They belong to my wife, who has been my sternest and most unerring critic. They belong to all those who believe in the human heart, and to these I return my stories with all my love and thanks.

Grace Before Meat

IN THE YEAR OF 'TWENTY-SIX people in our part of the country often went hungry. The strike lasted so long that a man forgot the feel of pick and shovel, and ached for work as a lover aches for his lost mistress.

One fine Sunday evening in one of the summer months of this year, a man and his wife and child left the little chapel on the hill. The service was over, the evening was young, the fields were ripe unto harvest, and they decided to go for a walk. So into the fields they went, the fields that were full of the fruit of the rich soil, the fields hemmed in by hedges and fences and ditches. The man and his wife walked sedately, talking of sermons and strikes, of anything but supper. The child ran ahead and looked for birds' nests in the hedges, singing and shouting.

There were few nests, but the brambles were heavy with black velvet fruit, and the elders were bowed with their midget grapes. Soon, his mouth was stained with the purple of the fruit. The man saw this and smiled. He saw also the fields of living bread, the proud-headed wheat surging in the breeze, and the flocks of sparrows intent on the eating of the sweet, ripe grain. He saw the turnips and the potatoes, row after row of them, the green tops swaying.

The child came running back to them. 'Da, come and see what I've found.' He tugged at his father's hand and took him to the field. It was a turnip field. They were early, almost ready for the snaggers, the adept farm-hands who pull them from the furrow and, with two short, sharp motions with a gleaming knife, cut off the root and leaf.

'Here,' said the boy, and pointed to a heap of turnip leaves and peelings with a half-eaten turnip showing its ravaged face. 'Has somebody been eating the turnips, Da?' he asked.

'Stealing,' said the man briefly. 'When Ah was a boy we often went into turnip-fields and cut ourselves sweet turnip, but that was wrong. The Book says: Thou shall not steal.' The woman came up. 'Dos't say in t'Book: Thou shall starve before thou steals?' she said. It was more a statement than a question.

The man looked at her for a long time, then gently said, 'Now, Annie...' They proceeded with their walk, the child running and singing in lyrical delight, the parents trying to forget the problem that loomed large above all others – food.

The sun was now beginning to sink beneath the distant Pennines, not in blood, but in silver. The thick clouds over the mountains split up the last rays which radiated from the hidden centre. The far fields became dim in the creeping dusk. A white mist crept up from the river. The child became tired and began to cry for home. So home they turned, and the dusk gathered up their retreating forms.

That night the child slept soundly and, after a restless hour or so, the wife fell into a deep sleep. But the man lay awake, thinking. Soon his thought resolved itself into action. He turned quietly and slipped from the bed. His wife was not disturbed. The moonlight showed her pale face and the braided hair; one arm was outstretched. The child murmured in his sleep; and for a moment the man stood silently watching. Then he went downstairs, picked up a bag, and went out into the night.

The fields were different in the moonlight; everything was etched in black and white. Keeping to the shadows, he made his way to field after field, taking his toll as he went. His bag was soon full; the night's work finished, he made his way home. The short night was almost over and dawn began to break as he entered the house. As he set the bag down on the kitchen table the church clock struck four. One, thou; two, shalt; three, not; four, steal. The words of the commandment came like finality with each stroke. He stood a moment, then shook his head. Five minutes later he was in bed.

She asked no questions. Only men make moral and ethical codes. The dinner was served at noon. The child sat on a stool with a couple of cushions to make height. A simple dinner. New potatoes, turnip and beans, with Yorkshire pudding and a cheap cut from the butcher's down the road; and the wife sat down.

There was a deep silence. The woman and the child gazed expectantly at the man. He bowed his head and they followed his example. 'We thank Thee for this food in the name of the Lord Jesus Christ.' The grace was almost inaudible, then a sudden ecstasy seized the man, as if a revelation had suddenly come to him. 'For the earth is the Lord's, and the fullness thereof. Amen.'

Ike Chaplin (middle row, fourth from left) was brought up a Methodist, the origin of the striking pitman in *Grace Before Meat*, whose religious convictions are challenged by the impact of the 1926 General Strike on his family.

NOTE I

LIKE MANY OF SID CHAPLIN'S stories, *Grace Before Meat* is drawn from human experience, indeed from his own family history. As 'a noticing child' of ten, he saw, felt and never forgot the impact of the coal-owners' lock-out of miners who refused to accept severe wage-cuts in 1926 and consequently didn't work for some seven months. As the story poignantly suggests, this was a challenge not just to the stomach but also to the soul; but then hardship of one sort or another was ingrained in the lives of every mining family. More than 20 years later, in a letter to his friend John Bate, he confessed: 'I was the child in *Grace Before Meat*, and the memory is still vivid of those hard times when my good father stole turnips.'

Sid Chaplin was born on 20 September 1916, at his maternal grandparents' house at 23 Bolckow Street, Shildon. The fact that opposite it there was a Vaughan Street (where his paternal grandparents lived) was no accident. In the mid-19th century Henry Bolckow and John Vaughan established a mighty ironworks in Middlesbrough (Victorian nickname: Ironopolis), creating a vast demand for high-quality coking coal to fuel their blast furnaces. They found it 25 miles away in the Wear Valley around Bishop Auckland and their needs created a vast local network of pits, railways, coke-works and brick-works. These rich coal measures only became exploitable with the invention of steam locomotives, pioneered by George Stephenson and a consortium of local businessmen on the new Stockton and Darlington Railway in the 1820s, to carry the coal to market. Within a few years a veritable Klondyke was created as dozens and dozens of collieries were opened in south west Durham.

In an early example of vertical integration, Bolckow Vaughan owned their own mines, and one of them, Shildon Lodge, or Datton, which opened in 1830, employed three generations of Sid's forefathers. His maternal great-grandfather, George Frederick Agna Charlton, was chief engineer there and acquired the house in Bolckow Street (nicknamed 'Leathercap Row' after the skullcaps habitually worn by pit gaffers). Here he lived and painfully died, after a girder which was being lowered down the shaft slipped from its sling and fell on him, breaking almost every bone in his body.

This new industry needed workers and thousands upon thousands of pilgrims flocked to Durham from all over Britain in search of a new life. The Charltons were Border people who came south with their small 'galloway' horses to work the early railways and then drifted into the mining of lead in upper Weardale, before coming down the valley when coal extraction began.

Meanwhile the Chaplins came from much further afield; Great-grandfather Chaplin began his working life scaring the birds from fields of wheat in Norfolk before walking to Durham in search of a better life; he found work at Datton, operating the first rudimentary means of ventilating the workings, before becoming a winding engineman. As Sid was fond of pointing out, his Chaplin forebears had a touch of the exotic: 'The Chaplins are of French origin, possibly Huguenots who sought religious freedom in England. Not only that, but one of my mother's forebears went to the Napoleonic Wars and brought back a wife, so I have a fair dash of French blood.'

The family tradition of producing pitmen with technical skills continued when Sid's father Isaiah (known as Ike) became a pit electrician; he also worked at Datton before moving to Westerton Colliery as the First World War ended. He and Elsie found a little house at 89 Granville Terrace in the small village of Binchester barely a mile away. The long street with its gentle convex curve (based, I was told by one ex-resident, possibly with tongue in cheek, on Bath's Royal Crescent) was designed for the 'better class' of miners and even boasted its own Reading Room, where daily newspapers were stocked alongside Bibles and religious tracts: this was a Methodist and Temperance village, and once a prosperous one. But after the boom years of the early 20th century, Durham miners faced uncertain times following the First World War when the economic downturn led coal owners to cut costs rather than profits. Men were laid off and like the former soldier in *The Tramp* often struggled to regain both work and self-respect. The owners' lock-out of miners who refused to accept lower wages in 1921 was a rehearsal for its lengthier and much more bitter equivalent of '26, when it was more than just a miner's Christian values that were severely tested. The story of *The Wrecker* is set not in Binchester, but in Newfield, with its network of drift mines and railway tracks set amidst the woods lining the slow-moving River Wear, where the Chaplin family were among many struggling to keep their heads above water…

The Wrecker

SITTING ON THE PAVEMENT WITH his back to the wall, Dancer could feel the warmth of the sun like little hands touching his face and his stockinged feet. The river beyond the colliery line chuckled with pleasure. Dancer looked at his feet. They were small and shapely and quick. They had given him his name.

Now they were an excuse for not looking at Lance, his marrer, his mate, who was standing, looking down at Dancer with his sad, horse face and slant-worried eyes.

'Amos wants to see you now, urgent,' he said.

Amos was the local miners' leader and was running the strike in this district – the General Strike which had begun nine days before in a blaze of glory and hope. Amos was the strong man and Dancer disliked the strong. So he was slow in pulling on his shoes.

'What's wrong with Amos?' he asked. 'You know what's the matter,' said Lance. 'The bloody train and all.' Dancer shrugged. 'Oh, that!' he said. He stood up and his hand went automatically to the left-hand pocket of his khaki shirt to feel the crispness there.

'Got a fag?' he asked. Lance silently held out a gun-metal case. Dancer took the one Woodbine and waited for a light. Lance struck a match and held it up to the cigarette, moving to do so. It was like that. Lance had always been the giver.

'I got a copper or two,' said Dancer. 'Tuppence, in fact. You can buy us a packet on the way down.' Lance walked away. 'You buy your own,' he said, and there was a fine shade of contempt in his voice which Dancer didn't like. He drew in smoke and let it dribble out before he followed.

The cuffs of his wide Oxford bags swished as he walked and he walked like Valentino with just the slightest swagger and waggle of his bottom. He walked well. With or without an audience Dancer still liked to act.

It was a fine day. Red pantile roofs were mellow and the lines of empty colliery sidings were strips of polished silver. A thrush fell silent on his perch on a clothespost as they approached.

The bird inched as they passed him so that his head was to the men all the time. The days would be fine all through the spring and summer, would be dry and parched with defeat. But now it was really fine.

Dancer's mother came out of Martingdale's shop with a can of lamp-oil. She came out without speaking to the women grouped there. She came on towards Dancer and the red fringes on her dress danced as she walked. She had a big, gross body but she carried herself well.

Dancer confronted her, his thumbs stuck in the pockets of his father's old army shirt, his black bullet head gleaming in the sunshine. 'Gies a copper or two for fags, Mam!' he said.

'My God, you got a nerve!' she said, looking where Dancer's left thumb caressed the notes in the pocket. Dancer knew she'd been through his pockets. 'Come on,' he pleaded. 'Go to hell,' she said and walked on.

'What's wrong with her?' asked Dancer. 'Mebbe she doesn't like what she's brought up, eh?' asked Lance in return. Dancer knew then. He rubbed his face with the back of his hand and the old Dancer smile was back there again. 'Mornin', ladies,' he said.

His eyes lingered longest on Amos's wife, the red-haired woman with bold violet eyes. She flushed to the cheekbones and looked away. Then she looked at him. The other women looked at him too, and with that look their faces were all the same.

The two men walked on in silence. Dancer laughed. 'They must all've got out the wrong side of the bed this mornin',' he said.

'It's what's gonna be missin' from the beds,' said Lance. Dancer opened his mouth for a quip, thought better of it, and walked on with a strange sensation of watching himself.

They were crossing the timber bridge which carried the colliery line across the river. 'Here?' asked Dancer. 'What's up?' 'You'll see,' said Lance. Dancer raised his eyebrows. They were nearly over the bridge when he said to Lance: 'Wait a minute while I fasten me laces.' As Dancer had guessed, Lance went walking on.

He bent, grimaced as he fumbled with the laces, then swiftly transferred the two notes to the inside of his sock, down inside the shoe where they'd be safe.

The river chuckled below and there was a hiss of steam from the idle engine at the colliery. Hurrying after his marrer Dancer could see the water hurrying on below. It was slate blue and shallow. Now there was an ominous note in its chuckle.

Lance gave him a swift, unfathomable glance before plunging into the wood, and Dancer felt a fist squeezing down there and taking both his wind and his confidence.

The wood was dark after the open streets and the sun and no bird sang. There was an odour of onion flowers. Because it was so thick in the wood the bluebells were late. They could hear the river tumbling but the big stretch of bluebells was as still as a millpond.

They went through a thick stand of fir trees in which low branches whipped like bowstrings. Catching one, Dancer felt resin like coagulating blood. From then on the odour was heavy in his nostrils.

Amos sat on a fallen tree in the trough of an ancient quarry. He was wearing moleskin trousers and heavy pit boots. He looked heavy. He *was* heavy. He had a big fleshy nose and deepset grey eyes and he was holding a cuckoo-pint. He was stripping the green sheath back to expose the liver-coloured thing inside.

Little Cushie Dodds sat on a dry shelf of stone and blue smoke curled up from his pipe.

Dancer felt grateful for the sight, then a hunger for a cigarette which made him fumble in his pockets. 'Now, lads,' he said. The two men ignored him.

Cushie looked blindly through the smoke and Amos shook the plant so that the thing vibrated in its enfolding crutch of leaves. Dancer suddenly remembered the red-haired woman; he braced himself with his secret knowledge. But he felt uncomfortable standing.

'All right, Cushie,' said Amos. 'Get on with it. Keep on with the pickets till ye get definite word from the Council in Newcastle.'

'Spite of what the wireless said, about the strike being over?' asked Cushie, rising. He was small and frail and had been in more strikes than he could remember. 'Wait for word from the Council of Action,' said Amos. Cushie nodded at Lance and walked away. 'It'll be God help us if they've given in,' he said in passing.

He said it to Amos and Lance, he went away without even looking at Dancer. And Dancer was hurt. He'd worked down in the pit with Cushie and Cushie had once saved his life. When a man saves your life he's under an obligation to be loyal and friendly to you.

'So long, Cushie,' said Dancer, and Cushie said, 'Aye,' and went on. Dancer wished he had let him go without speaking.

'You'd a long lie-in this morning,' said Amos.

'Well, it's now or never for a long lie-in, Amos,' laughed Dancer.

'You missed all the fun,' said Amos. Dancer squatted on his hunkers, waiting. 'The pollis came – the slops – took nine or ten of our lads that were on the train job with you.' He paused. 'They came for me, but I was out.'

'Good for you,' said Dancer, warmly.

Amos blazed. 'And effin' good for you. You go off with all my best lads and without a word to me. You smash into a plate-layer's cabin and then you take out a length of rails and loosen two others – with the train due any minute – a train packed with folk. You're the one that works nice.'

'We got some action,' said Dancer, his voice trailing away as Amos jumped up. 'Action!' said Amos, and walked away.

With his back turned to Dancer he said: 'It's a 50ft drop to the river from that line and you could have killed hundreds. You could've turned the country against us.'

He sat on a ledge of rock with the rock-face behind him, and they were part of each other. 'But it didn't happen,' he continued. 'There was a mystery about that express.'

Dancer looked at him.

'That train was loaded with slops,' said Amos.

'That train backed off and it was blowin' its whistle and all them slops jumped off. Then it reversed and the driver and his mate jumped off as well. They all jumped off and they stood and watched that engine and carriages slide off the rails like a slow-motion picture.'

'We were off by then,' said Dancer. 'We all got away. We had it timed nicely.'

'It was a put-up job,' said Amos. 'They got the Overlook lads straight away and they knew somebody would talk – if somebody hadn't talked already.'

Dancer stiffened. He felt a pressure of injustice. He'd had nothing to do with that. But there was nothing he could say,

'The buggers that talked should be hung,' he blustered. Lance hawked his throat and spat. The spittle hung on a leaf then slid slowly to the ground.

'A right mess you made of it!' said Amos, and for a moment Dancer thought it was going to be all right. 'I told you it was the pickets that counted – if we could control the food we'd run the country. I told you we'd win the strike if we could feed the people!'

'You told us till we were sick an' tired!' flashed Dancer. 'It was action we wanted. Action!'

'You got it all right,' said Amos. 'Thirty lads in jail. But you were lucky. The slops came but they never called on you…'

'They never called on Lance either!' said Dancer in triumph.

'No, they didn't,' said Amos thoughtfully, and his voice suddenly warmed. 'But I'll say one thing for you, lad. You looked after your marrer.'

'Trust me for that!' boasted Dancer. 'Catch me lettin' a marrer down!' He caught himself up.

For the first time Amos was looking at him. Lance was looking as well, but his feelings were clear on his face, and Dancer felt a surge of incredulous anger at the way Amos had tricked him. Sitting there in judgment, leading him on…

Something was funny about his brow. He felt an oiliness which was nothing like sweat. He'd an ache for just one draw from a fag, and he fumbled in his pockets. He glanced at their faces. No chance of a smoke from them.

'That uncle of yours,' said Amos implacably. 'The sergeant...'

Suddenly Dancer was standing in front of Amos with his hands upraised. 'Just because I got a sergeant-slop for an uncle!' he was screaming. 'Just... just...'

He wanted to hide his face. He went to the fallen tree and sat down with his back to both of them. Suddenly felt better. He fumbled in his pockets. Amos threw him a crumpled packet. Lance struck him a match. He drew in shakily.

'How much?' asked Amos. Dancer shook his head, drawing quickly on the fag, denying all the time. 'Why, I'm skint the same as you,' he said. 'I cadged a fag from Lance, his last one, back there...'

'He stopped to fasten his laces. He slipped the money in his shoe, I reckon,' said Lance, and Dancer spun round to stare at this perfidy. His hand crawled to his shoe, hesitated, drew back and hung poised. 'Oh, what the hell!' he said.

His voice was bitter. 'Thirty bob,' he said. 'But he got me pinted up, he had a cupboardful of likker. Bottled stuff.'

'As long as we know,' said Amos. He looked at his hands, then got up. 'Well, that's settled, anyway.' He sighed. 'Come on, Lance.'

Dancer got up to go with them. '*You're* not comin', kidder?' said Lance. Dancer looked at him incredulously. 'We're goin' to the police station to turn ourselves in.'

'They'll not take you,' said Dancer, 'not you. I said you'd be in with me so they doubled the money – they made it thirty bob – 'cos we'd have to split it...' Then Lance lunged forward and Amos grabbed him and Dancer backed away, dazed at the thought that Lance had tried to attack him – Lance who had been his companion, almost his man.

'Let the poor bastard be,' said Amos. 'Write him off, Lance.' Lance grunted and drew back his mouth as if in pain. Then he sagged as Amos released him.

'Come on,' said Amos. The two men walked off through the woods, over the trough and towards the dark wall of the fir trees. Dancer watched them. Then his lips tightened. Throwing away his butt-end he ran after Amos and Lance. 'I got something to tell you,' he shouted.

'You, Amos!' he shouted, and Amos turned. 'Your Missus – your woman – I seen her stripped! I seen her stripped, stripped, stripped!' The cliff face was bouncing his voice and the word.

And now Lance was holding on to Amos, and Amos was straining forward with his mouth drawn back. He was looking at Lance. Then he made a swift motion with his hand. It was rejection and it was as if he were brushing a cobweb away.

He was the first to start walking again. Lance made an angry word with his mouth, then followed. They were soon in the thick belt of fir trees.

Dancer watched them until they were gone. 'What the hell!' he said. His hands were fumbling in his pockets again. He walked back to the fallen tree and searched for the butt-end he'd thrown away. It was still alight. He carefully nipped it and put it away. He looked around. He inched round like the thrush he had seen in the street. Then he started climbing the face of the cliff.

He was soon up. He was only slightly out of breath when he reached the fence around the wood. He vaulted the fence and started walking to the south and away from the picket.

Taking the centre of the road he began to run, sparring like a boxer all the time. He was singing as he boxed the invisible enemy. There were no spectators but he was acting. He had never acted so hard in all his life. He stopped once to get the two notes from his sock. He looked at them.

'What the hell,' he said. He started running again, silently. He had stopped boxing his enemy now. He was only running hard.

The Tramp

RUNNING DOWN THE LANE AT the end of Garden Street, the boy checked himself at the fence, and looked first at the faint pathway trodden through the wide expanse of meadow to the stile and then at the bull, quietly ruminating amongst the deep sweet grass by the pond in the far corner. Over the stile was the head of the pit-bank up which even now his father would be toiling; in the deep grass less than a hundred yards away was the bull who considered the field his kingdom and would assuredly rush him if he attempted to set foot on it. The only alternative was a long meandering route by the Co-op and the old air-shaft – but that might lead him to miss his father. Gulping, he decided to run the gauntlet of the bull – black as night with smooth pelt under which the muscles rippled, and with square-set head and slavering mouth. The horns he didn't dare to think about. Ducking under the rusty old cable stretched tightly between one post and another, he set foot on the bull's domain, deftly snatching up a ladybird on the way. Ladybirds were for luck, weren't they?

Halfway over he was aware without actually looking, that the bull had raised his head and was curiously looking at him. It was hard not to look; harder still to walk easily as they'd told him. He was trying hard to concentrate on big patches of yellow buttercups scattered like bouquets and the clump of dithery-dock that spread out beyond and lasted all the way to the stile. In the end when it became too difficult to hold he cautiously stole a glance over his shoulder. And sure enough the bull with head down was raising first one hoof then another to the accompaniment of stentorian blowing. Even above the pounding within himself he imagined he could hear it; and for a moment he was frozen. Then he heard his father's voice.

'Walk away slowly, lad, and for God's sake don't look.'

His father was a hundred miles away and beside him was a strange man. Even at this distance he could see his father's face. It was black with the pit and shining with sweat. Now he'd taken off his cap and stood inside the meadow. Wave after wave of relief surged through the boy. Slowly he started walking. But his father was taking a diagonal path away from him. Nonplussed he held back.

'Make straight for the stile,' shouted his father. 'Slowly now. Slowly does it.'

And then he was running, waving his cap in the air. 'Hup! Come and get me,' he was shouting at the bull, running, waving his big red hankie. With all his heart the boy wished to run after his father, only the bull was there and with a deep sense of shame he realised that he feared the bull more than anything else in the world; that his fear of it was greater than his love for his father.

Where the dithery-docks were the stranger came running to meet him. There seemed an enormous gap between them. Ever afterwards he remembered the strange eerie silence of the field. All that existed was the pounding that went on inside him, the tall tattered man striding towards him and the feel of the tall grass whipping against his legs – and far away the shouting of his father, taunting the bull as the tall stranger swept him up in his arms. Then in a flash he saw from his new point of vantage his father running like lightning with the bull close behind. Then he felt himself being pitched bodily over the fence and in a trice the stranger had vaulted lightly over beside him.

'It's all right, he's made it, kidder,' panted the stranger. The father was waving from afar down the road, while the bull, safely within the fence, stamped his baulked rage and frustration.

The father came toiling up the hill, mopping his brow and face.

'Mind that was a bit of quick thinking,' said the stranger.

'Aye,' dismissed the father shortly. 'Mind you're a little toy. How often have I told you!'

'I'm sorry, Da.'

To the boy's relief he turned his attention to the stranger again.

'God knows what we'd've done without you.'

'I'll tell you what. He'd have kept on walkin', just as he was told.' His eyes were fixed on the boy's tightly clenched fist. 'What've you got in there, young 'un, if you don't mind me askin'?'

'I'll be bound it's something daft, he goes around like a magpie, pickin' up all sorts of rubbish.'

For the first time since ducking under the fence, the boy became conscious of his tiny captive, and opened his fist.

'Well I'll be jiggered, it's a ladybird.'

'What did I tell you!'

'Leave him alone,' said the stranger. 'Mebbe it'll bring me luck.'

He picked up the little creature and set it on the back of his hand. With a flit of his gossamer wings the ladybird was gone. Then out of nowhere he appeared again and landed where he'd been before.

'There, little'un, I can't go wrong today,' and he carefully placed the creature on a blade of grass.

Rising from the grass he looked down at them.

Despite the patches in his coat and trousers he stood there like a god. 'I'd better be on me way.' The boy felt a pang.

'Where you're makin' for?' asked the father.

'Barny and a decent kip for the night.'

'Come and have a bite to eat with us. You'll feel better with a Yorkshire pudding behind your ribs.'

The stranger shook his head. 'I wouldn't put on good nature. Besides, I've barely time to make it as it is.'

'You can say what you like, you're not leaving without a bite. Now we're havin' no arguments.'

The stranger looked at the father. 'And I mean it.'

'I'd be glad of a bit of bread and cheese,' temporised the stranger. Then he paused. 'And a slice of onion with it, if you can spare one.'

'I reckon we can stretch as far as that. What's your trade?' he continued.

'Fitter and turner. Finished my time just as war broke out. Got married and did my stint in the trenches. Came back and they set me on as an improver – then after a year and a month they sacked me.'

'A land fit for heroes.'

'There was all hell to pay. So I lit out and the missus went back to her folk. I've looked high and low for a job.'

'It's a bloody mess and that's a fact.'

'But the truth is, that I can't shake the war out of my system. Went through the Marne and the Somme.'

'Aeroplanes and tanks and observation balloons,' said the boy. 'Did you see them?'

'Mostly mud. If you're talkin' about the Somme. You daresn't look up for watching your step on the duckboards. We lost more through drowning than bullets.'

'What about the dog-fights?' said the boy. With his arms widely extended and making a humming noise he wheeled in a wing-dipping circle.

The stranger shook his head. 'We hadn't much time for looking at aeroplanes.'

'You run ahead and tell your mam I'm coming,' said the father, and he turned to the stranger. 'Head full of trash,' he apologised. 'He's always reading.'

'Nobody knows what it smelled like. Nobody.'

They came to the Club at the bottom of the street.

'Just hang on a minute. You can drink a pint I'll bet?'

He disappeared past the doorkeeper into the noisy depths of the long bar, and a few minutes later emerged with a big dimpled glass in his hand.

'Forgot to ask you. Will a bitter be all right?'

Gently, reverently, the stranger took off some of the froth which was brimming over the side and tasted it with his eyes closed.

'God bless you and keep you,' he said; only in a different way, the boy thought, from Mister Willis when he gave the benediction at the Sunday School; but all the same he meant it.

The boy had only half-finished explaining to his mother when the stranger and his father arrived.

'Now what?' said his mother dangerously, in the voice that the boy knew so well.

'This is Mister Forsyth,' introduced the father. 'He's looking for a job.'

'Oh, is he?' she said.

'I've invited him in for a bite,' said the father, carefully placing the pint glass on the big dinner table, which was spread all ready.

'The dinner's hardly ready yet. And what there is'll hardly suffice for us.'

Snatching his cap the stranger moved to the door. 'Now look...'

'Now just you sit down,' said the father, his voice dangerously level. Taking his cap he hung it behind the door. 'Butter him a couple of slices of bread, woman.'

'I cannot stay long. I've got to make the doss-house at Barny tonight.'

'Doss-house,' snorted the woman, as she spread half a sheet of newspaper on the end of the little side-table which stood by the window.

'What about a table-cloth?'

'You must be joking,' she said, and swept out into the scullery. The father took the glass and set it firmly on the little table. 'Howay, sit down,' he ordered.

'Sure?'

'Never fret. Just sup up. You must be thirsty. I'm sorry, her bark's worse than her bite, y'know. She's got a good heart in her belly, at the bottom of her.'

'Anybody can see that.'

'She's a good lass really.' There was something about the way he said it that made the boy sorry for his father.

The mother came briskly in and set down a plate of bread and a little cheese before the stranger.

'What's this?' said the father, his face darkening. 'Bread like house ends. I shouldn't care if there was cheese to go with it.'

'It's just the way I like it. Home-baked bread as well.'

But even the boy could see that something was wrong – something about the way the stranger kept bolting every mouthful, the way he sluiced away every last particle with the beer.

'Is that all right?'

'It's grand.'

'Well, if that's all. I'll get on with my cooking.'

'He'll need an onion. Give him a big'un – one of our own. D'you like it with vinegar?'

'Just on its own.'

The woman departed, but not without a defiant lift of the head. They all waited. She brought in the onion, a knife, salt and pepper.

'I thank you,' said the stranger with an old-fashioned courtesy.

'Don't mention it.' The onion seemed to help down the bread and butter. In less than no time, the stranger had finished. He stood up. For some reason, he seemed embarrassed.

'Well, thanks, Mister, thanks, Mistress; you've been very kind. I'd best be going.' The man went.

'A fine carry-on,' she said. 'You and your tramps.'

'That man bled and died for you.' How funny, the boy thought. The man was alive. How could he have bled and died?

'I don't care. Dirty stinkin' tramps – they're all alike. If they really wanted work they could find it.'

'That man's like me. A time-served craftsman. He'd work his guts out if they'd let him.'

'It's a bonny good job I'm here to keep you straight. Anybody can pull the wool over your eyes – anybody. But not me; I sharp got his measure. I know the treatment to give his sort.'

The man stared at her, then went through to the scullery. Returning he threw an opened packet of margarine on the table. 'Like margarine, for instance?'

'That's right,' she said, giving him look for look. 'And I spread it on thick for him.'

'Oh, woman, woman. Do you know what you've done?'

And for a moment, while the question hung in the air, the boy shut his eyes, hoping his father wouldn't tell. Vaguely though he sensed the answer in what he owed to the stranger, he prayed for silence. He knew what her reaction would be. Punishment would be swift and sure.

'Of course I do, do you think I haven't got my wits about me? You've just got to look at him to know what he is. Dirty shiftless lot.'

'Ah, but we know better, don't we, old lad?' the father asked the boy. The boy's heart pounded, worse than in the bull field. His mouth was dry and his tongue clove to the top of his mouth. He was looking down into the stranger's glass, deep and sour-smelling. 'Oh look, Da, the man's gone away and left some beer. Shall I run and tell him?'

The father stared unseeingly at him. 'No, son, I shouldn't bother. That's only the dregs. It's not worth bothering about.'

The woman held up the pint glass distantly, wrinkling up her nose. 'The sooner this is washed out, the better, then he can take it back to the doorkeeper.'

The glass shone like crystal when she was finished with it. Every last trace of the sour-smelling beer had gone by the time the boy took it back. But the face of the tramp stayed with him forever.

Tom Patrick

ONE MORNING THE CAT LED me out of the house into bright tingling sunshine. What's he about? I wondered. For once he didn't run, but high-stepped it down the yard, looking upwards and about him as he went. Even behind him I could see his whiskers twitch. Instead of streaking over the gate the quicker to be in Grandma Richardson's and at his milk he paused and reached up the wall with his two front paws. There he stretched, benignly looking at me. He almost smiled – and even a child knows how rare is even the intimation of shared delight in a cat. Then, lowering himself, he went up and over the gate in a bound. Lifting the sneck I followed.

Grandma Richardson, who wasn't really my grandma at all, but a grandma to everybody, put down his saucerful and Big Tom lapped. Straightening up, she announced: 'Well, here we are and it's spring again!'

'Spring?' I pondered, down on the proddy mat. In and out went the little red scoop of Big Tom's tongue.

'When all the flowers grow,' she said, as if that explained everything. But what use was that to one as green and unformed as me? I'd enough to do sorting out the puzzle of my own new-found identity.

A big man with rosy cheeks and a brown moustache rattled the sneck and walked in with the sunshine. 'Now, Nelly; now, canny bairn: by jox but Ah've got a thirst on me the morn!'

'Mind it would be summat different if tha' hadn't, Tom Pat!' she retorted. 'Tha' knows there's plenty o' watter i' the tap…' Nevertheless, all smiles, she brought out the grey hen and with the George V coronation mug she reserved for me a pint pot for the man. 'Tack care of the bairn first!' The milky ginger beer gurgled and frothed to a top as she poured. I smiled at the spectacle.

'And what's thy name, canny bairn?'

'That's out of the ordinary,' he gravely informed me, unlike the majority of people, who looked startled, or burst out, 'Any relation?' 'In fact, that's extra-ordinary!' I looked down at Big Tom. He had drunk every drop of his milk. When I looked up again the man had finished his ginger beer.

'You've got the same name as our cat, Mister,' I said. '*And* you drink as fast as well.'

For the first time a grown man slapped his knee and laughed out loud, not at but with me. 'There's thy character in a nutshell,' triumphed Grandma Richardson.

'All the same, Ah'll have another.'

‘The Lord help thi canny wife and bairns if iver thou tacks to drink, Tom Pat Gill,’ she said, refilling his pot.

‘The one that’s on the way’ll be the finish, Nellie.’

‘There’ll be more, Tom Pat; thou’ll have a houseful.’

Standing up, he announced, ‘One’s enough for me: one wife, one bairn and one quart o’ beer a day is enough for any man. Moderation in all things – that’s my motto!’

‘Off with ye!’ she threatened, and with a grin he backed out into the yard. I followed him. Stopping short, he looked down at me, ‘Noo, what’s thoo after?’

For answer I took his hand.

‘Tha’s got thisel’ a bairn before time!’ mocked Grandma Richardson. I returned in triumph an hour later with stories of being swung on a gate, plump partridges clapping up from our very feet, and the perfect interior silkiness of a hedge-sparrow’s nest. But what couldn’t be told was the first glimpse of the smokey blue depths of the wood, the way his laughter rippled like the stream his name and nature had been endowed with, the interest in and affection for me his whole being exuded, as indeed it did for all the good things of life around him.

Our relationship brought about a friendship between Tom Pat and his wife and my parents. But he remained my particular friend. The trust between us was as inevitable as the blossom in the spring. It grew out of Grandma Richardson’s obvious affection for him. Great shapeless mound of rectitude and comfort that she was, she was also the first woman I ever saw quicken to the life in a man. Time and time again I saw her become lovely in the presence of Tom Pat. Whenever I see the willow in the spring take on its splendid green-gold array I think of Grandma Richardson unfolding in the sunshine of Tom Patrick.

Tom Pat was quick and strong. A master of quoits, he ran fleetly and was a mighty hitter with a bat. But what endeared him most to me was the level he offered in friendship. Quick to sense a mood, he was never patronising and knew the value of silence. When he made a pocket handkerchief rabbit hop from wrist to elbow, then bound over his shoulder, it was as much to entertain himself as me. Weaving a rattle of rushes, a whip or stripping away the delicate green skin to make a rose or lover’s knot from the white pith, he was deep in his own delight and you were free to join in or not as you wished. Even when in the heat of the noon he made a little cap to preserve me from sunstroke it would be handed over so that I could put it on myself.

On the bad days it was sufficient for us to be together. A look was a conversation, and monosyllables spoke volumes. So to him belongs every spring wood in which I walk with its rife onion flowers, dusky red soldier's buttons and bluebells smelling of pleasantly doughy new bread. It may be hard for others to understand, but every good friendship since then and for evermore has the pungency of wild mint plucked by the water's edge.

That April Fool's Day all the pits shut down, and in the beginning this helped to cement our friendship. The lockout lasted three months. Since my father worked at the pit which lay over the hill to the west and Tom Pat at another which lay a mile eastwards out of view, I never saw the pulley wheels stop their interminable spinning and the winding engines fall silent, as if the giant slaves working inside the fortress-like winding-towers had at last toppled over with burst lungs and cracked hearts.

But I did miss the caller on his courses and, with the slog of boots on the pavement outside when the foreshift came home, the pit pungency which is a compound of sweat of man and smell of pony on coaldust-impregnated work duds. I missed too my father's whistle as he wheeled out his bicycle in the morning, missed the calm of a woman-ruled household. Above all, the time came when I began to miss Tom Pat's cheerful hail over the yard gate, calling me out to a walk, 'Anybody seen the young 'un?'

'Ah tell you what, we dinnat see ower much of Tom Pat these days,' said my father one morning, and my heart gave a leap.

'Her and her flamin' fire!' said my mother. 'She'll dae without nowt!'

'We'll toddle away up and see them this afternoon,' said my father. There was no holding me back when we set forth. 'Well, look who's turned up!' said Tom Pat, black as out of the pit when he opened the door.

Bessy Gill's house shone. You could see your face looking back at you out of the high shine of the tall press – unlike my grandmother's it didn't have mirrors on the doors, with white swans gravely swimming on them, and there was never a flyspot on the big picture of Tom Pat's father with a beard so long that could see only the bottom two buttons of his velveteen waistcoat. No matter where you sat the glow of the fire was reflected how the blackleaded kitchen range resisted melting away is impossible of explanation! The only cool place in the kitchen was under the table, and looking out from there the fire roared away like an inferno. 'Thou should 'a' been colliery boilerman, Bessie!' charged my father.

I have never known anyone more prodigal of fuel. The great golden crust went almost up to the beginning of the chimney and the long flames curling away on each side relentlessly played upon the boiler and oven. How was I to know that I was looking at the enemy which had come between myself and Tom Pat? Day after day he was driven to gleaning on the peaks and low rambling ridges of Westerton pitheap to feed this insatiable creature. There was no satisfying it.

But what a spread! Unlike my mother, who made once do, Bessie baked thrice weekly – twice for crusty bread and fresh teacakes and once for fancy. Her fairy cakes melted away in your mouth and her tarts were so crisp and light that it was only necessary to bite and let the pastry melt and merge with delicious jam or lemon curd.

'How do you manage – how?' demanded my mother in mingled delight and exasperation. Tom Pat was having his bath in the scullery.

'Ah sent him down to his mother's this morning,' returned Bessie significantly, then lowered her voice. 'Me being the way I am, they always tip up. Rub it in about me mornin' sickness, I tell him; and it always works. Then while he went for coals I walked through the woods to Bishop Auckland and enjoyed myself in Lingfords.'

'You must have spent a fortune, really!' cried my mother.

'Ah went in with ten bob an' came out with one and thrippence in me purse,' she replied. 'As long as Ah've a bit money to start with, me charms'll look after the rest.' With a flicker of her long eyelashes: 'It's my charm that makes me such a manager.'

And what a manager of managers she was! Every Sunday without fail during the long three months of the strike she would send up a helping of her rice pudding for my father. My father was always ready for it, and Tom Patrick would silently watch. But one day a touch of the old merriment came to the surface.

'Ah'm sure it does me heart good just to watch ye, Ike,' he said.

'Naebody can touch your lass's rice pudding,' said my father. 'Naebody!'

'Aye, trust Bessie for the finishing touch and the fal-de-rals,' rejoined Tom Pat gaily, but when I next looked his face was clouded. The enforced idleness which had put fat around the middle of all the other men had worn him down to a spare, tired leanness. The bone shone through his face.

'It's the heap-riddin' that gets you down, lad,' said my father. 'How about tryin' the cut?'

'She winnit hear on it,' said Tom Patrick. 'Says the pollis'll be down like a ton of bricks one of these days.' Against his will he allowed my father to persuade him to go.

'Let's go and see the men working,' said my mother. We looked over the bridge into the cool leafy canyon with its gleaming rails, now transformed into a mine with the lid off. The place swarmed with men. Naked to the waist and precariously balanced on the slopes they swung their picks at the narrow seam of coal, fixed like the lead of a pencil in the yellow strata. There was no need to shovel. Down it tumbled to pile up in the drainage channels, while the marrers of the pickman above (no miner ever works alone if he can help it) joined forces to fill the sacks, or each with his burden toiled up the steep side of the cutting. Only the more fortunate who lived down the line were able to push their bicycles along and deliver almost at the coalhouse door. The place was a welter of picks and shovels and bicycles – and men who sang or jested as they worked. But there was no sign of my father or Tom Patrick. 'Where can they be?' asked my mother, screwing up her eyes.

Then all was changed as the fields on each side erupted policemen who seemed nine feet tall in their helmets, swinging truncheons as they charged. Women screamed. Bairns started crying. Bicycles were abandoned and black coal spilled on the grass. Men dodged like coursed hares. Two forces entirely separate from those in the fields drove the men before them like sheep. One miner clambered up an almost perpendicular face of rock to where an Inspector, immaculate in white gloves and with his stick tucked back under his arm, impassively watched the mêlée below. When the miner reached the top he found first a pair of highly polished shoes, then, as his eyes travelled upwards, an officer resplendent and godlike. His mouth dropped open. The officer pointed with his stick, and the man went back down. This was the worst thing I saw. Then we hurried away home.

And there we waited. We waited for hours. 'They'll be gaoled for certain,' my mother wailed.

'Have a bit of pie,' suggested Bessie, 'while I put some coals on the fire.' In fact my father and Tom Patrick had been nowhere near the cutting. They had gone instead to the pitheap, and after seeing the police march by, decided to wait it out.

'Ah told you to stick to the heap,' said Bessie.

And this was what he did. One day we went to see him. The great round barrows burned slowly with a smell like hell's judgement, and far up one smoking flank a small figure toiled with pick, shovel and small-meshed riddle. Tom Pat slid down to join us. We sat on the grass and talked. Down below lay the quiet pit with its spidery headgear and twin winding-houses towering like empty castles. In full view was the gantry leading up to the cages. 'Ah never thought the day would come when I'd pray to get back down there,' said Tom Patrick.

The lockout ended and Tom Pat had his wish. Down the shaft he went, and one day he never came back. Alive as ever, I came again over the brow of the hill with my parents. The pit lay before me and in my state of innocence, death – having no meaning as yet – could hold no dominion. Like our own familiar Tom Cat, the pit stretched lazily out over the place whence my friend would never return. The two fireholes glowing like eyes in the night, it stretched itself out and seemed ready at any moment to purr. Never did it occur to me that there was any connection between the going away of my friend and the stretching out in the night of the great, black, beautiful creature. That had to wait upon my own experience of what might come of the careless flick of a paw, the implacable press of her immense belly.

The day after the funeral I accompanied mother on a visit to the bereaved wife, who greeted us at the door with be-floured arms and beaming face.

'Don't tell me you're bakin', lass!'

An unrepentant Bessie led us into a house which itself could have done service as an oven. 'Ah just took it into me head to bake a spice loaf for me mother,' she said. 'And then before Ah knew it Ah'd mixed enough pastry for a couple of pies and a baker's dozen griddle scones. The living have to be fed, you know. And it seemed such a waste – all that lovely fire.'

'Ah'm sure Ah don't know how you stand it – Ah'm sure you could fry an egg on that fender,' complained my mother.

'Here, take the bairn, and Ah'll bake you a nice bacon and onion pie for your tea.' Bessie thrust the baby into mother's arms. My mother, I noticed, made no complaint. And such a spread she made for us. It was the last of her great feasts, and she did it in style, proudly presiding over the teapot and queening it over us with face still flushed, and creamy arms yet pink from the heat.

After tea Bessie made preparations to leave with us, wishing to take the spice loaf to her mother. First mother washed in the cupboard under the stairs while Bessie changed and dressed the baby, then mother took the baby while Bessie completed her toilet.

'Do you like my soap, Elsie?' she enquired from the recess.

'Oh, but it's lovely. Ah do look forward to coming here for the soap!' I can hear them talking now. So long ago, and they were, after all, little more than girls.

Low and mysterious came Bessie's laugh; and even before she spoke I saw my mother turn sharply and look at the vague glow of womanhood out there in the shadows. 'Always look after your skin, Elsie,' she admonished. 'It's your face they look for first – a soft skin they like to touch…'

We left her with the child at the bottom of the street. 'Now did you ever hear the likes of that!' my mother demanded of me and then of a lark trilling high, in that order. 'Bessie's soap smells nice,' I firmly replied. We trudged along. To our left the pit lifted her standards high, and on our right the golden fields gently sloped to Binchester, a good two miles away.

'Ah wish it wasn't so far,' said my mother with a sigh.

And who should come spanking along but red-faced Butcher Wilkinson, perched high up on the seat of his bright red van! The high wheels spun, the cabriolet-like box rocked on its springs, and the butcher, majestic below his bowler, shouted 'Whoa!'

'How about a lift?' he shouted, but already we were running to overtake him.

'Ye don't know what a welcome sight you are!' panted my mother as he helped her from the step to the seat. 'Oops a daisy does it!' he said. 'Now how about the nipper? Should we put him in the van to keep the beef and mutton company?!' It was all God bless you, as far as I was concerned. I was already waiting at the other side, quite unafraid of the champ and twitch of the horse. A hand was extended and in a trice, planted on the right of the butcher, I had been given command of the whip.

Then away we bowled while I, admiring the smooth rolling motion of the bay mare's hindquarters, wondered just what might happen if I dared touch them with the tip of the whip. The countryside was wide and open around us and blue smoke lifted perpendicularly from the chimneys of solitary farmhouses snuggled in the folds of little hills. A magpie flagged low over the railway field. Rooks cawed. In the September light all things were bright and clear. But I had no eyes for this. With the metal-bound wheels singing and the whip held high I rode along in triumph.

'– And him only buried yesterday,' my mother was saying. 'There she was, flour up to her elbows when we landed. "You can't bake for the dead, and that's a fact, Elsie," she told me; as sure as I'm sitting here.'

'It's a bonny funny carry-on – but then she always was a bit peecoolyar...'

'Peecoolyar isn't the word for it,' said my mother, unconsciously miming Butcher Wilkinson. 'You should have seen the carry-on when she got ready to go out – clear soap, two lots of water to wash with, the face cream, the scent!'

'She always did look like a woman that took care of herself,' ruminated the butcher. 'And she never did settle. Always ready to joke on.' My mother looked at him. 'Here, give us the whip, young 'un!' he demanded. That he didn't use it made me doubly resentful.

'It's sad,' he murmured at last.

'She'll pick, you watch!' said my mother.

'Oh, she'll pick – you need have no fears of that,' said the butcher robustly. And now he flicked the horse. Her ears went up. 'Hey, lass!' he said in an injured tone, and flicked her again. The mare's head went up and she stretched herself, licking us along to the brow at a fine pace. 'Whoa!' he cried, pulling. 'Now there's your lift home for ye!' he laughed. Picking me up he lowered me to the ground. At the other side he was one-handing my mother down. 'All the same, it's a sad case,' he said. Glancing down at me he said, 'Ye'd better come round and take hold of the lad.'

My eyes were fixed on bushes heavy with fruit. 'What's these black things, Mr Wilkinson?'

'What's them? What's them?' he demanded. 'Did you hear that, Elsie? Canny bairn, your education's been badly neglected. Tell him what the black things are, Elsie!'

'Why, they're blackberries,' she told me.

'Are they nice to eat?' Both adults looked down and laughed at me.

'You just try one,' said Butcher Wilkinson, watching as I picked and hesitantly took one to my mouth. 'Go on, pop it in,' he said. The berry was soft and yet firm between my fingers. 'Between your teeth,' encouraged the butcher, and oh, the smile that spread over his face as I tasted my first blackberry, the juice spurting out, taking its tart faintly acid sweetness to a million instantly alert and rejoicing taste-buds. 'Was I right?' he demanded, but already my hand had darted to select another. 'Now you've started something,' said my mother. Laughing, Butcher Wilkinson whipped away.

We picked and picked until our teeth, our lips and fingers were stained and stung with the sweet pain of the insidious little thorns. There was no driving me home that evening. If I'd had my way we should have feasted on blackberries for evermore. So the pride and vain glory of the whip and the high seat, and the taste of all those fine ripe blackberries that hung heavy on the branch quite jostled out of mind and memory the passing of Tom Patrick. Only tenuously was his living presence linked up in my mind with the words of Grandma Richardson: 'Such a beautiful skin. All those years in the pit and there wasn't a mark on him.'

And yet again the iron-bound wheels of the years carried me back to the churchyard where his gravestone leans, and a Tom Patrick Gill aged 23, fatally injured at Binchester Colliery. No more than a boy, he almost certainly went out as unblemished as on the day he was born. I am old now, but I can still hear his laugh. Surely this is a miracle. Tom Patrick is gone and the pit which overlaid him is obliterated, but still he walks beside me. 'Noo mind the bluebells, gan canny over the bonny flowers. Here, under the hawthorns where it's damp and cool, you're always sure to find them growing,' he says to the child I was then, and am no longer: that wild innocent creature who had still to taste his first blackberry. And to this day the sight of the cuckoo pints, each erect and sturdy, each guarding the life within it, has never yet failed to drive a pang like a nail through my heart.

Pay Day

Twenty lads, so hearty, went down the pit
Today.
Twenty lads, once hearty, will never again draw
Pay.

Sid's father, Ike, outside the family home at 21 Westcott Terrace, Ferryhill. Ike was never a drinker but was fond of his 'tabs' (see left hand).

NOTE II

IKE AND ELSIE CHAPLIN AND their growing family did not stay in Granville Terrace for long, embarking on what Sid later called 'a gypsy life flitting from Binchester Blocks to Byers Green, from Byers Green to Newfield, from Newfield to Eldon Lane, and then finally to Ferryhill' in search of settled employment. That proved elusive in the awful decade of the 1920s. Ike and his family often had to endure long periods of unemployment.

Of the above places, the first three were the most important in Sid's development as a child and later as a writer. A few miles north west of Bishop Auckland, perched on various slopes of a gently rising hill to the east and south of the meandering Wear, these small settlements each had its own small pit, but were essentially rural in character, surrounded by fields and farms (like the one featured *In Blackberry Time*), woods and riverside walks, with views of the fells of upper Weardale to the west. We'll come to Newfield in a moment, but many years later Sid wrote this thumbnail sketch of Byers Green:

> 'I was rising six (in 1922) when I first saw it from the back of the cart that carried our furniture. It was the third of a whole collection of mining villages I learned to love – and leave too soon. This one was a crooked collection of streets in a curve of the River Wear, and had a pit set like a citadel on the brow of a hill. Coke ovens burned night and day: you could almost toast a slice of bread from our bedroom window; and the grey colliery rows grafted on to a main street of stone walls and pantile roofs told of the grafting of mining to farming which began soon after Stephenson brought the railways to south-west Durham.
>
> There was a church, a chapel, a cinema and several public houses. Life was rough-hewn and sometimes dingy. But it was also close-knit. One step over the parish bounds and you felt the cold. In the 20's there were 2500 inhabitants; the pit was working full-stretch – at the end of a century of workings. The place was alive. Those were the days when a young man newly returned from the wars was writing *his* first book, and the very first about his home village. This was Harold Orton, later Professor Orton and Editor-In-Chief of the great survey of English dialects.'

Orton wrote in his introduction to that first book, *The Phonology of a*

South Durham Dialect: 'The inhabitants of Byers Green are characterised by alertness of mind and independence, and tend to express their opinions with an outspoken blunt candour. Their everyday speech – Pitmatic, they call it – is free from all traces of mumbling and drawling. It is in fact an extremely vigorous dialect...'

Sid's vivid line about toasting bread from the back window is not wholly hyperbolic, by the way: the Chaplins lived in Michael Terrace, which backed on to the 24-hour clamour of the Byers Green pit yard, while a branch of the Spennymoor-Bishop Auckland railway line crossed the dirt road out the front.

Here in this beguiling mixed landscape of agriculture and toy industries of coal extraction and coke and brick production, the young boy lived a rich outdoor life, often by himself, or with his pals, like the doomed Reggie, who features in the vivid stream-of-consciousness storytelling of *Easter 1927*, again set in Newfield a mile down the hill to the east. The preceding *Tom Patrick* isn't entirely fiction either, but based on a young man who lived at Binchester and worked in its pit, which was connected underground to Ike's Westerton. A coal hewer who had served in the Army during the First World War, Paddy Summersgill befriended the five-year-old Sid during the miners' lock-out of 1921 and during its long, hot summer of idleness taught the boy much about the countryside: how to tell the difference between a kestrel and a sparrowhawk, as well as how to slide down a pit-heap on a shovel. Meanwhile *The Sea Rose* features a version of another childhood friend and ally, his maternal grandma, 'my darling Alice', who also appears later in the sketch about impending adulthood, *First Breeched*.

These friendships were important precisely because Sid's relationship with his parents wasn't always as they would have wished. Naturally the business of survival was uppermost in Ike and Elsie's thoughts, especially as Sid's five brothers and sister began to arrive. But there was something else:

> 'In my family, as in so many others, there was this great reticence. I suppose it was part of the realism of the times. One rarely showed affection. You never kissed your mother or even your aged grandmother. And you never talked about your innermost feelings. Never.'

Written like some stories many years later, *The Bridge* deals with this family divide with great tenderness.

What is so striking about these and other stories is the extent to which they are based on real events and people. One wonders how much of them is therefore artifice. In an essay written in the 1960s, *Walking The Bounds: on being a writer where the temperature happens to suit*, Sid addressed the issue thus:

'When I was a boy I would waken up with the feeling that this morning I'd walk around a corner and find treasure: a great and glorious treasure. Well, this wasn't surprising. The little pit shaft my father ascended at Westerton was just outside the ramparts of the Roman fortress of Vinovia, and when I was very young we used to be sent out after rain with the injunction to find 'Binchester pennies', Roman coins. The Wrens who lived in the local manor house had reputedly dumped their silver into the wood pond, which we often raked with long sticks. Oddly enough I went back to Newfield recently and discovered that when the street by the river and the steppy-stones called Seldom Seen were demolished, a Saxon sword was found. I was well content that someone else should have found it, knowing that the real treasure is everywhere waiting to be uncovered, in the human heart...

My work in the mining industry has enabled me to write in my spare time with a relative degree of freedom. I write what I please, and publish what pleases me. Always writing out of daily contact with people. People replenish me. Like most writers, I read a lot but it is what I steal from life around me which is most important in my work – odd turns of speech, curious actions, anecdotes, the stories acted out in real life. The art consists in adapting...'

R.H. THOMPSON
WHINS FARM
NEWFIELD

In Blackberry Time

TOM GREENAWAY WAS BURNING STUBBLE in the Top Five Acre when he noticed the girl working slowly along the far hedge, the sun flashing on her milk-can. Some child, he concluded, who must have slipped unnoticed through the farmyard, since his mother never allowed brambling. He decided to deal with the girl when his work was done.

Soon the red line of leaping flames was advancing into the golden stubble the full length of the field, crackling fiercely and leaving a brittle black desolation in its trail. In front, though, the stubble was alive with panic-stricken life. As well as field mice scurrying hither and thither and often climbing over each other in their efforts to escape, there was the odd shrew or two. With their reddish-brown pelts and pointed little snouts they looked for all the world like blind little elephants of the stubble. Being a kindly lad, he picked up as many as he could with the intention of releasing them in the hedge, and soon his poacher's pocket was alive and kicking with the little creatures.

The intruder was still methodically brambling, taking not the slightest notice of him. Angrily he whistled and threw out his arm in a commanding gesture. The child, turning, cheekily waved back at him. Such cheek! He strode angrily over the field toward her, the stubble crackling underfoot, a covey of partridges clapping up, two hares bounding in wide opposing circles. He'd show her!

But it was he who was given the first surprise. That she was no child was stunningly obvious as he came up behind her, stretching to reach one of the topmost branches. He quickly collected himself. 'Now, Missus, what d'ye think you're up to here?' he demanded, unnecessarily loudly. Taking her time she plucked every berry. The branch snapped back with a vibrant flutter, like a young partridge learning to fly. Then only did she turn.

'Why, I'm gathering blackberries, Mister Cleversides,' said she.

'Now less o' that!' frowned Tom, but finding it difficult to stay severe, she was such a pretty little thing, dark with snapping black eyes and lips redder than the red of her vivid skirt, and soft and kissable.

'Less of the what?' she asked with deceptive sweetness.

'Less lip, my lass!' he remonstrated, having noticed the absence of a wedding ring.

'We-ell!' she said, 'I must say, you're the first young man ever to tell me that...' Tom had the grace to blush.

'You're trespassing,' he said gruffly. 'It's the biggest wonder in the world how you ever got past my mother.'

'Oh, I didn't,' said she. 'She turned me back, but I sneaked round another way.'

'You've certainly got a cheek!' said Tom. She looked him critically up and down. 'So that was your mother? Well, I must say, you're better-favoured. You're almost good-looking – and kind. I saw you picking up those mice.' Pleased with the compliment he was appalled by her frankness and nettled at the reference to his mother. She needed bringing down a peg or two, he thought.

'They're for the farm cats to play with,' he said mendaciously. 'Nothing's wasted on a farm.' Giving her a stern look. 'Now are you going, or must I lead you away?'

'You'll have to carry me!' she said defiantly.

'We'll see about that!' he laughed. Pulling out a tangled mass of grey and reddish-brown pelts and tails he placed them at her feet. Instead of screaming she bent down and scooped up a protesting shrew. It ran over her wrist and sat in the crook of her elbow. The girl sat stock-still. The shrew twitched his whiskers and after a precarious descent down the red skirt scurried away into the hedge. Tom was amazed. 'You're a rare 'un,' he said. 'Most girls would have run a mile at the sight of all those mice – and you let one walk all over you! Weren't you scared?'

'Of course not,' she said. 'I've helped the Professor with his flea circus and the performing mice. They're quite harmless.'

'Well I never!' said Tom. 'That explains it. You're here with the show-folk!'

The girl flushed dangerously. 'And what's wrong with show-folk, may I ask?' she challenged.

'Only one fault,' said Tom quietly. 'They move on much too quickly.'

'Ah! Then I can stay and fill my can?'

'You can follow me,' he said masterfully. 'I'll show you where there's real blackberries for the picking – in the Fox Covert – that's the place.'

The covert was three fields, two gates and one stile away, only the nether step of the latter was almost engulfed by a thick invading growth of nettle. 'Ups-a-daisy!' said he, and without as much as a by-your-leave lifted the girl bodily through the air. 'You know, if this were my land, I'd have those nettles cut down sharp enough,' said she. 'Is it yours or must you do as you're told?' she asked outright.

'I work it for my mother,' he said, a shade defiantly, and it struck her that he was younger than his years and had been 'kept back, knulled-down' as they say. But well-made and open-faced, a big handsome lad who only needed a guiding hand. She sighed. What a pity show-folk were always moving on. They walked uphill, over humps and through hollows and at last came to the brow. Here they washed their hands at a spring. The

Fox Covert was a tumbling strip of land that fell gently, then steeply, to the river far below. There were regular leaning hawthorn trees heavy with scarlet haws and a great green cascade of furze, or gorse, some of it still in flower. But there were no blackberries. 'It doesn't look very promising,' she said doubtfully.

Then she gasped with excitement as he went down on one knee and pulled up one thick tendril of many threaded through the grass and laden with large purple berries, each one craftsman-made, it seemed. Everywhere you looked the network of tendrils ran and each tendril was thick with fruit nurtured in the hothouse provided by the long grass. Soon the thrill of the chase had both in its pull. Oblivious of damp grass or thorns or the thin lines of migrating spiders that spun out in the breeze they picked and picked, often picking toward each other until their hands brushed or snatched or fought. True, they were too busy for talk, but their eyes conversed – and once, very briefly, their faces touched. Then they laughed and moved apart and started picking again; and again they met.

It seemed a shame when the can was full. They rested on a fallen tree. 'Such beauties – such a pity to pick them. They're almost jewels,' she said.

'Father used to brag about 'em,' said Tom. 'He used to say you could roll one home and there'd be enough for a pie and a pudding in it.'

'Your father used to say?' she asked. He nodded. 'Aye. He went. He went too soon. It was a happy farm with my father.'

'That's strange,' she said. 'You lost a father. It was a mother with me. Who'd have thought when we met that we had so much in common. We're both in the same boat, in a way.'

They sat in silence for a while. A shadow spread across his face. 'Well, not exactly in the same boat!' he burst out at last. 'Here am I, tied down to the land, ploughing, over with the harrow, buying cattle in, haytime, reaping corn, tatie-picking, turnip-snagging…'

'And burning the stubble and keeping the bramblers out!' said she with a smile.

'The same thing, year in, year out. And I'm sick and tired. Now at least you're on the move all the time. New places, new faces, always on the road.'

'What I'd like is a country cottage,' she said with dreaming eyes. 'There'd be some hens and a vegetable garden. And a lovely kitchen of my own with a Welsh dresser where the dishes stand all in a line. And really getting to know people in a place, instead of living in a caravan behind the Giant Bingo stall…'

'You mean you'd like to live on a farm!' he cried incredulously.

Her eyes had stopped dreaming. 'In any settled place. Only it would never do for Dad – he's a showman to the core.'

'And I'd give anything to get out of it,' he groaned. 'Anything!'

'Well, we are a pair and no mistake, aren't we?' said she very briskly.

She was rubbing her hand. 'Are you any good at getting thorns out?'

'Where?' asked he, bending over. She pointed out the place. He took her hand to his mouth. 'There,' he said, 'That's done it.' Their eyes, their lips, were swimming near. 'Well, I've kissed your hand...' he said, and kissed her full on the lips. He drew back with a puzzled frown. 'Well, I'll be damned!' he said. He kissed her again. 'I'll be jiggered!'

'And I'm going home,' she said.

'B-B-But I've got something to tell you,' he stammered. 'I'm in love. I'm in love with you.'

'And I've a blackberry tart to bake for Dad,' she said. 'While you've a mother to look after.' Then she ran away.

Tom ran after her. 'But don't you understand? There's the hind's cottage standing empty. It has a vegetable garden and a linden tree and there's room for hens. And you shall have a Welsh dresser as my wedding present.'

'Ah, you make it all sound so simple – but then you're such a simple lad,' she said. Her voice was half-sorrowful, half-loving. 'I told you we were in the same boat, but I put it wrongly. We're in different boats, drifting different ways. And it cannot be mended.'

'I think it can,' he said, man-like. 'We can try.'

'Ah, lad,' she said. 'You may walk roughshod over your nettles, but not your own. Aren't they all we have?' Indeed she was so determined that his heart almost failed him. Still, that night when the milking was done, he washed and shaved and put his best suit on.

'Where are you going?' asked his mother.

'D'ye know the brambler you turned back today?' She nodded. 'Well, I'm going off courting her. D'ye mind?'

'Are you determined to have her?'

'Yes. Yes, I am.'

'Can she cook and bake?'

'She can bake a bramble tart.'

'That's something to start with. What else?' asked Mrs Greenaway, and he knew what she meant.

'She refused me out of loyalty to her father, he's a widower,' he explained. He grinned. 'So I suppose I'm courting the two.'

'Good enough, lad,' she said, her needles busy again. She also was a woman that knew her mind.

So to the shows he went, he went two nights running, playing bingo with a little plastic board and hardly ever bothering to watch the numbers flash on the electric panel. Tom was too busy looking at her. Despite this carelessness he won a tea-service on the second night. Distant and cold she handed the parcel over to him. Shyly he pushed it back. 'You keep it, Polly,' he said. 'It'll do for your bottom drawer.' Colouring, she turned her back on the boy and his present. 'Never mind, Polly. I'll keep it by,' he called after her.

In the end it was her father, Billy Larkin, who invited Tom down for tea on the Sunday. Billy was a friendly man, and observant too. Polly, indignant at first, gradually simmered down. There was a lovely spread. There were thin slices of brown bread nicely buttered, hot scones with strawberry jam for those who wanted it, home-baked ginger-bread, fairy cakes and a beautiful bramble tart. Then the two men settled down for a smoke while Polly washed up the dishes in the little kitchenette.

'Marvellous, I envy you the life,' said Tom, looking appreciatively at the caravan's interior – everything found, including television, fridge and cooker, wardrobes, cupboards and drawers, and seats that transformed into beds in a twinkling, not to mention the canary in the handsome gilded cage.

'You try forty years of it,' said Billy Larkin, with feeling. 'Too much racket and too many faces – never a resting place. Sometimes…' With the pause his eyes were dreaming. 'Sometimes wish I could settle down, in a nice little cottage, with a hen-run and a vegetable garden and an orchard with apple trees. I've the money to do it.' Leaning forward confidentially he whispered. 'But it's Polly, you know. She'd never settle, never!'

Tom looked up and nodded at Polly, then turned to the father once more. 'Depends where the cottage happens to be,' he said. 'I've got a cottage that's going for a song – and she loves it – a case of love at first sight. I think she'd try it if you asked her; in fact I'm sure she would.'

'Would she now?' asked Polly's father, and something in Tom's expression made him turn. 'Well, I'll be blowed. I'll be jiggered!' he said.

So that was settled. The two walked back to the farm, taking the longer road. Such was their trepidation. But Tom's mother simply asked: 'Can your dad mend tractors?' That was after she'd cried, of course.

Soon all was planned. The retirement and the wedding will take place at the back-end, in blackberry time. There will be a knife and fork repast. There will naturally be a wedding cake. But bramble pie will also be available. The bride insists.

Easter 1927

THE NIGHTS WERE DARK AND it was too wet and windy for Jack Shine the Maggy. After the lamp was trimmed and lit, his father would sit with the crystal set holding the tiny claw that tickled the crystal, and listening. Sometimes he would take off the earphones and hold one over the boy's ear. The tiny voice said 2LO, and there was a band, not like the one that had played the banners out last summer when Arthur Cook stood in the field and cried, 'Not a penny off the pay, not a minute on the day.' The sound in this music went with what old Yank said next door: He's a broken man now, our Arthur. Jimmy, who came every Saturday night to play the American organ in the sitting room, said it was the sound of a lot of strings-fiddles, hundreds of them.

Sometimes Jimmy, who was little and had a charlie on his back and did not work, would play the melodeon, he could not sing for watching for the time when Jimmy would swing the box above his head and open out. It rained hard all winter and the wind blew. The wind sang in the window frames and sang in the wires that joined the pits. The men bent their heads as they walked under the wires. The Union had signed for five years and some had less than the minny. There was only margarine for bread but everybody had hens. Even the yolk did not smother the taste of the maggie. Once going to school a little yellow-white thing came out of the grass and all the kids kicked it. The thing had a long body and it lay with its little yellow teeth bare. Jimmy loved to sing and when he was singing, his mother looked at him and shook her head, holding her hands as if in pain. The picture bill of the *Covered Wagon* peeled off more every day and the torn piece with the Indian Chief flapped in the wind until one day it was gone. It was a good picture, especially the part where the prairie schooners made a circle and the Indians came riding around and biting the dust. Coming back thousands of fish lay in the old river bed where the floods had been, all silver, but they smelled when you picked them up. He was sick for summer and looked for the May blossom, but it never came and Yank next door said, patience, and puffed away at his funny yellow American pipe. Did you ever see cowboys, Yank? Can't say that I did – Or a Sheriff like Harry Carey? Saw company cops, the sodden brutes, hired guns sat in a wooden watchtower by the creek – What's a creek, Yank? A river but slow an' dead. Them cops! They'd let blaze at a stir, there was a curfew. Polak took a stick of dynamite one night – What's a Polak, Yank? A foreigner, couldn't catch a word he said, he struck his match and them shotguns all let blaze, he yelled all night. He shouldn't've did it – there was a curfew. Same as us only *we* coulda won, we could. He played a record and *Sweet Georgia* came out of the big green horn.

Next door was Mrs Sams. Mr Sams had fallen at Mons and there was only Charlie. Charlie Sams came home wet every time and was clarts from head to foot and thick on his eyelashes. In the tin bath he sat with ankles and wrists as thin as the clay pipe he smoked while he copied pictures from the big family Bible, he had a mountain of pictures and the faces were better than the Bible with apple cheeks. One night he went in and Charlie was asleep on the mat in front of the fire still with his pit hogger and arse-flap and Mrs Sams all red in the face trying to pull off his pit boots. So he helped. Charlie smelled a queer smell. After he played marbles under the table and Charlie wakened and smiled and he smiled back, their faces inches apart.

There was not much snow but the rain filled the gutters and the wind sang in the wires. The little curate and his sister were walking up to Sunday School in the tin church and had their faces turned, moving slowly against that wind, but the wind was behind him and flapped his coat out so he had to run. The little curate was stopped growing and Mrs Yank had a song about him that made you laugh, but Mam said you hadn't to sing such songs. The curate had a little black cap and a pom-pom. The chapel had a preacher from over the river with stiff black trousers and a tailcoat. He never stopped talking for a long time. He talked faster than mothers but never laughed the way they did. Once he cried but not real like Mam when she lost the ten shilling note for paying back the Guardians.

The rain pelted down and you were always running. But it still came through his boots and he wished he could put his name down for charity boots like George Fowler. Look, said father, there's a wrong way and a right way for everything. Watch me fasten it. Now try. Not that way – you've as many brains as a shallot. Last time him and Reggie Robinson took the floorboards up in the hen-cree father said as many brains as a bumbler although it was just to make a cave. There are red arsties, yellow arsties and white arsties but white arsties sting worst. George Fowler tames bumblers, they crawl all over him. Bumblers like flower nettles best because there are no stings on flower nettles. Butterflies and bumblers come in the summer and so do ladybirds but ladybirds light on your hands. Fly away Peter, fly away Paul, come back Peter, come back Paul, and they tickle on your hand like a burning glass and sometimes make green cacky.

Reggie has a round face the colour of a speckled egg and his hair has no topping but grows round to the top of his head. He does not boast or brag about the hole in his heart but watches when you play follow-my-leader over the whinny bushes down the old line. He said it's great to run pell-mell when the sun shines. Have patience, it's nearly Easter: checking off on her fingers – Tid Mid Misery Carling Palm Paste Egg Day – Carlings! Carling Sunday next! He didn't like the carlings much, they made you all stuffed up but father ate three platefuls with pepper and salt and vinegar, marvellous! With his thumb on the stopper all black and laughing because he had been twelve hours down the pit at a broken pump and By God I'm glad to be out of it Ah'll tell you! The next Sunday came sunshine, and him and Reggie went looking for palms in the afternoon and got in the clarts. But in the wood was palm, little ones like the baby seals in the animal book at school not very good and big ones like chickens sitting on the branches and the pollen came off like feathers. Reggie and him peed walking and a man looked over the wall and laughed. He looked over the wall like God and made them run, Reggie had to stop, he lay in the grass with his arms stretched out. It was the hole in his heart. George Fowler's father was making a noise in the house saying Go, then, go! but Mrs Fowler never chirped. There were some men playing handball in the ball-alley against the old marks, the ball going faster and faster, and one man running back so fast he fell over.

Reggie said when the warm comes we'll look for Japanese flowers. He had told Reggie about the Japanese flowers at the Show. The man stood on the box with little packets and dropped a little shell in the glass of water, Look! Little flowers came out all pink and blue with leaves no bigger than a pinhead, the packets were sixpence and sixpence was six rides on the roundabouts. He went back after the six rides and the man was gone but the same shells and flowers were lying in the grass only they fell to pieces when he picked them up. Reggie was wanting Japanese flowers all the time. All that year till the winter they looked but the kind they found only floated on top of the water.

That was a day of blue sky and Mam said has the May blossom come yet? No? But there should soon be bread and cheese. This was new little leaves and he remembered father chewing it going walks last summer and calling at the Dickie Pit houses. Betty has all girls' books, the father never laughs, he works in the shaft that father climbed when the gas chased him. They always have bramble jelly without the pips, not the kind where you get berries to crunch.

Was it about Palm Sunday the wind went and the wires stopped singing? Nights became lighter and from the bedroom he saw coke ovens like tiger's eyes in a cave. Then it was Good Friday with all the big lads in the street jarping the paste eggs broad and narrow and little Jimmy was laughing all over his face and carried the eggs he won in his mother's pail. Him and Reggie went for gifts. Mrs Yank gave one and Reggie's mother made one with onion skins and it smelled of onions. Mam's with whinny blossom, were gold and better. Mrs Sams gave one like chocolate to him and Reggie, but Charlie said see you later kidder and hid something he was painting. He knew it was something special. They went to Reggie's Aunty at Challey Row where the heap came right down near the closets and was burning all the time. Reggie's Aunt was fat and laughed all the time like a jelly. Jelly is best when you melt it in your spoon on top of your tea. The fat woman gave them nothing. The ashes were not out and the babies bad no nappies on and she said she had no time for eggs or other things and laughed holding herself.

Charlie and nobody else had been to work and there was men everywhere and shells of eggs. Some men played tip-cat and you had to watch your eyes but Charlie was at home and gave the best egg in the world. With little brushes like black needles he had made pictures on this egg dyed black as night from old black rags, of the three wise men on one side and the crosses on the other, you could not see where one picture ended and the other started. One picture gradually turned into another so the star above twinkled at the foot of the middle cross, one picture was glad and one was sad; one was all colours of little men with crowns, there was a cow, a man, and a woman and an infant Jesus; the other was dark with crosses and spears all spiky and soldiers in gold.

Mam said not to touch the eggs and it was wrong to jarp them for bets, they should be left for Easter Monday, the time the stones was rolled away, then you can eat them. But he would never eat the egg that Charlie gave him. Reggie said that if it was his egg he would keep it in a box wrapped up with cotton wool and take it out special. He kept it in his pocket. Saturday and Sunday the wind and the rain came back and nobody stirred out and he kept looking at the egg turning it in his hand, like the round world at school going round. Reggie came in to play and said let me hold it. But he would not let him touch it and Reggie looked at him the way the Yank looked in the morning when he said you should charge folk to see it. Reggie said on Monday if the sun's out we'll roll our eggs on the river banks and look for Japanese flowers, Mam heard and said you'll look a long time but Reggie only said we found land of Israel Palm, we'll look for Japanese flowers too.

And Yank said Ah'll bet he's got that egg safe in his pocket! Mrs Yank laughed. Yank had his galluses hanging and was all whiskers on his face. His toenails were black and he put on his funny glasses when he looked for the record, with the nippers and the one glass. They all sat and listened and he heard *Goodbye Dolly, I must Leave You* and *The Man who Broke the Bank at Monte Carlo.* That was the morning of Easter Monday when the stones were rolled away and the eggs eaten. And the sun shone and over the river everything was clear, every single tree and all the houses, but especially the ones with red roofs, and white roads winding in and out, and sounds came of crying, laughing and shouting, all mixed up.

The bread and cheese of hawthorn was all out now, tender as lettuce and thick with sparrows. Peewits were strolling in the fields, George Fowler said you found their nests by walking round a stick wider and wider every time. At threshing time they let all the farm cats loose and all the mice ran out and ran up the walls and fences and the lads flicked them back with sticks.

One cat was licking her paw when one ran past and flick went the paw, she just looked for a long time at the mouse and the mouse looked back. The most strange bird is the corncrake which nobody ever sees, in summer, taking his father's bait along the railway, he saw the lines bend and that is the heat of the sun. And all the time the corncrake was calling and when he was silent the caller was going round with his crake calling the men to meetings. Summer is too hot when there is a smell of sour soup. But that spring was not too cold only Reggie could not come, he was poorly. There were primroses under the broken bridge and one bumbler was out. He flew up from one dusty coltsfoot and then fell on his back pedalling bicycles. He had four eggs in his pocket although Mam said that two was enough. He looked hard for Japanese flowers but there was none. It was lonely without Reggie.

George Fowler, Ralph Haggerston, Tom Green and the four Mintos were there. Ralph's mother and father were sitting beside the footbridge. Mr Haggerston had been the stationmaster till last May and had stayed at home in the Big Strike and now he was a navvy. And he still wore his bowler but he sat down with it on his knee. They jarped each other's eggs for fun, narrows and broads, then ate them. Four eggs was too much without water and he was sick. George Fowler said you will die like your marrer. So he said he won't not knowing what die was and George Fowler said you cannot live with a big hole in your heart. And all the time he was feeling the special egg in his pocket which he would not let Reggie hold and George Fowler said he'll be laid out stiff in a coffin and they'll dig his grave and we'll all go to the funeral. He rushed George Fowler and the next thing he knew he was sitting on the ground with George Fowler going around making his fists go like the bumbler. But he had a hurt and couldn't fight and Ralph Haggerston said leave him be poor little bugger. They went. He scooped minnums with his hands and all the time the sun was going down. In the end the river was blue like wet slate and winter rained in his ear-drums. So he went home.

He never told anybody and after the funeral did not dare ask about Reggie. He never took the short cut through the church yard. He tried not to think about Reggie when he went to bed. It was hot and dry all the summer, everything was dry and you could smell the ashpit heap from all the way over the river. There was Anniversary time and the old man with the white beard came back again and said brothers and sisters but His grace can roll away the stones of sin. The tears ran down his dark skin and disappeared into his moustaches. All that summer he looked for Japanese flowers and failed and waited for the Show. But the man was not there with the shells. From the Jumping Horses he thought he saw a face he knew but the face was gone the next time round. The summer was very hot and in the end he was wishing for the rain to come and the wind to sing again in the wires. After the corn was in and the Harvest Festival over it came again. He was glad for a time. He only remembered Reggie sometimes. In the end he almost forgot. He forgot the name and the face. He even forgot the egg that Charlie gave him. He forgot it like a dream until a long winter came again. Then he wished for the May blossom and the wish was a pain for a loss he could never remember.

The Bridge

ONE NIGHT, WHEN I WAS very small, I played with the little boy next door until it was dark. Not that he kept me there; he was a very ordinary little boy and I only remember him now because he provided me with an excuse for playing in that fascinating house. His father kept pigeons, you see, and there were coloured prints of different kinds of these birds on the walls – tumblers, racers and freak varieties. And there was the mask of a fox on a kind of shield; while the mantelpiece was decked with little ornaments: brass monkeys, brass elephants, brass ostriches and swans.

We played together, this little boy and I, but all the time I covertly stared at these amazing things. Then it was time to go home. Nobody said go home. The pigeon fancier and his wife were much too charming to say anything so crude. It was conveyed. We were both given a thick slice of bread plastered with margarine. 'It's gettin' late,' said the fancier, removing his clay pipe and spitting into the fire, right in the centre of the glow, no superfluous spray. 'Ready for bed, eh?' This to me, with an intimate wink.

It was dark outside, but the cold stars glittered and there was a great round moon. It was one of those nights when the moon seems larger. I ran happily to my door, but it was locked and there was no familiar glow from the oil-lamp on the table. I ran back to the gate and looked down the street, but there was no sign of that familiar, comfortable figure. I went back to the door and beat the cruel wood fiercely. But the house remained dumb. From far away came the sound of other children playing in the streets, but this did not comfort me; indeed, it increased my sense of isolation.

I sat on the doorstep and tried hard not to look at the moon. But the moon was hard to resist. The lonely world in which I sat was monopolised by her, all things drenched in her light. I looked at that scarred face, with its twisted smile. And suddenly I was flooded with fear. But I did not weep; although my whole being cried for my mother I sat there, hypnotised, letting that awful terror have its way with me. Even when footsteps rang on the pavement, my eyes were still fixed on that bodiless face. It was only when my mother's body blocked the moon out, as she stooped to pick me up, that I began to weep.

There are lesser memories, of course, but these are not definite in any sense.

The men whistling-in their pigeons, eyes shaded against the sun as the birds circled nearer and nearer until, with a rapid clapping of wings, they swept onto their perches and miraculously squeezed through the small holes there into the cree. The ringing of quoits, silver rings glittering in the sunshine as they twisted, or the bent bodies of men and lads as one soberly measured the distance of quoits from hob. Or, nightfall, with the sudden flaring of coke-ovens painting red tongues in the darkness. These memories are blurred because they are of things which happened often. But only once did my mother put her body between myself and fear, and the memory has outlived the boy.

And so, too, although I have quite forgotten to where and when the journey was, I remember saying, 'Tired,' and my father picking me up and swinging me over his head, so that I sat on his shoulders with my legs dangling on his chest and my arms tight around his neck.

I was very near to my parents in those early days. Then, one by one, other brothers arrived, then a sister, all widening the gap until the early intimacy was gone and I lived in a world of my own. In that small house the youngest, of necessity, demanded first attention. And the babies came out of the blue. I knew nothing of the weariness of waiting; lowered voices and whispers meant nothing to my innocence, and I slept soundly through each deliverance, knowing nothing of the cost. And with so many mouths to be filled, bodies to be clothed, our family felt the pinch. I learned to grumble. There is nothing unusual about that; boys will grumble until the end of the world; but it increased the gap.

My father would come in from the pit and I would sit with lowered face while my sins were recited. He would sit down wearily and start picking at the mud-stiffened laces of his boots. Before the story was finished he would straighten up and stare at me. What he said was short and not sweet, his words were like whips. He would beat me. And I deserved it all. But of all things I feared this preliminary stare most. He was usually so even-tempered, merry even, when he was rid of the pit-muck, that sudden transition into sternness always petrified me, so that if I was eating at the time, the food remained an untasted dry weight on my tongue.

I suppose I was a problem to them. I was self-centred and silent, living in a world I was discovering for myself, and I dare say that more often than not this silence was taken for sulking. In the house it was a continuous running battle between my mother's will and my wish, but once outside I soon recovered from this warfare, my eyes and mind busy with the miracle of the unfolding world; fish leaping in the river; the repeated thrush-song; a sparrow-hawk suspended in the sky, like a cardboard silhouette, with its sudden plummet-drop as if released from some invisible hand.

I never spoke of these things. Although they were bright within me I was quite inarticulate about them. It is hard to put them into words even now. It is easy to spoil by saying too much, or by leaving a little unsaid. So I said nothing. Yet I jumped to the unjustifiable conclusion that my father and mother knew nothing of this world of mine; that they did not see things as I saw them.

The truth was, of course, that I was discovering for myself the minor joys and sorrows of life while they were battling with the elemental things. While I took joy in singing birds, my mother was bearing children. When I lazily watched the leaping fish, my father was underground, knee deep in water, mending his machines by the flickering light of his oil-lamp. Not that they grudged me my birds or fishes, or the books I was constantly bringing home. I now know that they wanted me to have all the things that they had missed.

So the gap remained. Once it was nearly bridged. It was the day we sang *Drink to Me Only with Thine Eyes* in the schoolroom. We came home through the fields, my brother and I, singing that song. Whenever I hear it sung now it brings a feeling of deep sadness. Smallpox was ravaging the valley and now it had come to our village. Every street had its victims and the hospital van was a familiar, dreaded sight. And many died. As we went singing through those fields, children we had played with a bare week before were dead.

We were sitting at tea when we heard the van pull up just outside. We ran upstairs to look through the bedroom window. The van doors were open and we could see the stretcher rack and the bare bench at the side. From the house next door came a forlorn group, three of our playmates, terrified, weeping. They climbed into the van; the doors were closed. The last we saw was one wan face pressed to the small window in the rear. We were near to tears ourselves. Then we felt ourselves enfolded, the four of us clasped in my mother's arms.

The bridge was not yet built. This was, if you like, the first slender cord thrown across the gap. And that is another thing I shall never forget: the look on my mother's face that day by the window.

But the years passed by. Among these years,'26 stands like a sombre peak. I remember the chimney-stacks without smoke, the still pulley-wheels; men at the street corners all day. I remember the soup kitchen. And I remember my father trudging to the town for his, and our, 'relief'. They were harsh times but we were protected. We had to eat margarine, but although we were often dissatisfied we were never hungry.

I realise now that it must have been no easy task to feed and clothe four children through that struggle. There is only one explanation. My parents must have made many sacrifices. If they had complained I might have realised the situation; but I never heard any complaints. Only, years after, father told me of the shame he felt when he first drew his 'relief' and the years of struggle to pay every penny back. But, at the time, I was unaware of this. Protected as I was, I lived in my own little world, blissfully unaware of the real bitter frame in which I yet had to take my place beside my mother and father. But one night I found my way into that frame.

Father was on nightshift. We had long been in bed. As was our habit, we had read by candlelight. Then the flame had died out, and I had told stories; endless adventure stories told on the spur of the moment. One by one the others fell asleep. But my mind was too excited for sleep. I lay with the sheets tight around me listening to the wind singing against the window. I knew it was late, for I heard my mother rake out the fire and lock the doors; I heard her wearily climb the stairs and saw the approaching glow of the candle in her hand. Then I closed my eyes. I could not see, but could still feel her looking down upon us. Then she went into her own room. Long after this her candle burned. The light of it gave me a feeling of comfort, and wrapped in that feeling I slipped into a deep sleep.

I was awakened by her insistent voice calling me. The light was still there. I pattered over the cold oilcloth into her room. She was lying with her dark hair loose around her; her face was pale and little beads of perspiration clung to her forehead. 'Put your clothes on, lad,' she whispered, 'and waken Mrs Robson up.' 'Why?' I asked sleepily. 'She'll know why. Hurry.'

I hastily pulled on my trousers and shoes. When I opened the door I found myself in a calm, still world, for the wind of the night before had gone. There was the moon, a slender crescent, set brightly in the dark sky like a stage moon on a stage backcloth. I hammered on our neighbour's door with a strangely familiar fear hammering at my own heart, like the fear of so many years before. For I was now old enough to know that my own parents could be ill and die.

And I knew that my mother was very ill. I was afraid; but this time she would not gather me to herself; she lay helpless in that bedroom with the candlelight chasing the shadows across her face. And a new fear struck me: what if the candle should die out and she be left in darkness? A coldness came over me at the thought.

At last the windows above me opened. Mrs Robson looked out. 'What's the matter?' she asked drowsily. 'My mother,' I cried. 'My mother's ill.' 'Ah'll be down,' she said. Grand woman! The supreme confidence in her voice comforted me. A minute later the kitchen light went on and she opened the door. She was in her nightgown. 'D'ye know where Nurse Andrews lives? Hurry there as quick as you can and tell her your mother wants her. She'll know what it's all about.' 'But what's the matter?' I cried. She looked at me searchingly, then smiled. 'There's a baby brother, or maybe sister comin'.' I stared at her. Before that night I had taken babies for granted. Where they came from, and how, had been no concern of mine. Now I saw that in some way they came through suffering, my mother's suffering. 'Hurry, lad!' she said impatiently.

I ran through the village like wildfire. When I came back there was a fire burning and a kettle singing. Mrs Robson had only time to say, 'She's on her way?' then passed by me without waiting for my dumb answer. I sat on the couch and waited. But I was asleep before the nurse arrived.

My father wakened me. His hand was on my shoulder. 'Lad, there's some breakfast ready.' He was still unwashed. 'Mother...?' I said. 'She's all right,' he said, 'she's all right now. And you've got a baby sister.' 'Ah'd like to see her before Ah get me breakfast.'

We went upstairs together. Mother was lying in bed as I had left her, apart from the little bundle that was my sister. The gutted candles had left white mounds all over the table beside the bed. She looked at me and smiled. It sent a strange, tearing pang through my whole body to see her. 'Ah gave ye a bit of trouble last night, lad, eh?' I shook my head and the tears came flooding. My father pulled out his hanky, the red one with the white spots. 'Dry them tears,' he said. 'She's all right. We've pulled through, eh, Ma?' But there was dampness about his eyes as he dried mine.

There are tears for sorrow and tears for gladness and these were tears of joy. For the bridge between us was built again.

The Sea Rose

IT WAS ON A TRIP to the seaside that I first became aware of the two unfathomable mysteries of time and people. I was on holiday at my Grandma's, but Grandad wouldn't come. He was too busy building a cree or judging at a flower show. So Grandma said: 'Ah'll take the bairn – it'll be company for me and a treat for him.'

We were in position at the station an age before the train arrived. The place was swarming. There were hundreds of mothers carrying bags bulging with hard-boiled eggs and tea-cakes and bread and butter, a score or two of men moving stiffly in their blue Sunday suits, and a few thousand bairns. The tongues of the women went tappy-lappy in a festival of gossip that only paused to prevent the men from going down on their hunkers and having a canny bit crack. And the bairns shouted and laughed and refused to be told what was good for them and inevitably washed away with brief tears the back of the hand they'd been promised and deserved.

In the end the train swallowed the lot, settled on its springs, and went winding away through the fabulous mile of inky blackness that was our own tunnel to emerge into foreign territory and a brilliant blaze of sunshine. Out of the tunnel we took stock. I'd counted on window seats, but there we were, stuck in the middle of the carriage like a couple of cabbages.

The obstacle was an old man. I kept looking at him. I sent as hard as I could, but he didn't receive. He just sat there with his hands on his knees, back like a ramrod, eyes in front, absently playing with the bunch of medals on his watch chain and taking absolutely no interest in the scenery. He was a nice looking old cove with a neat white moustache and a face that had known a lot of rain and whatever sunshine sixty or so summers had doled out. He was wearing a freshly-cut rose in his button-hole, a big white tea-rose.

After a time he caught me screwing my neck round to read his medals. 'Here, hev a look at them,' he said, unbuttoning his waistcoat and detaching the chain from the watch. 'There's nowt fancy, mind ye.' He told me about them – there was one for football, one for pigeon racing, another for first-aid, and a real bobby dazzler for foot-running.

'By gum, that's a grand 'un, Mister,' I said.

'She's a beauty,' he admitted. 'But it wasn't a big race – only at a little village show.'

'But it's real gold.'

'It's the only gold Ah iver won.'

'My Grandad goes judging at shows. Maybe he judged you for

this medal.'

'Ah doubt that,' he smiled. 'It's forty years come next show-day since Ah won that medal. Witton show, it was.'

'My Grandma comes from Witton.'

It might have been a cue for Grandma, for just at that moment she chose to notice and say: 'He's not botherin' ye, is he?'

He leaned forward, 'Nowt to worry about, Missus. We're passin' away the time very nicely now.' She nodded with a pleasant smile and turned away. But the old man kept looking at her.

'Here's your chain back, Mister, and thanks,' I said.

'You're welcome, son.' He gave me a hard look, then dropped chain, medals and all into his waistcoat pocket. He gave my Grandma another look and muttered, 'Well, my sangs, it could be her.'

'It is, Mister,' I said. 'It's my Grandma.'

He laughed and rumpled my hair – a thing I never liked. Demonstrations weren't encouraged in my family. 'So your Grandma comes frae Witton, eh?' I said she did. 'Then you've got good stuff in ye,' said he firmly. 'Here, have a black bullet.'

'I'd rather swap you seats,' I boldly answered.

'Well by gum. And to think Ah've been wonderin' if Ah dare ask ye to swap me places – the sun's gittin' in my eyes.'

So we swapped places and somehow during the process I found the packet of bullets in my hand. Grandma came out of her trance, 'Now what's afoot – Ah hope he's not botherin' ye, Mister?'

'Niver worry about the bairn, Missus.' Keeping his eyes in front he added: 'He tells me you're a Witton woman.'

'He's a proper gossip.' But I could see she was pleased. 'D'you come from Witton?'

'Ye haven't changed much, Margaret,' he answered.

'Now how did you know my name?'

'Ah remembered your voice. Soon as you spoke Ah knew ye – and when the nipper said you came frae Witton – well, that clinched it.' For the first time since he'd changed places he looked directly at her. 'It's nice to meet you again… how long is it?' She looked down. 'It must be forty years come next show-day,' he said. 'Forty shows ago.'

The forty years repeated caught my ear. It seemed a long time, four times my life, time for four like me to grow through a procession of Christmas mornings, crawling from the cradle to Infants School, four times ten of writing compositions, saying pieces at the Sunday School Anniversary, running, climbing, jumping in follow-my-leader, pugging nests of birds and bumblers, playing quoits, tip-cat, leapfrog, shouting 'Jack Shine the

Maggie' along the long, dark streets, gathering brambles, going guising, sliding and sledging down the long white slopes so many times it made me dizzy to think of it. The many days and immense months stretching out into the great gap between one first footing and another: all the ten of them multiplied by four reared in my mind.

I came out of my calculations to hear her say: 'It's Charlie, isn't it?' He nodded. 'How did ye manage to get on to our trip?' she possessively demanded.

'Funny how these things happen, left the land – went on the railway – and in the end they shifted me down here.' He paused, 'Ah'm a foreman platelayer.'

'It's a painful thing to have to shift at our age,' said Grandma. 'But still – your family'll be all grown up now?'

'Ah've no family,' he said. 'No family at all.'

'So you never married?'

'No, niver married. But Ah've always been lucky in lodgings. And when ye've wandered a bit in your youth – and had it rough – you're thankful for plain food and a clean bed.'

To hide his face from her he turned to me: 'Look at them grit big eyes. By sangs, ye'll niver be dead as long as he's alive, Maggie.'

'He's my first grand-bairn,' she said. 'Ah've five daughters.'

'Ah'll warrant they'll niver match their mother.'

'Noo get-away wi' ye!' said my Grandma. Proud of his compliment the old man settled back in his seat and so I caught a glimpse of the crimson tide taking imperial possession of her face and neck.

'So you didn't stick to Witton?' she asked.

'By gox Ah didn't,' he exclaimed. 'Ah up and cut loose, cut loose o' the leadin', the fork, the muckin' an' the turnip snaggin'. Remember the times we went snaggin' the low fields… so cold there was only your eyes to tell ye that ye'd hands.'

'Ah hated them low fields,' she said. 'Ah'm sure Ah shudder ivery time Ah see a turnip field to this day.'

'Ah, but it's a great thing to keep warm. Claes on your back, a spread table and a ready kettle – and bairns about the house. Them's the things that count.'

'It's funny how things come back,' said Grandma. 'Father always complained of the way you took up the fire.'

'Forty years back,' he mused. 'You wore a white dress and a big hat with flowers in it… Ah looked for ye after the race, but you'd gone. Ah remember Ah looked all over the field. But ye'd gone. Ah kicked me heels in the house that night and your family wouldn't say a word…'

'Father had the fear of death in all of them.'

'When he landed back in the gig that night Ah asked him straight,' the old man continued. 'He just said, "She's where you'll niver find her, my lad. Ye'll niver lord it ower my land."'

'Alice's man took the farm,' said Grandma.

'Well, it's nice to know that somebody else didn't suit.'

'We managed without. Joe's a master of his trade and we never wanted for a thing.' She pondered a while. 'Did you win the race?' she finally asked.

For answer he took the chain from his waistcoat pocket. Watching him I now understood that it had been ready there for this very question.

'My, but it's bonny,' said Grandma.

'Funny, it was the first thing that bit lad of yours got his eye on. And to think it was won for you!'

Embarrassed, she fumbled with her gloves: 'He's quick to notice things. As full of questions as a judge.'

He nodded approvingly: 'Not afraid to put a question. Now me – the more Ah wanted something the more struck dumb Ah became.'

'Ye were a funny, quiet lad.' Struck with wonderment, I looked at the lined, weather-beaten face and tried to imagine a time when it had been smooth and he'd looked for a lass in white. Grandma in white! It seemed impossible. Then the business of time struck me again and I realised that four times my young life ago she'd been a bonny lass and that four times my life again I'd be old.

A question hung between them that couldn't be answered. I realised that when Grandma closed her eyes and pretended sleep – she never dozed.

So the old man talked to me. He told me of his travels over the mountains to the Western Sea, his lonely walk along the Roman Wall, his adventures with the shepherds of the Border Marches. Of the time he ran for his life pursued by a giant goose, rode on a haycock in a wild wind, wrestled with a wild billy-goat beyond the Cheviot. I was almost sorry when the train arrived at the seaside.

Almost. For the moment we set foot on the platform I was mad to get to the sea. But the old man walked with us and his pace was slow and deliberate. Dancing with excitement I pointed out the giraffe necks of cranes over the houses and leaning funnels at the end of a narrow street. A seagull's cry set me tingling for sand and surf but it was of no use. 'Now just settle yourself,' she said. 'You've got all the long day to look forward to.'

'It's only a minute or two away,' said the old man. He turned to Grandma again. 'And you went and got yourself married, then?'

'Within a twelve-month. And niver regretted it.'

'Well, Ah'm glad.'

'So you went on your travels.' Sensitive to every inflexion in her voice I caught the faint note of indulgent contempt – a note the old man seemed to miss.

'Ah travelled, yes Ah travelled. Ah must have hung around dozens and dozens of farmhouse doors.'

'He tricked you with that bit about niver finding me,' she said, and that note was back again. 'Ah was practically on your doorstep all the time.'

He gave a little jerk. 'Ye mean...?'

'Not a stone's throw from where ye got into the train this morning – at Lampley, a bare six miles from Witton.'

'Lampley... it niver dawned on me!'

'That's where Ah was,' she said with a little shake of her head, 'for a twelve-month or more. It was worse than a gaol – at it from mornin' to night.'

'Well perhaps it was niver intended,' he said at last.

'No, you hadn't the compass,' she replied and now the note was entirely indulgent.

And then, I remember, we reached the sea-front. Over the river the yellow hulk of the Priory snipped a solitary cloud and far below the harbour walls reached out crablike for the infinity of sea and sky. There was the sound and white combs and the wide stretch of the sea. There was the noise of the breakers and something apart and quite distinct – the great hum of people. The loveliness of it all crashed into all five senses and without a word I ran helter-skelter into soft sand and never stopped until it was wet and level. There I turned. My Grandma was waving. I waved back and watched. She shook hands with the old man. She turned away and he called her back. I could see her shaking her head. Then at last she left him and came over the sands towards me, but the old man remained just where he was.

'You shouldn't have run away like that,' she scolded. 'Without a word to that poor man.'

'He's waving at us.'

'Oh, for goodness sakes,' she said, waving back. 'Well, don't stand gawpin' – give him a wave back.' So we both waved. We were the first to stop. 'Come on,' she said, 'let's walk along and find a nice comfortable spot.'

'Let's walk to the pier.'

But taking my hand she turned the other way, and I knew there was to be no argument. We walked a while and she said: 'Is he still there?'

'He's still there.' And then I saw the rose hanging its head on her lapel. 'Why, Grandma, you're wearing his rose.'

'Oh, dear, Ah couldn't refuse it. What's he doin' now?'

'Standing like a sentry.'

'Ah wish he'd go. Look again – and don't turn round this time!'

'He's walking away.'

'Which way?'

'The other way – to the pier.'

'Well, thank goodness. Here, take my bag.'

She unpinned the rose: 'He shouldn't be able to see us now, should he? Ah know it's daftness, but Ah couldn't wear it. Ah'll swear he's niver grown up in all these years.'

Like a girl she held the rose behind her back as she turned to look over the crowded sands. 'Aye, he's walkin' away, the poor man.' Then she moved over to the curling brim of the sea and threw away his gift with a stiff little motion of the arm – as if to hide the act. I remember it spinning in an eddy then sailing away in the sea's buttonhole until a thundering wall of water swallowed it.

'That's finished it,' she said, and how was she to know another tide would bear it back in years to come? We waited but it had gone. 'Gone away,' she murmured, never knowing how often the sharp cry of a gull would return me to where her rose will always sail on the cruel, tender waste: the rose that went to sea.

The Royal Life Saving Society
PATRON: HIS MOST GRACIOUS MAJESTY THE KING.
PRESIDENT: THE RIGHT HON. LORD DESBOROUGH, K.G., G.C.V.O.
CERTIFICATE awarded to
Sidney Chaplin Durham County School
For knowledge of Rescue, Releasing one's self from the Clutch of the Drowning, also ability to render aid in Resuscitating the Apparently Drowned.
Chairman
Chief Sec.
Dated July 1930.

The story *A Certificate for Lifesaving* was based on Sid's boyhood passion for swimming, usually in the Wear, which resulted in a treasured award.

NOTE III

FROM BYERS GREEN THE GROWING Chaplin family moved the mile or so to Newfield, a little place of 15 pit rows perched on the shoulder of a slope overlooking a limestone gorge carved out by the Wear, living first in Primrose Hill (in reality a tiny two-up, two-down terraced house on a steep bank), before moving in all senses up in the world to the bigger houses of High Row. Of all the beguiling places in which the 'noticing child' lived, it was Newfield that most fired Sid's awakening imagination.

Less than a century earlier it had amounted to virtually nothing: its population in 1831 was precisely eight. Then the grandly described Newfield Tyne Main Coal Company sank first a shaft and then three drifts or 'adits' in the side of the hill out of which rope-hauled tubways emerged with miners and the coal dug during the shift just ended:

> 'In early summer you could pick yourself a bunch of bluebells and ride home with the coal. But before this becomes a rustic idyll, let me hasten to correct the record. Many of the houses were rotten to the core. Sanitation was non-existent. Smallpox and diphtheria, measles, scarlet fever and TB were rife – how many families were decimated by waxen decline is impossible to calculate. And pit work was brutal hard.'

Despite this Newfield had much to divert the boy. Below the streets perched on the hill, the Wear twists and curves. The pit, its surface workings and brickworks lay on the flat ground to its east, while a spur of the West Durham Railway carried the coal over the river and away. A place of machines, movement and many kinds of noise, and fascinating to children, as Sid recalled during a talk he gave to Durham University Department of Sociology in the early 1970s:

> 'We used to lie on the edge of the cliff on our bellies, and wait for a set of coal tubs to come out. Intensely dramatic. First a distant muffled thunder with the black rope running smoothly on the rolleys which carried it, then it would begin to tighten like a bow-string and stot furiously, then at last the midget train would emerge, tub after tub brimming with roundy coals like blackberries from those low seams where the water dripped like rain. As a result of which I have seen men walk 20 yards into daylight bent double before the birds piped home the message that their roof was at long last an open sky; that

backs scarred beyond belief could straighten up at last.'

Nearby was a long meandering street of some 60-70 houses. The 'wonderful characters' of Challies Street always gave the boy a warm welcome, and the beginnings of a musical education. Their homes boasted washbasins but no running water – one outside tap for every 10 houses provided that – while an open drain carried away the kitchen slops and a 'midden cart' removed the 'night soil' from spotlessly clean outside toilets (or 'netties', from 'cabinet'). Large families were common, and all the lads went into the pit, the reason why in coal's heydays before 1914, miners were considered the aristocracy of the working class. This might not have been a description recognised by the women of pit families; their labour was as hard as that of their menfolk, and not confined to shifts agreed by trade unions.

For this reason children were encouraged to stay out of the house and during holidays and at weekends ranged far and wide in search of diversion and entertainment. They played soldiers, hide-and-seek, and a game called 'Jack Shine The Maggie'. One of Sid's favourite haunts was the spot beyond the brickworks near the bottom end of Challies Street, where the Wear slowed and deepened around a long bend, under a limestone cliff topped by a dense wood of oak and ash. Along with an abandoned mill-race nearby, this was where Sid began a lifelong love affair with swimming, and the sense of well-being it engendered.

> 'Below the water we glided like the silver minnow, peaceful in the green half-lit depths with the glittering bubbles squeezing from our tight lips, the green waterweeds swaying with our bodies' wash. At the other side we would break surface as smoothly as any submarine, with the smooth, slimy pebbles under our outstretched hands.
>
> I wish I could translate into words the joy of these water-actions, the water washing and spuming, the velvety motions of hands and feet, the gentle caress of the slow moving river.'

Yet this was also a place of death as well as rapture. That long bend and its deep waters claimed the lives of more than one young swimmer, and does so still.

> 'As we dried ourselves the sinking sun was tippling the Pennines with blood. Red suffused everything. It seemed as if some artery had burst up there in the mountains, in the backbone of England. A stream of blood staining mountain, moor, slag-heap and river. We gazed at it with a kind of awe.'

Meanwhile the boy was becoming aware of the diverse riches of the language he heard every day. Make that languages plural. There was the language of the pit, where everything had a place and a name, even the different seams (Harvey, Hutton, Busty, High and Low Mains): there were dips, swalleys, dregs, sockets, shackles, cows, bulls, dillies and gantries, while the pitman put on his duds, wore hoggers and carried a 'Jimmie Midgie' lamp with an open flame. As it turned out, the language of another place became almost as important in Sid's adult life:

> 'You had the club men who were marvellous talkers but who only went to Chapel at Christmas or harvest festivals, and then you had the chapel men, solid temperance fellows. I remember there were still some of the old ranters. They made pit-life stories out of all the parables. I can remember one old bearded preacher at Stonebank Methodist Chapel in Newfield opening the Bible and without looking at it, saying: "My text for today is from the Gospel of John, chapter one, verse one: In the beginning was the Word, and the Word was with God, and the Word was God." And he preached a sermon without a note. I thought how marvellous! But the thing that stuck in my mind was "In the beginning was the Word" and that there was something holy about the word...'

The boy found much in this patch of earth by the Wear to engage the senses, and the adult often returned to it to fashion stories of a place he often called 'Deepdown'. The essay *On the Poverty Line*, written when Sid was 50, reflects on the beginnings of his journey to becoming a writer via the essential stepping-stone of becoming first a reader, of a rather undiscriminating kind – from *Gem* to George Eliot. He mentions how important Tolstoy was on that journey; so I might point out that after Sid's books were published in the Soviet Union in the early 1960s, he visited the countryside dacha of his greatest literary hero and sat at his desk, a profoundly important moment in his life. Later he walked in the garden outside and picked one or two mementoes from the ground – flints and maple seeds – before placing them in an empty packet of Player's Silk Cut cigarettes.

The packet rests on my desk as I write...

The King in Newfield

ALONG WITH MILLIONS OF OTHERS I'd think that the greatest musical influence of my life next to the congregational singing and cantatas of the chapel is the music of the cinema. I've heard it all, from the piano and fiddle under a hot tin roof to *Sonny Boy* bursting upon an enraptured Eldon Lane a couple of years after it had left Hollywood, and the great background musical compositions, of which I suppose my namesake Charlie was the pioneer. My ruination however began some time before I saw my first silent picture.

In those days I used to walk every Sunday morning when the sun shone along Challies Street at Newfield, near Bishop Auckland, the metropolis of West Durham mining country. Each walk was a musical education. All the folk would be sitting outside on crackets or rocking chairs, and the big horns of the gramophones inside would be belting out everything, from Caruso, John McCormack and the great Chaliapin in opera to Dame Clara Butt in Handel's *Messiah* or, along with the grand old songs of the English music hall and such commercial syncopation as *Yes, We Have No Bananas* and *It Ain't Gonna Rain No More*, snatches of the purest jazz. I'll swear it was here that I first heard *Tiger Rag* and *When the Saints Come Marching In*.

The street was an oddity. There were no back-doors and the windows were of the smallest, deeply-set in the roughly plastered walls. Even in the height of summer every fire would be blazing. Meat sizzled and Yorkshire puddings rose, very often the gramophone – horn, waxen discs and cylinders and all – must have been in imminent danger of melting. So obviously the civilised thing to do was go outside the moment the sun shone. The wives would rock and occasionally slip indoors to look at the roast while the menfolk ruminated, smoking their stubby clay pipes, their gallowses or braces hung comfortably looped free; and peace, with the river tinkling in the distance, came dropping slow. Summers were perpetual then, and however many gramophones played the music was never too loud.

For my money (an immense fortune of thrippence a week) Challies Street folk were the loveliest under the sun. All the week the pit would beat out the refrain to which their working lives were set, but on the Sabbath their music was their own. Maybe their language was crude but their manners were of the purest. They would starve themselves rather than stint hospitality. Not that there wasn't the usual quota of hard cases along Challies Street – the halt, the lame and blind in spirit. I recall doors that remained closed and others we shot past to escape a permanent miasma of cruelty and sadness. But for the most the folk of Challies Street laughed and sang like their mother the river; and now as I recall them they were dear to me – and still are dear – because they were probably among the first of all humankind outside my own family to acknowledge me for myself alone. Not one but didn't greet me with a 'What a cheer, canny lad', or, 'Noo, hinney; what fettle?' or – best of all, 'Why look if it isn't young Sidney Chaplin' – and momentarily, the curse of my name would be lifted. In those days Charlie Chaplin was the most famous man in the world. Naturally enough I got 'Charlie', but as if that wasn't enough everybody mocked me with a supposed likeness. At every turn some clod or other with a grubby forefinger under his nose would be indulging in a hop, skip and jump, feet spread out and an imaginary cane twirling. How I hated the man. It's easy to understand why the folk of Challies Street made the finest music of all for me. They gave me back my identity.

Not that Charlie didn't give me more than my share of joy. I must have been about eight or nine when some of the early two-reelers – *His New Job, The Champion, Shanghaied* and *The Bank,* among others – came round again. A pure genius conquered misery and loathing, and I all but fell at its feet. Every week we would walk a couple of miles through the fields to go to the pictures, and every week after the show while the others re-enacted Harry Carey I'd be walking alone, all rapt in the glory of the great little man. Quite without knowing I learned the lesson of the objective correlative. It may be that I also yearned to emulate. The films were shown in high summer and so for me those moments of rapture will always be associated with the sound – like a clock running down – of the corncrake sounding out over fields white unto harvest. By autumn I could give a passable imitation of Charlie's screeching turn on one leg round a corner, needless to say, never in public. Never. But in the winter that followed I found that I could tell stories and write compositions which pleased the teacher, and was happy again.

And so through a succession of Gem, Cosy, Magnet and Hippodrome Cinemas I grew to idolise Charlie, and in time became almost proud of my nickname. I think I can name every cinema in which I saw a full-length Chaplin film. The second great flowering of his genius came, of course, when he discovered long before anyone else how much more important the music is than mere words in sound. Undeniably the silent pictures are inherently musical, but this signifies no more than the triumph of the artist over circumstance – the full glory only came with sound. Forty years on the music of *City Lights* still haunts. Later when I first saw *Limelight* at the Odeon, Leicester Square, I was just as gripped by the melody, even although the man beside me was determined to laugh whenever Charlie appeared on the screen. Like Einstein at the premiere of *City Lights* I wept unashamedly.

There's no getting away from the truth that, musically, I'm a ruined man. It makes no odds that for years I listened to the best without knowing it – mixed up with the best was the most appalling junk, and my ear was ruined. Those old cinema musicians stole indiscriminately, although it has to be admitted that they knew best where to pinch from to heighten the best moments of such masterpieces as *The Four Horsemen of the Apocalypse*, *The Ten Commandments* or *Blood and Sand*; it was only years later when I started creeping into the opera that I discovered, for instance, how assiduously they had lifted from Wagner. It takes a composer of some weight to fit in as well with Emil Jannings or Lillian Gish as Tom Mix and Hoot Gibson.

Not that all the music was formal at the pictures. Back of the piano you could always hear the thump of the gas-engine and it was a poor afternoon when the click of the projector didn't work us up to the point where practically the whole of the audience was shouting advice to Pearl White or thumping out encouragement for Buster Keaton. I can still recall one great shout that went up when William S Hart, after days of waterless wandering in the desert, looked at a brazen sky and croaked 'water' at the very moment when the heavens opened and the rain pounded on the roof above. Doubtless we were a naïve lot, yet on occasions, I believe we achieved a balance between sociability and subjective involvement which would be impossible today.

Halfway along Challies Street was the United Methodist Chapel, which consisted of two pit cottages with the wall between knocked out and the interior suitably adapted. As far as I could ever discover the United Methodists differed from the Primitives, which I attended, only in holding their Sunday School later than ours. This meant that the hymn-singing of the children was also part of the Sabbath musical medley. On warm mornings the doors would be thrown open, giving the street the full benefit of those clear ringing young voices, and gramophones would be stilled, not as a mark of respect, but simply so that the folk could enjoy and sometimes join in with the children. While Newfield folk loved singing, it was the fighting, marching and melodious hymns they went in for. I've never heard congregations sing them better. Often when at the conclusion of the evening service all would rise with one accord to sing the Doxology ('Praise God from whom all blessings flow') the thanks were not so much for spiritual sustenance as a right good old sing – and who's to say that the two things aren't related?

Not only sheet music brought about the age of jazz. I remember how, when my father made a crystal set (the very first in the village), folk would sit waiting their turn to put on the earphones and listen to one or other of the big bands of the day. Pretty soon the jazz was pouring out of the big horns of valve sets owned by the wealthy of the village. We had the disease just as much as Main Street, USA. I remember the pit band playing jazz in the little War Memorial Park, and all young and old whistling and humming the tunes of the day. Since there were no halls (and dancing was strictly taboo in both chapels) the young folk walked over to the larger neighbouring villages. Going off in separate gangs they would drift back in couples. But at the height of the summer there would be dances in the thick of Hutchinson's Wood, probably the first since medieval times. A band would be hired, cart lamps hung in the trees, and lads and lasses would dance on springy grass which might have been designed for the purpose.

Lyrics such as,

'There they go, full of joy,
Happy girl, lucky boy—
And here am I
Brokenhearted.'

still run through my mind, though probably garbled. What it signifies, I suppose, is that long before the talkies arrived the conquest of Britain by the music of escape and consolation had already been achieved. For my own part – to make no bones about it – already before I was ten the pictures and jazz had me, and I should have been smothered by then had it not been for two other passions – a love of folk and books. Somehow I picked up that respect for tradition without which life becomes intolerable, even if musically I am a ruined man.

Since then I have been in some odd corners in search of music. Once off Bourbon Street I listened to Pee Wee Hunt playing a third-rate band into limitless heights of ecstacy and excellence, I have been to the opera, and once, in a country church, a great singer shared his grief with me. Even though it irks me that I still, musically speaking, wear my heart on my sleeve, I suppose I have come on a bit since those early days under a hot tin roof. With jazz, brass bands, steam organs and clowns who play musical instruments I also manage to enjoy a bit Sinfonia and all the varieties of mouth-music. But the best music for me is still that music I first heard along Challies Street, when poor folk stirred the man's pride in me with, 'What cheer, canny lad', or, 'Why look, if it isn't young Sidney', and made from flesh a living, breathing body.

A Certificate for Lifesaving

WHEN I WAS 10 WE packed all our furniture into a colliery lorry and moved from a village in the wilderness to a bigger one that not only had a main street and a cinema with a panotrope but a swimming baths built of yellow brick and supplied with water from the pit power station. The baths made a different lad of me.

In the old village I'd been cursed with two left hands and feet that would stumble over a matchstick or a bent hairpin. My brain was numb. I moved through life in a stupor wondering what would hit me next. Even my father, normally the mildest of men, went momentarily out of his mind the day I limped home after exchanging a couple of pair of partridges for a free ride in a motor car to a remote hamlet many miles away. 'You've as many brains as a shallot!' he cried.

The swimming baths changed me. I floated the very first time in. It was bliss to feel the water pulsing through my fingers and let my whole body relax and go under the sky. Here was an element which was wholly friendly, and which warmed and upheld me. I could do no wrong. At the end of the first season I won the one length underwater, carried off the junior breaststroke championship (the three lads in front were disqualified on account of using sidestroke), and also passed my lifesaving certificate with distinction. Overnight I became famous. Even the teacher rested his hand on my shoulder and praised me. 'Always remember your gift,' he said. 'Some day, somewhere, somebody's life might depend upon you.'

It was these words that finally corrupted me. I began to look for a life to save. As the volunteer lifeguard my round consisted of the clay pit pond, the colliery reservoir, and the deep Mill Dam down at the river. I used to cycle furiously from one to another, wearing my costume under my clothes for readiness and praying the Lord to give me just one life to save. The Lord never obliged.

In the end I was driven to blue all my pocket money on Sunday excursions to the seaside. I used to walk miles along the sands with my shoes slung over my shoulder and with my hands ready to unfasten my belt the moment the cry went up. The nearest I got to my ambition was a girl with a bleeding foot who said she wasn't going to let me find *her* pressure point – she would rather bleed to death.

I almost gave up. Only the certificate, nicely framed by my father and now hanging in the kitchen, kept me going. During the winter months I'd often look up at it. The old itch for fame would again take possession of me. One fine day I'd pull two, perhaps even three, out of the water, then go on to swim the Channel in record time.

Came the next summer and the Lord, who must have been nodding, suddenly decided to take a hand in the matter. It happened one Saturday afternoon at the claypit pond. There was one swimmer at the far side of the pond. He started yelling and sank out of sight. A second later his head reappeared, bobbing like a turnip on the sun-dappled waters, his mouth extended in a silent scream. As I plunged in still wearing my shirt I was vaguely aware of the one other person present rapidly sprinting round the side of the pond. He had a squashed strawberry face and had been sitting down picking at his toenails. There was I struggling with a shirt that impeded every movement, and there was the toenail picker going the quickest way – by land.

All the same I beat him. Only it didn't go in the textbook way. The victim wrapped his arms and legs around me and took me repeatedly under water. Coming up the third or fourth time he actually bit me and I slapped him back hard. He went limp. I'd just got him nicely turned over when the toenail picker jumped from half a dozen yards away and rammed me right on the ribs. Then he shoved me with his feet. Then he calmly took the victim away from me and methodically proceeded for shore.

The crowning insult was when he waded back for me. 'Come on, you're nearly there,' he said as he helped me to the shore. By this time a crowd had gathered. The crowd cheered. For the first time I discovered what hate was all about.

I put the wet shirt in my saddlebag and wore my pullover next to my naked skin, then stole away. I rode ten miles with my head down and my feet hard on the pedals and tried to sweat it out, but I never did. Years later, I found myself saying to a slewed, cynical old doctor that I wished I had just one life to my credit. 'Do you now?' he said with a lift of one corner of his mouth and one eyebrow. 'Have you ever thought that it mightn't be altogether to your credit?'

That was a long time later. In the meantime, my botched job of life-saving took a lot of living down. My one consolation was that the toenail-picker, the thief, wasn't recommended for a medal and didn't even get a commendation. I began to shun the water. Bound to the pedals of a fixed-wheel model, I cycled miles on my own and put a spurt on whenever I was passing a pond, a lake, or a river. But I failed to sweat out that shameful memory.

It must have been a couple of summers later that three of us took some girls on an excursion to Scarborough. I was working, but this was a Bank Holiday. And we came to the open-air swimming pool and one of my mates said: 'He's a champion swimmer and diver, y'know. That high board's nothing to him.' I said it was a pity I hadn't brought my costume and towel. The girls pointed out that they could be hired. They wanted me to dive from the top board. It took a century to climb and when I reached the top and looked down I nearly came back. The pool was a tiny blue square and I could scarcely see the blurred white faces of my companions as they looked up and waved encouragement. Nobody will ever know the nerve it took to walk that board when all my instincts screamed to sit down and straddle my legs over it and inch myself along.

I took off in a perfect belly flapper that cut through my middle as I hit the water and surfaced slowly with a feeling that all my guts were hanging out. Gone was my intention of giving my companions a demonstration of the Australian crawl. Nobody shouted, nobody cheered, and if my arms came over in slow motion while my feet gave only an occasional flutter this was because every muscle had been pulled out of position and every bone broken if not dislocated. One of my companions knelt down and helped me over the side, smiling his relief. 'I thought we were going to have to run to get somebody to pull you out, just like at the claypit pond,' he said. I looked at him. The sun was blazing but the day had lost its shine.

That put me back into my old dazed condition once again. Only I was worse than when I lived in the village in the wilderness. I hurt other people as well as myself. So, in the end, I got out and took my hook, taking my toll on job after job until at last I found something that suited me. The sickness vanished. But I never went near the water again.

And the years rolled on. I grew prosperous and skilful in hiding my discontent with what I'd become, inside as well as out. Then one day I got into my car and I drove to that village in the wilderness: the one where I was cursed with two left hands and feet that would stumble over a matchstick or a bent hairpin. And I walked up the street where I used to live. It was just the same as it had ever been; forlorn, grey and gritty, each house with its coalhouse and outside netty. Some still had their old zinc bathtins hanging outside. It was as if I had only left yesterday. Only I couldn't remember the number of the house we'd lived in, so I took a long shot and asked an old lady who was standing looking over the top of her yard gate.

She said of course she did, it was number 21 and what's more you're their eldest lad. 'If I live to be a hundred,' she said, 'I shall never forget you and what you did for our Harry when you pulled him out of the river.'

'You must be thinking of my brother,' I said.

'No, it was you. Our Harry walked in over his head, always a dare-devil, and you went in after him and managed to get hold of a hand and pull him out of the hole.' She shook her head. 'Fancy you forgetting a thing like that!'

'You're mistaking me for my brother,' I said.

'You come in,' she said. She took me into the kitchen. An old man sat in a rocking chair beside the fire. 'This is Ike's lad that lived in number 21,' she said. 'Looks more like his Dad,' he said, as he brought his face close to mine. 'Well, well. The lad that saved our Harry!'

They showed me Harry's photograph. The features were unknown to me. I couldn't remember pulling him from out of the river. They gave me my tea. Everything in that house was mine for the asking. But somehow I couldn't feel a glow. The record had been sponged out so completely that I couldn't bring myself to believe that, long before I learned to swim, win races and certificates, and ache for fame, I had already saved one life. That lifesaver was a different being. He'd vanished with the boob who had two left hands and feet that would stumble over a spent match or a bent hairpin. I know about the one I saved. But where is the boy I killed?

A Dog's Life

NEATLY LAPPING WITH RUBBER TAPE the splice he had just completed, Dick Walker stepped back. It was a fine Sunday for once, and a shaft of sunlight revealed that his work was good, without spot or blemish. 'Nice work, Dick,' congratulated his chargehand Bill Jackson, who was also his closest friend.

'Never mind the compliments,' said Dick, leading the way to the seat beside the workshop fire. 'What's all this about a favour?'

'Well, it's about the dog, as a matter of fact,' said Jackson. 'One way and another, she's nearly got us round the bend.'

'Goldie!' exclaimed Walker. 'She always seemed harmless enough to me. A bit boisterous perhaps, but that's to be expected. After all, she's only a pup.' The dog looked up and came bouncing over from the dark corner where she'd been rat-hunting. Resting her head between Walker's knees she gazed adoringly upwards. Honey-coloured, she'd more than a touch of Labrador and her paws were like miniature boxing gloves.

'Because that dog is the most sociable animal ever, that's why!' said Jackson. 'The first time we went out without her, we'd just nicely got settled down to the big picture when the wife lets out such a yell that Ah was nearly on the point of belting the chap in the next seat along: until it turned out to be Goldie lickin' away at her legs. Ropes, chains and staples: Ah tell ye, nothing holds her. She always finds us.'

'Couldn't you lock her in?' asked Walker.

'Last time she never stopped howlin',' said Jackson. 'There was a crowd outside when we got back. They said the cruelty man should be got. We've already had the police.'

'But why me?' asked Walker. 'Ah'm no dog-trainer.'

Jackson looked away. 'We thought you could put her down. Get shot of her. Sell her. Anything. We wouldn't ask if we weren't desperate.'

'Oh, aye,' said Walker. 'So that's why you asked me. On account of me being harder.'

'It's hard when you've lived with a dog,' said Jackson. 'We did try. The chemist gave us something. Deadly, he called it. We mixed it with her food. She took one sniff and walked away.'

'So now it's me, eh?' said Dick.

'There's no harm in askin',' said Jackson. 'But it did stick in my mind that you'd had a bit experience, like.'

'But that was a kitten, not a bloody young pony!' burst out Dick, 'and Ah'll tell ye something else, Ah never slept for a week after.'

'Perhaps it is too much to ask, even of a pal,' said Jackson, and with a glance at Walker he added: 'Ah did think of building you an extra quarter in if you'd do it.'

'So it's come to that – a bribe,' said Dick. 'Money between friends! Well, it's not on, Bill – not if you made it quids. It's not in my nature, and that's flat. So you can clear off and take your dog with you!'

'Well, that finishes it, then,' said Jackson. 'And Ah apologise about the money. Ah should've known better.' Drooping, he made for the door.

'For God's sake, man, square yourself up,' said Walker, relenting. 'You're all of a shake. It's not the end of the world!'

'It's Bella, ye see,' said the other. 'We'd a right old barney this morning. Laid the law down good and proper, she did. The upshot is that it's either her or Goldie – one or the other goes.'

'Not Bella!' blurted out Walker. 'Ah don't believe it.'

'Her bags is packed ready,' said Jackson. 'Come on, lass,' he called. The dog didn't budge. Forepaws touching the warm ashes, she lay coiled up before the fire, condescending only the briefest of stares at the chargehand before getting up to resume her favourite position with her head between Walker's knees.

'Looks as though she's made our minds up for us,' said Walker. Jackson didn't know what to say. 'Ah'm your friend for life after this, Dick,' he stammered. 'Never mind the friendship. Just you build in that overtime for me,' said Walker, unthinkingly giving the bitch a friendly pat on the head. When he looked up Jackson had gone.

Half an hour later Walker left the workshop with a sack under his arm and a ball of twine in his jacket pocket, the bitch trotting happily to heel. Passing the heapstead, they eventually arrived at the pit reservoir, endlessly fed by the pumps of the rising main. From the edges the bottom sloped gradually towards a central area about 10 feet deep.

Gravely, Walker surveyed the sack fetched out on the grass before them. 'Now how on earth do we get you into this?' The dog cocked her head. 'Let's try it for size first, shall we?' Walker suggested persuading the dog to lie down. Allowing for natural curvature, the poke was just big enough, except that the legs might cause trouble. 'Ah wonder if she's wit enough to oblige,' he pondered. 'Well, there's only one way to find out. Lie down, lass,' he ordered. Joyfully the dog leapt up and with her front paws on his chest, assiduously licked away. 'No, no, not that.'

Collecting himself, he pulled out the ball of twine and, after cutting off a number of lengths, provided each with a running noose. Now he thought he had the right command. Holding one of the nooses ready, he ordered: 'Die now, Goldie.' Immediately she rolled over on her back with her legs extended stiffly upwards and triumphantly Walker pulled tight the noose. It was only then that the incongruity of the command struck home.

But he had no time to ponder. Grabbing the second pair of legs he held the struggling dog and continued his trussing. Meanwhile the dog whined piteously… as well she might; fore and hind legs being bound separately together as well as pinioned tightly to the body. The job could have been more secure but would have to do. Walker shrank from starting all over again.

The next stage was to get her into the sack – and it was then that Walker discovered her tail. It was only after several sweated ineffectual attempts that he managed to stuff in that thick and strangely agile member. All the time the dog cried. Shutting his ears and cursing the good nature which had led him to this, Walker fastened up the sack. Then painfully he dragged it over the rampart.

From the top he surveyed the reservoir. It was a broad stretch, thirty yards long and twenty across, with the big drop in the middle. A small jetty carried the feeder pipe from one end to the brink of the deeps. If he could get it there he could throw it the rest of the distance. He thought of the sack and 'it' rather than of a dog. He wished it would be quiet. It moaned at every bump.

'Ye should 'a' gagged it, Mister,' said a voice, and Walker turned as if shot. Over the top of a huge pipe bowl a little man steadily regarded him. He wore a pepper-and-salt suit and brown boots with leggings the colour of the round face topped by a billy-cock above, while the white silk scarf double-wrapped about his neck was neatly knotted beneath his Adam's apple, with the ends neatly tucked into his waistcoat. While his face was impassive Walker had an idea the man was laughing at him.

'Only Ah didn't, did Ah!' said Walker, as he experimentally hefted the sack back and forth over the waters. It not only felt perceptibly heavier but the dog within skidded briefly at every swing. The dog whinged. 'Ah'll bet ye didn't put a brickbat or two in as well,' said the man.

'The job's yours if ye want it,' said Walker pointedly.

'Ah've more sense,' said the sportsman. 'Ah'd sooner interfere between man and wife. What kind is it, any road?'

'Cross-bred. Half Labrador, half retriever.'

'But it's the Labrador comes on top,' said the sportsman. 'They're lovely. Take a fish out of the water, a duck with a runnin' jump!'

'Oh aye,' said Walker. 'Well, she's still goin' in.'

'Bitch, is she? Ah suppose ye were close. Nice, but it can create problems. Fall out with the Missus?'

'Mind your own business!' said Walker.

'But pretty near, eh?' smirked the man.

'Do me a favour, please,' asked Walker, his wrath barely concealed.

'All right, all right, young feller-me-lad; no need to get yourself aeriated,' gently remonstrated the sportsman, sedately puffing away at his pipe. 'Tell ye what: Ah've got a proposition for ye. Not 10 minutes since Ah potted a fine rabbit on that old heap of yours. Ah saw it drop. But could Ah find it – could Ah hell! Now ye can see what Ah'm gettin' at? Ah need a retriever, even if Ah have to train one myself. So Ah'll tell ye what. Ah'll give you a quid for the dog.'

'Ah've always fancied meeting one of the big spenders,' said Walker ironically. 'Aren't ye being a bit rash, Mister?'

'Sight unseen?' asked the stranger. 'Ah reckon that's generous. You'll go a long way before you find another that's prepared to offer 20 shillings of his own good money for a dog in a poke!' Walker hesitated. While not exactly a fortune, the price the sportsman offered was by no means contemptible. The man might even be prepared to bid higher. Desperately he strove to frame the question – but too late. 'Well, if you were ordered to drown her and have done with it, then that's the end of the matter,' remarked the stranger.

'Nobody orders me about,' said Walker dangerously.

'Well, naturally,' said the man. 'Sometimes we're driven. You're a young feller and money's scarce. Believe me. Ah know what it's all about. Best thing is to let me have her. Ah'm not lackin' for a penny or two.'

'Oh, you're not, are you!' said Walker, hefting up the sack. It was the words that triggered him off. He forgot about the dog. All he saw was the treadmill, of shifts, of kids to clothe and feed, of endless muck and ache. When had he last had a copper or two to jingle? At the weight of the sack, a blind, black fury possessed him. Up went the sack, and he let go.

'Now ye've done it,' said the man. Walker didn't answer. He watched the sack go down. It didn't go too quickly. The bubbles started almost immediately, like a stream of silver. Walker found himself asking: 'Why did I deny myself that pound?' The clue was in what the man had said, something about being driven. Had he really taken on the job to put Jackson under an obligation to him? There was a bleakness in the thought which horrified him. No man should stoop so low.

Down went the sack. Momentarily it rested end-on, bottom upwards, then toppled over. Thereafter it kicked, for all the world like a gigantic jumping bean. Then, while Walker watched, transfixed, the end burst open, and slowly the tail grew out. Like the maw of a sea anemone it gyrated madly. Mud clouded the water.

It was all too much for Walker. Sitting on the edge of the jetty he unlaced his boots and pulled out his pocket knife, wishing it had been bigger. 'Bloody hell, don't tell me you're goin' down there after her,' said the sportsman. 'It's more'n ten feet deep, ye' know.'

Walker plunged in, his eyes tightly shut. Long ago he'd practised staying underwater with his eyes open in his mother's backyard, using a basin full to the brim of tap-water, and had become fairly proficient. But could he do it now? He tried – and almost shut them again, so cold and dark and strange was the bottle-green region in which he found himself. But worst of all was his need for air, the desire at the back of his mind just to open his mouth, even though he knew there was nothing about him but water. Then to his horror the dog came up to meet him; body protruding from the sack, her head masked, she spun like a Catherine wheel.

With a swoop he grabbed her hindquarters and worked his knife under the cord. Her momentum was too great, and he pulled her clean out of the sack. Up she shot, with Walker desperately sawing away behind. Lights danced and the heavens revolved. Then down they went again. Walker, still hanging on, was aware of water pouring into his gullet and coming back behind his nose and eyes. At the same time he had a confused impression of the little man dancing and shouting on the bankside, holding some kind of pole.

Then blessedly the cord gave way and with a kick of her free hind legs the dog propelled herself to the surface again, Walker arriving a second later to find her still afloat but with her nose well down under the water. Obviously she'd drown if she suffered more of this malarkey – not that he himself was in much better condition. His head sang, and his overalls were saturated to the point where he could almost hear the water swilling in his pockets. Making a complete circuit of the creature, he grabbed hold of the cord at her breast, and briefly they came face to face. There was a red glaze over her eyes but with her free legs she kicked so strongly that Walker had all his work cut out to hold her.

And he was the cause of all this! Walker was almost too ashamed to look her in the face. Then, as he pulled her close, the red eyes cleared and she leaned forward and licked him. It was then that Walker heard the sportsman. 'Pull for the ladder!' he was shouting. After this it was comparatively easy to swim a few strokes and pull himself in, dragging the dog behind him. But it was the sportsman who beached and finally cut her free. 'Talk about gratitude!' the little man exclaimed. Her first act, after shaking herself, was to walk over and lick Walker's neck. 'But by God, she's clever,' said the man enthusiastically. 'Why, man, she'd give Houdini points!' His eyes narrowed. 'Tell ye what. Ah'll give ye a fiver for her!'

'Nothing doin',' said Walker. 'But Ah'll tell ye what. Come over and have a sup of hot tea while Ah change into something dry, then we'll come back and find that rabbit for ye. How about that, lass?'

Barking furiously, the dog bounded ahead then turned, reluctant to continue until she was certain that Walker followed. 'Oh, my God,' said Walker softly. 'Anything wrong?' asked the little sportsman. 'Nothing,' said the hero, and resumed, his gaze fixed on the creature he'd only just saved. Certainly the kids would make her welcome, but what about the Missus?

The Berry Holly

ALL ALONE IN THE HEN-RUN above Nutty Hag Row the boy worked hard at plucking the chickens, which his grandfather had killed before going off to his afternoon shift in the drift mine which hummed and jangled at the end of the street.

The old stove was cherry red, heating the water which, poured over the chickens, made them easier to pluck. But still it was hard work, and cold, as the feathers flew. After every third chicken he allowed himself a rest, straightening his back and letting his eye rove.

First he looked over the depot where coal streamed into the big-wheeled coup-carts while the shire horses stamped and blew, then along the curve of the red-roofed street to the river, very deep and black under the lea of the steep wooded hill where the old dam held it back, then widening and becoming white-flecked where the stepping-stones were that led to old Jawblades pit, so near and yet so far away.

There the countryside opened out and with it the sky, awesomely wide and cold with pink combs of cloud, and the sun red and very remote. In his second pause his heart gave a leap at the sight of a man crossing the river, preceded by a greyhound. The man moved hesitatingly and clumsily, but the greyhound was fluid, stepping out delicately and smoothly, flowing over the stones.

Because of what Jawblades meant to the boy he cheated and kept constant watch on the pair as they advanced along the riverside path, the dog ranging freely ahead and sometimes streaking across the stubbled fields or sniffing in hedgerows, the man trudging with his head down, deep in thought. When he lost them he grieved. Then he forgot himself in the work.

Suddenly there came a scraping and he turned to find the greyhound reared high on her hind legs as if set to climb, lapping and looking through the penfold with large intelligent eyes.

And there was his father standing with his legs apart and his hands in his pockets, his jacket bulging at one side, his smile lopsided as well. 'You've got a shippin' order there,' he remarked and came through. The greyhound whined. 'Settle!' said the man, and the dog immediately lay down on the frost-encrusted grass with her chin between her paws. The man silently took the other pail from the stove and set to, plucking two birds to the boy's one. The chickens drawn and hung in the scrubbed shed, the man lit a cigarette. 'Your Mam around?' he asked casually.

'She's at Auntie Polly's,' said the boy. 'We're goin' to gather berry holly.'

The man upturned a bucket and smoked broodingly. 'Mind if I come with ye?' he asked at last; and the boy smiled. 'Then say nowt to your Grandma,' said the man. 'We'll meet at the end of the street.'

The man was waiting, not at the end of the street as promised but along the gleaming tub-track, just at the bend where the rope passed around a guide wheel. They trudged between the rails silently.

When the footpath diverged away from the black deep hole in the rockface the man took the boy's hand and helped him up the steep slope. They went through the five-barred gate with ice tears hanging on the undersides of the cross-bars, past Hutchinson's farm where the cattle in the home field surged towards them, then followed the road as it wound and dropped darkly into Bellburn Wood; and only then did the man relinquish the boy's hand.

In the distance was the old air-shaft and the two cottages, in one of which lived Aunt Polly. 'Go on,' said the man, 'I'll meet you at the berry holly.'

'Should Ah – should Ah tell her?' The man shrugged and turned into the wood, the greyhound ranging ahead and snuffling in the heaped leaves under the trees. When the boy arrived, dragging his mother by the hand, he had already cut several grand sprays of holly thick with scarlet berry. 'Oh, you've left none for us!' said the boy; and the man smiled and handed him the knife he had been using, a heavy horn-handled knife with a corkscrew, as well as the large curved shining blade.

'Ah've left you some on the bottom branches,' he said. 'Golly, that's a good knife!' said the boy and started looking for sprays, ducking in and out of the great umbrella-like spread of the holly bush.

'Well, and what brings you here?' he heard his mother say.

'Thought it'd be nice to get the holly berry, same as we used to,' said the man, adding with a rush: 'And mebbe spend Christmas together.'

'You've got a hope, indeed you have,' said the woman bitterly; and the boy's heart gave a thump. 'We're settled and comfortable – and at least we're *thought of* – not put next to a thing like that!' she concluded with a swift pure look of hate at the dog.

'You could be boss in your own house,' he said, and in spite of herself her eyes shone. 'Ah've never had a better cavil. The money's good. Ah'll turn a fresh leaf. Ah'll get rid of the dog,' said the man passionately.

'Get rid of the dog,' she mocked. 'It'd soon find its way back – and so would the master – back to the gamblin', the boozin', an' the rest of it. And then what? We'd sharp be back on our beam ends again...'

'Ah mean it this time, lass!' he broke in urgently. He looked at the greyhound with a queer, wild kind of desperation. 'Ah've run her for the last time. Ah've made a packet and squared off with the lenders. It's a clean start...'

'It'll need some thinkin' about,' she said, darkly brooding.

'It's now or never,' he said, stooping to gather the berry holly. They went back through the dark wood and dusk was falling as they neared Aunty Polly's. The dusk was setting in, but the berries stood out among the glossy green leaves, perfectly round and blood scarlet among the needle points.

At the air-shaft the man stopped. 'Here, lad, take these,' he said, handing over his burden of berry holly. 'Ah'll wait here.'

'You might as well come in and have a cup of tea,' urged the woman, in a softer tone than she had hitherto used. But the man shook his head. 'Ah'll be waitin' here,' he told them.

As the boy followed his mother into the house he heard a sharp whistle and looked back to see the man kneeling by the old air-shaft. The light was smoke-blue and all was quiet. His father was reaching into the bulky poacher's pocket of his jacket. The greyhound came running, then stopped. His father spoke caressingly and she went strangely to him, not sinuously in her own proud way but drag-legged with her ears laid back.

He heard his father murmur something, softly, as the creature came near. Then he went into the bright warmth of Aunt Polly's kitchen, and marvelled at the way the streamers all gold and red stretched out from the mistletoe, which hung like a great glowing bush upside down from the ceiling, with pears and apples of gold and silver bright upon it.

The dull clap came plain, and Aunt Polly paused with the cup at her lips. 'It'll be old Hutchinson and his lads after a bit of something for Christmas,' said she. 'Such demons with guns!'

The boy and his mother looked at each other. Then flushing and with a glance at Aunt Polly, she said: 'Go and bring your father. Go, canny lad.' He needed no second bidding.

His father was standing with his face against the air-shaft wall, and his arms hung straight down. There was no sign of the dog, but on the frost-encrusted grass little red globules shone. He stooped to touch, and his father turned. 'Don't touch, lad!'

Then wiping one hand on the wall, he said: 'Ah couldn't let her die hard – now could Ah?' Not understanding, the boy said yes. What filled *his* mind was that they were together again. But long afterwards it all came back – the dog swift to run, the holly berry on the ground, and a man that turned his face to the wall, and cried. Then he saw what a fortunate child he was, and what manner of father he had, and knew what the berry holly meant, the berry and the thorns.

On the Poverty Line

AT EIGHT YEARS OF AGE I got on to the poverty line. I'm still shuffling along on that escalator that runs against you like time itself, a sort of arts-trap perpetually torn between the need to catch up on the technical equipment that comes naturally to the favoured (and good luck to them) and the need to work hard at my trade. Man shall not live by bread alone, said the bearded man in a high stiff collar in Stonebank Methodist Chapel, and everybody said Amen. Within weeks it would take courage to say it, courage to live by it; for the Big Strike, of which the General Strike came as a premature death rattle, was just about to start. Before it was done a good man would be driven to steal turnips. It didn't matter so very much that every household kept itself warm on stolen household coal, since the moment you get below the sod, property seems pretty remote, and anyway, by virtue of bloody proximity we all thought it was ours. There was no time to think of the bread that sustains the other life. The Chapel never recovered, and that was a pity because it was truer and warmer than the Miners' Lodge and the Labour Party, but only so long as the people believed. After that they chucked the Bible for *Tit-Bits* and *John Bull:* if they really burned the Bible at Chopwell and read a chapter from *Das Kapital* the gesture was useless.

I didn't know I was starved, or being starved. It never dawned on me even when I was driven to read the labels on the jam pots and treacle tins ('Out of the strong came forth sweetness') because there wasn't a copy of *Rover* to beg, borrow or steal. I got over the Parish Relief diet (it took ten years for my parents to pay it back), the smell of the soup kitchen (made by miners' wives it still stank of charity), and the taste of margarine; but I'm still suffering from the malnutrition of the mind and spirit.

Not that this is a moan. Others born a good deal later than me are on the poverty line, and it makes no difference that a good many of them don't know it, and would be sorely offended if you suggested it. That it is now more possible to pick and choose makes no difference at all, particularly when the odds are that you'll pick the fashionable pop article, or fall for hot day-dreams that are only different because they are clever: there's not such a long, long road a-winding between Ethel M Dell and the clever boy with the big vocabulary who invites you to identify and debauch with him.

And let's get rid of this Arts Council inference that all art is benign. Let us always remember the SS officer who carried Holderlin in his knapsack and the concentration camp commandant who played Schubert sonatas off duty. Art is not only what you make of it but what it makes of you; and the dangers of monopoly are intensified now that there are fashions rather than standards – the hazards are connected with individual growth rather than possible waste of 'public money'.

When you've been on the poverty line as long as I have you're not taken in by paper doilies and a few flashy bits of tinsel. Or crackers containing lucky charms and comic paper hats. All things considered there's not so much more of the bread of life than when I lived in Primrose Street and shyly took my place on the poverty line. Our next-door neighbours above were the Lonsdales. Mr Lonsdale was a railway clerk and a Sunday School teacher, a merry rosy-cheeked little man who walked ten miles to and from his work every day. I was inexpressibly shocked one day when I walked in and found him with what looked like a pint glass of beer in his hand. It was a hot day and he was a great man and a fine story-teller and I forgave him. Mrs Lonsdale used to stand at the bottom of our stairs and listen to me telling stories to the young 'uns in bed. 'I do love to hear that boy telling stories,' she told my mother, who saved it up till last year. And I wish I in my turn could have told Mrs Lonsdale that I owed the knack to her husband, who had a broad view of what would catch the attention of eight-year-olds. He worked at his stories and they had two or three layers. It took a good deal longer to get that particular knack, largely because the stuff I read had no other level than the one you saw, or thought you saw. How malnutrition dulls the wits I shall try to describe later.

Walter lived next door down with his mother, a widow of Ypres, who took a joy in scrubbing his back. She was always amazed at the boot polish black she had to shift. 'The muck's setten in, lad,' she would say as she soaped and scooped the dirty water from the small of his back. And Walter would wink and show his white teeth. He was pale and had thick black hair which came down over his forehead in ringlets, perhaps as a compliment to Ramon Novarro, and he drew. All his spare time was spent with the big family Bible propped open before him on the kitchen table, copying the illustrations. I was impressed, it seemed to me that his copies were better than the originals. His prophets had speech, his angels power, and his Jesus of Nazareth looked like the Son of God, but at the same time you knew that he could turn out a workmanlike set of pony limbers or a tub that would carry coal.

Perhaps someone still treasures those drawings. For my part, although I remember with particular affection Noah supervising the construction of the Ark, surrounded by sneerers, I feel a great sense of loss at all the richness that went unrecorded, men walking stooped home with their midgy lamps hung in their coat lapels; egg-jarping at Easter, tops, marbles and tipcat going amain, the wild ones stood in a ring at the pitch and toss school down by the old line; Mr Rutherford conducting his weekly auction from the back of his van while paraffin lamps purred or at a sudden gust spat in anger; housewives scouring their steps or dadding the dust out of pit clothes; a train of tubs loaded with bright coal leaping out of a crack in the earth like a jack-in-the-box; the silver flash of a quoit digging into the sod for a ringer; and pit ponies stamping and dancing for joy when let out of the pit for a weekend's holiday. Now was it art that had locked him indoors with the family Bible, or was it lack of art that chained him to the book? I do not know. Walter was proud and made no claims, but years later when I first saw reproductions of Blake's Biblical drawings I felt that I had found a matching marrer for Walter. 'Marrer' is dialect for the man you work with.

Quite another case was the old miner, said to be a genius by the union official who persuaded me to meet him. The old man opened a big box with trembling hands and spilled out dozens of watercolours painted on penny postcards, all copied from cigarette cards. The copies were merely a means of worship; eventually I discovered his shamefaced, secretive passion for the original cigarette cards. There was a poverty here that first embarrassed then wrung the bowels of compassion. But I prefer this kind of honest, ignorant poverty to the kind that is slick and smart and knows all the words. Does knowing expertise make up for filching? I think not. I would rather steal turnips.

On the poverty line you learn that the aristocrats have it over the mediocracy every time. I suspect Walter was one of the aristocrats. He knew what he wanted and poured all his passion into it. He didn't remind me of Blake; Blake reminded me of him. 'Sir' always stuck in my throat, but through Walter I learned to recognise my betters, even when they're younger than me. What also helped was that I heard the Bible read by men who only needed the page as a cue, and for whom every word was a dear and familiar old friend, so close as to be part of themselves. You got the several layers of meaning because, I suppose, the speakers came from the school that first invented 'the method'. Then something impelled me to buy a book called *The Mill on the Floss* which was on view with several others at the Co-op. It took six weeks at a penny a week to save up to buy it, but the book was cheap at the price. If the Bible-punchers tuned in my ear it was George Eliot who sharpened my reading eye. Which is as it should be, remembering her background.

But I am getting ahead of my story. When I was a boy and long before the colourful jackets of the Reader's Library appeared in the Co-op, and when the wireless was still a wonder, I was the little pitcher with big ears sitting in the corner of any kitchen that made me welcome. There were old men who signed their mark but had the gift of memory. I remember hearing the story of the great strike of 1832 as told to an old man by his grandfather who took part in it. There was total recall. There was another who became a local preacher in middle life and would get his wife to read over the two chapters until he had them by heart for the service. In this way he memorised most of the Bible. The gift of recreating in the dialect was not special. Most of these men were magnificent story-tellers and later I was well content to act as their scribe, only I took them to be giants. So I was not critical enough. You can steal the spoken story, but the written form of that story is quite another matter, as some of our users of tape are discovering. The tape has botched more good books than it has made. That is why catching with memory is still the best way. But you must be ruthless, as I daresay Tolstoy was ruthless with the peasant ways and tales that he picked up. To become infatuated with one's raw material is a sure sign of immaturity; and the basis of the infatuation is a kind of snobbery: just fancy, what remarkable human beings! Human beings are born remarkable. The arts were once the heritage of all; the men who carved cathedral bosses were probably illiterate. Judge cathedrals important because they gave unknown artists an outlet. Now infatuation, and the lack of an informed, influential consensus, has produced a position where only anybody who writes a book is an author, anybody who paints a picture a painter, anybody who writes verse a poet.

The second book I bought was Tolstoy's *Resurrection*. It was the wrong novel for my age (ten). I wish it had been *War and Peace*, but you can't be lucky all the time. Of all writers Tolstoy is my hero. Being on the poverty line I saw instantly that he wrote out of great wealth. Well-born, well-tutored, bi-lingual from boyhood, moving naturally among all kinds and classes of folk and thus everlastingly gaining perspective (no one can imagine how difficult it is for a writer of working-class origins to get to know the other kind of animal in this country), working to accept standards of excellence, and with cash, comfort and time at his command, all this, and then a great mind and heart. But at first I envied him most for having books around him, and the ability to choose the books he needed most.

Born with a ravenous hunger for the printed word I read literally everything that came my way. At school I stoked myself on *The King of the Golden River*, *Lamb's Tales from Shakespeare*, Henty, Ballantyne, Rider Haggard, Edgar Wallace, Jean Stratum Porter, and a broken set of weekly parts of Wells's *Outline of History*. This was at school, where a policy of non-discrimination was already enforced; the equivalent in arithmetic of asking the local bookie to fill in (he did, in fact have a bigger popular following for his extra-mural classes). It was a hopeless hotchpotch. But what can you expect? Religious, political and industrial tycoons still suck up to the public by abasing themselves to the latter-day Nat Goulds and Marie Corellis. As for Edgar Wallace, there's a case, if you like, of the vicious circle of poverty. Only the brave dare publicly confess that literature has to do with the education of the heart, and that a good novel is something to love and to cherish.

Never mind. The County Library came in the late twenties, in boxes opened once a week. It had all the best-sellers of the day, regardless, just the stuff the two lady teachers who ran it respected. I swallowed it whole, which is to say that I swallowed poison. Just a few years later QD Leavis was to describe the process of corruption. There was no one to guide me, nor was the good stuff available. Born a hundred years earlier I would have read and re-read Swift, Defoe, Bunyan and the Bible, and grown a better and richer man. As it was I got a surfeit of the second-rate. How do you develop your sensibility on a diet of cheap fiction and non-fiction, plus *Tit-Bits, Answers, John Bull, Gem, Magnet, Jester, Comic Cuts, Boys Magazine, Tiger Tim, Pam's Paper, Christian Novels,* the *Happy Magazine* and (for intellectual stiffening) *The Strand?*

I soon got rid of the *Comic Cuts* addiction, but the cheap fiction thing hung around until a couple of years ago, when I began to lose interest in science-fiction. This was entirely my own fault, since in my twenties I met at least a couple of people who could have put me right had I listened more closely. Only the other week I came across *Fiction and the Reading Public,* by QD Leavis, and realised the depths – and squalor, to be honest – of my self-indulgence. A clear case of 'living at the novelist's expense', both kinds. I should have been lost as a writer had I not been in the grip of a reality that no amount of dope could wipe out, first the pit village then the work. At least I realised the importance of trying to get *that* down right.

To be fair, more than a couple of people were involved. I sniffed round every WEA class going, and in the end settled for an extramural class that had AP Rossiter and Clifford Leach in turn, both real men of letters. I think it's sad, all this diversification of WEA and University Extension, but then I suppose you must give the customer what he wants, even when you know there's no substitute for learning. Then I discovered a pit-village university, the Spennymoor Settlement, founded to give unemployed men and women something to do. The top man there was Bill Farrell – actor, producer and painter. Thanks to him I saw all of Ibsen, and a lot of Sean O'Casey, Strindberg and Chekhov in a little gem of a theatre. His second in command was an ex-coal hewer via Ruskin called Jack Maddison who didn't believe in ivory towers. Oh, and there was a passionate cell of DH Lawrence followers at an Adult School five miles away; being a Primitive

Methodist of sorts I recognised at once the source of all this blood-stuff and making marriage a mixture of class meeting, love feast and brawling for the sake of the soul. It was a great time, when you could keep awake, for on top of the sleep-walking which comes of absence of the critical faculty I went to these intellectual exercises tired from the pit. It was only too easy to give in, especially after the five o'clock shift which involved a split sleep: you put your hand over your eyes and teetered deliciously between sleep and Jane Austen.

Being on the poverty line gives you some pretty firm convictions. The North-East like other so-called 'backward areas' reflects only the backwardness of the country in general. The majority are still relatively poor, and poor in spirit, and kept poor in spirit. The Anglo-Saxon trait that comes through is a piratical determination to make money at all costs and a boorish contempt for anything that cannot be worn or consumed or used. The contempt spreads downwards from class to class, the difference being that some can articulate contempt and others cannot. What makes it worse here in the North is that we've been frontier country for a couple of thousand years, and one wave of barbarians has followed another to devour the land and the people. Only out of extreme poverty could come the idea that in some vague way an interest or some expenditure on the arts will 'improve the image of the region'. The best art will brighten the image of the man. The process takes centuries. It also takes general wealth, and the expenditure of affection as well as money, a good deal of which will undoubtedly be wasted: the poet or painter knows nothing of productive efficiency.

But we need more agencies than arts councils (hence the danger of monopoly) for in their present context arts councils, even the posh one in London, are no more than shelters and soup kitchens which can only reach a minority of the needy. For most of us, the poverty line begins in the infants' school. If poor by birth then the classroom offers the basis at least of salvation. So let me define the chances: there are no slums now, only schools; no sweated labour excepting the teachers. And one could argue that the dangerous fellows are the ones that this system allows to succeed. You can knock holes in that, but it will still be left standing. Not that I subscribe to the Messianic cult of education and the arts; only that thousands could be liberated who are not. Not simply to become practitioners or patrons but to have their eyes opened, that's all. But how to achieve this without a change in the system, or our values, or without a consensus somewhere, I do not know.

In the meantime there is a lot to be done. Burroughs (no relation to the author of *Tarzan*, but literary blood-brother) and quite a few others would have us believe that the true artist is a homosexual drug-addict. Nothing so humdrum. He should be a bandit. The Society of Authors might try getting the publishers to agree to levying a percentage on all best-sellers topping the 20,000 mark in hard covers; in this way some good might come out of the literary equivalent of the bordello or dreamjag. See *Fiction and the Reading Public,* published more than thirty years ago but by no means out of date, for an unanswerable case for the taxation of cheap literature. In a paper recently I saw that another Van Gogh, 16 by 13½ inches but signed 'Vincent', had sold for £40,000. The man was on the poverty line when it was painted. The necro-collectors should be stung a percentage for the living. There is big money here. I would run down Art Colleges and send the cream of the students to work in a studio to learn the odds in doing, rather than being taught to teach others to teach... I think above all some money could be profitably spent in building small art centres (big ones are all right for cities like Birmingham) run by people who are averse to jargon but can speak the language of poverty; passionate, friendly people who will keep open house. They are rare but they can be found. Such people, paid or unpaid, have always maintained the way-stations that will always be needed whether there is a poverty line or not. I remember the books. I remember my first concert other than sacred, at twenty-three. I remember the first time I saw a painter at work, and the first one I bought. I remember Sybil Thorndyke playing Medea in the pit welfare hall during the dark days of war. I remember the first letter accepting from John Lehmann (there is no substitute for the editor who cares). I remember the taxi driver in Moscow telling me how much he'd enjoyed my book, and I remember the *marrer* who did without cigarettes to buy a copy of my first book. I remember all these, but the people I remember with love and respect are those that kept the wayside stations along the poverty line. We need more.

Lament for the Little Hills

Aye, Brusselton, is the
Lone larch
Still on your stark brow?
Pink nipples and resin
In the spring?

Many a fine time
We had of it
Among the raspberry cane,
On hands and lips
The scarlet stain.

Aye, Redworth, how many
Hares have pranced
Since we two sat up there?
Watching the sun go down
And the moon come up.
Where now it's side by side,
And a creaking rocking chair.

Sid Chaplin, apprentice blacksmith and keen Methodist, with his friend George Woodrough, c 1936

NOTE IV

IN 1931 IKE AND ELSIE Chaplin and their six children abandoned their decade-long peregrination around the group of pit villages by the Wear near Bishop Auckland in search of settled employment and moved permanently via Eldon Lane to Ferryhill. The last little poem represents a belated farewell to the 'little hills' of the title that Sid Chaplin had come to love. Ferryhill may only have been eight miles away, but in many ways it was another country altogether.

For a start it was a much bigger place, with a population of more than 10,000 in the 1930s, almost ten times the size of Newfield's, and two pits on an industrial scale by comparison with the latter's tiny so-called 'Dicky pit'. Ike Chaplin got a job as an electrician at the Dean and Chapter Colliery (with pit house nearby in Davy Street in Dean Bank, before soon moving to a 'gaffer's row' at 21 Westcott Terrace). In the 1930s around 2,500 men worked underground, descending via one of its three shafts, and at the pit's associated works, including power station, tar-beds and acid plant. It did however have one thing in common with Newfield: it too was owned by the Middlesbrough ironmasters Bolckow Vaughan, subsequently in partnership with the bridgebuilder Dorman Long. The village had a busy high street, churches, chapels and cinemas as well as a railway station on the main LNER railway line, where passengers could catch a train to London (though my 1938 edition of Bradshaw's suggests it might take nine hours or more). At the same time the motorist could drive directly to the capital on the A1, which passed through an impressive cutting through the limestone hill on which Ferryhill was built.

Sid Chaplin was 14 when the family arrived in their new home and was ready for the stimuli of a bigger place. Unfortunately this did not include further education, though his last schoolteacher 'saw something in me' and encouraged him to find some means of furthering his education. Rupert Wilkinson became the first of a series of older mentors who profoundly reshaped Sid's future over the next decade. But for the present there was no prospect of staying on at school, and so Sid entered the world of work. As in many mining families, his parents were desperate to prevent him going down the pit (in fact all five boys did, except the youngest, Colin) and Sid went instead to work at Howard's bakery in the village, shovelling flour and mixing dough for five shillings a week and a free custard tart on Fridays. Although he turned the experience into a memorable short story called *Half Moon Street* about a baker who goes mad, Sid only lasted a year in his first job for the unfortunate reason that it gave him dermatitis. There was no alternative: the boy became a miner, initially working like many boys on 'the screens', sorting the coal as it emerged from underground (the background for the story *A Letter From Pancake Tuesday*). As he later wrote:

> 'It was a kind of purgatory. You descended into a kind of inferno, with railway tracks leading from all the shafts and conveyors, and tipplers going all the time and clouds of dust everywhere, Noise, terrible noise, so much noise you couldn't hear yourself speak. The boys who picked the stones from the coal on the screens developed a sign language. There was a sign for everything. If the pit manager was coming, someone would appear on the gantry and indicate a fat belly and a moustache. You could practically hold a conversation in the sign language.'

Eventually the boy found a way out of purgatory when he had the good fortune to be offered an apprenticeship as a blacksmith at Dean and Chapter. The luck did not lie merely in acquiring a much-valued craft, but also in coming under the much wider influence ('spell' might be nearer the mark) of his second mentor, the remarkable Alex Wyllie (hymned hereafter in *Seven Years in a Smithy*), an acknowledged mentor in life as well as smithing…

First Breeched

IN THE DAYS WHEN I was young we had nothing to learn about economy – it came naturally. I was the oldest of five, and, although we never knew real want, it was in the nature of things – and of the time – that we were always wanting for something or other.

Like the time I went tatie-picking. After one day in the fields my own boots went blotto and I had to fall back on Dad's pit boots. That week those boots were never cold: as fast as Dad came in from night shift, I was waiting to step into them.

Those whacking great pit boots went with a clatter and made me feel important, but they didn't go with short pants. This I found out at the end of the week as I walked home swinging a full pail of taties and jingling the money in my pocket, the way I'd seen the men do it.

Some lasses were skipping at the end of our street. As I passed by they stopped their pitch-patch-pepper and the rope, and stared. Then they shouted, 'Ya, lobster legs.' What with the load in my pail and the load on my feet, I was no match for them at running, and so they gave me 'lobster legs' all the way to our gate.

So when I'd brooded all through my tea – and had been questioned about it – I asked for long 'uns. I tried, but knew that I didn't stand a chance.

'Time enough for long 'uns,' said my mother. 'It's daftness wishing your days away.'

'We'll think about it some time,' said Dad.

'I'll put my tatie-picking pay,' I offered.

'Now, just let it settle,' said my mother.

Well, how they managed it I don't know and daren't think, but come Saturday afternoon I had a pair of flannels. I put them on, paraded the kitchen, sat down with a hitch to keep the knife-edge of the crease, and said goodbye, for ever and ever amen, to bony knees and lobster legs.

Ten feet tall and dizzy with dignity I stepped out and along to my Grandma's to show off. There she was, rocking away and reading Christian novels, chewing the rice she picked up from the table with a damp forefinger. 'Why man-alive, look at the lad,' she said. 'He's gone and got himself breeched, and as proud as a turkey with it.'

'Aye, he'll soon be runnin' for the buzzer,' said Grandad, and I, who could imagine nothing better than to carry a lamp into the pit, wondered why he should pity me.

He had nothing to say as we walked up the garden together. The roses were blown and sloppy, but the show leeks stood to attention and the chrysanths were all autumn pride. Then we went into the shed where he kept his birds – linnets, finches, budgies and canaries – and whilst I tried to whistle them into song, he sat down on a broken chair and filled his pipe.

He was always a very quiet man.

At last he drew on his pipe and said: 'Ah was a lot younger'n you when Ah was breeched.'

'Did you get a thrippenny diddler?' I asked.

He shook his head, 'Ah was workin' when Ah was breeched,' he said. 'Your Great-Grandad was killed in the pit and from then on Ah was the man of the house. There was nine, and Ah was their bread and butter.'

'Ah wasn't a lad long,' he said. 'Nobody was in them days. Packed a lot into my life. Fetched two families up – carried a lot of men out of the pit – followed a lot of funerals – aye, and ate a lot of christening cake.' His eyes twinkled and a smile twitched behind his moustache. 'Had a lot of fun, as well, between times.'

Suddenly all the birds began to sing.

'Birds and lads,' he said. 'Let 'em sing, Ah say.'

He dug into his pocket. 'Here's a shilling – put it in your pocket and give yourself a treat.'

And when I tried to refuse: 'Nay, celebrate the day. You'll soon wear your trousers out. You'll soon wish you'd never been breeched. But Ah'll warrant you'll never forget this day as long as you live.'

I spent the shilling that night: two seats at the pictures and two bars of chocolate for me and bonniest of the skipping-rope lasses. The trousers lasted a year and a week: my last year at school and my first week at the pit. So, within a year and a week I was wishing I'd never been breeched. And Grandad was right about something else. I've never forgotten the day, or the silver he put in my pocket, or the gold he gave me to the very end.

A Letter from Pancake Tuesday

'NEVER MIND, PET,' SAID MY mother. 'It's Pancake Tuesday a week today – at least you've got that to look forward to. Tid, Mid, Misera,' she bent over her fingers as she counted, 'Carling, Palm, Pace-egg Day. What did I tell you? I'll order a few extra eggs next Friday.' Shoving bait-tin into one coat pocket and tea-bottle into the other, she saw me off to the pit. Five o'clock of a dark Tuesday morning, with a mad March hare of a wind racing down the street, and almost drowning out the thump of the compressor and the pit's ventilation fan. 'Now are you sure you'll be all right?' she asked. 'Why, aye,' I said, terrified in case somebody should overhear her words. 'Stop pestering me – I'll be fine.' Little knowing what awaited me.

By daylight the pit was a three-masted clipper bereft of her canvas which easily rode black billowing waves of pit-muck and slurry – a picture I'd often admired; forgetting the figures that crept homewards, the muffled threatening roar of the engines and the great black gobs that littered the pavement. Now all was different. The pit was vast and shadowy, a beast crouched ready to spring. Her firehole eyes, her mouth, her form spat menace. The moment I saw her I knew I was for it. Not the pit but the law that the pit had made saw to that. On deck and amidships she was a pirate. Thus I found out.

There first as an innocent new starter I planted myself right beside the bait-cabin fire. 'I wouldn't sit there if I was you,' said Tan Ridley, the first arrival.

'What for?' I asked. 'It's a good seat, isn't it? You can have it when I'm finished with it.'

'Not for a thousand quid,' he said. 'You watch if you don't catch it.'

'Who's this, like?' asked another arrival. He'd a baby face with eyes like chips of muddy grey ice, and was maybe a couple of years older than the rest of us. Quietly while he spoke he rearranged all the tea-bottles ranged around the fireplace so that his was in the most favourable place.

Tanny started to tell him. 'You shut up,' said the boss-lad, and turned to me. 'You can bloody speak for yourself, can't you?' he said to me. 'Chris Lee, is it?' he asked, scratching himself under his armpits. 'Well, my name's Bill Robinson and that's my seat, so you'd better get out of it.'

'Neither for you, nor a dozen like you,' I told him – the business of scratching had lulled me; and the next thing I knew he'd picked me up and I was sprawled out full-length with the full weight of his pit-boot on my chest and the tip of his iron toe-plate cold on my chin. 'Next time I'll throttle you,' he said.

Then the buzzer blew and like rats we all scurried down to the picking belts. There were six of them all rising from a common pit below tipplers and shakers, their iron-plated muzzles each rising gently so that the payload could rush helter-skelter over the clashing loading booms to the rail waggons below. 'Who's this, then?' said Danny Lancaster, the chargehand.

'A cheeky young bugger, if you ask me,' said Tan Ridley. 'He's bin in a fight with Scratcher Robinson.'

'Bit of a tartar, are yer?' said Danny.

'I believe in me rights,' I said.

'He took his bloody seat,' said Tanny Ridley.

'Baloney to him,' I said. 'You see if I don't get my own back.'

'Did you hear that?' said Tan Ridley. 'He'll not say that to his face.'

'I will and all,' I said.

'You're talking daft,' said Danny. 'Never pick a fight with a chap two stone heavier, and a better reach. Smile at him, and bide your time till you're ready to belt him.'

'I'll get him when I'm ready,' I said.

'You're talking like a book with all the pages out,' said Tanny, and walked away.

'You stick in and maybe I'll teach you how to handle yourself,' said Danny.

'Gerraway!' I said. Everybody knew he'd been a champion heavyweight and had won a belt once.

'I will, though,' he said. 'If you've got savvy enough.' Then the engineer turned the power on and everything we said was swept away by a typhoon of noise which raged all around us.

It must have been an amazing sight to see – loaded tubs converging from all quarters down the tracks to the six tipplers all ranged out in line (one tippler per coal seam), with the goliath shakers down below going like merry hell and the furiously picking lads spread out along the endless steel-plate conveyors which emerged from beneath them, each carrying its own pall of dust as well as its load of pay dirt; but personally I can never remember taking time to enjoy it. We were too much geared to the endlessly returning machinery ever to have time to pause. When visitors did – directors, shareholders etc – we hated them with a hate that was deeply felt and abiding but which had nothing to do with our misery.

We worked two-handed, you see, and were as clever as jugglers with it, the brasses and grey shale mounting up in dust-covered hillocks behind us… clever as a cageful of monkeys, and that's just how they regarded us. The belt was only stopped when a particularly dirty tub came along, and it was then that the meaning of our slavery stood revealed. We picked furiously into stout wooden boxes which were conveyed in our arms up the steep wooden ramp to a kind of immense wall-frame into one of whose innumerable recesses the muck would be tipped, there to be held as evidence against some recalcitrant coal-hewer, who was probably half-blind anyway. Many a pitman had his wages for the day nearly wiped out by this system. So a lad working for less than two bob a day would sweat his guts out to penalise his own father – the crowning irony. That is why we hated the visitors. They had seen our shame. Our one consolation was to hurl the most deadly hair-trigger insults in our sign-language at their retreating backs. In that language was a sign for virtually everything. Many a time hatred and despair flashed across the dust-laden atmosphere. But there were no symbols for joy or delight.

But the odd thing was that in all this time I never harked back to my old job in the bakery, when everything had been so pleasant and promising. I look back on it now, of course. Now I can see both the pleasure and the pain. The period when I thought back to it as paradise is stuck somewhere in the middle – roughly about the period when I went down the pit – which is only another way of saying that I still had to learn to suffer. Where the screens failed the thin seams and stinking tunnels did for me. It was then that I remembered the bakery – crickets singing, the smell of dough and cake mixture mingled with the scent of white-coated girls who moved like goddesses as we all worked together on a rush order for a wedding, and the concerted 'Whoo!' as the topmost cake of the three-tier centre-piece was placed into position: the cosy evenings when Mr Ransome and I, having stayed behind to clean out the flues of the bakehouse fire, leafed through back copies of the *Baker and Confectioner*, planning sensational new lines – my overtime pay a whopping big bag of fancy cakes, my favourite vanilla slices predominating.

Now all this was erased – vanished with every other past happiness. Too much was happening – there wasn't room for anything else. The steel-plated conveyors, each twenty to twenty-five yards long and each perpetually returning back upon itself, so that the stream of coal and debris while always in motion seemed always eternally fixed, dominated my life. And while the juggernaut was tenderness itself to the pay-load – preserving every size from the most minute particle to the big black roundies which shone like fresh-picked blackberries, we ourselves, it seemed, were the real object of its vengeance, continuously being ground away, so that at the end of each day all we were, or had been, was funnelled back into ourselves like graphite, fine and free-flowing as mercury. In short, we were reduced back upon ourselves. And always the only relief from our slavery was the fetching and carrying of the heaped-up laid-out boxes, armoured and framed in sharp-edged steel, slipping and sliding down the iron-ridged floor and painfully up the Golgotha-ramp to the tippler-deck, there to be bullied and stormed at by Scratcher, who was the boss-lad.

Day after day he'd watch me while I was sparring with Danny – big and slow-moving, but as fast as a cat when he struck, and would be waiting for me the very next box that I took. 'Go on, kidder,' he'd whisper as he took the box from my hands. 'You get stuck in and learn to handle yourself. Then just you start and I'll flay the living daylights out of you.' It was all mouthed but I knew what he was saying.

He was a small-boned lad, light-footed and lish as a whippet, and one day – I don't know why – when we got to arguing in the bait-cabin I got round to asking him. 'Why?' I asked him. 'What good will it do you?' His blue eyes went blank at first. Then his face cleared. 'Why shouldn't I?' he asked. 'You're askin' for it, aren't you?' He was dead-right, of course. The pit made the law, and the pit placed him above me. And I wasn't content with my place in the hierarchy. In all my will and pride I considered myself a cut above him. It was as clear-cut as a diamond. He had to get me down. When all's considered, what else has a working man got than the place he has won amongst his peers and over and above all the others? But this dawned on me much later. All I knew then was that I feared and hated him.

Night and day his face haunted me – that face thrust into mine as he promised to kill me – and, to be honest, I wasn't making much progress with my boxing. 'Come on, get me, right in the solar plexus,' Danny would invite me. 'I'll not hurt you' – and then when I landed him one he'd forget himself and belt me as only an ex-champion can. And to be honest I didn't want to kill anybody. I just didn't want to be hit, providing I hadn't to buckle in. If that was the price then I couldn't pay it. Not because I was brave, but because my pride wouldn't allow me. So I knew there was no way out of it. I was going to be slaughtered.

That week was a nightmare. In the afternoons, after a bath and a sleep, I used to walk miles, but always in the opposite direction to the pit, and always on the same circular route, but no matter where I went the smooth brutal face of Scratcher went with me, obliterating every sight, sound and sensation. I could walk all the way blindfold to this day – down the bank and round past the lime-kilns, then working away through the woods back to Green Lane and the old row of pantiled cottages they called Woodbine Terrace, which in those days were reserved for ancient pitmen whose families had left them, and almost always without speaking a word to a soul. Those I passed must have thought I was half-crazy the way I used to lope along, head down and more often than not muttering to myself as I rehearsed a conversation with my enemy.

It's funny, too, how the mind in that condition picks up each individual sight and sound, each smell and flavour, with a kind of dryness, never lingering over a single particle but at the same time tucking it all away for future reference, so that later I knew exactly where to look for the odd primrose and walked like a tracker-dog, from the big clump of hawthorn under which the cuckoo-pint grew, to the tree where the thrush poured her heart out.

Well, for five days running I took that very same walk, and every morning that God sent I came home with my mind clouded; then on the sixth day, which was a Saturday, I had a vision in the wood and came out transfigured. I looked up a woodland road, and saw it as the ramp – wooden cross-bars placed there so as to keep us from slipping, the hand-rails with their inch-thick layer of coal-dust – and, in a flash, I saw what I must do to defend myself. Only let him pester me again and I'd be ready. Suddenly, I was at peace with myself. I came out of the woods with a primrose in my buttonhole, whistling like a laverock. Once again I was master of my destiny.

And I found myself walking along the pavement by Woodbine Terrace, with the gardens stretching up to the doorsteps and roses climbing up every dormer window. In every one of those gardens the old pitmen – mainly shifters on permanent nightshift – were busy digging; fine old men, broad in the shoulder, methodically working, the brown earth sliding from the bright silver of their spades. And just the same as every other day, the womenfolk were calling their men in, arms akimbo.

'Howay, Buller, yer bugger, yer dinner's ready,' or 'Dick, I've told you before and I'll tell you no more – your plate's on the table and your tea's poured out.' Betsy Maggs didn't shout – she'd be too busy feeding her face. I could just imagine her. 'Howay, pet, let's tuck in and enjoy ourselves while he wears hissel' out,' she'd be urging her spinster daughter.

Only one man had more than a minute for me, and that was old Joe Craig. 'Now lad,' he said, leaning on his spade, 'I'm glad to see thou's in better fettle th' morn – I hope thou hasn't been in trouble?'

'Not now, Mr Craig,' I answered.

'Another lad, is it?' he asked.

'Another big bully,' I retorted. 'But I know how to deal with him now.'

'As one human being to another?' The question hung in the air.

He shook his head. 'Eeh, man, but tha's wrong tha' knows. Best to make friends with him.'

'You don't know him,' I answered.

'Oh, but I think I do,' he countered. 'The world's full of them – I've lived a long time longer than thou, and I know it. For every one of them tha' brays down, there's another dozen waiting to take his place.' A big feller came down from the house. He was carrying a basin in a crimson white-spotted handkerchief knotted at the top to make a handle. Setting this down on the wall he gently took hold of the spade. 'Sit down and get your bait, Da,' he said, 'and I'll give you a spell.'

'Like a machine, isn't he?' said the old man proudly. 'That's Edward, my baa-lamb, the youngest of my five lads.' Neatly, with the crimson hankie tucked in under his chin, he was eating his taties and dumplings. Turning to Eddie he said, 'This is young Chris Lee, Eddie, and he's spoiling for a fight.'

'Well, you know what my views are,' said his son. 'Let them get behind the pit-heap, the two of them, and fight it out of them.'

'There's a lot better things than fighting in this world,' said the old man. He turned to me. 'Come on, lad, and I'll show you what I mean.'

The son stuck into the ground with a mighty thump of his right boot to establish it. 'Will you get your dinner, Da,' he said. 'Now just you get it, or there's goin' to be trouble.'

'Just you hark at him, bully-ragging,' said the old man, but all the same he sat down on the low garden wall and resumed his dinner again.

'You get a bit of good grub into you,' said the son, 'and build yourself up. There's five of us and only one of you, but you're the nonpareil.'

'What's a nonpareil?' I asked.

'You tell me when you come back,' said Edward, grinning, as the old man led me up the path to the house. And what a house it was!

'Well?' asked Edward, when we'd returned.

'I've never seen owt like it in all my life before,' I said, and meant it. In that little colliery cottage were all the treasures of the world – paper towers that turned like magic, first one way and then another, a set of chess-men carved from Weardale bog oak, sticks with snakes twined around them and sticks with the loveliest of leaping salmon handles; and on top of the cabinet full of pace eggs glittering with life and colour, an illuminated Bible, which was the greatest wonder of all.

'But what do you think of him,' pressed Edward.

'Why, man, he's the daddy of them all,' I exclaimed in rapture. 'There's nobody to touch him. He's in a class by himself.'

'Now you know what a nonpareil is,' said Edward. 'And what did you think of the Bible?'

The Bible!' I cried. 'Man, you should have seen the little foxes he did for the Song of Solomon. And the Leviathan! You never saw such a monster.'

'He did one for all of us,' said Edward. 'If you sweetheart him proper he might do one for you.'

'By golly, I wish I was as good,' I said. 'Only I haven't the talent.'

'Everybody has a talent,' said Mr Craig. 'Only you've got to look for it.'

'I've got nothing, Mr Craig,' I told him. His face lit up. 'Everybody's got something, lad. Lose yourself in delight, son, and you'll find it, sure as life you will.' It was as if his eyes had bored right through me. In a flash I saw what he had seen, and the crust which was part pain and part despair fell away. I walked home on air. Now at last I'd discovered who I was and where I was bound for. My enemy had power over me no longer.

Going up the street who should I bump into but Scratcher Robinson. 'Can't you watch where you're going, you dreamy bugger,' he rapped – and for the first time I was able to laugh in his face. 'Well, at least I've got something to dream about,' I told him – it was something as daft as that; and his eyes nearly popped out of his head. Not at the claim – it was the laugh that stung him. When I looked back he was stood there where I'd left him, staring at me, and I knew then I was for it. But do you know what? I didn't care a damn. As long as I had old Mr Craig and Edward behind me I knew I could master him.

Only it wasn't to be. On the Monday before Pancake Tuesday young Eddie Craig was killed, and his death caught me out as a traitor. In those days, you see, we often had three to four fatalities a year at our pit, and if a man died on the coalface or on his way out to daylight the death-buzzer would blow, and the entire workforce of 2,500 men and boys would be laid idle – as a mark of respect, so to speak. Except that we never heard the buzzer. The power would be turned off and then as the machinery came to a halt, the tippler lads would run along the gangway with a hand curved round their mouths in silent mime of the dreaded death-buzzer – symbol of liberation for us.

Only this time it didn't happen that way. Since the buzzer started blowing as I left the house, my first reaction was to start running under the impression that the clock was wrong and I'd slept in and was listening to the five o'clock buzzer. Then the buzzer went on and on, its deep grave note, sounding above the clatter of my own running footsteps and heart-beat, began to tell me what I was listening to. But I still kept on running, only now – I'm telling no lies – I was running lightly in the gladness of my heart. All I could think about was one day of freedom – one blessed day away from the gaol. Then I ran right smack into a bunch of pitmen. All I could see was the whites of their eyes and the shine of their teeth: for the rest they were all tattered and torn. 'It's no use running, kidder. There's been a man killed.' The words hit me like a thunderbolt, because that's just what I'd been thinking. I remember that morning. Black and raw, with a dirty drizzle sweeping down from the coast and not a star in the sky. It was like walking into the maw of hell. They reckon that it's in the early morning that your resistance is at its lowest, and the dirty thoughts come sneaking in by the back-door; but I'm making no excuse for myself. And it's no use telling me that my thought could have had no earthly influence on the happening, especially when what's happened occurred before I'd had it. I feel rotten about it still.

'A man killed,' I echoed. 'Who – who is it, like?'

'Young Eddie Craig,' said the man. 'The old feller came out with him. He was dead-felled. What's the matter, like? Did you know him?'

I walked on without answering. Oh, you needn't fret, I wasn't doing any weeping – you don't when the bottom's been knocked out of your life, at least not immediately. I was sorry for nobody in the world but me. Then doubling back into the cross-entry at the top of the street I stood and shivered. For the first time in my life I knew what it was like to die. The blood froze in my veins, I lost the feel of my arms and legs and the world grew black about me. Any moment now the hand of a living man would spread itself over my face and close my sightless eyes.

'Is that you, Chris?' somebody asked. It was Tan Ridley, walking back home from the pit, I realised. 'Go away,' I said, but instead he came up closer. 'Well, I'll be buggered,' he said. 'I think he's cryin''; and in that moment I struck. It was only when he'd gone that I knew what to say. No, Tanny, I keep telling him, there isn't a tear in my eye – I'm only hiding here in this corner because I know that I'm going to die. Only I didn't have the words to tell him then, and even if I had, they hadn't a chance. Rigor mortis had set in and my vocal cords were frozen.

That evening it was all round the village that the old man – sitting in the very room where Edward was coffined – had written a letter of thanks to God for his son. The arguments raged back and forth. Some said what a marvellous old man he was while others called him a silly old fool, but for some unaccountable reason the letter affronted me. The big leaf of coal tumbled over him so smoothly, they said, that there wasn't a mark on his body when they found him. His skin was like a new-born bairn's. Once again I felt the spread of fingers over my eyelids, shutting out the living daylight. What thanks were due to God for that – especially when they'd never open again? The fish imprinted on shale would swim again before that happened; and it made no odds to me that old Craig had consoled himself by writing down on notepaper his thanks for the twenty-six years that he'd had his own ewe-lamb beside him.

'I'll never make pancakes again,' vowed my mother, when I pushed my plate aside. 'Mind I mean it!' Even if I'd told her I was in mourning for my own vanished childhood I daresay she wouldn't have known what I was talking about. Anyway, if all hell had been behind me I couldn't have told her. The time when I'd poured out all my troubles to her was a million years away behind me. Silence is the curse of the poor, and I wasn't only dead and coffined. They'd screwed the lid down on top of me. All I was was a living zombie, waiting to be triggered off to kill.

And sure enough when I staggered up the ramp the following morning, weighed down by the box and with a jagged piece of metal digging into the palm of my hand, my enemy was there to meet me. Untipping the debris into one of the shelved recesses I turned to face him. 'Yer grit soft dick, yer bloody grit cry-babby,' he mouthed silently, and wiped away an imaginary tear – then roughly shoved a dum-tit into my mouth. I spat it out. All I could see was the sneer. His eyes were vaguely the same colour as Edward's. The eyes did it, and I came up with the box under his chin. The blue eyes were wide with surprise, like a child's. Maybe he expected a smile, I don't know. Instead I punched him right bang in the middle, just as Danny had taught me. Only maybe I got a bit too low. He went back doubled and I followed him. Only at the top of the ramp did he straighten up. By then I'd snatched the pulley-belt adjuster from its place. 'Why, you little snot,' he mouthed, 'I'll skin you alive in a minute'; but by then I was too fighting mad to be frightened of him. 'Will you?' I mocked – and advanced upon him. Then he tripped – I'm not sure that I didn't push him – and down he toppled. Head over heels he went. Like Satan falling from heaven.

I can still see Danny bending over him, the colour returning to his face as he looked up and said, 'I think he's going to be all right,' – pausing a moment before he added, 'Only I wish you hadn't done it.' By now the power was off, the machinery silent, and the boss had arrived. 'How did it happen?' he asked. 'I'm sorry, gaffer,' said Scratcher, 'But I must have missed my footing.' It was the immutable law of the pit that he should say so. But all the same he was done for. And so was I. Nobody talked to me much after that. I was an outsider.

Within a year or two we were all separated and going our different ways – either left or scattered around the pit, too bone-tired to look up from our work, let alone hold a grudge. So all ended happily, you might say – even for old Mr Craig, who settled down to a long old age. Each spring that came would find him in his garden, supervising the digging which his four remaining sons took in turn. Only he never talked about Edward, his youngest, and somehow I always had the feeling that he never quite trusted me. More than Blake's *Virgil* or the Kelmscott *Morte d'Arthur* he knew that I coveted one of his illuminated Bibles; but he always held back. Night after night I'd look at the lilies and the foxes, the Leviathan sounding deep; but he always put the book away with a smile. Oh, yes, he knew all right. But while he'd allow me to look he never yet gave me one. Then he died, and I never saw that Bible again – but by then it didn't matter anyway: the book had become part of my being. Or perhaps it went deeper still. All I know is that the inflexible old man was right. The love which had brimmed over on to those pages would have been wasted on me. My destiny was to live out the book of my own life, until my every last Genesis and Exodus had been re-enacted, and my view from Sinai had shown me the Promised Land – an old man, happy in his garden and the gift of his five strong sons. As long as the old man was alive – as long as I am breathing – Edward is living.

For all men are not born equal. Some are born to run as fleet as racehorses, while others crawl, no matter how famous or clever or wealthy they may be, and some are born to remembrance. So, dear Mr Craig, this is a letter addressed to you – wherever you are, from Pancake Tuesday nearly fifty years ago, the day the roof fell in, just to say that I'm beginning to understand: but only now – after I've written my own Book of Psalms not only with my blood but the blood of my own dear friends. I grew up in the pit and by some miracle was preserved from the acilular waters my roots sucked on to flourish like the green bay tree. There is fire underground, rivers of blood, subterranean oceans of bitterness and grief – and where the winds appear like mighty rushing torrents from nowhere it is no surprise to find a pillar of cloud to guide you by day, and by night a pillar of fire, to give you light; to go by day and night. Do you remember, Mr Craig, the square by your little chapel – the one in which the home-coming men wore a footpath in the clay for the houses that were never built? It was there one night after a party, drunk on rice wine bottled before ever I was born, that I saw ten streets majestically upend themselves and dance before the altar of the Lord. Is it any wonder then that he cleared a highway for me through the rubbish of Times Square and all through the airways to the bull-pens of Detroit, Chicago, and Knoxville; or that the hate-filled South opened all the way before me to New Orleans and beyond? Folk everywhere are common clay. Even the Kirghiz are people. All we need are Kremlins of the human spirit. Folk everywhere are dying and everywhere folk never stop building. Only theirs are not houses made with hands. But you and you alone are the master where our own folk are concerned; and only you can stand up and look into the face of God while you address Him. It's our own dead that trouble me – not Edward but Danny Lancaster, gone and unremembered in the stinking ward of geriatrics; Tan Ridley, who coughed a lifetime of Busty dust away; and Scratcher, the all-time loser, still playing the part of the boss-lad in the dormitory asylum where a line of beds represent tipplers and the space down the middle a ramp. Who'll speak for them, Mr Craig, but you? So tear out the pages of your book, Mr Craig, and light such a fire that it will be seen in heaven. Then stand up and speak for us.

Seven Years in a Smithy

ON LEAVING SCHOOL I WAS lucky enough, after a couple of false starts, to get a job as an apprentice blacksmith. This was after the customary spell as a picker on the colliery screens, clanking iron conveyors along which the coal was carried for inspection and cleaning. About 100 boys were employed on two shifts to do this job, which consisted of sorting out the stone from the coal. I hated it. How I hated it! Since the first shift started at five o'clock in the morning, we were half asleep to start with. Even in summer the morning cold, the dust, the noise, the wind and the rain, were hard to bear; but harder still was the fight against sleep. Discipline – in a world where jobs were more precious than gold – was hard as well. The only kick we got out of the job was to make the stones fly in a continuous stream like jugglers, and converse, even make jokes, in the traditional sign language.

The smithy was better. It was big and warm and cosy. There was much to learn – thirty years on I can still fill a page with names of tongs, sets and swages and other smithy gear. We lads formed a tight little group, sticking up for each other as well as weighing in when the double hammer was needed on a neighbouring anvil. Our perk was a strictly unofficial trade in pokers, coal rakes, kipper grids and boolers and hooks, for which the uniform rate was 20 Capstans. In this way we learnt our trade. But we were all eager to get to the other side of the anvil; not that many of us took permanently to the trade – smithing is a dying craft, as well as a difficult one to master.

And it had its drawbacks. You might spend half a shift sweating away on piece-work, then be called to the top of the pit-heap to splice a broken rope – and always in the worst weather. Or you might be called from a repair job on the screens to the dripping depths of the washery, where they really do wash coal to make it clean, or sent underground to a 20-inch coalface to squirm and wriggle to replace a bolt in a machine half-buried in coal. If it was tough it was never monotonous – and there were other compensations.

There was skill. Like the other lads I could keep up a tattoo with my quarter hammer till the iron grew cold and the anvil hot. I served my time with a wonderful old Scotsman called Alex, who grew to trust my skill. Alex would hold a cold chisel with his bare hands and never flinch when I swung. I can never remember missing.

I inherited that much from grandfather and great-grandfather, both of whom were craftsmen before me. My grandfather had strength as well as skill. He was a big man, where I'm only middling, as they say. A few years ago I met an old miner who told me that my grandad was the only blacksmith who had ever managed to cut through a pit rope with three bats of the hammer. But he could do all the highly skilled jobs as well.

Well, I learned to make links, shackles, hooks with eyes, wheelbarrows, pony limbers, rope sockets and such-like; but I stopped short of being a real smith. I've spoilt a bit steel in my time.

Alex did his best – and that was a lot – for me. He was patience itself as he explained for the umpteenth time how to calculate the length of iron you'd need to form a flange, or collar, for a driving shaft; or how to use the more complicated tools of our trade. But I was slow to cotton on. 'By guess or by God' was my rule; but he really knew. I was a better pupil at other things. Stories, for instance, theorising, or talking between heats. I can close my eyes now and see his hunched shoulders and red, sweating face as he told me the tale of his life and kept watch on the hearth – with him, talk was never allowed to stop work. He'd tell me about his days as a shoeing smith in a racing stable, silver shoes for bloodstock; or the troubles when he started the union; or the Christmas Eve he'd spent in a pit-shaft, 700 feet below ground and another 200 feet vertical drop below the platform on which he was perched. That was the time he'd crouched against the side while icicles fell like spears, and when his chisel had been so cold it had burned his hand.

The talk, or crack, was best when we worked alone on the night-turn. We'd work at top speed to get the better of our work, then sit down to a leisurely breakfast. I remember how quiet it was when we stopped the fan that provided the draught for the smithy fire and the compressor that provided power for the big hammer. We'd munch bacon sandwiches toasted on the anvil with a red-hot bar of steel – and that was food! And we'd talk and talk. About people, politics, religion, and books, but mostly about people.

Out of the seven years with Alex came two great gifts. The first was an enduring respect for craftsmen and craftsmanship. I knew in my bones that I'd never be as good a craftsman as Alex or my grandfather, or as my father in quite another trade. I wanted to become a maker, and I was determined to search all my life, if needs be, to find something my own mind, or hand or eye, could shape.

The second gift grew out of my great admiration for Alex as a man. In the beginning I was always on edge to get my word in. Then I began to notice how much he knew. He didn't know everything, but he had a wide knowledge of three or four subjects – and he knew how to pass it on. He was something more than a great reader; he read, then he built on what he'd read. As we say in Durham, he knew his book. He could also 'read' people; his memory teemed with observations and stories about men and women he'd met.

He was a very proud man. Although he'd been unemployed a long time, and although everybody else went in mortal fear of the sack, Alex was afraid of no man, nor of any gaffer, from the foreman to the colliery manager. He wouldn't be pushed. He spoke his mind. He demanded – and won – good manners. And that was quite an achievement in a rough pit and in rough times. Of course, he'd had a lifetime's practice. He'd followed his father as gardener on a great country estate. One day his master gave him an order. It was wrong, Alex respectfully told him, and got a minute's notice. That was his beginning. He was his own man to the end.

His big idea was that ordinary people had value. Never mind the history of Kings and Queens, he used to say. Look at the pit people. They have something special. They are the real aristocrats. This was news to me, so I started looking at the people I met, I mean really looking, and I found he was right. They were special in all sorts of ways. They had special skills, special words, special ways. They even had a special kind of humour. It was Alex who first told me that this brand of humour came right down from the Scandinavian invaders, and had been kept alive by the nature of the work. Just as the Norse invaders had braved the sea, the miner braved the hard rock, the darkness, immense weights and hazards of fire and flood. All the books I'd read had gentlemen as heroes, like Peter Simple, David Balfour or Richard Hannay. I used to wish that I also could be a gentleman and a hero. Alex taught me that ordinary people could be both.

But it goes deeper than that. We all have something special. It belongs to our make-up, background and where we happen to be living. We have this – and at the same time, have something richer: the thoughts and feelings we share with all mankind.

Becoming a writer for me was discovering all this. First, there was my 'something special'. There was the countryside in which I lived. From boyhood I'd loved the long winding valley, with the Pennine moors hazy and half-seen in the distance. It was part of me. The microcosmos of the village, the fields and the farm, the river and the woods, provided new wonders every day. When the sun shone there was open country to run wild in. The high kestrel hung motionless, suspended in the blue like something hung there for decoration, till one noticed the blur of the beating wings – and the sudden swoop. The hare flashed through the meadow, passing the slow shrew, or mole, or field-mouse. Peewits wove invisible patterns over ploughed field and broke the silence with their melancholy note. It was Alex who made all this connect up with people.

People – my kind of people – had made the fields and planted the hedges. People had built the villages and sunk the pits. I was there because of the work that went on hundreds of feet below ground. I knew the landscape in daylight. What did it mean to become part of that other world, far below the soil?

There was only one way to find out. I left the blacksmith's shop and became a miner. Every day I dropped in the cage, or lift, a distance of nearly 900 feet, into a world which is carved out of the rock by men, where you are lost without a lamp. Work was at the end of a tunnel two long miles from daylight. Work was a seam of coal, a battlefront in which we fought lying on our backs, sides or bellies, whichever was the most convenient. It was a crack in the strata about 100 yards long, and our job was to work the machine like a ripsaw that undercut the coal, drill holes for explosives to blast it down, then fill it on to an endless conveyor belt. At the same time we had to keep that little crack in the earth supported by props and planks, keep up the air flow which diluted and carried away the deadly gas and see to the cables, pipes, and other supplies.

Sometimes the movement of the strata shattered the supports or props, and tons and tons of rock came tumbling down. Sometimes machines broke down and had to be moved and replaced by main force. Even when all went well the work was hard. There was slogging with the pick and shovel, lifting and heaving of heavy weights and a continual tug of war with time – whatever happened, the coal must be won. There were battles between men as well. As the dust worked in, the irritation worked out. A man was expected to do his share. There was no room for slackers. But you got something in return. You became a member of one of the oldest fighting regiments out of sight as well as under the sun. You had marrers – that's an old English word for a friend who is matchless. And you could depend on your friends at the coalface. Your marrer was with you. He would never leave you in the lurch. He would risk his life to get you out of danger. You would do the same for him. It was as simple as that.

Of course, the great things of this way of life – fellowship, endurance, courage and sacrifice – were grounded in necessity. We stuck together because we had to. The work itself was part of my 'something special'. But the loyalties and virtues we made in the darkness were grounded not in 'something special' but in something which belongs to all men everywhere. They are my 'something shared'. You may have never seen a colliery, or worked at the coalface, but you can recognise the qualities they bring out in men. What counts is what you share in the inner life of the boy from the Bronx and the boy from Byker. You might even find a link between yourself and the boy of long ago, in the blacksmith's shop. Perhaps you are searching.

My search was for craftsmanship, and the first clue came from Alex the blacksmith when he told me that ordinary people had value. This formed a pattern, a kind of story, which brought together my kind of people and my kind of countryside. They were special. It was only slowly that I discovered that despite their differences they were part of a greater story, or pattern; the story and pattern of all living things who love and hate, who know joy and despair, who are capable of cruelty, courage and compassion.

Looking at people I discovered that there were no black and whites, no goodies and baddies, but human beings, and each was a world in himself; each was a story. Miners are great storytellers; down in the pit I've heard wonderful stories which I can never hope to tell as well on the printed page. Listening, I not only found stories, but found ways of telling them. Alex gave me good advice when he told me, 'Always read what you've written. Read it aloud – and listen.' So I listen, and what I listen for is anything that is not true to the story, or true to the place and the people. And, since part of my own being must go into the story, I also listen to myself. It is hard to listen to yourself and truly report what you feel. Only a very good listener could have written the Saroyan story about a boy growing up; the pain, the funniness of it, the sadness and the wonder. That is why I can say, 'This happened to me.' You may be able to see that some of the story is happening to you. It may help or it may not. That does not matter. What matters is being part of it, being able to share it. It is not telling alone, but the ability to bring about sharing which is the test of a writer – and the joy of a reader.

Many years after my days in the blacksmith's shop I made a story. It gave back to the place, and the people who had made me, something I had managed to make. I found myself using words the way my old friend Alex used his hammer. The story grew like the shape in the iron. It was like coming home. I wrote the story for Alex; and it was too late. But if it was worked, finished and tempered as he had taught me, it would bring him alive for others as he was for me, in the days when the great search began.

To a Pit Pony

O blackbrowed beetling pony standing there,
In darkness standing, gulping in the air;
You are not more cold in heart than we,
For the green earth in shadowy dreams you see.

Those eyes, inured to night, have seen
Sparkling rivers, clouds, fields were green.
So in the dark you snuffle, kick the dust,
And stretch your weary head to take my crust –
Crunch steadily, while tremors rippling run,
Induc'd by visions of a half-remembered sun.

Dusty

HE WAS STANDING IN THE shafts of a small flat cart, the sleekest Welsh pony you ever saw in all your born days. I couldn't resist the temptation; as usual I pulled my fingers through his mane and my arm slid around his neck to fondle that soft silky underpart. He liked it, we were soon friends and I opened his mouth. Although fifteen years old, he carried his age well. His eyes were bright and clean, his dusty grey skin glossy with health.

'Canny little galloway, eh?' someone said, and I turned to find a small neat figure of a fellow regarding the pair of us. There was real affection in the way he fondled the pony's head and the manner in which it nuzzled back at him.

'He's real bonny,' I answered. 'Where'd you get him?'

'Jawblades Pit,' he answered, and my heart bumped wildly. 'Had him ten years now. Bought him after the pit closed, see? After the big fire.'

'That's funny,' I said. 'I worked there till it finished. Was in the pit the day she fired.'

'Hell of a blaze, eh!' he grinned, then, jumping on the cart, clicked at the reins and with a 'So-long, marrer' was away. I watched them out of sight, then walked on with a host of memories to disturb me.

Because that pony was like Dusty and no mistake. A proper little ringer. I'd just started work down pit in those days and Dusty and me were working marrers – that's pals closer than brothers. Looked forward to seeing him every day, and he used to wait for me. Wasn't like this always, but soon we knew each other inside out, as the saying goes. It was as hot as the hobs of hell, dusty as the deserts of Arabia, and as low as the mole's home down there, but Dusty and me were pals and that made up for a lot.

You dropped down two hundred fathoms in a rattling old cage nearly fast enough to stop your heart, and then, when you got out at the bottom you made for the stables with the other lads. It was a winding way and the stalls were carved from solid rock, and there they were waiting for us in the long rows with their noses poking out and all their names painted on front. There were eighty of them, all shapes and pony-sizes, all the colours and mixtures of colours that ponies take to. The horsekeeper told me all about them. 'This 'un's from Cumberland, this 'un's from Dartmoor; him in the corner's a Shetlander. We call him Tiny an' he's a dab hand at pulling through the smout holes or low places. See the raggy one? He's from the Land of our Fathers, Welsh Wales. And this 'un here – keep still, me beauty – he's from the Emerald Isle. Whoa, ye bloody Irisher!' This last as the Irisher nipped him, all in fun, of course.

I loved those ponies on sight, I did. Brown and brindled, black and white, ginger and dappled, pepper-and-salted like Dusty they fascinated me. I loved their satin bodies and intelligent eyes, not always friendly, and was all agog to meet the one which had been assigned to me. He led me to the end stall and there he was, grey, dusted fine with soot all over. 'Here's yours,' said the horsekeeper. 'And a bonnier pony never left the Welsh Marches to work in the pit. As quiet as a lamb if you treat him proper.' Then he showed me how to put his harness on. Meanwhile Dusty eyed me as curiously as I did him – sizing me up, no doubt.

How that horsekeeper kept a straight face I shall never know, but he knew that, willing as Dusty was, he was liable to break out into elemental gusts of mischief. Gingerly I led him down the aisle and into the offshoot, and quietly he jingled after. I thought it was a bit peculiar that the horsekeeper in his rustling chamois leather apron should follow a cautious step or two behind us, then put it down to a natural anxiety for the welfare of one of his charges. We turned into the main engine-plane. This was a tunnel that stretched well-nigh level a mile from the shaft inbye to the Brockwell workings, along which the trains of tubs were shuttled, filled and rope-hauled out to the shaft. It was in effect the pit railway, and there in the light of my lamp gleamed the rails which carried it through blackness. More to the point, it also carried outbye and away up the shaft to the surface the used air breathed by men and ponies in workings a mile away, and one whiff was enough to remind Dusty of work. There in the narrow roadway he began slowly to dance, majestically, inexorably gyrating, first one way and then the other. 'Keep in step, lad!' laughed the horsekeeper. It was all I could do to avoid being crushed between the pony and the tunnel wall. 'Stop him, please, mister, stop him,' I pleaded, and with a grin the horsekeeper put up his hands in a funnel. 'Hup, Dusty! Black bullets!' he shouted and immediately the pony left off his cavorting and began muzzling at the horsekeeper instead. There was no peace till the boiled sweet had appeared. Then jaws and teeth took over. Never before had I seen sweets chewed with such huge and obvious enjoyment; and the way those teeth showed right up to the gums when they cracked out every last particle of sweetness! Then Dusty quietly stood, waiting to be led. Surreptitiously the horsekeeper slipped another bullet into my jacket pocket. 'That's two you owe me,' he said. 'He'll be expecting another at bait-time.'

Well, that was our real start – the second black bullet – and from then on we were real pals. Course, mind you, we'd our tiffs. Sometimes he'd have a lazy day, and then I'd have to give him some stick, but generally a bit of sugar was enough. Most times he'd pull like a hero. But that wasn't all. We knew each other. That horse not only knew every word I said but my thoughts as well. He knew my sulks and my silence. He didn't need a lamp; he just felt. Landsakes – we even bore each other's troubles. I knew when he fretted for Brecon. Likewise when my mother died. For three days nobody knew what to say to me. Then, when I went back to work, it didn't matter. That pony gave his all and somehow it sufficed.

One day he saved my life. Mind you, I'd been warned about it. It often happens down pit. A chap is resting or having his bait underground when suddenly, for no apparent reason, he moves over to a more comfortable position and almost immediately the roof falls in. As my Da once put it: 'It's almost as if the roof whispered, "Come over here and be killed."'

This was exactly how it happened with me; except that the moment I moved over Dusty followed and gave me a nudge on the shoulder and then trotted outbye about twenty yards. In the dim light of my lamp I could just see his eyes shining green at me out of darkness. Now this was peculiar. Pit ponies have a fixed habit of always facing outbye, when free to do so. That's rational, I suppose. It's facing the ventilation stream of clean, fresh air; out towards the pit-shaft, the stables, food and rest. Outbye to them (as to us) is freedom. But now he faced inbye, inwards towards me and work.

'Now what's the matter?' I called, and for answer he shook his hindquarters and with a jingle of harness stepped back a pace or two. He was still facing me. Now I'd heard stories of the way ponies had given warning, but when I shone my lamp nothing seemed to be wrong. The roadway pillars on either side of the roadway stood firm and the timber was unbroken and good, and there wasn't a break in the post-stone roof. Mice played with the newspaper I'd unwrapped from my bait. From one of the cross-planks swung fungus like milked nanny goat's dugs, except they were a dirty splotched grey. The top rang sound as a bell, 'Oh come on, and stop playing games, Dusty,' I said, taking a couple of steps towards him – and the next instant half a ton of roof fell where I'd been sitting.

But these are merely the high points – what counted was the relationship we built up through hundreds of working shifts in the roughest of low-pitched coal workings. Fully loaded the tubs weighed all of twelve hundredweights. They were easy enough to run into the districts. Only when they were full did you discover the lack of grease on their axles or the way a pile-up had twisted them out of alignment, so that the wheels refused to turn. Added to which the roadways continually heaved and bowked, biting into every spare inch of travelling space, and often de-railing the tubs. The long scars on my back bear witness to these days. Many a time the boy and the pony pulled their plucks out but in the end it was my reputation that shone brightest. 'The canniest lad that ever put a tub' they called me – and I owed it all to Dusty.

One week of trying to break in a replacement when Dusty was lame drove home this lesson. You wouldn't believe that two horses divided by a stable wall could be so different. His name was Painter and he occupied the next stall along. 'Seeing as how you've done so well with Dusty you can break this one in,' said my friend, the horsekeeper. 'He's not bad really – just a bit twitchy!' Then he said a lot more, about what a good lad I'd been. Believe me, I needed these words during the next day or two. In a word, that horse was a pig! It took us twice as long to get his gears on and when he did come out it was with his head down, as if he was sulky or ashamed. Always the rebel and the recalcitrant, he was not only a bad puller and liable to take a nip at you, but always he went about with his head hung down. Never once in all our time together did he ever look at me, even when he took sugar. Straight down he'd go, and just about take your hand with it. Not that I ever gave him much.

Was I pleased to get Dusty back again! And was he pleased to see me! Talk about cylinder and piston – that was us all right – *and* more. There's a word I looked up that describes us. We were two beings living in symbiosis together, only he'd less to get out of it and more to give than me. It was my first big lesson. That others were living out of me didn't make it any better. What I'm trying to say is that the horse was my pal and I used him. I just couldn't help it. They didn't call our pit Jawblades for nothing. The whip's on you and you use it on others. I think he understood that. Like he understood loyalty, for instance. Things being what they are, we can't help using others sometimes. But one thing we can help is friendship. We forget it at our peril.

Six months we were together then parted company. But my new job occasionally took me past the stables and whenever I had the opportunity I'd drop in to share a word and an apple with him. The last day I ever saw him you'd think he knew, the way he kept snatching at my jacket and pulling me back. But then, I've often heard tell they know. 'Like a couple of sweethearts, you two,' said Jack, the horsekeeper. 'You come along with me, Chris. Ah've got something to show you.' At the outbye entrance to the stables he lifted up his oil-lamp. 'What d'ye think of that?' he asked, wiping away the dust. It was a fossil; every detail perfect. Lodged on the roof it crawled. 'Why, it's a beetle!' I said.

'Why we knaa that,' he said. 'It's just that it's been there all them years – frozen, and nobody knew about it till now. Naebody but me an' thou.'

I went away with my mind full of that fossilised beetle, frozen black and shiny. It was nigh-hand riding time and I sat at the shaft sidings a minute or two, waiting for my marrers. Then something went phuff! phuff!, like as if somebody had stretched a long length of elastic in front of my nose, and it had snapped there, and somebody shouted, 'The bloody pit's fired!' You couldn't say 'start' before I was running. Off I went like a Derby winner but a lame old man working a hundred yards or so inbye beyond where I'd been sitting went past me like a rocket. Everywhere men were streaming out of the workings, half-naked without their top clothes, leaving tools and all behind. And all the time there were these phuff! phuffs! and a smell of burning. In the crush to the cage I passed old Jack the horsekeeper minus his jacket. 'For God's sake, what's happened, Jack?' I asked.

'She fired, just past the stables,' he answered. 'All the men got clear though.'

'What about the ponies?' He stared at me. 'The ponies, for God's sake! He wants to know about the ponies, and I just got out myself!' His face was wild, like a madman's.

Nobody ever knew. A shift of men went down two or three days later, but never penetrated the wall of fire. They bricked off the gallery and the stables. But for months after I wondered. About the ponies. About Dusty. Did they burn to death, tethered? Did they break free, maddened by the heat and wall of flame? Or were they all suffocated before the actual fire reached them? How did Dusty go? What was he thinking? Remember, I was his friend. I had just left him. Only the cold dead eye of fossil will ever know. Only it is so long ago, and my thoughts go on and on.

Like a wheel the events of that day keep on turning, and always it begins as it ends with the thought that never once – till it was too late – did I think of going back for Dusty. I don't suppose it was the first time in his life he'd been abandoned maybe a pit pony gets used to betrayal. But what did he make of me, walking off and leaving him just like that? That's what I did for Dusty, who gave me his all. I wonder what he thought of me? I don't want to be bitter, but maybe he got a line from Painter, who occupied the next stall along. You know the one. Painter, the rebel, the recalcitrant. That horse was the worst horse I knew, always sulking and liable to take a nip at you, and always his head was down. It was the way we knew him – Painter, the horse with the hanging head. How he hated us! But I doubt if he died betrayed.

Sid Chaplin at his favourite pastime, though his preferred reading spot was in the open air at a place called Strawberry Cot, c 1940

NOTE V

SID CHAPLIN'S APPRENTICESHIP AT THE age of 16 to Alex Wyllie coincided with a sudden flowering of his intellectual curiosity, Christian faith and political conviction. One can go further: the Scots socialist and free spirit helped cause it.

This personal growth took various forms. Evidence for the range of his enthusiasms can be found in the Sid Chaplin Archive in Special Collections at the Robinson Library, Newcastle University, specifically in a box of carefully annotated notebooks from the mid- to late-1930s. The evident thirst for knowledge and enlightenment is impressive – and for a son encountering it almost 80 years later, somewhat poignant.

Here we find notes on geology and biology, with careful if rudimentary pencil drawings; Sid had always been fascinated by natural history, but in his teens became an avid collector of fossils. He had been a chapel-goer from earliest days, but his beliefs seem to have strengthened as a young man: carefully-written notes on 'The Life of Christ' fill a whole book. There are also cuttings from the *Hear All Sides* letters page in *The Northern Echo* about religious matters signed with the pseudonym, 'A Nazarene'. Sid would soon become a Methodist lay preacher.

The same column carries many letters about current affairs and controversies signed by the wonderfully-named 'Young Vigilante', while one protesting the rights of the cyclist against the car driver is modestly signed 'Socrates II'. His review of a production of Ibsen's *Rosmersholm* at the Spennymoor Settlement – he was already an enthusiastic member – appears under the byline 'Prompter'. Meanwhile detailed reports of the discussions among the 'Left Book Club, Ferryhill Circle, March 1937' fill a 'Big Penny Exercise Book' in a suitably scarlet cover; another book of notes on the Trade Union Movement is inscribed, 'Given by Alex Wyllie to his apprentice Sid Chaplin, 1937'. As an indication of just how far left he had moved, his youngest brother Colin recalls that Sid gave serious consideration to leaving Britain to join the International Brigade and fight on the Republican side in the Spanish Civil War, much to his parents' dismay. I suspect their need for him to contribute to the family income scuppered this plan.

Finally, to illustrate but by no means encompass the range of his passions, there are yellowing copies in the archive of the magazine of the Fortean Society: Sid was an avid reader of science-fiction until the end of his days.

Because of the use of multiple pseudonyms, few were aware of Sid's enthusiastic letter-writing to local newspapers. The family only found out when a postal order for half a crown arrived from the *Northern Weekly Despatch*, a reward for Letter of the Week. Sid was at the pit and his mother Elsie opened the letter. She deeply disapproved: in her view he should keep his opinions to himself. Her son accepted the rebuke but not its point; he carried on publicly expressing his opinions; indeed the *Despatch* began to commission articles from the young pitman.

By his 20th birthday Sid had become a regular visitor to the so-called 'Pitman's Academy', the Spennymoor Settlement. The Settlement had been founded in 1930 with the help of a grant from a charity called the Pilgrim Trust and its stated aim, 'To encourage tolerant neighbourliness and voluntary social service, and give its members opportunities for increasing their knowledge, widening their interests and cultivating their creative powers in a friendly atmosphere.' It is entirely typical of the practical approach adopted by the Settlement's resident warden Bill Farrell, his wife Betty, and deputy Jack Maddison, that miners and their families could attend classes in shoe repair as well as drama workshops in which they might encounter plays by Strindberg or the 'Method' approach to acting of the Russian director Constantin Stanislavski. Farrell also started an art class and provided the raw materials of paint and paper; he was rewarded with a quite remarkable body of work, mostly concerned with the mining life, from artists like Bert Dees, Robert Heslop, Jack Roach, Tom McGuinness and the young tyro who was a workmate of Sid's at Dean and Chapter, Norman Cornish, who first tried to join the class when he was 15. His literature classes did not produce as many writers – though they influenced the distinguished journalist and editor Arnold Hadwin – but they did help shape the emerging sensibility of Sid Chaplin. He later wrote, 'If the pit and smithy were my universities, the Settlement was my finishing school.' Sid made liberal use of its library, becoming familiar with the novels of Zola, Huxley and Hemingway, although he first came across *The Stars Look Down*, AJ Cronin's classic novel about a mining town in the North East, when it was serialised in the left paper, the *Daily Herald*. Farrell and Maddison became lifelong friends as well as mentors.

As we've heard, Sid also took various classes run by the Workers Educational Association in Ferryhill, given by yet another mentor called AP Rossiter, and then in Durham under the academic Dr Leach. At a so-called Adult School in Shildon where his uncle was a leading member, he enthused one day about John Masefield's poem *The Everlasting Mercy* (regarded as deeply shocking when first published) to an engine driver named Enoch Goynes, at which the older man said: 'Tha come down to our house and Ah'll give tha a book that knocks Masefield into a cocked hat'. So Sid borrowed the book and cycled home to Ferryhill, but such was his excitement he stopped on the way, sat down at the roadside and read the book in a sitting. It was DH Lawrence's *The Widowing of Mrs Holroyd.*

The young pitman enjoyed reading in the open air, perhaps because with Ike and Elsie and their six children, the house in Westcott Terrace must have been pretty crowded (though brother Fred recalls that the front parlour was usually unoccupied, apart from on Sundays).

Often Sid took newly acquired second-hand books down a sunken lane to a heavenly spot on the north side of Ferryhill known as the Strawberry Cot, a ruined cottage with elderberry bushes and an old lilac tree:

> 'I can remember reading Browning there for the first time, and Walt Whitman, who was *my* poet, a kindred spirit. He was a working man. I knew that from the start, it came out of everything in his poetry. A working man with a great feeling for his fellow working men, and fellow citizens as well when it came to the Civil War. When I first read his poem 'When Lilacs Last in the Dooryard Bloomed' it was at Strawberry Cot and a proper stage setting it was too, as the lilac there was in bloom. After that I wanted to be a poet! Then again I wanted to be various things.'

This last is a reference to Sid's predominant ambition at that time, to become a trade union official, and then perhaps to enter politics. In 1938 a golden opportunity came along to set him on this road: he won a place to study economics and political theory at Fircroft College for Working Men, at Bournville in Birmingham. In December of that year he left the smithy at Dean and Chapter for the last time, a gift of a set of Coleridge's *Biographia Literaria* under his arm. His marrers gave him the traditional smithy send-off of a 'tin-panning', every smith hammering an anvil as he went on his way.

At Fircroft Sid revelled in the opportunity to research and study, above all to read. He switched to literature after his tutor remarked that 'your economics are inexact but jolly entertaining', something of a blow to his political dreams. Then suddenly all his plans fell apart. He secured a place on a degree course at Ruskin College, Oxford, but had to turn it down as he simply could not afford to keep himself, and his hard-pressed parents were unable to support him either. Then with war looming in the high summer of 1939, it was announced that Fircroft, funded by the Cadbury family, was closing down and his course, only half completed, came to an abrupt end.

It was a strange, disturbing time:

> 'And all those last few weeks the burden of impending war hung heavy upon us. On May Day, 1939, the Fircroft contingent marched through Birmingham chanting: "Down

the drain with Chamberlain, and don't forget to pull the chain." Three years before I had signed the Peace Pledge. Less than a year away a brother of mine would just make it to the last troopship of all to cast off at Boulogne.

Jock Saul and myself stayed on to work through the holidays at Cadbury's, with lodgings near the factory. I remember cleaning out the Aero chocolate department and eating blocks of the stuff until I was sick. Then I was sent to assist an old boilersmith from Birkenhead in repairing miles and miles of ventilation tubing, a kind of semi-mining job, crawling yards along in the chocolate-smelling darkness. It was during one of these sessions that my boilersmith told me how he had been taken along in a naval pinnace to open out the salvaged submarine *Thetis* after it had been lost with its officers and crew aboard. His description of the charnel-house smell which emerged confirmed my growing unrest, part homesickness and part war-fear. I was no longer a pacifist, but I wanted to get home before it all started. Seeing the Frenchman Andre Parrot off intensified this feeling. I caught up with him at Fircroft just as he was on the point of leaving, walked with him part of the way; then, after we had clasped hands he jumped on to his bike and pushed off without a backward look. It was then that my sense that all was well in "the best of all possible worlds" collapsed. Alone of all of us at Fircroft he saw himself as a soldier to the wars returning.

All of us had been inculcated with the idea that aerial warfare (*vide* Wellsian books and films) would be sudden, brief and totally devastating, and Spain had confirmed this view. All that summer we lived with the fear of Hitler's aerial armada.

Then, one Sunday, lunching with friends not far from Fircroft, we heard Mr Chamberlain's announcement: "You can imagine what a bitter blow it is to me that all my long struggle to win peace has failed. Yet I cannot believe that there is anything more or anything different that I could have done that would have been more successful..." Along with another guest, I picked up my spade and we started to build an air-raid shelter. Shortly after the broadcast the air-raid sirens wailed, and, lacking a shelter, we took cover in the house. A few weeks later I returned home via a heavy lorry, sleeping overnight in a transport cafe at Bawtry, resuming my

> journey the following morning with the same driver, who dropped me off outside the pit wall from whence I had started some nine months earlier. My vintage year was over – but not the good wine.'

In fact this dispiriting episode marked not an end, but a beginning. Sid bought himself a second-hand typewriter and resolved at last to become a writer. He returned to work at Dean and Chapter to face another disappointment: since the smithy was fully-manned, he was ordered to work as a belt-fitter underground, repairing the conveyors that carried coal from the face to the shafts. The job took him into every corner of the pit and he got to know hundreds of pitmen, as it turned out an important source for the stories that began to flow from the young writer, *The Cage* among them.

By a commendable act of will and resolve, Sid turned what might otherwise have been a life-defining disaster into an opportunity.

Conveyor

Conveyor, run
With you
My life.
Rubber smell
Dust cloud
Dark dooms
Endless
Running, rubber ribbon.

The Cage

FOUR MEN STOOD EXPECTANTLY IN a great cavern. The place was well lit, but they still held lighted electric hand-lamps. They all wore breeches with leather kneepads. Each had a numbered brass disc attached to his coat. Their faces were black with coal dust, runnelled with sweat; their eyes, or rather the whites of their eyes, contrasted startlingly against the blackened skin; they all looked alike; only height and differently proportioned limbs made a difference, and the way each man wore his safety helmet. Rainbird wore his to one side; Joe planted firmly upon his ears; Bainbridge carelessly; Carr with the peak reversed.

They were waiting for the cage. They were going to ride to bank, to the surface, to home and the pleasures of the summer evening. It was the end of the shift and they were tired. But a wash would soon rinse the tiredness away.

The cage slid to the level, and as it slid down, the gate moved up, so that they could step inside the bare steel box. 'Get in!' said the onsetter, holding the cage safety gate open as they passed in. The gate was clicked shut. The onsetter signalled ready to the surface, and the steel box with its cargo of four men rose smoothly into the circular shaft.

Midway in its vertical journey something happened. The box danced with an impact and the occupants were jerked off their feet. Nothing was said – there was no time for speaking – but each man sought for an anchorage during that macabre dance, and each failed to find one. They sought for something firm and solid and found only a tangle of legs and arms, and the cage stopped, dead, except for the shivering of its steel frame.

When they had disengaged themselves from the tangle of arms and legs, and when their ears were free of the thunder of the collision, and when the last echo of falling objects had died away, they found that the cage was tilted at an angle of forty-five degrees. They had to pull themselves upright and hold to the safety bar.

'Ah've lost me lamp!' said Bainbridge. 'Should have put it on your belt,' said Rainbird. 'You were always too dam' lazy to carry it on your belt.' Carr shook the gate with one hand. 'Keep your weight off this thing,' he said. 'It's femmer. Where's Joe?'

'Here!' said a voice from the top of the incline. 'It knocked me lamp out.' They saw his portly figure, feet set against the chocks, arms anchored to the safety bar. A bead of sweat ran from his forehead and fell from his cheek into darkness.

'What happened?' he said.

'They clashed,' said Rainbird. 'Coming down cage musta got askew. Pin to a penny we're carrying her.'

'Impossible,' said Bainbridge. 'The guides 'ud stop that.'

'Something's gone wrong,' said Carr. 'We'll have to find out.'

There was a moment's silence while they thought round their situation. The shaft was two hundred and fifty fathoms deep. They had been riding home, and they were black with dust and tired. At the moment their first thought was that this was an irritating delay. They were too tired to think. They needed a wash and a meal. Time enough to think then.

'Look out there, Joe,' said Carr. 'See what's to see.' They heard the scraping of his boots as he pulled himself up to the mouth of the cage, then. 'Oh, Lord, me lamp's out,' he said. 'Turn the switch,' said Carr. 'The bump'll have knocked it out.' A spotlight flickered from the top of the incline. 'You're right,' said Joe. They saw him leaning, squirming, as he tried to explore every point that his lamp's ray reached. 'Ah!' he said.

'What is it, Joe?' said Carr. 'Slack rope,' said Joe. The lamp was turned upon them. 'Turn your light,' said Bainbridge, 'it's dazzling me.'

'It's hanging in a loop,' said Joe. 'Is it cage-rope or a guide?' asked Carr. 'It's thickish,' said Joe.

'Knew it!' said Rainbird triumphantly. 'We did clash t'other cage and we're carrying her, without a doubt.' 'Aye,' said Carr. He started to pull himself up to the incline, his boots scraping on the steel bottom. 'Stop!' said Bainbridge. 'Ah heard something there.' Carr held himself motionless. There was a sound. It was a creak, low, continuous, like the running commentary of a cricket in the fireplace. 'It's the rope,' said Carr, steadily. 'Pulling hell outa it.' 'Which rope?' said Bainbridge.

'That's to find out,' said Carr, and continued his climb. 'But how?' said Bainbridge. 'We're just cooped up here like lame canaries.' 'He'll climb out,' said Rainbird. 'He'll get to know. Used to be a sinker, Carr. Knows all about shafts.' There was immense confidence in his voice. Carr and he were mates, marrers: had been for years.

Carr had reached the top of the inclined plane. 'Move down a bit,' he said to Joe. 'What for?' said Joe. 'So's Ah can open this gate,' Carr said patiently. 'My God, man, you cannot do that,' said Joe. 'What if she tips while the gate's open?' 'You'll have to hold tight, unless you fancy a ride in your pants, ould lad.' The humour in Carr's voice dammed the flooding of fear into panic. 'Right,' said Joe, and moved down. The gate swung open, Carr swung himself up, and they saw his legs dangling.

His trousers hitched with the effort, and they saw his bare legs. They saw his heavy boots swing, then kick, and a scrambling as he reached the top of the cage.

This is what they heard. They heard his heavy breathing as he lay spreadeagled on the sloping roof. They heard his breathing because he was close fifty, and that is a bad age for a man to climb about an object which is suspended midway in two hundred and fifty fathoms, which means a long drop of one thousand five hundred feet if you make a mistake. Added to this, Carr was not too tired and irritated to know that they were in jeopardy. He knew that the collision must have tested the ropes, and he knew what the singing meant.

So, as he lay full-length, he looked at the taut rope. As far as his lamp reached it was intact. He heaved a sigh of relief and lay with his cheek upon the cold steel of the cage top and closed his eyes. He would have rested a little longer, but the singing of the strained rope disturbed him. He eased himself cautiously toward the centre and pulled himself upright. He was now able to scrutinise the position more closely.

They were indeed carrying the other cage. It had twisted and lay on its side, one corner supported by their cage, the other dug into the side of the shaft. It had dislodged the brickwork and made a resting place for itself. The slack rope hung like festoons of crêpe around it.

They heard the slither of his boots. They also heard a new note punctuate the singing of the rope. It was the sharp plucked note of a single strand parting.

Carr's head moved as if attached to a string. Six feet from the socket which attached the rope to the cage he saw the two vibrating ends of the snapped strand. His lips tightened. A muffled voice came from below. 'Carr! What was that?' 'Nowt!' he answered.

He clawed his way back up the sloping roof again, and leaned over. 'Joe!'

'Here, Carr.' 'Ah want ye all on top, here,' he said. 'Ah'm too bloody fat to make that journey,' said Joe. 'One at a time,' said Carr. 'Ah'll help. Tell Rainbird to come first.' Rainbird and Bainbridge came over in that order. Then Joe. He was fat and ungainly. He was frightened. For one awful moment he swung, his dead weight upon their arms, swinging until it seemed as if their arms were pulling slowly from their sockets. Then one foot found a bolt-head and they were able to draw him over. They laid on the cold steel and rested.

'You fat bag, you,' said Rainbird. 'There's a ton of coal in each boot!' Joe couldn't speak.

'Now, lads,' said Carr, speaking briskly. 'This is the position. We've clashed wi' the other cage. She's lying on top of ours wi' twenty yards of slack rope around her. Our rope is giving. One strand just went there. That's what you heard. Our only chance is to get on to the other cage and shout for them to bring safety belts. Tie ourselves on so that when she goes amain that twenty yards she'll not throw us off. See?'

'How will they reach us?' said Bainbridge. 'Crab-engine and bucket,' said Carr patiently. 'Now let's get on to the other.'

That was easy. Two other strands parted, and the plucked notes echoed within each of them, for they were the strands of life. Even Joe managed to scramble on to the other before a helping hand could reach him. They sat in the centre of the overturned cage and looked at Carr. 'Now what?' said Rainbird. Carr was shining his lamp upon the corner that was wedged into the shaft side.

'When the other cage goes amain,' he said, 'this one'll follow. She'll clash twenty yards, then, if the rope holds, she'll steady and right herself. If we had safety belts we could strap ourselves to the chains. Soon as they're near enough we'll shout for them. They might manage to take two of us at a time. Two that's left can strap themselves to the chains.'

'Who'll stay?' asked Bainbridge sharply. There was a long silence. Finally Rainbird said: 'We'll chalk for it.'

Carr crawled to one corner, took off his belt, and proceeded to chalk the figures one, two, three, four on each side. He struck a line through the three and four on one side; then crawled back and exposed the side with the plain figures on.

'Ah'll take number one,' said Joe.

'Three for me,' said Bainbridge.

'Two,' said Rainbird.

'That leaves number four for me,' said Carr, smiling, but his voice shook a little. He had initialled each figure as it was chosen. He turned the belt.

'The crossed figures are the ones that stay. That means Joe and Rainbird goes first.' They didn't argue. It was luck. It was fate. 'Me and you wait for the second bus, lad,' said Carr to Bainbridge. Bainbridge nodded, and a tiny bead of sweat ran down the bridge of his nose.

'Hell,' said Rainbird. 'Ah don't mind waiting for that second bus. Anyway, me and Carr's marrers. Wouldn't be proper for me to leave me marrer behind.'

'That's daft,' said Bainbridge. 'Ah'll stay my turn.' 'If Ah wanted a bit argue,' said Rainbird gently, 'Ah'd say this: 'You're a family man, lad.''

'Now,' said Carr, cutting short the discussion, 'until they come in sight we'd better sit near the chains, so that if she swings we've got something to hold on to.' They moved to the rim.

'Not that we'd have much of a chance,' said Joe, 'it would shake us off like flies.'

'No good talking that way,' said Carr. 'Ah've been in worse spots than this. Just hold on. That's all you've got to do. Hold on.'

He looked over the edge of the cage. Blackness narrowing to a tiny square: a golden square of light, the shaft bottom. There they had stood a few minutes since, and joked. There they had been secure. Normal men. Comfortable. Now it was an eternity away. He looked up and saw the faint glow of daylight.

Beyond that faint glow were houses and people, shops, pubs, chatter, casual gossip. There were his friends. He had never married; he had no one to worry about him. But he liked people. He had many friends. Mostly men. There were a few women. But friendship had never gone very deep with him. He had kept himself withdrawn. And now that his life was suspended on a few breaking strands he was worried about that part. He was glad he hadn't a wife to worry about him. But he wished there was someone to worry. Someone who cared enough to pray. He thought the wish a weakness; but it was there. He tried to forget it.

It was summer; the evenings were soft and fragrant. You could walk a couple of miles to the next village, smoke your pipe, have a drink and talk with people. Then walk back under the trees, and look up at the sky through interlaced branches and catch an early star winking. Then supper and a good sleep.

He believed in himself; he was confident in his stars, but he wished himself out of this.

A shout came ringing down. 'Hello?' 'Hello!' he called. 'Hello!' His eyes strained to pierce the darkness. He saw a pinpoint of yellow, and he saw it grow as it approached until it became a band of light around the shaft.

The voice called again; it echoed hollowly in the vertical cavern. It was like shouting into a great trumpet. 'Have ye got safety belts?' 'BELTS?' rebounded from the trumpet. 'Aye.' 'AYE,' repeated the shaft.

There was only one man in the bucket. A gong was suspended from one of the guy chains. He struck it when he was nearing them, and the bucket swung to a standstill, level with the over-turned cage.

'Now, Jim,' said Carr, looking inside the bucket, 'think you can squeeze three in with ye?' 'It'll take three,' said Jim. 'Ah'll have to come back for one of ye.'

He looked enquiringly at the four. 'That's settled,' said Carr, 'Ah'm staying. Come on, lads, get in.'

Joe and Bainbridge got in. Rainbird put a hand on the bucket, hesitated, turned to look at Carr. 'Howay, Dicky, get a move on,' said Carr impatiently. 'He's got to come back for me.' He took a safety belt from the bucket and started to strap it on.

'You,' said Rainbird. 'Alone, here?' Carr drew the buckle tight. 'Come on, Dicky, get in. It's not the first time Ah've been on me own.' He laid full-length on the cage and commenced to attach the safety straps to one of the chains.

Rainbird climbed into the bucket. Jim struck the gong three times. The bucket drew away. Carr twisted his head. He saw the watching faces recede into darkness; he looked until his neck ached and the glow of their lights was a distant star. Then he settled down to wait, while the straining rope sang to him.

Miner's Prayer

When into darkness Ah descend
Strength with courage wilt Thou blend?
When Ah sweat in tunnels low,
Let Thy sweet peace with me go;
When Ah break the virgin coal,
Wilt Thou break this selfish soul?
If crucified by coal, Ah pass,
Grant Thy blessing on our lass;
Lead my bairns intae Thy light,
Let them dae the thing that's right.

Hands

HE ATE HIS MID-DAY MEAL in a sullen silence; all the more sullen because he knew he was in the wrong. She toyed with her food and fed the baby; and the child, old enough to say Da-da and Ma-ma appealingly for applause, was rebuffed by the unfeeling silence of the two.

After the meal he changed slowly and painfully into his pit clothes. The pain was a compound of disgust with himself and revulsion from work, from the shift, three to eleven. That was the reason he had made himself drunk last night, to forget the week that lay ahead; and once drunk he had forgotten everything, had fought in a pub backyard and torn his best suit, then rolled through Main Street with a pair of blousy baggages, one on each arm, right to his own front door and to his waiting, watching wife.

He had been drunk, but he had felt her disgust and revulsion. She was not the nagging type; she had said nothing, but there was judgment in her very silence.

He clattered into the front room with his heavy pit boots. His bait-tin and bottle awaited him on the table. She sat with the baby on her knee, gazing into the fire. 'Bye-bye,' he said. She sat with face averted. 'Bye-bye.' He kissed the baby and he sensed her body stiffen as he bent near her.

His father and he were marrers, working on the same caunch. As was his custom he made his way to his father's house – with a feeling of foreboding, for news travels quickly in Deepdown; they would know too.

He walked into the house noisily, trying to affect a cheerfulness he did not feel. His mother was pouring hot tea from teapot to bottle; his father was sitting in the big rocking-chair, his feet on the edge of the fender and his face hidden by the paper he was reading. The pouring was completed, the bottle corked. 'Ah, John,' said his mother. Her wise eyes took him in, welcoming him without words, and warned him. He knew then that *they* knew. His father laid the paper down. He was a small, quiet man; content with his family, his singing in the chapel choir, the deliberate craftsmanship of mining; content himself, distrusting content; rarely angry, but terrible in his rare moments of wrath.

'Ay, John,' he said. 'So you've slept it off?' 'Eh?' said John, delaying the moment of judgment.

'Don't come here wi' ye innocent 'ehs',' said his father. 'Ye were drunk last night.'

'Well,' he said mildly, 'mebbe Ah had one too many...'

'Mebbe!' said his father with rising wrath. 'Mebbe! Mebbe it wasn't you flaunting through Main Street last night with a woman on each arm an' ye new suit torn to rags. Mebbe it wasn't you singing at the top o' ye voice and shamin' the good woman ye married, eh?'

'Some people want to mind their own business,' he said.

'Are you tellin' me that it's none of my business when my son rolls in the gutter? You're my lad, and it's my business.'

'Ah mean those that ran to tell ye about it,' he said sullenly.

'They did right to tell me. And now Ah'll tell ye something. You're a man in your own right wi' responsibilities; a wife, a bairn. Take care before ye drag them into the gutter with shame.'

There was a painful silence while his father pulled on his pit boots and jacket. Then they left the house, left the town, walking through the fields in absolute silence. It was springtime; hawthorn leaves were breaking from bud to tender green; the gorse flaunted its blossom of deep, rich, butter-yellow, and puss-willow and catkins hung heavy with pollen. Placidly treading the meadows, the sheep crunched the tender grass, while peg-legged lambs, born overnight, played, looked, then ran at their approach, back to each oblivious ewe. But shame and anger sat heavy upon each of them, they saw nothing of this, and walked like men of stone.

And the pit swallowed them up. The cage lifted so that the men might enter the bottom deck, and for one moment they looked out upon the bursting joy of the spring, saw the red and white farmhouse with its spraying cluster of elms, horse and plough followed by screaming gulls, then the gates were clashed and locked, and they dropped into another world.

It was a world they only knew in part. Their minds were upon one caunch-heading and its problems. They rarely, if ever, saw the spider web of galleries, the vast machine driving through the strata barrier for black spoil. The men split up into companies of varied strengths, convoys of moving lamps traversed the galleries, and as those working nearest the shaft reached for pick and shovel, as cutters and conveyors began to take their load, flickering pointers on massive transformer-dials began to move from zero to capacity. And as the pointer mounted, the pit became alive. The graveyard-quiet of changing shifts was replaced by the slither of high speed steel ropes, the whine of haulage-engines, the steady roar of coal-laden tubs; the several symphonies of rubber belt and chain-conveyors, the nerve-racking note of cutting machines and drillers.

Father and son stripped, and proceeded to their work. It was simply to drill a section of stone, the heading of a gate; powder was then stemmed into the holes drilled, and exploded by the shot-firer; then the mass of ripped stone was to be packed into the goaf, the waste, left by the advancing coal-face. Simply! When the drills had bit into the stone and the charges exploded, the masses of stone left would have daunted anyone but a miner. And then the father had to crawl crocodile-fashion on the 24-inch face and pack into a solid wall the stone which his son shovelled or threw down to him. Back-breaking, monotonous work, unless you can lose yourself in it.

The face-end of the job is the roughest. After an hour of it the older man was slacking off a little, and he called his son. 'Hould ye hand a minute, John,' he said, 'and come on here till we get rid of this pile.' They squirmed face to face, naked, black, sweat running like water from leaking taps. 'John,' said the older man, 'set a plank inbye a bit; she's running a breaker, see?' The son rolled on his side to see the ragged fang of the breaking strata running diagonally across the roof. There was no discussion; it was too obvious for argument. The father began to build up the debris wall again. John squirmed around, looking for props and plank. There were none in sight. He decided to draw a plank and two props nearer the wall they were making, knowing that there was a slight element of danger, but wanting to avoid further search for timber. Cautiously he drew the first prop, and the unsupported end of the plank vibrated. The older man looked up. 'What d'ye think you're doin'? Leave…' But the other prop was already out, and the earth's belly was heaving. He felt his father's hand on his side as he pushed him towards the gate, then he knew no more in the storm of breaking strata.

A cloud of dust travelled down the coal-face, gaining volume and momentum as the strata broke away. The unexpected draught, the choking dust, were the only warning to the men working amid the noise of machinery. They took warning and fled. Earth in revolt is an enemy to flee from; questions are asked afterwards. One hundred yards away from the coal-face they stood in an uneasy group; one knocked out the master switch and unattended machinery came to a standstill.

They listened.

They could hear that breaker travelling, opening, earth's bowels splitting open, outraged, terrible in wrath.

Then silence.

'Anybody missing?' asked one.

'All us fillers are here,' said another, 'but there was two caunch men at the top end of the face. They'll have got off into the tail-gate…'

'We hope…' said another. No one was amused.

They travelled the tortuous road to the upper gate. The heading was a shambles, arch girders riven and bent, timber broken, and the way to the face was barred by a wall of stone. The clothing still hung a hundred yards outbye, but there was no other sign of the two men.

The fillers looked at each other. They knew that father and son were somewhere beyond that solid wall; and, barring a miracle, both crushed to pulp. The leader turned to one, 'Tell the Overman that we've two men barred in on West 3. Get some first-aid kit from the kist. Tell him we'll need stretchers, likely.' Then they started to remove the fallen, tightly packed stone.

The Overman directed men to the job, sent in stretchers, then phoned to Surface. 'Get me the Manager, quick,' he said. He was a young man and this was his first serious accident and from the account he knew that there was little hope. He had a nightmare vision of enquiry, inquest, H.M. Inspector, talk, rumour, himself in the midst.

'Excuse me, gentlemen,' said the Manager, and reached for the phone. The members of the Lodge deputation rustled papers and whispered.

'This is the Manager…'

'What? West 3, ye say?'

'Two men barred in… Ah'll be down. Get onto the job and get moving. Ah'll be there as sharp as possible. Right.'

'Well, gentlemen,' said the Manager, 'we'll have to adjourn this meeting. Two men barred in on West 3; looks pretty bad and Ah'll have to be down.'

The deputation left.

Messages went winging left and right. Warn First Aid. Get Ambulance ready. Send for the doctor.

The Manager changed into overalls, helmet, heavy boots. He sighed for a lost night. He reached for the telephone again, hesitated, then once again called in his harassed clerk. 'You've got a phone in your house, Jack?' 'Yessir.' 'Do me a favour. Ring the Clarendon Hotel up about seven and tell them I can't get.' 'Yessir!'

HE CAME OUT OF DARKNESS into darkness, with an intolerable weight on his back and shoulders. For a long time he lay, wondering where he was. After a while the sour smell of his own sweating body told him; sweat and pit went together; he was in the pit. He found himself shivering and he began to trace the position of his body. He lay flat on his belly, legs slightly drawn in, arms stretched forward as if he were diving. He could move his arms and hands in a restricted space, but he could not touch his face or his body. Hemmed in he was, like a fly in a crack. But he was alive.

Then he thought of his father. A sudden tenderness, a sharp fear came over him for the old man. Sharp and cruel in his anger, he was, but true. 'Da,' he whispered, 'Da…' But there was no answer.

He'll be all right, he thought. He's had many a near go, and always got through. And he thought of his father taking him for walks through the fields as a boy, explaining patiently; giving him a ride pick-a-back when he was tired, answering questions, helping him with his homework.

His remembering stopped. There was a smell. His mind asked questions. Gas? Bad air? Or was it the smell of death? He remembered the time he and his father had clawed a passage to the crushed body of a marrer. When they had exposed the feet such a smell had rifted through from spilt bowels. He had retched and groped his way to the gate to vomit. No, it was not that smell. It was bad air. That was it.

It was bad air, his breath was short, his chest tight. The place was closed like a box and he was using the same air over and over again.

At seven the news began to filter around Deepdown that two men were barred in; by half-past, after a great deal of guesswork, it was known that father and son were in together. Friends came to comfort her, thinking that she must have had official word from the pit. But no such word had arrived. She wrapped the child in a blanket and hurried to her mother-in-law.

They waited dumbly for news. Tea was made and it grew cold. They waited.

And at nine they reached him. The plank lay across his back, breaking the weight in some measure. There was no time for gentleness, they had to drag him out by main force. His eyes opened. 'Da,' he whispered, and his head rolled so that he might look for his father beyond the wall of stone.

As if in answer to that look, one of the men stretched out, flat upon his belly, and extended a lamp toward the boundary of the crevice from which they had just pulled him. Where roof and floor met like the jaws of a vice, were two hands, the fingers arched so that the nails dug into the dust. The man drew back sharply, but the son had seen.

They were the hands of his father.

A Widow Wept

When they carried my comrade
Out of the pit,
Cold, silent, and crushed,
We knew that the price was paid.

Silent the wheels, and hushed
The conveyors. No bugle sound
For him was heard,
But only the signal bell
Pealed out in mournful tone,
When they carried the body to bank.

The sunshine greeted him,
The wind caressed him,
A widow wept for him,
When they carried the body to bank.

The young writer, ready to take on the world, 1941

NOTE VI

> 'When I was young I had a succession of ambitions – and all before I was 16. I had ideas about myself, and none of them was frivolous. I believed in turn I could be a scientist, a writer, a preacher, a political leader. In the end I settled for writing. I've always been happy in my choice of calling which has been almost entirely private, but I've never been quite reconciled to the loss of the other callings. I wanted to mention this because I think my work has been influenced by an intense interest in science. I used to collect fossils and then I started collecting people and stories with an equal passion. Theology and philosophy and politics have one thing in common: they attempt to discover or impose a pattern on that very disordered thing we call life. Whatever the pattern it is never completely satisfying. The human story is a story of individuals. The mere fact that they are born and die shatters the pattern, whatever it is. Perhaps it was this frustration that led me to fiction, in which you create your own people and your own world and impose a pattern, or plot, and sometimes a happy ending, although everybody understands that the ending is only happy for the time being and not for ever and ever...'

THESE WORDS FORMED THE OPENING of a BBC Schools broadcast titled *Credo* that Sid Chaplin made in the mid-1960s, 25 years after the publication in May 1941 of the preceding poem, *A Widow Wept*, which can be said without exaggeration to have changed his life.

After his return to Ferryhill from Fircroft College in the autumn of 1939 (with fabulous gifts of Cadbury's chocolate for his brothers and sister), Sid's disappointment about the end of his dreams of further education was tempered by the warmth shown him by his people: 'I was welcomed back with open arms, it was like the return of the Prodigal Son.' The fledgling writer tore into his new calling, but kept his early literary output as private as the letter-writing of earlier days. When interviewed many years later, he explained why:

> 'The foreshift was my favourite writing time. I used to come in and get a bath in front of the fire in time-honoured fashion, then get a meal and go to bed to write. At first I never thought of becoming a professional writer. In the first place it was considered

> something feminine. That's why it had to be a secret occupation with me. There was the feeling you got in a mining village, a man found his place through his muscular strength and agility, whether it was a big coal hewer or a good footballer, a leek-man or breeder of pigeons. These were masculine things, and writing was considered most effeminate. This puzzled me, as in pit villages there was a vigorous oral culture that was evident in the chapel and the club, not to mention the glorious fact that so many people were very good at telling stories. But writing them down was somehow just not on, so I said nothing about it. For a long time becoming a proper writer was just a wild dream'.

Fortunately Sid met two people who thought otherwise.

The first was a young woman called Irene Rutherford, hereafter her preferred Rene. Daughter of a pitman at Mainsforth Colliery in Ferryhill, she first encountered Sid one Sunday evening in 1938 when he preached at the Methodist chapel in Kirk Merrington, a couple of miles from Ferryhill. First impressions were not promising: she evidently thought the young man was too pleased with himself and needed taking down a peg or two. She accomplished this shortly afterwards, when during a Chapel picnic by the Wear, he asked her out and she slapped his face. There was a misunderstanding behind this; she thought Sid was sweet on a friend of hers called Sadie Woodward, an accusation he was at pains to deny. Things went on from there. They corresponded while Sid was away at Fircroft and married a little over a year after his return, on New Year's Day 1941 (he had to go to work later that day), making their home at 9 Gladstone Terrace. Among the furniture acquired by the new couple was a second-hand bureau at which Sid wrote; there would be no more writing in bed. Rene gave unstinting encouragement to Sid's writing ambitions, though the support wasn't always uncritical. He dedicated his first collection of short stories to her, 'my first and most unerring critic… who has made it all possible.'

However that book was some years away; initially the young writer received little encouragement from anyone but her, and certainly none from a publisher. As Rene bleakly put it: 'We could have papered a bedroom with the rejection slips.'

Then a man named John Lehmann enters the story.

From a cultured, upper middle-class metropolitan background, brother of the novelist Rosamond Lehmann (who wrote her first novel while living in Newcastle), in 1936 John founded and edited a magazine called *Penguin New Writing*, part of the Penguin imprint then revolutionising publishing. Lehmann was a committed socialist and anti-fascist, determined to find and publish working class writers. He wasn't alone: Cyril Connolly was doing a similar thing on *Horizon*, while other periodicals like *Seven* (edited by Woodrow Wyatt), *Modern Reading* and *English Story* adopted the same policy. In a way literature had become part of the war effort: one small aspect of the general political consensus that a better, fairer society had to be built after the war was a recognition that culture had to embrace new voices and ideas. Lehmann was a pioneer in this respect, as was his collaborator and contributor George Orwell.

Sid wrote *A Widow Wept* during a shift underground at Dean and Chapter in June 1940, but it took him almost a year to send it with two other poems to John Lehmann. Around the same time he submitted a short story based on his own experiences as a belt-fitter called *Coal is the Story* to Cyril Connolly:

> 'I got a very nice letter back from him, saying, sorry, not exactly my cup of tea, I hope you won't mind my having sent it to John Lehmann. That was great because Lehmann had just accepted the poems. When he was presented with a piece of prose he jumped at it. So you could say suddenly in May 1941 all my Christmases came together.'

Even better, these Christmases produced a gift: a fee of £5 for *A Widow Wept*. Ike and Elsie's silver wedding was approaching, so most of the money went on a gift for them – of a dinner service from Binn's in Darlington.

Other commissions followed. Sid soon found yet another mentor in Orwell, who got in touch to say how much he liked his writing. Furthermore he paid Sid the great compliment of asking him to write his weekly column *As I Please* in the left-wing newspaper *Tribune* for a few weeks while he was on holiday.

The turnaround had been sudden as well as dramatic: Sid Chaplin had become a writer in demand. As a result, his output increased and far from the disapproval of earlier times, many in Ferryhill began to take pride in his achievements. Some even offered up ideas. During a break underground, as a group of miners hunkered down to eat their bait, an old man told a story and then turned to his young mate to say: 'There you are, Sid, take that home and write it down.' For the rest of his life a pitman called Fred Ogilby took great pleasure from the fact he told his workmate the basis of the title story in Sid's first book, *The Leaping Lad*.

From this time he began to concentrate on prose and the poems dried up. He realised that poetry required absolute dedication, which he couldn't give, so keen was he to write stories, and eventually a novel. The sudden sense of validation was so sweet, he wrote as if in a fever and the prose poured out of him. Now too the stories lengthened as well as widening in scope, encompassing village life as well as the pit. Sometimes tales just fell in his lap: *The Unwanted,* for instance, is based on a grim incident on a bus he was taking home from work. Many years later he likened Ferryhill to a tree bearing fruit, the title he gave to a book of essays published in 1972: *A Tree With Rosy Apples.*

Coal is the Story

THE QUESTION THAT CAME INTO his mind as he stood on the gangway testing his lamp, was: Why? You silly fool, he said to himself, leaving a job in the sunlight for this. Crawling in darkness and dust with only a lousy lamp to find your bearings; smell of sweat, hot as hell, plenty of work and no medals. Why? The only logical answer was that these people were his, that he couldn't be happy unless he could hear their talk, live as they lived, be one of them as he had in the past. This had been very convincing in the Midlands, it had eased the homesickness, but here it just didn't fit. This was reality, the price he had to pay to live among his own folk. The pit. The black hole reaching into darkness, probing the twisting bands of coal set black in the strata. He was back among his own people but the payment extracted would be seven and a half hours every day in the dark galleries underground. He eased his gear-bag.

His mate tapped his shoulder, grinning. 'He's rapped the cage to bank,' he shouted. 'Ready?' He nodded. They walked over to the entrance. The cage clashed to the surface. 'New man?' asked the banksman. 'Ay,' said Jack, 'conveyors.' 'In yer get, then,' said the banksman, 'an' dinna sweat too much.' 'We'll see to that,' parried Jack, 'even if we dinnat work in a convalescent home, like ye fellows. So-long.' 'So-long,' replied the banksman. The cage dropped, so slowly that they had time to view separate portions of his body. The last they saw of him was his boots, the steel caps shining in the sunlight. There was a glimpse of the steel tracery of the headstock girder-work, then the sunlight receded. They dropped into darkness, so smoothly and quietly that they could hear the dripping of water on the shaft walls. Jack played his lamp's spotlight on the walls. The bricks could be seen inside the circle of light, covered with green-wet slime. Then a yellow glow suffused the wet walls: two hundred fathoms is soon covered by the steel cage in its vertical drop, and they were nearing the shaft-bottom. The same thought was upper-most in their minds. 'What made you come back?' asked Jack. 'Homesick?' 'Aye,' he answered slowly. 'But not only that. Thought it would be a kind of war-service.' Jack laughed. 'No medals here, me lad.' He laughed with him.

The cage slid on the greased guide ropes, landed softly as if on a cushion. The steel rope above the cage hung taut in the black hole of the shaft. It pierced the two hundred fathoms, and hung over the motionless pulley-wheels. It glittered in the sunlight as it descended again to the giant drum of the winding-engine. The daily drama of opposites. The transition from darkness to sunlight. Coal. Coal is the story.

Around the pulley-wheels there hangs always a cloud of dust that reflects the sun. Thus sunshine a thousand million years old meets sunshine newly sprung from the mother in outer space. The enslaved embraces the free; the intangible touches the solidified. The flying fossiliferous dust floats in the rays of sunlight, revealed as golden motes. Each infinitesimal mote reveals the glory of the pouring waves from the common mother, each vibrating wave touches, for a fleeting division of time, some suspended mote, and the progeny of this rapid copulation is a brilliantly minute flash, whose life is still as significant as the sun's.

The onsetter searched them for cigarettes or matches. They stood back a moment and watched the wagon-loads of coal pouring in from the four quarters of the pit. The low passages pierced the strata from all sides of the shaft bottom. Imagine a wheel for your pit; the hub is the shaft, the spokes are the passages, reaching out as far as four or five miles, and these spokes are interconnected by scores of lesser workings. From these poured the stream of wagons, drawn by great engines crouched at the shaft like spiders.

It seemed easy enough here, but he remembered the crouching men working in the narrow seams three miles away. 'Well,' said Jack, 'We'll see what the orders for the day say.' They walked to the Overman's cabin a few yards away. An official wearing a black skull-cap was busily writing on a deal table. 'Morning,' said Jack. The Overman looked up from his writing.

'Morning, Jack,' he said. 'Plenty of work for you. There's been a fall of stone on Number Ten conveyor – the J.D. face-conveyor. They're on clearing it away now. Put new joints on the rubber, ready for coupling her up.' He looked sharply at the new man, then smiled, 'So-long, lads.' 'So-long,' they answered. They made their way over the tangling wagonway metals, Jack leading. 'Not a bad feller, that,' he said, jerking his head back to signify that it was the Overman he was talking about. 'He's a local preacher, good-living. Never gans around cussin' the men up. Quiet, as long as you treat him properly. But he's queer all the same. Ah remember a year or two back, production dropped badly. One day things went worse than ever. His religion wouldn't allow him to sweat it off, so he just dropped on to his knees, clasped his hands and prayed, Lord, lord, gie us coal. And the coal came. He got up off his knees and worked like a demon.' 'Seems a decent chap,' said the new man, and cursed silently as his head made contact with the low roof.

For the gallery along which they were travelling was getting lower the further they walked. The air too, was hot, redolent of sweat and ponies' dung. 'Return airway,' said Jack. 'Sweet smells, eh?' 'Ah,' he answered shortly, and thought: why didn't I remember this when I decided to come back? Sweat, smells, an aching back, the dust disturbed by one's feet and rising like snuff.

He noticed fungi hanging from the timber, bell-white stuff shaped like bags half-full, and another kind like cotton-wool. Hell, he thought, will this back-bending never come to an end? As if in answer to the unspoken question his companion spoke. 'Just another hundred yards and we'll be there.' 'To the conveyor?' asked the new man. Jack laughed, 'No fears. Ah mean to the engine-house; we'll have a sit-down there.' A few seconds later they arrived at the engine-house. It had been blasted out of the solid rock. The engine was a double-drum hauler, all clean and shining. A twisted old man was busy polishing her. 'What chay, lads,' he said, 'hev a sit-down.' 'Many coals comin' out?' asked Jack. 'Twenty score,' he answered. 'You'll be making for Number Ten, Ah suppose. Let's hev her away soon. We're five score short this mornin'.' He took an old beer-bottle off the motor-resistance, pulled out the cork and had a pull of tea. He held out the bottle to them. 'Fancy a drink? It's hot.' The new man shuddered. Hot tea in that atmosphere. Ugh! The thought made him sick. He loosened his shirt-neck, noticing as he did so that the old hauler-man wore a stiff collar and an old black tie. Someone had stuck some pictures on the wall, bare-legged chorus girls. He studied them with interest.

'Well,' said Jack, 'we'll away now.' 'Happy times,' shouted the old man. They were in the low passage again. 'Queer old stick, that,' said Jack. 'Ever heard about the explosion at Hoadly Main? The only man they got out, him. Get him on about it some day. How he passed a score dead men, burnt to cinders. He'd been in an old airway, and the blast missed him…' They marched on through the eternal passages. 'How much further?' said the new man, 'my back's breaking.' 'Ten minutes sharp walk,' answered Jack.

There came the sound of an approaching sett, a train of wagons. They drew into a safety hole and watched the train flash by.

'Not far off now,' said Jack, 'you can see the Meeting Place lights now.' Sure enough, there were the lights, twinkling in the distance. 'Hear the Trunk-belt?' said Jack. 'One thousand yards of rubber, five-hundred yards of loading space, eight hundred tons output a week. But they're havin' trouble on the coal-face now. The seam's all twisted. What we call hitches and rolls. Only eighteen inches to work in sometimes. Hellish for the fillers. Bad stone as well. Ever seen a picture of the Giant's Causeway? The ceiling's breaking away in segments nearly as big. Terrific weight. Breaks the timbering up like you break a matchstick. One of them segments has broke away on the coal-face, not the mothergate, and cut through the rubber of the face-conveyor. Bit rough for you, just startin'.' He stopped, turned round, 'What made you come back?' 'Sentiment,' said the new man, bitterly, and the sweat ran off his nose end, tinging his lips with stinging salt.

They pushed on. Darkness. Dust. Sweat. Jack began to whistle. They arrived at the loading-point of the trunk-conveyor. Three boys were loading the wagons. They kept them moving slowly under the jib of the conveyor. The black stuff fell in a constant stream from the swiftly moving rubber. As soon as each wagon was full to the brim a lad yoked a black-browed, beetling pony to it and pulled it away down the engine-plane, where it was coupled to the sett or train of wagons.

'Watch your head,' Jack warned him. It gets low past here…' 'What chay?' greeted the lads. 'Any baccy to spare?' 'Just a bit,' said Jack ruefully, 'but here's a nip for each of yer.' The pony-driver, a cheeky lad of sixteen, came rushing up. 'How about me?' 'Well,' said Jack, 'and how about me? Ah've only got a bit, and my shifts just startin'.' 'More dust on my job,' said the cheeky youth, disposed for an argument. 'Here, scram,' said Jack. 'Baccy's scarce these days.' They moved on.

'How d'you manage to chew that black stuff?' asked the new man. 'Those kids must have steel guts.' 'Keeps the dust out of your lungs,' explained Jack, 'yer get used to it. Night-shifts, when you're sleepy it keeps you awake.' 'But what if you swallow it?' 'Kills the worms,' answered Jack. 'And the man…' retorted the new man with a chuckle.

It *was* low. The bottom on which they walked had heaved, the walls were bulged in, the ceiling had dropped several inches, bending the steel girders so great was the weight of the uneasy strata above. And it was uneasy. The whole place seemed to be alive. It seemed to the new man that some unearthly programme was taking place up there. There was the sound of sawing. Trolls, he thought, they live in the earth, don't they? Then the sawing would stop. Three pistol shots in quick succession, and someone banging on the big drum. Silence again, with only the sound of their feet. A mouse scuttled out of sight. Jack followed it with his lamp.

'Hundreds of 'em,' he remarked, 'they pinch yer bait if yer don't hang it out of their reach.' They were on their knees now, crawling underneath the broken timber. The new man groaned as a projecting piece of broken timber jabbed into his shoulder. At last they came to the end of the long, low mothergate which follows the coal-face. The seam was worked at right angles from the mothergate. Normally this seam of coal was two foot six inches thick, but at the point now reached there had been a terrific convulsion some millennia ago, pressing the band of coal between great rolls of solid rock. Somewhere past these rolls was the normal seam, rich with coal, but here the coal was poor and dangerous to work.

There was a rubber-band conveyor on this low coal-face, and this they had to repair. Lights were shining in the distance. Men lying on their backs, shovelling the fallen stone into the goaf, or wasteland. Sweating mortals, flesh and blood fighting a billion tons of body earth with steel and explosives. Like flies, in a giant's hand which may close at any moment.

The trolls up above were doing their dirty work. Jack was already wriggling along the face with a kind of crocodile motion. The new man hesitated. He felt horribly like running away from it. He had a vision of the green valley two hundred fathoms above, with green fields stretching into the distance until they merged with the misty Pennines. With sudden resolution he squirmed on to the coal-face.

Crack! went the uneasy strata. The Trolls' welcome, he thought.

Now he could see the stripped, dust-streaked bodies of the workers. One twisted his body so that his shoulders pressed against the ceiling, then lifted a piece of stone.

Jack was shouting. 'Soon have her away, lad. Rivet these joints on.' 'Righto,' he shouted back. Soon have her away. Running rubber ribbon piled with the black harvest. The harvest of our sweat, the fruit of our battle with the strata. Little wagons loaded to the brim. Wind-tearing journey in the cage. Sunshine. Society. The wheels turn; the fires cast a comfortable glow; dynamos whine in the powerhouse, the lights flash on in every city. Coal is the story, coal is the song, thought the new man. He lifted his hammer, not much room, here we go. The copper rivet flattened. 'To hell with the trolls,' he said.

The Pig Killing

WHEN I WAS A KID, everybody looked forward to a pig-killing – it was one of the greatest events of the year. The reason was simple. On pig-killing day all who had made tribute of scraps and peelings for the pig's upkeep were duly rewarded. Come the day of days, and most of the families in our street were waiting for their parcels of spare-rib, sausage and black pudding. No wonder folk looked forward to a pig-killing. In those days it was a kind of little Christmas.

The women on either side of us would come in and scrub down the big deal table, then with piles of bowls and pans and oven tins they'd scald out the sausage machine which Dick Urwin, the butcher, used to bring along for the day, and my mother would be singing. What with Dick – resplendent in his blue and white get-up and with his straw benjy hat cocked on the side of his head – my mother steeping bread for sausage meat and belting out hymns, and the women full of bustle and good cheer; it used to be quite an occasion. Especially when Dick started telling his dirty jokes, and the womenfolk – drunk on the smell of blood, I suppose – went off into shriek after shriek of laughter.

All this of course came after the pig's arrival. In those days we used to kill up at the allotment, and the men would carry her home in state, like a queen on her bier. Four men used to carry her, with two more to spell them out, and I'd run down beside them, trying my hardest not to look. It used to catch at your guts to see a pig so hollow.

The butcher made short work of this. Effortlessly he'd cut and chop and slice until at last nothing was left but meat neatly stacked at the end of the table, and I could breathe again. Not that there weren't ordeals along the way – like the crunch of the head when he cleaved through it for potted meat, the hiss when the lard came away or the raw scrape as guts were turned into sausage skins. But ultimately it was the rich amalgam of smells that seduced me. Spare rib, sweetbread and black pudding spitting and lifting in the pan as they fried were bad enough, but there was no resisting the odour of an immense pork pie, especially when it was planted right under your nose on the table.

So I soon got over my softness, and by the time I was eleven I was there with the pail as soon as her throat was cut. I still remember how the blood gushed out while I kept stirring it with a wooden spoon to stop it from clotting – it used to rattle in the pail like milk from the teat. Me stirring, the butcher twisting her head round so as to drain her while the rest of the men stood round, laughing and talking and drawing hard on their tabs.

My father was different. He kept pigs all his life, and there was nothing he didn't know about them – he was the best pig-doctor for miles around. There was nothing my father couldn't do with pigs, only he just couldn't bear to see one killed. It became a standing joke in our house – the way he ran away from a pig-killing. We just couldn't understand it. I remember now that about then we were all just about ready to leave home. I can see now the pigs helped. They went some way towards filling the gap in his life.

About this time we'd an old Large White sow called Peggie, fat, gross and contented and also ready to 'pig', or produce her litter. You'd have thought Peggie was a human being, the way my father kept his eye on her; he was never away from the gardens. Then one night he didn't come home at all but stayed with her to see that she was safely delivered. He still wasn't home when I got in from work the following morning. 'It's turned five o'clock,' said my mother. 'Go and see how he is.'

The sun was hardly up and the allotments stretched grey and winter-sodden down to the beck when I found him, crouched over the sty. 'How did it go?' I asked.

'Oh, she tipped all right,' he said. 'Ten in a row, just like a jackpot, and then the wreckling. The wreckling or runt is the sickly one of the litter and generally the last to be born. I found the piglets nestled in straw under the lean-to, and I counted them. 'I only count ten,' I said.

'That bloody sow,' he said. 'D'ye know what the bitch tried to do?' I looked at him, and for the first time noticed his coat, all scruffed and torn, his scratched bloody hands. 'I can guess,' I said.

'So long as you don't have to see it,' he said. 'I'm not kiddin', Chris, if I hadn't of stopped her she'd have eaten that little wreckling alive.' The wreckling was out of harm's way, in a straw-filled box like a cradle in the gear-shed, and I'll tell you she looked a mess. One eye was permanently shut, her side barely moved and she was all gashed and bloody, especially about her head. 'That's a wrecklin' all right, Da,' I said, noting the incipient hump on the back and the corkscrew twist of her body. 'She's barely alive. Why, she's hardly worth keepin'.'

I'll never forget what he said – 'She'll survive, lad, I'll see to that. She'll spit in that old bugger's eye yet.' – and I wondered at the passion in his voice. I knew nothing then of the surrogates which life provides – in the way of hatred as well as love and affection. I kept telling him that the sow had done no other than her instincts told her, that some pigs have been known to devour their entire litter. But he wouldn't listen. That was the first time in his life I knew him to be almost revengeful about one of his pigs, almost anxious to get rid of her. All the same he wasn't there to see the old sow killed. That day as soon as he got home from work, he went up to the allotment and swilled out the pig-sty for his new favourite – Princess, he called her.

With my father nothing in the world was too good for Princess – and what's more, he saw to it that she got the best, for nobody else was allowed to feed her. We even discovered him treating her to custard creams and cinder toffee. And she in her turn looked to him. No matter what the weather – wind, snow, rain or thunder and lightning – Princess would be there to meet him. At first when she was small it was fit to make you crack your sides the way she mounted up the side of the sty to greet him, waggling the whole length of her from head to backside and squiggly little tail; but as she broadened out it became just a bit hard to bear, the way that great hulking creature followed him round like a lapdog. To add to which the sheer weight of her as she threw herself about made her positively dangerous. As well as having to nail cross-planks all along the sides of the sty and continually change the bolt fittings of the gate we were eventually driven to change the gate itself. Speaking for myself, I was quite fond of her, but in the end pig-killing day couldn't come soon enough for me.

The spring and summer wore on. Then in a flash the trees were stripped and bare, and it was winter again with the shops decked-up for Christmas. Folk looked forward to Christmas then, see – Christmas then was a festival. Even amongst those of us whose wages had touched rock-bottom there was this sense of looking forward. In those days, you see, you gave presents only to your nearest and dearest, and a man only needed a bob or two for his ale. But a bite of something tasty – now that was something! At least a dozen houses were depending on us in our street this Christmas. Having contributed to the pig-tub for months and months, they now looked forward very definitely to the quid pro quo. Only one obstacle stood between these good folk and an intolerable yearning – my father.

'Well, you can't keep her forever, that's for sure,' said my mother.

'Who's talking of keeping her forever?' said my father.

'Nobody,' she said, 'but here we are – a week to go for Christmas, and still nothing arranged. I wouldn't care, Dick Urwin says she's a grand pig – he's never seen a better.'

'Do you mean to say you've been behind my back to the butcher?' said my father, genuinely shocked to the core at this flouting of the man's prerogative. 'Mind, you're takin' a bit onto yourself, aren't you? I always thought that was my job.'

'Now dinnat cowp your boily, man,' returned my mother. 'Dick Urwin just happened to see her in passing. He couldn't miss her. She's like nowt so much as a grit big bullock.'

'Oh, ay?' said my father. 'Well, just thou mind thy own business.'

'Oh, ay, thysen!' she retorted. 'The lad's worried that if she gets much bigger he'll not be able to hold her. You ask him if you don't believe me.'

That very night, my father had a word over a pint with the butcher. 'What's the trouble, Dick?' he asked.

'Well, it's simple,' said Dick Urwin. 'On account of the boss refusing to let me borrow the humane killer anymore we'll have to use the punch. It's a big enough job as it is holding that pig, without allowing her to put any more weight on. It's got to be now or never.' My father still hesitated. 'Mind, it might take a long time to kill her, she might suffer,' warned the butcher; and at last my father gave in.

The killing was fixed for the Saturday before Christmas, and this time my father had no other option but go to work – a big repair job having been arranged, his entire set were working. What nobody had counted on, however, was the navvy's pick that cut off the pit's power supply. The ventilation fan had stopped and all the men had to be withdrawn. The rest is easily imagined… my father, first making his laggard way out by hanging back until the last cage of all, then taking the longest way home. One way and another, it was turned eleven o'clock when he got home, and naturally he thought he was safe, the killing having been arranged for nine, but for once he was wrong. My mother didn't even give him time to explain why he was home so soon. 'You'd better get up them gardens quick,' she told him. 'Two hour they've been gone and not a word from them. I doubt there's been trouble with the pig.'

'God help them if it runs amain, that's all I can say,' said Mrs Dent, one of our neighbours. 'Considerin' the size of it, that pig could do some damage.'

'Is there never no peace for a man!' cried my father, his eyes wild as he slammed out of the house. Not the women but the demands of life itself, I fancy, sickened him – life feeding on life. Like the wind he raced to help us, and never was a man needed more. Monty Banks was there (his son was courting our Lily), Dick Urwin, and me and my brother Fred, and that pig had us in direst trouble.

First she refused the rope, and then she charged at us. She bucked and reared and slavered, and twice she ran amok. Once she sent Monty Banks flying. The second time she charged through the gate – this after pulling the post out – and it took the best part of an hour to retrieve her. I remember how coming back she cried like a baby. Maybe it was the steel of the punch she smelled, I don't know, but I am sure she missed my father.

Anyway what happened was that this time we attached her by the rope through the ring in her nose directly to a block and pulley, tightened up, then hung on to her like grim death. Immediately she began pulling and squealing, froth bubbled from her jaws, and the old shed rocked, like San Francisco in the earthquake, with poor Dick Urwin running from one to another of us like a madman. There I was, hanging on like grim death to the block and pulleys, when suddenly I heard a voice, 'Ease her away, Chris,' and an arm reached over mine to pull back the slack. It was my father, still black from the pit.

From then on everything went sweetly – my Pa saw to that. Persuading the lads to hold their ropes slack but ready to tighten up on the instant, with me doing the same with the block and pulleys, he knelt down beside Princess, whispering to her, and tickling her neck. 'Now come on, pet, there's a good lass,' he pleaded. 'I'm with you, there's nowt to be frightened on.' I'm not kidding. If she'd had strength enough she'd have rolled over for him. And quiet as a mouse. All she gave was a start when Dick planted the punch on her – that and a little whimper.

'Right!' says Dick, and down comes the hammer. She thrashed about a bit but there was nothing much she could do about it, the punch was already halfway home. Our Fred was swinging the hammer, and sweating. 'Now one for luck,' says Dick, and in she went – the first time ever I saw it done in a couple. Down on her knees she went, and we felt the weight, twitched once, then was silent. My father got up. Under the coal dust his face was a greenish-white. Then he walked over to the fence around the sty and folded himself over it. It was the first time I saw a man sick other than with ale. To judge by the retching he must have brought up half his guts.

Thereafter I lost him. All butchers are tyrants. 'Hoist up, yer buggers!' Dick was shouting this to get her up to bleed – and from then on he kept us going. Nobody knows what's inside a pig until they've watched it slit open, then worked over with tools – knives, saws, choppers, etc – which are totally useless unless you know how to use them, and which are also totally destructive. In there is not just meat and mess but a sanctum, part life-system and part temple. I won't say its beautiful (although it may be to some) but it is certainly complex and mysterious, and a mystery upon which we feed. Yet at the same time it is a mystery in many ways as profound as that by which we ourselves are possessed. That pig loved and trusted my father.

When we'd finished I went upstairs to change, and heard him calling. 'That you?' I asked, but he didn't answer. I went into the bedroom. He was lying huddled up under the blankets, his back turned towards me. He half-turned, making a cavern of the bed-clothes – all I could see was his nose and half an eye. 'How did it go, then?' he asked, with just the faintest note of hope in his voice. He was asking me to tell him it had been a dream. 'No trouble at all,' I said. Wearily he turned over. I could see his face watching me from the dressing table mirror, the one eye and bit of nose at war with me. He sighed. 'All right, then,' he said. 'Shut the door after you.'

Funny how when you're young you take things like this in your stride. If it was mentioned at all that weekend it was only as something to laugh about, that's all. It was only years later that I remembered Monty Banks saying to the manager as I passed them in the street: 'Why, he's all right, you know… but not much of a feller to make a foreman of, not when he can't face a pig-killing.' It took me that long to recognise that my father's so-called softness was not a disability.

At the same time, I still couldn't understand why my father should take the death of one pig so badly. One way and another there was so much I took for granted about him. While he wasn't what I'd call a happy man, he lived so equable and self-contained a life that you forgot that he also might have his sorrows and disappointments. At the very moment we were killing Princess up at the allotments the big nobs at the pit were stripping my father of all his hopes and ambitions. I won't say Monty Banks' comment had anything to do with it; it was judicious politics that did it; and our Lily got a foreman for a husband, and the husband a common worker for a father-in-law. But my father knew what it was about all right. He knew only too well.

But I never did. All I could see was a Them: a right, tight compact mass of bastards, and I never stopped to think what it was that made them this way. Get rid of capitalism, I used to think, and we'll be pure as pigs. It wasn't till it happened to me that I realised how much more complicated it could be, men laughing and talking and drawing hard on their tabs, while Ossy, who used to be my friend, sort of metaphorically twisted my head round so to speak, the better to let the blood drain free.

And there wasn't one of us who wasn't on first name terms with the others, but I was the pig in the middle. Then I really began to understand about my father. He knew what it was about all right, for himself as well as the pig. He knew it only too well. Only he was a man, and a man must live on, you see. The man must hang on always, whereas the pig has nothing.

My father lived on. But I often think of the day they sent me underground at the colliery, a few days after the pig-killing – the time that Princess was stuck. It was a mile and a half away from the pit-shaft, deep down and thrusting into a blackness which seemed more solid than even the coal itself. I reached the coalface to find the conveyor buckled roof-wards and the cutting machine and its busted cable lost in heaps of coal. They'd brought in a regiment of assorted scarecrows to right the job, and I crawled upface through a barrage of curses. The last man of all was my father, shifting coal with his bare hands. 'Now who is it?' he asked, and the man next in line replied: 'Ah think they've sent us a gaffer.' And my father lit up. 'Bugger the gaffers and bugger their bloody pit,' he railed. The black face wept, the mouth, the eyes stared out. Never had I known him so distant. My own Da, who walked me through the fields and picked me flowers – it was as if he's never existed. His lips were red and parched, and the sweat ran down his cheeks like tears. Then he saw it was me and his eyes dropped, 'So now you know what it can do to a man, Chris. You know what they say, that there's more ways of killing a pig than one. But it's bloody hard when they try them all together.' By now I was digging with him. Then he laughed and shook my arm. 'But the main thing is the way we stand up to it, lad. Eh? That's what counts.' And so long as we're not strung up by the ring in our noses? Yes, I understand perfectly well now. But I'll never eat pig's fry again.

The Unwanted

THE BUS PURRED IMPATIENTLY. 'COME on,' said the conductress. 'Time we were getting away.' Queues await impatiently the bus that is always late; when it comes they are slow to board it, or perhaps they are frozen stiff, or perhaps they are in a hypnotic state. The queue quickened its pace.

Dick was at the tail-end. He was the last man. Always last. Last to start work, last to finish. At this hour most of his mates were sitting down to their teas. He had met too many people on the way to the bus-stop, people who wanted to talk, people who wanted something from him. Being one of the meek – one of those who shall inherit the earth at some unspecified time – Dick always listened politely. His was the line of least resistance.

He mounted the bus and the conductress gave him an impatient shove. But he did not take a seat. There was the sound of running feet. 'Someone running for the bus,' he said to the conductress. 'Oh, you!' said the conductress, her hand hovering over the press-button impatiently. Dick stood. They waited. The driver turned with a scowl. The running one did not appear. The conductress muttered something about imagination and swung out of the door. There was a tiny choked gasp and she swung back again. Her face was white. 'He's lying there,' she said, and disappeared again.

Dick followed her. A man was lying between the side of the bus and the kerbstone. He was moaning. His cloth cap lay in the gutter. Thin grey hair was ruffled by the wind like weeds. They knelt beside him. The man was old. The face was pinched over the bones. His lips were blue. 'He's pretty gone,' said the girl. The driver was beside them. 'Better get a doctor, Dicky,' he said. Dick pushed back his cap. 'Aye,' he said, and went.

The doctor lived only two or three hundred yards away. Dicky rang the bell. After two or three minutes a maid appeared. He told her what had happened and asked if he could see the doctor. 'Well,' she said, 'he's getting his tea, and he doesn't like to be disturbed.' Dick stared at her in astonishment. 'You'd better get him,' he said. 'This is serious.'

After five minutes the doctor appeared. He was picking his teeth with a match-stick. 'Well,' he said, 'what's the trouble now?'

'Better come and see,' said Dick.

The doctor broke the match-stick impatiently. 'How did happen?'

'Old man running for the bus. Fell, or something. He's unconscious and moaning. Lips blue.'

'Is he one of my patients?' said the doctor, chewing his bottom lip.

'Never thought of asking him,' said Dick, mildly.

The doctor gave him a sharp look. 'Well,' he said, 'he was running for the bus. Seems he comes from somewhere else. He can't be one of my patients.'

Meekness evaporated. 'The man may be dying,' said Dick, 'and us standing here arguing about nowt.'

'Ah, well,' sighed the doctor. He picked up a bag, then put it down again. 'Better put my topcoat on,' he said.

There was a shout. Dick turned. The bus was standing outside the gate, the driver leaning out of the cab. 'Here's the bus,' he said to the doctor. 'Ah'll see what they've done with him.' He ran over to the bus. The driver met him. 'Been a hell of a time, haven't you?' he said. 'Doctor didn't want to come,' said Dick. 'Where is he?' 'In the bus,' said the driver. 'Got fed up of waiting so we dumped him inside.' 'What's he like?' asked Dick. The driver got out of the cab. 'Going, going, nearly gone,' he said. 'Come on!' 'What are we going to do?' said Dick. Carry him over to the surgery,' said the driver. 'But what about the doctor?' said Dick. 'To hell with him,' said the driver. 'Ah'm late as it is. Haven't time to argue wi' a bloody doctor.'

The old man was slumped in a front seat. He was no longer moaning. His face was so pallid that the ancient freckles stood out as brown blotches. The people in the bus sat like creatures of mineral. A little man helped the conductress with his legs; Dick and the driver took his head and shoulders. It was like carrying a half-empty, sagging sack. They stumbled out of the bus somehow and started their journey across the road. From all quarters there came a plague of cars. It was an odyssey of onslaughts and interruptions, of curses and squealing brakes. They managed it eventually. The doctor chewed his bottom lip and regarded them with cold disinterestedness. The driver pulled against Dick's inclination to stop and discuss the situation. They pushed into the surgery. The doctor followed them. They hesitated a moment. The doctor remained silent. There was a settee by the window. 'Let's put him on there,' said the driver. But the doctor had a good working experience of such cases. It had been raining previously; his settee had just recently been cleaned. 'No,' he said hastily to Dick. 'You're a big lad. He's only small. Sit back in the big chair while I examine him.'

Dick sat in the chair and nursed the limp body. The little man held the head from falling back. The driver lit a cigarette, the conductress examined her muddied hands. Dick felt slightly ridiculous. A man feels unsure of himself nursing a baby, but this was a grown man.

Then something happened to the body. It was almost imperceptible. Only Dick felt it. The body hardened. Life left it. A lightning shadow crossed the old face. An arm slumped down. The doctor came with a stethoscope, but Dick knew. He nursed a dead man.

He should have been shocked, horrified, frightened. He was not. He felt a certain awe. He felt a superior person to the driver, the conductress, the little man; immeasurably above the doctor. He was not afraid of death any longer. He felt a certain friendliness towards death. He felt that he and the dead man and death were linked.

The doctor loosened the shirt and listened. 'He's gone,' he said. He chewed his bottom lip once more. 'Poor old man,' he said. 'We never know when our time's coming, do we?' He gave a worried glance at the clock. 'Surgery is due to open in a few minutes,' he said. 'Can't have him here. Must get rid of him.' He felt in the man's jacket and pulled out a wallet. There was an identity card. John Wallis, it said. The doctor's face brightened. 'It's right on your route,' he said to the driver. 'You could take him.' 'What!' said the driver. 'You're kiddin', doctor! Carrying a corpse and a bus-load of people. It's more than me job's worth!'

'Oh, I see,' said the doctor, in a slightly bitter tone which implied that on the whole he didn't.

Driver and conductress made their escape; the little man held the rigid head which was like something chiselled from stone; Dicky held the body, now quite stiff with the arms all awry like a scarecrow's. The doctor paced restlessly, looking at his wrist-watch occasionally, and muttering to himself. The feeling of awe that Dicky had felt wore off. The body he nursed grew heavier and the fixed position he had held for quite ten minutes was growing irksome. The common humility of the meek deserted him. 'Look here, Doctor,' he cried, 'Ah know surgery's about due, but in the meantime Ah'm getting cramp. Isn't there some place where we can put him down decent?'

'Oh, sorry,' said the doctor. 'Very sorry.' He glanced at the settee, no; his eyes circled the room. 'Ah, yes. Put him on the mat in front of the fire; not that the warmth'll do him any good, eh? Anyway, I want to examine him again.'

He watched them deposit the body on the mat, made a prolonged re-examination, then wheezed to his feet. He silently regarded the dead man while his hand dipped into his pocket and emerged with a cigarette case. He carefully extracted a cigarette, blew out a cloud of smoke, then said sadly: 'Quite dead, yes, quite dead.' Dicky and the little man lit a Woodbine each. All three smoked and gazed at the body. 'I'll call the ambulance,' said the doctor.

They heard his voice from the hall.

'Is that the ambulance? I've got a corpse on my hands. Heart-failure in the street. Can you take him to his home?'

Silence.

'I know it's the police-ambulance I should call. But that would take too long. My surgery opens any time now. I've got to get rid of the body.'

Silence. 'No, no, you'll have to come.'

Silence once more.

'I'll put it right with the Committee if there's any question.' He came back. 'Didn't want to do the job. The idea!'

At last the ambulance arrived. The driver was a worried little man, he walked in and stood beside Dicky's little man and they looked like brothers. He stared at the body, then shook his head. 'No. Don't know him from Adam, poor old man. We don't know when our time's coming, do we?' Then he gave the doctor a fierce stare. 'Have the bereaved been informed?' he said. The doctor testily replied that that wasn't his job, and crossed to the window to see how many people were waiting for the surgery to open.

The driver addressed his back. 'You should have sent someone down to break the news, Doctor,' he said. 'Ah can't spring a body on these people. Someone might take a stroke; you know what women are.' 'Look,' said the doctor, 'he's in your hands. Use your discretion; you should know what to do.' The driver regarded him sullenly. 'Well, Ah'm goin' up for the police. Somebody'll have to break the news and it isn't goin' to be me!' The doctor's face went slightly purple, and he made an evident struggle to gain control. 'Look,' he said, 'people are standing in the cold. Waiting for you to get this body away. Just get the body out of this surgery; that's all I want!'

The driver shrugged but kept his silence. He had seen the danger-signal. They rolled the body onto the stretcher and carried it out. The stretcher slid into the darkness of the van. The driver banged the doors and pulled out his key. 'You live down that way, Dicky,' he said. 'Will ye give me a bit hand at that end?' Dicky said yes. 'Thanks,' said the driver.

'Wait a minute, Jack,' said the little man. 'Ah don't want to seem awkward, but Ah missed me bus through this. How about a lift?' 'Of course,' said the driver, and proceeded to open the doors again. Dicky's companion stretched out a negative hand. 'Don't get me wrong, Jack,' he said, his voice shaking. 'That poor old man in there can't harm me. Ah'm not afraid of him, but if it's in there Ah've got to ride, no thank you! Ah'd rather walk.'

The driver put the key back. 'You can ride in the cab, if Dicky doesn't mind. You'll have to sit on his knee.'

They bundled into the cab. 'First thing to do is get a slop,' said the driver. So they cruised around the town, looking for one. But there wasn't one to be seen. They drove to the police-station. It was in darkness, both doors locked. The driver came back to the van. 'Pin to a penny,' he said, 'that bloody doctor's given them the wire an' they've cleared out.'

He slumped behind the wheel once more. 'Well,' he said, 'Ah'm not budging till one of them blasted slops turns up. So that's that.'

'No need to do that,' said Dicky. 'There's a policeman just a street away from where this feller lives. We could tell him.'

'You're right at that,' said the driver. 'Listen, mate, how about you trying this time? My luck's out tonight.'

So when they pulled up outside the house with the iron badge, it was Dicky who jumped out. A burly figure in shirt sleeves answered his knock.

'Where d'ye say he died?' said the policeman.

'At the bus-stop in town.'

The constable snorted. 'But that's not my district. Where were the town police?'

'Away on their annual trip, Ah fancy,' said Dicky.

'Minding anybody's business but their own, Ah'll bet,' said the policeman darkly. 'And me, up to the eyes in work, has to do theirs. But there'll be a reckoning, you watch.'

There was a moment's silence during which both envisaged the day of reckoning. Then – 'What d'ye want me to do?' said the policeman.

'We thought you might break the news to the family, being used to that kind of thing,' said Dicky. The constable reached for his tunic, hesitated, chewed his bottom lip, and Dicky saw a dreadful similarity to the doctor. 'Righto,' he said finally. 'Wait here until Ah give ye the word.' He stalked into the night. Ten minutes later a voice of brass pierced the silence of the evening. 'Come on, bring him along, it's all right.'

It was a mean little house at the end of the row. The door was ajar and a shaft of yellow light revealed two whitewashed steps worn to a smooth curve in the centre, by the feet of John Wallis, thought Dicky. A low murmur rose and fell; the low voices of women and the sobbing of one. The driver grimaced. 'Well, let's get it over,' he said. They got out of the cab; the driver opened the doors. 'Better warn them,' said the driver. He went to the door and cautiously knocked. There was a brief explanation, then he came back with the policeman. 'Righto,' said the latter. 'They've got his wife in the other room.' They manoeuvred the stretcher through the doorway. A brisk and business-like neighbour guided them. The room was overcrowded with furniture and people, but a space was cleared and they deposited the stretcher. When they had straightened out there was a sudden awkward silence. The woman who had guided them into the room bent swiftly and lifted the edge of the blanket which covered his face. For one lightning second they saw his stony face, then once again it was covered.

The middle door opened and a lad of twelve or so appeared. 'Johnny,' said one of the women, 'run along to number twelve for the undertaker.'

She paused. Once more the continuous pulsation of sobbing filled the room. The boy lingered, edging slowly towards the door. 'Now, hurry, the sooner he's coffined an' away the better,' she added sharply, without taking her eyes from the covered face.

Saturday Saga

IT WAS THE WEEK ON nightshift that did it. After five days in that shift, a man feels like going on the bust.

You know the shift – three in the afternoon until eleven. You go whistling the first day, fresh, and in fine fettle. But it gets you down. All work and sleep. By the end of the week a man's dead.

So you can understand Sam and Willie planning to go on the bust. Sam especially. Sam is a go-boy, a dandy, a rare lad, a tartar and all the rest. He's little and ginger, but neat and what you'd call good-looking. Willie's quiet and dry when he starts talking – which is generally after the second pint.

But the trouble is this. Somehow, they're both married. And wives don't take to busts. They like to go for walks. They like to spend an evening with Ma and Da. They like to go to the pictures. They like Willie and Sam at home, separate. They definitely don't like busts.

So there they are, eleven-thirty Friday, sitting in the canteen plotting a Saturday bust.

What they need is an alibi. As Sam says:

'After that last do there's no chance of me gettin' away so easy. If she gets it into her head that me and you are off on the beer again, the house'll be lit up, an' no mistake.'

'Same here,' says Willie gloomily. 'Threw the tea-pot at me last time, she did.'

'Should a' thrown it back,' said Sam.

'Would have, but it broke in fifty thousand pieces,' said Willie, bitterly. 'If her aim had been as good as her strength, she'd have put paid to yer old pal.'

'Have a fag,' said Sam. He extended the familiar green packet.

'Thanks,' said Willie. They pulled thoughtfully for several pregnant seconds. Talk drifted from the next table: 'Should be a good match…' 'Lousy bleddy field…' 'Time they was dropping that outside right. He'll be turning out wi a couple of sticks next…'

And some seed fell on fertile ground. Sam brought his freckled fist down with a crash, overturned his pot in the process. The tea flooded over the table and trickled around that freckled fist, making an island of it. Sam's eyes were glistening.

'Willie, lad. Tomorrow we're goin' to the semi-final at Whinny Banks.'

Willie snorted. 'Whinny Banks! The coldest spot in all England! No fears of me wasting a good Saturday travelling up there just to see a second-rate football match.'

'Match'll only last a couple of hours...' said Sam slyly.

Willie gazed at him with dawning comprehension. 'Sam,' he said, 'Ah wouldn't miss that match at Whinny Banks for a thousand pounds.'

The ruse succeeded. Sam's Jenny and Willie's Annie saw no objection to an innocent outing to bleak Whinny Banks to see a football match. The gleeful conspirators met at the bus stand the following morning and congratulated each other. It was a cold, clear winter morning. The sky was patterned with the regular filaments of cirrus clouds. They were fixed there as if painted on the blue. A thin rime still white-washed the market place. The feet of hurrying women, searching for delicacies for dinner, rang loud and clear on the hard ground.

'A perfect day for football,' said Sam, winking.

A red monster came whining into the market square. It disgorged its load then moved up to suck in the patient crocodile of outgoing people. The conductress, a blousy blonde with greasy slacks and high-heeled shoes, jumped out. She saw the two pals heading the queue. 'You two again,' she said. She had not forgotten the last boisterous return journey with these two. The driver joined her. They each smoked a hasty cigarette and watched with jaundiced, cynical eye the moving jostling throng embark. The bus was soon full, but the captain and his mate showed no sign of starting. The passengers got restive. Sam got out of his seat with a sigh. He leaned out of the door. 'Hey, you two. How about starting. We've got a connection to catch in Bishop.'

'Ho, you!' snarled the blonde and moved leisurely but ungracefully to the door.

The bus arrived at Bishop on time. The two got off and strolled easily, not to the Whinny Banks bus, but to the Sportsman's Inn.

When the clock at the Park Gate struck twelve they were the first to enter the bar, but not before the blonde, leaning against the radiator, had shouted over, 'So that's the connection, eh?'

At two o'clock the barman was glad to get rid of them. They were not drunk, only at the mellow stage known as 'happy'. Both the barman and his regular customers were tired of the endless duets which the happy pair persisted in singing.

They shook hands with the barman and made for the bus. Every seat was full and the conductress, a red cheeked Dales lass, implacably barred the way.

'Plenty o' standin' room,' said Willie.

'No standing allowed,' said the determined conductress, who had watched their meandering progress from the Sportsman's Inn to the bus station, and knew them for what they were.

'You're allowed eight standing,' said Sam.

'Too many banks. The bus jibs if it's overloaded,' said the conductress patiently.

'The law says eight standing,' said Sam. 'Ah'll write a complaint to the Traffic Commissioners.'

'*They'll* take no notice of *you,*' said the conductress. Sam gazed at her reflectively. Her eyes were blue steel, her lips set firm.

He turned to Willie with a sigh. 'Come on lad,' he said, 'poor Dad'll have to wait another week before he sees the two sons he's been crying for from his bed o' pain.'

The conductress laughed, but her eyes were doubtful. 'You two don't look like brothers to me.'

'Stepbrothers,' explained Sam glibly. 'But we're good pals. Willie went through Dunkirk, invalided out. Stomach trouble. Runs in the family. Our poor Dad's dying of an ulcerated stomach.'

The only fact in this glib fabrication was that Willie had seen Dunkirk, but the consummate acting and moist eyes of Sam won the day. 'All right,' she said. 'Just for once I'll stretch a point. And out of respect for that Dad o' yours you might leave the beer alone for the rest o' the day.'

The bus was full of dour, silent men and women, with a handful of children from the upper reaches of the Dale. Sam took the matter in hand. 'These poor b_____s want wakening up a bit,' he whispered to Willie. Sam looked enquiringly round. 'Anybody here heard the one about the farmer's wife?' Amidst a shocked and sombre silence he outlined the erotic adventures of the famous farmer's wife. A dreadful silence followed, broken only by Willie's forced laugh. Sam, hurt beyond measure, lapsed into silence. The bus chug chugged up the eternal hills, circumscribed by wandering dry walls and dotted with motionless white sheep, like boulders. Everyone was happy when Whinny Banks hove into sight and an embarrassing journey finished.

Whinny Banks consists of a long street which winds up a bleak hill. There is a Methodist Chapel, a pub, two grocers' shops, one Co-op and a Miners' Institute, which also serves as a cinema. The pit lies over the hill, which is just as well, since the place is bleak enough.

When Sam and Willie got out of the bus they were struck by a blast of cold wind which rocked them on their feet and penetrated through every layer of clothing. They took the line of least resistance and were blown up the hill. The wind ballooned out their raincoats and swept around their bodies: 'Like walking through water,' said Willie. They noted with expert eye the exact situation of the one pub, The Black Bull, with its swinging sign, and gazed with longing eyes at the warm glow of the fire which came through the bar-room window. But it was closed until six and so, unwillingly, they turned to the football field.

The match had started when they got in. There was no grandstand, only a wired fence, against which leaned the half-frozen stalwarts whose enthusiasm had brought them to 'this more dead than alive hole' as one put it. On a great ashtip, which overlooked the field, stood those inhabitants of Whinny Banks whose love of the game exceeded their ability to pay at the gate.

The game was fast and furious, and the players, unhampered by the referee, were having a hacking time. Well-matched as the two teams were, most of the play took place in the middle of the field, and both goalies gyrated between the sticks like baboons, in the vain hope that they might keep warm.

After three half-backs had been carried off, the ball began to reach both goals in an exciting shuttle service. Whinny Banks United scored the first goal and the ashtip spectators went wild with delight, while a sombre silence reigned around the wires.

'Look at the b_____s,' said Sam, in high disgust, 'Cheering a goal they dunna pay to see. Come on, Deepdown!' he roared.

'Come on, Whinny Banks!' screeched two buxom lasses a little to the left of them.

'Look, Willie,' said Sam. 'Here's two Whinny Banks supporters that's paid to come in and see the match.' His voice was rich in mingled scorn and astonishment. 'Ah'll tell you what it is,' said Willie, 'players' wives get a free pass.'

'Listen who's talking, Rosie,' said one of the lasses. 'Coupla tramps they've let in.'

'Look more like two from the workhouse to me,' said Rosie.

Sam and Willie kept a dignified silence. And anyway, the game was too exciting to miss. All the players were now warmed up, even the referee had forgotten the cold. Deepdown's forward line was working like one man; like a hurricane they swept up the field time and time again. Defeated by Deepdown's superior playing, the Whinny Banks boys intensified their hacking tactics. Two Deepdown men went down in as many minutes. 'Foul! Foul!' roared Sam and Willie and the thin line of Deepdown supporters. But the referee was blind and deaf and dumb. No whistle sounded. The ball was still with Deepdown, but not for long. The centre-forward, cut off from his wing men, had to attempt a lone journey. Heckled constantly by the jubilant Whinny Banks players, he finally had to attempt a shot from an impossible position. And even that shot was hampered by a vicious attack on his shins. The forward went down, writhing in agony, the ball ambled aimlessly in the general direction of the goal, where the goalie picked it up with a grin.

That grin was too much for Deepdown. The wires went down, the crowd surged on to the field. Some Whinny Banks players ran for the pavilion, smelling blood and impending doom. But they were encircled by relentless men. They went down. Then down from the ashtip swept the economical Whinny Banks spectators, women among them, all yelling like dervishes. The battle was then to Whinny Banks, but not before most of their players had received just recompense for their dirty deeds. Among it all, yelling like viragoes, were the two female supporters. Sam and Willie knew this to their sorrow. Then, 'Pollis! Pollis!' rose the warning cry. Both parties made a hurried retreat.

Sam and Willie were among the first. In that long, miserable street there was but one retreat and refuge, the bus. And there it stood, purring contentedly, like a great cat. They looked at each other with gladness and ran for their lives. It was moving as they clambered on. From their seats they watched the retreating mob, bloody and torn. With glad hearts they noted the flying ambulance pass by.

'Your Dad been giving the pair of you a good hiding?' asked a pleasantly sarcastic voice. It was the conductress. Feeling slightly embarrassed they handed over their fares, while the cold eye of the Dales lass took in the bruises of battle.

It was the convenient hour of six when they reached Bishop. It was pitch dark when they got off the bus, and a gale drove nails of sleet into their faces. They crossed the market place, passed through Doctors Tunnel, where many a private quarrel is settled, and arrived at the top of steep Wear Chare. Here, somewhere in the darkness, stood The Black Boy Inn. They grouped in the dark until the sound of the swinging sign led them to the door. The dismal clanking of the sign followed them to the bar, and kept company with the clinking of glasses. The bar was large and comfortable. A great fire crackled and spat flames and warmth. The brown ale was good; the pale ale was excellent; the milk stout was superb. It didn't take long to thaw out the cold of Whinny Banks and their account of the battle that had been fought.

The pianist arrived shortly after. He was a tall, cadaverous chap, with slit eyes and thin lips. His expression was one of fixed melancholy, his stubby fingers, with their black nails, danced like quicksilver over the keys. 'He 'tices the music out,' said the landlord admiringly. He drew the men out too. They sang the old songs and the new ones, from *Kitty Lee*, and *A Man Came Home from Work One Night*, to *Roll Me Over*, with its thirteen rich, if slightly obscene verses. The landlord and his assistants worked methodically; the beer ran in a continuous flow from the pump, bottle and glass down gullets that seemed to be lined with blotting paper.

Sam sang a solo. Then Willie sang one. Then both sang a duet. Then, by general consent, the singing eased up for a bit. It wasn't the gestures that were wrong when these two sang. The gestures were in the correct ham tradition. There was plenty of volume too. It was just that the melody came out like torn washing from a kitchen mangle. So the singing was stopped by the simple expedient of placing a couple of pints well in front of the pianist. Adroitly the landlord, a past master in the art of bar-room entertainment, started a discussion.

The landlord at The Black Boy Inn is definitely a character. Not that he's much to look at. Built like a barrel, the counter hides a pair of authentic bow-legs, but not a face, which is the most tolerant and cheerful possessed by any landlord in the five northern counties. He has little pig eyes all crinkled round the corners, with eyebrows which are perpetually raised from hearing so many tall stories.

The discussion was about fruit. The landlord had seen a banana that had come from Gib. with a local airman. 'Think of it,' said the landlord, 'that banana was on a stall in Gibraltar three days ago. Wonderful, eh?'

'Nothing I like better than a nice soft banana,' said the pianist.

'Nothin' sweeter than a lovely soft pear,' said Willie.

'The nicest fruit on earth is the raspberry,' said Sam. 'Ah know where they grow in thousands. Rot on the canes, they do. Only me knows where they grow.'

'Where?' said a little unshaven man. 'It's the only kind of jam Ah can eat, personally. They wouldn't rot on the stems if Ah knew where they were. No fear!'

'Well,' said Sam, 'if Ah told ye, you'd know, eh?'

'Aye,' said unshaven.

'Then you'd be there next summer, eh?'

'Would Ah not!'

'Then if Ah took a fancy to rasps that year there wouldn't be none for me, eh?'

'Oh, Ah don't know about that,' said unshaven. 'Daresay Ah'd leave a few for ye.'

Sam laughed bitterly. 'You see,' he said, to the bar in general, 'That's gratitude for ye. He'd leave me a few. Ach!'

'It was a good year for blackberries,' said the landlord, hastily. 'A dam' good year. Never seen so many. Big as penkers, some the Missus gathered.'

'Not as big as me and me pal here gathered,' said Sam. 'Had to break 'em up to get 'em in the can.'

There was a roar of laughter. Encouraged, Sam proceeded.

'Found a mouse under one big 'un. Crushed to death it was.'

This pulled the house down and won Sam one on the house. Willie watched him enviously as he drained it.

'Talking about blackberries,' he said, 'my grandad used to gather big mushrooms.'

'What's that got to do with blackberries?' said unshaven.

'Come together, don't they?' said Willie. 'My grandad always gathered 'em together. Had a pail for his blackberries, and a little flat cart for his mushrooms. He used to roll the mushrooms out of the field one at a time they were so big.'

A big red-faced fellow laughed sarcastically. 'He'd throw the little 'uns away, eh?'

'No fears,' said Willie. 'He liked the little 'uns. He used to cut the big ones up and sell them. The little 'uns he kept for himself. Had one for his breakfast every morning. Used to put it over the frying pan then trim it round the edge so it would go in.'

The crowd roared except for the red-faced gentleman, who seemed to think the laugh was against him.

'Never heard such bloody tall stories in all my life,' he said.

'Never heard anybody ask you to listen,' said Sam.

'Ah've been here an hour and a half and all Ah've heard is you two singing, if you can call it singing, and telling tales that a kid wouldn't swallow, let alone grown men.'

Willie pushed his way over to where the fellow was sitting and planted both hands on the table. His whole bearing bristled with wrath. 'Can we help it if you haven't a sense of humour? Anyway, d'ye know what a sense of humour is? No. You're a fool. Don't care a dam' for ye. Say anything else and Ah'll give ye a pezzlin', see!'

Roaring like a mad bull the red-faced one arose, overturning table and glasses, revealing six solid feet of brawn. But while he was extending his fist, Willie darted around the fallen table and registered for himself the first blow of battle somewhere around the solar plexus. Red-face wilted, clutched at his body, then recovering, dashed for Willie, who had stepped back and was dancing like a blooded wire-haired terrier. Of course, Red-face had to pass Sam, and Sam's feet were in the way. He kissed the sawdust and remained there.

The landlord leaned over the counter and gazed silently at the prostrate body a while. He turned to one of his assistants, 'Jack, get a lavin' tin of water. You two, scram.'

Sam swelled with righteous indignation. 'What for? We've done nothin' wrong. Have we done anything wrong?' he said, turning to the company. They were silent. 'Now lads,' said the landlord. 'Ah'd be the last one in the world to say you'd done anything wrong. It's just policy that's all. Drop in any other time ye like, but time's up for tonight.'

Sam smiled. 'Well, that's fairly talk from a fairly man. We'll be on our way. So long, lads!'

He grabbed hold of Willie and made for the door. It opened before they reached it and a deadly wind swirled snow and a snow-covered human being into the room. He slammed the door, leaned against it and sighed with relief. 'North Pole ain't in it tonight!' he said. He flicked a drop from his red nose, stepped over the fallen man, and called, 'Small whisky, please.' He still carried the cold with him, and the very sight of him made Sam and Willie shiver.

'You're not going to allow us to go out in that,' said Sam, appealingly. The landlord sighed. 'Sorry, lads, you'll have to go.' Sam was about to protest when he saw a certain hardness creeping over the cheerful face, coupled with a significant narrowing of the piggy eyes. 'Come on, Willie,' he said. They passed into the night.

It was a night. The blackout was complete. There was no skyline to get their bearings from. It was a blackness they knew – the complete indescribable blackness that besets the miner when his light gives out and he is alone. They could only grope. It took them half an hour to find the bus-stand, only to find it was deserted. The awful truth slowly dawned upon them – the last bus had gone long ago.

'It's Shanks's pony, old lad,' said Sam. 'Can't we get a taxi?' asked Willie. 'Taxis cost money,' said Sam. 'How much have you got?' After striking half a box of matches they discovered that between them they had three and eleven. The rest was in The Black Boy. They proceeded to walk the five miles that lay between them and Deepdown.

It was a nightmare journey, uphill most of the way, with the snow driving into their faces and hampering their feet. It took them an hour to get to Half-Way House, a small hamlet which lay mid-way between the two places.

They were so tired that they sat for a while on the roadside seat there, until the cold drove them on their way once more. They were passing the last street when Sam had an idea. 'Willie,' he said, 'half an hour in front of a roaring fire would just put us right, eh?' 'Lead me to it,' said Willie, 'Ah'll show you how to sit on a roaring fire.' 'Well,' said Sam, 'Ah know somebody here, a sort of, well, second cousin she is to me. Husband's in the Army. Don't know what number she lives, but we can try a few houses.'

Soon the quiet of the snowbound hamlet was ringing with the knocking of their heavy boots on several doors. Doors opened left and right of them; loud voices cried angrily for peace; two or three doors opened, letting shafts of light pierce the blackness. From a distance came the angry bellow of an air-raid warden, 'Put them lights out!'

'Where's Betty Tinkler live now?' bawled Sam to the retreating doors. 'Second from the end,' came the answer. 'And give us peace, will ye!'

'Which end?' cried Willie, but the inhabitants of Half-Way House were not to be drawn. 'We'll chance our luck at the near end,' said Sam. 'Now Ah come to think of it, Ah'm sure that's the house we want.'

The second house from the end of the street was in darkness. 'Either she's got the best blackout in the country, or she's out,' said Sam. He knocked. Silence. He knocked a little louder. Still silence. 'Doubt she's out tonight,' said Sam a little sadly. 'Come on, lad. No rest for the wicked.' They were about to turn away when they heard a key turning in the lock, and the door was swung slightly ajar. 'Is it you, honey?' said a husky female voice.

'It's your old cousin Sam come to see how you're gettin' on these days.' 'Who?' asked the voice. 'Why, lass, are ye deaf? It's Sam, Sam, the butcher's man, with a bottle in each pocket.' 'Oh,' said the voice. 'Sam, is it. Come in, Sam.' They walked into the kitchen as the gas-light flared up from the flame of the candle Betty carried. It was a large, warm and cosy kitchen. The chairs were comfortable as the two rovers soon proved. Sam stretched his legs and sighed gratefully. 'Luveley,' he said. Willie, slightly embarrassed, examined the toes of his boots, having discovered with one quick glance that Betty was a well-made girl, dressed in pyjamas, slippers and bed-jacket. Betty stared coldly at Sam. 'This is a fine time to be visiting distant relations,' she said, 'and young married ones at that.' 'Well, it's like this, Betty,' said Sam. 'We've been to a football match up the Dale an' missed all our buses, an' we're walking it. But it's like Siberia out there, and we thought maybe you'd let's have a warm up and a rest before we go.'

'It is cold,' said Betty. 'But what would my man say if he landed home on leave and found you two here?'

'Don't know what he'd say,' said Sam, 'but Ah'd say, "Have a drink on me, mate."' And he produced two bottles.

Betty's eyes lit up. 'Ah've got some lemonade,' she said. 'We can have some shandies.' She opened a cupboard door and brought out some glasses. Then she went into the pantry and returned with a bottle of lemonade. The atmosphere was distinctly more comfortable now. Once more the coldness of the night was thawed out of them; as the three sat before the fire the warmth of something else but burning coals came over them. Jokes were cracked, and under the spell of the mellow drink even Sam's tawdry efforts were received with laughter.

But Willie was tired. The long day, the cold, and now this haven of delight, brought on sleep. Gradually his eyes closed, his head nodded sharply once or twice, then slumped on to his chest. Sam's keen eyes soon detected this. 'Ho, ho!' he said, 'Old Willie's fast asleep.' He put his arm around her waist. 'Now, how about a kiss for your old sweetheart?' She shook herself free. 'None of that, me lad!' She left the settee where they were sitting and kneeling in front of the fire she picked up the long iron poker and swung it lightly between finger and thumb so that the end hit the firebars and made a chime like a church bell. 'You just come near me and Ah'll bang ye on the head wi' this.' 'That's no way to treat a pal,' said Sam. She looked him up and down scornfully. 'Pal! Five years since you turned up drunk and Ah threw the ring in your face, and Ah've never seen ye since.' 'Might a' been something heavier than an engagement ring if there had been a next time,' said Sam. 'Thought it was wiser to keep out o' yer way.' 'It might,' said Betty. 'On the other hand Ah might a' been glad to see ye.' Her eyes softened at this. 'Ah thought a bit about ye, Sam,' she said. 'Same here,' said Sam, stealing nearer to her. She held up the poker. 'Keep back!' 'Come off it,' he said, pleadingly. 'Let's be pals again.' She laughed. 'Listen to the man. Takes a blizzard to blow him in to see me, and he wants to be pals wi' me again. Oh, no! One man's plenty for me.' 'Just one little kiss for old time's sake,' pleaded Sam. She smiled. 'Well, all right, but just one.' And that was that. Only Sam knows what might have happened had it not been that the big clock in the corner started striking. And on the twelfth strike a plaintive voice broke the mutual embrace. 'It's all right for you to be kissing your cousin, Sam, but it's time we were moving before my missus gets out with a search party.'

Reluctantly Sam got to his feet. There was unconcealed sorrow in the look he gave Betty. 'Yes, lad,' he said, 'Ah suppose it is time we were on our way.'

They pulled on their raincoats. 'You could have a cup o' tea,' said Betty. 'Tea puts fresh heart into a man that's got a long way to walk.'

Before Sam had time to open his mouth Willie was answering for them both. 'Thanks all the same, but we haven't time. The missus'll be waiting up for me.'

Betty opened the door for them. 'Call some other time,' she said to the world in general, but Sam got the message and grinned to himself in the darkness. They plodded on through the thick carpet of snow, each busy with his own thoughts, each peering into the darkness.

Suddenly there was a gasp from Sam. Willie turned, put out his arm thinking Sam was going to slip. But he was wrong. Sam had slipped a split second before.

'Sam!' shouted Willie, 'Sam! Where are ye?' He was answered by a groan which seemed to come from below his feet. 'Willie, Willie, lad!' moaned Sam from far away. 'Ah'm in an old pit-shaft or something.' Willie went down on his hands and knees in the snow and crawled cautiously in the approximate direction of Sam's voice. Without warning his hands slipped into nothingness and he went head over heels down a steep incline. His fall was broken, however. It was some moments before a word was spoken, since Sam was completely winded. 'Well... Ah'll be b...,' said Sam after that interval. 'That you, Willie?' 'It's me,' said Willie. 'It's a quarry we're in, Ah think.' He stood up painfully, then put out a hand for Sam. 'Ugh!' said Sam. 'Hurt me foot!' 'Put yer arm around me shoulder,' said Willie. They dragged themselves up the incline.

Once more on the top they stopped to take stock of the situation. 'My foot,' said Sam. 'My bloody flaming foot!' 'What's the trouble?' said Willie. 'Sprained it, Ah think,' said Sam. 'Can't bear to put any weight on it.'

'We've got to get home tonight,' said Willie desperately. 'Ah'll never make it,' said Sam. 'Help me back to me cousin's house. Ah'll stay there the night.'

'Your cousin, eh?' said Willie. There was a reproof as well as question in his voice. Sam sighed. 'Aye, lad. My cousin's.'

They struggled painfully back to the house. Betty was evidently not in bed. A shaft of light cut the darkness and made the snow brilliant. The door opened immediately to a gentle tap. 'What now?' said Betty. 'We both rolled into a quarry. Sam's hurt his foot and can't walk very well,' Willie explained. 'Bring him in.'

In less than no time, as the saying goes, Sam's shoe was off and Betty had a dish of hot water ready.

'Well, Ah'll be away,' said Willie. Betty stared at him. 'You're not going out there by yourself?' 'I am,' said Willie, firmly. 'Look at that foot. He'll not walk it tonight.'

And indeed the foot was visibly swelling. 'But you can stay as well,' said Betty. 'It's not very nice, me being all on me own with him all night.'

'Well,' said Willie, 'he's yer cousin, ain't he?' The look he gave Sam was full of unutterable contempt. 'So long,' he said. The latch had barely time to drop into its place before the key turned and the bolt was shot into its place.

And you can reckon out for yourself who is the real hero of this Saturday Saga.

THE
DEAN &
CHAPTER

Dead Drunk

Ah, dead-drunk mate of mine!
Laid in your vomit like a swine;
You cast off grandeur when you left the mine.

There, naked, black and battle-scarred,
Human wedge in thc planet's bone,
You were supreme, my mate, unmarred;
While here, the usurped king does moan,
Bereft of his kingdom of stone;
And lies in the gutter, alone.

Ah, dead-drunk mate of mine!

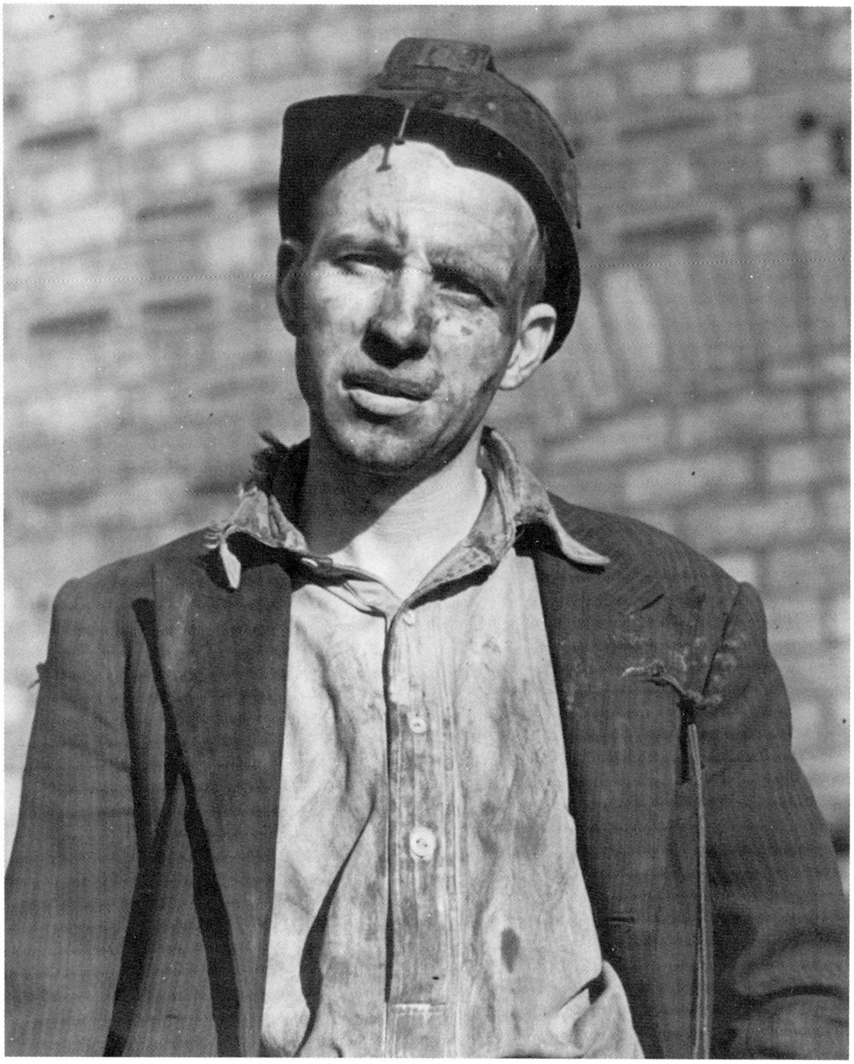

Coming off shift at Dean and Chapter Colliery, Sid was ambushed by a photographer from *The Northern Echo*. A photo was needed to illustrate a story about Sid winning the Atlantic Award for Literature. Sid wanted to wash and change but the cameraman would not hear of it. He got his picture, to Sid's dismay. c 1945

NOTE VII

SOMETIME IN THE MIDDLE YEARS of the war, 1942 perhaps, Sid Chaplin made a new friend. His name was John Bate, a pacifist who had been directed to undertake non-combatant work at a POW camp at Windlestone Hall, ancestral home of the wartime Foreign Secretary and later Prime Minister Anthony Eden. The two men had a friend in common and so Sid invited John to make the short journey from Rushyford to visit him: 'Ask the conductress to put you off at the Villas, Dean Bank – perhaps if you're early we can go to the cinema.' In fact John wasn't early and the two men didn't go to the cinema, but sat talking and laughing together. They shared an infectious sense of humour and much else – John was a budding poet – and so began a lifelong friendship and with it a correspondence of vivid, chatty, confiding letters that is one of the glories of the Sid Chaplin Archive at the Robinson Library.

In one letter from 1943, Sid recorded: 'We were pig killing last week. Much to my relief, I missed the actual slaughtering. I much prefer the eating end.' Ike Chaplin had long kept a productive allotment near the family home in Westcott Terrace, but for obvious reasons started to keep pigs when the war began and food rationing with it. But he couldn't simply look on the animals as a resource and dreaded the brutal business of terminating their existence, and for this he was rather looked down upon by the more cheerful killers around him. Sid saw a story in his father's conflict, and the result proved him right.

Along with the greater length and broadening range of tales like *The Pig Killing*, new stories began to undergo other developments of tone as the young writer tried out new muscles.

Some, like *Diamond Cut Diamond* took on a harder edge, while the humorous edge of some early pieces became more apparent, as in the mordant farce of *Half a Shave*. Others, interestingly, began to question aspects of his upbringing and background.

Sid's religious faith had always been a strong feature of his boyhood and early manhood. He had become a Methodist lay preacher in the late '30s and judging by a note in his archive at the Robinson Library ('Notes For Sermon at Windlestone', 1948), he was still active ten years later. But a questioning tone about Christian belief and morality began to appear in his stories, especially *The Bed* and a personal favourite, *And The Third Day*, in which a lonely priest working in a mining village confronts the mystery of death and his growing doubts. In time Sid Chaplin would stop preaching and then attending chapel or church, eventually losing his religious faith altogether. It is perhaps no accident that this slow turning away from the certainties of Christianity began when he began to write fiction.

During this period, Sid continued to be politically active. As well as being a solid Labour man, he was an active trade unionist, winning office at Dean and Chapter as an official of the Durham Colliery Mechanics Association. Working primarily as a belt-fitter on the pit's Harvey Seam, famed for producing the best steam coal in the North, his high wages didn't wholly compensate for the intense pressure he faced during every shift to ensure that delays caused by essential maintenance were kept to a minimum. The tension between safety and productivity was a constant in the industry, but especially in a pit like Dean and Chapter whose safety record was so bad it was known locally as 'the butcher's shop'.

There were other issues that affected the dignity rather than the safety of miners: once Sid felt so outraged by the habitually dirty cutlery offered up in the pit canteen, he threatened to bring his men out on strike. Thereafter the knives and forks were clean. The story of ambition and betrayal in *The Last of Lambert* reflects these experiences.

The Bed

THE REVEREND WILLIAM MACPHERSON REGRETFULLY put aside his unfinished sermon. It was on his favourite theme of the sheep and the goats, and he had been working it up to a grand climax when Ranter had been shown in by his housekeeper. 'Sit in front of the fire and get yourself warmed through a little,' he said to his visitor. Ranter gingerly worked himself into the easy-chair. He was a big man with a red face and stubbly jowls. His overcoat was obviously a gift and was too short for him. He had lost something of his usual confidence. And no wonder, thought the Reverend. In the camp of the enemy. Aloud the Reverend said, 'Now... I'll be with ye in a minute.' Ranter nodded dumbly and warmed his big paws at the fire, an excuse to hide his face from the Minister.

'There...' said the Reverend at last. 'I'll know where to start from, now... What was it you wanted to see me about, Mr Ranter?' His sermon, his theology laid aside, it never occurred to him that Ranter was one of the goats – 'Then the Lord, shining in His Glory will take his crook and separate the sheep from the goats' he had written – was, indeed, a man of evil repute. And worse. Ranter didn't like parsons of any kind; didn't agree with the church; was a confirmed boozer and blasphemer. There were strange stories about the man. He'd worked on the railway at one time. Until one morning, walking along the track he'd found the decapitated body of Lowrie, a local tradesman who'd taken the short way out of bankruptcy. The head had bounced like some overripe pippin, some several yards further along the line. Ranter picked up the head by the hair and walked into the cabin where his mates had already started their midday snack. He held up his trophy. 'Any of ye chaps ken this lad?' he had asked. This somewhat thoughtless action had caused no little dismay. Two strong men had fainted; the rest were violently sick. The foreman reported the matter to the District Office and Ranter got the sack. Since then he had served as odd-job man for several local farmers during his sober periods. Ranter didn't believe in the conventional long weekend booze. He would work for several weeks without touching the beer; then devote a week to it. He liked long arguments and he liked to win them; and he wasn't above winning one with his fists.

But the Reverend had no thought of these matters as he waited for Ranter to speak. Long ago he had considered Ranter and found one thing to his credit. He lived in his own cottage on the crest of Half-Mile Hill, just outside Gomorrah. The Reverend had a healthy respect for thrift. Ranter wasn't married. A Mrs Corrie kept house for him. She'd been his housekeeper for many years. And she never had any complaint to make of Ranter. The Reverend had visited the cottage several times, and it was always as neat as a pin, clean and comfortable, with the fire glowing and the irons shining. And Mrs Corrie was a big cheerful woman who attended chapel. In the Reverend's opinion Mrs Corrie was a testimony to something good in Ranter's character…

'It's like this,' said Ranter. 'A man doesn't live forever.'

'True,' agreed the Reverend.

'And when a man feels he's gettin' on – it's time he was making preparations.' continued Ranter.

'Quite so,' nodded the Reverend.

'Saw Doctor Graham last night. Told me there was something wrong with me old ticker. Won't take me much further.'

'I'm sorry to hear that,' said the Reverend.

'So Ah thought Ah'd make a will. There's the house and a few sticks of furniture. And a bit money in the bank; not much, mind ye.'

'Very sensible,' said the Reverend.

'Aye, but trouble is that Ah don't know how to start writin' a will out. And Ah thought perhaps ye'd help me.'

'I'd be honoured,' said the Reverend gravely. Ranter struggled with his gratitude, which found expression at last in an expressive grunt. 'Ye would? That's a load off me mind. Y'see, Jean – that's Mrs Corrie – she's been wi' me nearly twenty year. And Ah'd like to leave everything to her.'

The Reverend took a will-form out of his drawer. He always had a few handy for it was a job that often came his way. 'First of all,' he said, 'we'd better make a list of all the separate items. You're sure ye want to leave everything to Mrs Corrie?'

'That's right. Ah've no kith or kin.'

'Well, then, first of all, the money.'

'There's ninety pund in the bank.'

'Right. Then we'd better make an inventory of all that's in the house.'

'A what?'

'That's a list. We'd better start with the kitchen.'

'There's three chairs… a sideboard… and a deal table. Then there's her bed. It's one of them cupboard beds; the kind that folds up durin' the day.'

'What about upstairs?'

'One room's damp an' draughty; so we've nowt in it. There's a wardrobe, a chest of drawers, a kist and some chairs in t'other.'

'There'll be your bed, surely.'

'No, that's all.'

The Reverend looked up from his writing… 'Then where d'you sleep?'

'Where d'ye think?' said Ranter defiantly.

The Reverend laid down his pen. His face was as hard as flint. 'You're trying to tell me that you share your housekeeper's bed?'

'Ye don't expect me to sleep on the floor?'

'I expect nothing of ye,' said the Reverend. 'I'm merely drawing up this will for ye. But I've got to say this, Ranter; it's my duty. It's a black, shameful sin to treat a good woman that way.'

'What d'*you* know of women?' said Ranter, then hurried on. 'Never mind that. Ah've no time to be gettin' married if that's what ye're hintin' at.'

'Yet ye've time to be making a will and leave her all your worldly goods. That's a kind of insult. Tell me,' said the Reverend, 'd'ye love her?'

Ranter turned his face to the fire again. 'Ah don't reckon much to this love business,' he said slowly. 'And what's the odds? It's too late now. Ah'll be dead an' buried soon. Marrying wouldn't alter anything.' This was said in such a tone of finality that it silenced the Reverend for a moment.

'All right; let's get on with the will,' he said at last. 'But if I know her, she'd prefer your name to any of these goods and chattels!'

So the will was drawn up, and Ranter departed. The following day the Reverend made his way to the little cottage on the crest of Half-Mile Hill. He was made welcome by Mrs Corrie. 'Ah'll have the kettle boilin' for a cup of tea in a minute,' she said after she had seen him comfortably seated.

'Ah, now,' he said. 'I could never refuse a good cup of tea, Mrs Corrie.' But his heart almost failed him. Then his eye lit on the cupboard bed. Tall, angular and ugly, its high polish seemed to reflect an insult to him. He hardened his heart. 'Ranter was down seeing me yesterday,' he said casually, as she handed him his cup.

'Ranter down seein' you!' she exclaimed. 'That *is* a surprise. The awful things he says about religion, too. But his bark's worse than his bite!'

'He came to ask me to draw up his will,' said the Reverend.

Her cup and saucer crashed to the floor in a litter of white fragments. Her eyes were fixed on the Reverend's face. 'What – whatever for?' she faltered at last.

'Because he thinks he's going to die,' said the Reverend, slowly, hating himself for it.

'Oh… it's just one of them daft ideas he keeps getting into his head,' she said, but her hands trembled as she picked up the broken pieces of pottery.

'The doctor told him so,' continued the Reverend ruthlessly. 'Ranter thinks a great deal about ye, Mrs Corrie. He's leaving all to you.'

'And he told you all about us.' Her eyes turned to the cupboard bed.

'He did.'

She shook her head slowly; sighed. 'Robert Ranter's got the name of bein' a hard man, Mr Macpherson,' she said. 'But Ah've known him for nigh-hand twenty years, and Ah'll tell you something about him. He's only got one fault; he opens his mouth too much!' She took a handbrush and swept the smaller fragments up, and the Reverend marvelled at her composure. Then she poured herself another cup of tea. 'Ah well,' she said. 'That's the end of chapel-goin', Ah suppose. After a time Ah got to forget that we weren't married. Nobody knew, Ah thought. There was no harm done. But ye can't hide anything frae the Lord.'

'Indeed not,' said the Reverend gently, 'but there's still time to make amends.'

She shook her head. 'Once Ranter makes up his mind he never shifts. If gettin' married would open the gates of heaven for him he'd still take hell.'

'He thinks a lot of ye,' said the Reverend softly. 'He'd listen to you...'

'Little ye know of my man, Mr Macpherson,' she said scornfully. 'Ranter's not the sort to change his mind... And ye'd better be on your way. He's due in for his dinner any minute, an' if he sees ye sittin' there he'll put two an' two together in less than no time.'

The Reverend had been a widower for some years, but he was still domesticated enough to take an order. He rose from his chair automatically and turned to leave, conscious of failure. He lifted the latch, then turned. 'I'm an old man, Mrs Corrie, and my memory isn't what it was. The moment I leave this house I want to forget what we've talked about. So I'll say good afternoon; and I'll be expecting to see ye at chapel on Sunday.'

But Mrs Corrie never passed through the chapel doors again. Death gave Ranter good warning, then grinned as he took her without any warning at all. Exactly a week to the day of his first visit Ranter came knocking at the Manse door again. Mrs Corrie had took a stroke, he explained, and was in a very poor way. Kept askin' for the Minister. Would he go to see her?

For answer the Reverend took down his overcoat and trudged once more up Half-Mile Hill, with Ranter by his side. For a long time both men were silent. Then Ranter spoke. There was a note of fear, almost panic in his voice. 'She's got something on her mind, Mr Macpherson. Talked about it all through the night. She's like a bairn. There's no tellin' her it's impossible... Doctor says we can expect t'end any time now...'

'Ranter, what have you got against marriage?' asked the Reverend, quite irrelevantly. Ranter jumped. There is no other word for it. At last he said, 'Ah've been married once. She was a – a bitch.'

'That's a strong word.'

'Not strong enough,' said Ranter grimly.

'She led me a dog's life. Ah thought the world of her till Ah walked in one night and found – well, that's enough. Ah gave her a second chance.

Can ye imagine it, me that's got the heart of a Pharaoh now – or so they reckon. Well, it was her that gave it to me…'

'Oh…' said the Reverend. 'Then what happened?'

'She's dead now,' said Ranter. 'Dead and buried. An' the best part of me wi' her.'

'And the sins of the first fall on the second,' said the Reverend.

'Ah'd give my life if it would ease Jean Corrie one little bit. But what she wants…'

'Leave it to me,' said the Reverend. 'But mind ye, Ranter, not one word of it to a living soul. This lies between the three of us.'

An old friend of Mrs Corrie's was watching by the bedside. The Reverend greeted the dying woman, shocked by the change in her. 'Now, Mrs Corrie, what have ye been doing with yourself?' he asked with gentle raillery. He had to bend his head to catch her answer.

'That's all right,' he answered. 'Everything's settled.' He turned to the friend. 'Just a word wi' ye,' he said. They stood at some distance from the bed. 'Well, what's your opinion, Mrs Castle?' he asked.

'Poor lass! She hasn't much longer to go.'

'I thought so.' He pondered for a moment. Then he asked her if she would mind slipping down to the village with a note for his senior deacon explaining that he wouldn't be able to get to a concert. Naturally, the woman thought it a little strange, sending her, and a man in the house, but the Reverend had an easy way with him and she went without any argument.

That woman was my grandmother. When she returned Mrs Corrie was dead. The secret of her last hour might have stayed with the Reverend and Ranter but for one thing. The dead woman wore two wedding rings, the second one plain and heavy and loose on the finger. It was a man's ring, and starting with this clue it didn't take my grandmother very long to explain to her own satisfaction what had happened during her absence.

But she never knew, and even if she had known, would never have explained the significance of another incident. The day after the funeral Ranter asked a friend of his to help him to carry the cupboard bed into the garden. His friend stayed for a glass of whisky and some enlightenment, but Ranter was dumb, if generous with the bottle. But looking back from the bottom of the hill this man saw the black spiral of smoke rise which marked the beginning of the end of the old bed.

The Last of Lambert

'IT'S LIKE THIS,' SAID JOE. 'We're tired of the old bunch. They've been in too long. They don't care. So we think it's a good idea to make a clean sweep.'

'Ah see,' said Lanark thoughtfully. He thought he knew what was coming next. His mind wasn't made up. He wanted time to think. And he had a feeling that he wasn't going to get time. That meant some fast thinking, and generally he didn't make a habit of thinking fast.

'Listen,' said Joe. 'We've talked about this among ourselves. We've got a lot of support. We've picked our men. We thought about nominating Craster for the chair...'

'Craster's a good man,' said Lanark, beginning to feel relieved. 'Right,' said Joe. 'Now there's Oates. He's all right, he's with us. We think he should stay as treasurer. But we're nominating Harry Jordan for delegate. And we're makin' a clean sweep of the committee.'

'This selection committee of yours has big ideas,' said Lanark. 'But what about Lambert?' Yet as he spoke he realised the part he was planned to play.

'Lambert will take some shifting,' said Joe. 'He knows his way around. We give him credit for that. He's been Lodge secretary for twenty years now. A man can't help learning something in that time. But he's lost heart. There's no fight left in him. And the way we look at it, he's got to go. He's the hardest nut to crack.'

'He's the key-man,' said Lanark briefly.

'Aye, he's the key-man and we've only got one man to place against him. Ye know who that man is?'

'Ah wouldn't know at all,' lied Lanark wearily.

'Well, we think you're the man!'

'So it's me, eh?' said Lanark, trying to sound amused. 'Listen, Joe. Don't go into this with your eyes closed. Remember, Lambert is a good man, whatever his faults, He's got twenty years' experience. He's got knowledge and he uses it.'

'For what?' asked Joe with deep contempt.

'Never mind what,' said Lanark. 'This is what Ah'm tryin' to plant in that thick skull of yours.'

'Thanks for nowt,' said Joe.

'Lambert knows more about union work than all of us put together. And you want to put me in his place; everything to learn, startin' from scratch.'

'Is this a speech in support of Lambert?' said Joe.

'No. Just tryin' to let ye see the other side of the case.'

'All right. You want to see things movin'. You're the man that's been tellin' us for years that we're not gettin' a fair crack of the whip. Now we're beginning to see things your way. And the first step is to get rid of these fellers that stand in our light. And Lambert's one of 'em. We know that ye've got to learn. We'll not expect miracles. The main thing is this: We've got faith in you, we have none in Lambert. Jimmy, will ye stand?'

They walked in silence for a few minutes. 'Ye've got to give me time to think it over,' said Lanark at last.

'Ah'll walk round by your house with ye,' said Joe relentlessly. 'That gives ye another ten minutes. The annual meeting's tomorrow. So we've got to work fast. Ye'll have to make up your mind here and now.'

Lanark tried to think hard. He knew that he'd asked for this. He'd talked about wages for a long time. He'd agitated for an increase. He'd shouted as loud as the next for something to be done. The leader of the rebels. Now he was being asked to take office. Well, they had a good case. He believed in it. The craftsmen were the worst paid of any workmen in the industry. That was because they were a minority section. And it wouldn't have counted against them had they been alive. But the Union was inactive and slow-moving; the rank and file divided into apathetic and the frustrated. Get interested in the Union, he had urged. Clean out these old-fashioned branch officials. Start fighting! Look at the winders. They're a minority, like us. But they're alive and active. So they've got higher wages.

Now his words were having effect. But he wasn't sure he wanted it this way. He was all for a quiet life. He didn't want to be tied heart and soul to union work. He was content to allow someone else to have all the glory – and responsibility. He was willing to attend branch-meetings and say his say. But he wasn't sure he was good enough to be secretary...

'Well?' said Joe. They were now standing at his door.

He said, 'Wait a minute, Joe,' and looked back up the street and saw the pit huddled in the cleft of the dale, smoke-stacks and pulley-wheels stark against the setting sun. The nomination might bring him a part in the ruling of all this. He had always believed that within him was the capacity to do big things. Lambert represented the old cautious conservative age. There was a new age coming in and it needed new men. The offer was in reality a challenge. He could continue to live in the old easy slack way. It would be easier – but it would be the end of him. Why not accept? The strongest argument against was Lambert himself, for he had served his apprenticeship with him, and during those seven years he had grown to respect the old man. But that was sentiment. He shut the thought from his mind. He would accept the challenge. After all – and here the easy indolent part of his nature spoke – after all the issue was still in doubt.

Lambert had a strong hold on the affections of the men. He was not bound to win the position.

Joe shifted impatiently. 'Come on, lad. Make your mind up. It's cold standin' here.'

'Ye can nominate me,' said Lanark.

'Good!' said Joe with immense satisfaction. 'Ah knew ye wouldn't let us down!'

The Annual Meeting of the Number Two Branch of the South Staithshire Craftsmen's Association was, to say the least, a most casual and unbusinesslike affair. It had been so in the misty beginnings of the movement, and so it remained. At one time there had been a suggestion that written nominations should be handed in to the secretary a week previous to the meeting. This suggestion had been regarded by all, including the branch officials, as outrageous and unnecessary, and rejected as a matter of course.

Thus the rebels had one weapon – surprise. The formulae for past elections of officers had simply been for the chairman to read out each name, hardly waiting for a bored and listless voice to move re-election. Sometimes, but very rarely, there was an opposing nomination. Then a ballot was taken at the pit-head. Not that it made any difference. The branch disliked change. When the members elected a branch official he was in for life. Only retirement or death could remove him from his position. Lambert had been secretary for twenty years; old Jim Forster had held the chair for at least twenty-five, and even Oates, the youngest of the trio, had been in office for ten years.

The following morning Lanark sought out Joe. 'Listen, Joe,' he said hesitantly. 'Ah've been thinkin' about Lambert. He's not used to opposition; he'll not be expectin' my nomination tonight. It'll come as a shock. Ah'm goin' to tell him. It's the fair thing to do.'

'Don't be so dam' foolish!' said Joe. 'Put yourself in Lambert's skin. Would he tell you?'

'Ah think he would, y'know.'

'He bloody well wouldn't, though!'

'Ah don't care what Lambert would or wouldn't do,' said Lanark, stubbornly. 'Ah want to do the fair thing. He's an old man. Whatever his faults he's served the Lodge well. And Ah'm goin' to tell him.'

'Can't ye see we were goin' to spring a surprise on him?' said Joe.

'Ah want to beat him – if Ah am goin' to beat him – in a fair fight.'

Joe threw his hammer on the floor despairingly. 'Good lord!' he said. 'What's wrong about a surprise? He's got a lot of support. We need everything we've got to beat him. If ye tell him, that gives him an extra day to get round his supporters. If ye don't, it only means both of ye goin' to the ballot with an equal start.'

'Ah'm goin' to tell him,' said Lanark, and left Joe in the middle of his next argument. He walked up to the repair-shops where Lambert worked. But Lambert wasn't at his bench. The shop-foreman Carruthers walked past him. He gave Lanark a penetrating glance. He knew Lanark was due to go underground with the other maintenance men.

'Looking for somebody, Jimmy?' he said. Lanark knew it was just an opening for another question.

'Ah'm lookin' for Lambert. Want to see him about something.'

'Ye'll not see him today. Got called out durin' the night. Breakdown on one of the main pumps. He's just gone home.'

'It's important,' said Lanark, and tried to look worried, but there was a burden off his heart. 'Any chance of catchin' him?'

'He's gone,' said Carruthers dryly, pulling out his watch. 'And it strikes me it's time ye were gone too, Jimmy. It's nearly eight…'

Lanark took the hint and left the shop. Jordan came out of the blacksmith's shop as he passed.

'Ah'll walk up wi' ye, Jimmy,' he said.

'Got a job to measure up on the heapstead. They reckon you're standin' for secretary tonight.'

'That's right.'

'Good for you,' said Jordan. 'Ye stand a good chance. It's high time he was out. Thinks he's a fixture, but he's in for a shock tonight, eh?'

'Aye,' said Lanark shortly. 'Ah've just been lookin' for him.'

'Lookin' for Lambert?' said Jordan, surprised.

'Ah thought it was only fair to let him know Ah was standin' against him.'

'That's daftness,' said Jordan disapprovingly. 'Anyway, he's gone home. So ye can't tell him.'

'He should know,' said Lanark, feeling baffled and a bit of a fool.

Jordan stared at him. 'What for? Why should he. He'll get to know soon enough tonight.'

Lanark tried to put it into words but couldn't. 'Ah don't know why,' he said at last. 'But old Lambert isn't a bad sort. Not that Ah like his ideas about wages and so on. But he's straight. And he's done me a good turn or two.'

'Can't see your point,' said Jordan, shaking his head. 'It's the annual meeting, isn't it? You're a member same as him. Ye've a right to be nominated. So why worry?'

Lanark realised that the conversation wasn't leading anywhere. Neither Joe nor Jordan saw things the way he saw them, and that was that. No amount of talking would make Jordan see his conscience. It's the one toy we can't share with others.

He worried about it all the shift. It seemed as though it was meant to be that way, Lambert not being there when he went to tell him. He hadn't liked the idea of telling him, only he thought it was the right thing to do and he'd forced himself. And when Carruthers had said that Lambert had left – well, it was a load off his mind. Not a nice job, telling a man like Lambert you were putting up against him. Nothing personal, of course, he imagined himself saying, just that we've lost confidence in you and want you out of office.

Of course, it wasn't too late. He could call and tell him at the end of the shift. Call at his house and say, 'Can Ah have a word with ye, Jack?' And Lambert would take him into the sitting-room and ask him what he wanted, and sit opposite with that wise old smile on his face, waiting for the halting words that would wipe that smile away. In the end he decided to call on his way home.

His mind was fully made up when he left the colliery. But as he approached Lambert's house a sick feeling possessed him. He felt like running away from it all. He wished he could wash his hands clean of the whole business. But he was committed, he reminded himself. He was going to stand for Lambert's job and he couldn't escape now. So he had to tell Lambert. But he didn't.

It happened this way. He had forgotten the number of Lambert's house, but remembered that there were six or seven vases ranged along the bow-window. He and his wife had often noticed them and laughed as they passed, and wondered why they should be there. They never had any flowers in them. But they were always there on view. Perhaps Mrs Lambert collected vases. So, as he walked along, he looked for the window with the vases. And as luck would have it, old Lambert was sitting beside the window writing, and looked out and smiled at him. So Lanark smiled and waved in return. And walked past. It was the smile that did it. He knew that he couldn't face the old man, and he also knew as he walked away that he was making the biggest mistake of his life. But he couldn't help himself.

Lambert walked into the Lodge-room confidently, pleased with himself and pleased with the world at large. It was just another meeting to him. He smiled again at Lanark. He always had a special smile for Lanark, a smile that seemed to say, We know each other, we two, don't we, lad? We had seven years' hard together! Lanark felt that his smile was stiff and painful, almost a grimace, but Lambert didn't seem to notice anything. Lanark watched him. He opened his brief-case and took out his minute book and some papers. Then he discussed the agenda with Jim Forster. Both men seemed perfectly at ease. Only Oates sat aloof and withdrawn. Once, when old Jim cracked a joke, he smiled weakly. He also, decided Lanark, must know what's going to happen. He had a feeling of contempt for Oates. If he did know, then it was his place to tell the two older men, his fellow-officials. But Oates hadn't, that was evident. And now he was sitting there, in torment, waiting for the thing to break. Then he felt something twist inside him. He was no better than Oates. He'd served his apprenticeship with Lambert. The old man had been his friend. Seven years is a long time to work with a man. You get to know him...

The room was filling up. He'd never seen such a packed meeting. They had to get extra chairs. Craster carried a couple past, giving him a sly kick and a broad wink. Lambert was beginning to look a little worried. He knew men. He scented trouble. It was beginning to resemble a strike meeting. You could see his keen eyes searching, searching; his nostrils flaring as he tried to get a line. He leaned towards old Jim and said something. Lanark could guess what it was. 'There's something in the wind, Jim.' And now Forster looked disturbed also.

Blue smoke swirled above packed heads. Five past seven. A voice was heard above the din, 'Move the meetin' open, Mister Chairman!'

Lambert began to read the minutes. For a brief while the tension within Lanark relaxed. It may have been because Joe had not yet arrived. Perhaps, he thought, something will stop Joe from coming. That might stop his nomination, although probably all present knew he intended to stand for the position, that is, all but Lambert and Forster. Jordan had smiled knowingly at him. But in spite of this he felt that Joe's non-appearance might spoil the conspiracy. It was an immense thing to do this, to challenge the authority of two men who had grown old in the service of the Lodge, and only Joe was hard enough to do it.

Joe did arrive during the reading of the minutes. He was a big and powerful man. He radiated confidence. Lanark fell to wondering why Joe himself had not chosen to be nominated. Perhaps because his very confidence arose from his freedom from actual responsibility. He was the type of man who kept himself free, who made bullets for others to fire; a power behind the scenes.

So the time for nominations arrived. Secretary first. There was a long silence. The air quivered with conspiracy and menace. Lambert's head was down. He was looking at his book, pen poised ready. This was the moment a day had waited for, and it seemed still-born. Nobody moved. Only the smoke writhed thinly above frozen bodies. Someone should have idly drawled, 'Moved re-election, Mister Chairman.' But that someone was absent, and with a sense of shame Lanark realised that he had known only part of the plot. Then Lambert raised his head, slowly, as if it had grown suddenly heavy. His pleading eyes swept the frozen faces in front of him.

Joe suddenly and brazenly broke the silence. 'Ah'd like to nominate Mr Lanark for the position, Mr Chairman,' he drawled. There was a shuffling of feet, then a united and audible sigh followed by a chorus of seconders. The chairman turned towards Lambert as if seeking guidance. But the secretary was looking at Lanark. There wasn't a shadow of reproach in his look. Lanark had an uneasy feeling that there was only pity, and in sudden confusion and shame he looked away.

'Are there any more nominations, gentlemen?' asked Forster. The word 'gentlemen' came through his teeth, and it was quite obvious that his temper was near breaking point.

'Ah'd like to point out something which should be obvious to every member present,' he continued. 'Our present secretary is eligible for re-election!'

'We all know that, Mister Chairman,' said Joe. 'So far there's been one nomination. No more. That seems to conclude the business of electing a secretary; an' Ah'd like to move that we pass on to the next officer.' Old Forster bounced from his chair.

'When Ah want advice on how to run a meeting it'll be time for me to retire!' he cried angrily.

'Maybe it's time now!' said Joe, softly.

Some of the younger men laughed. But the laughter died away as Lambert arose to speak. His words were few and simple. Lanark felt a surge of admiration for the old man flow over him. There was a murmur of approval as he sat down again. The old man was out – but he knew how to go out with dignity.

It was only then that Lanark realised that he was now elected to the position. He also knew that it was his turn to say something; to thank the members for their confidence in him. But he could not speak. He found himself unable to force himself to his feet to say the few conventional words the occasion demanded. He was in the grip of forces beyond his control. It was as if in that small room the veil had been lifted and he was able to see, not the machinery of democratic procedure, but the immeasurably ancient, eternally ruthless law which it barely concealed. He had seen too much, and that which he had seen left him sick and disgusted – and dumb. Dimly he was aware of the business proceedings; and more or less vaguely he understood that the victory was to the rebels.

Then the meeting was over and Joe was waiting for him outside. They shook hands.

'Well,' said Joe cheerfully, 'It's over and done with. And that's the last of

Lambert!'

'Is it?' said Lanark, dismissing before it was uttered the answer to his own question. For he knew that as far as he was concerned he would never be rid of Lambert so long as he lived.

Half a Shave

MY FATHER SUCKED AT HIS empty pipe with all his might. Then he laid it aside while he cut himself another pipeful from the dead-black bar in his tin. Then he smiled. 'That reminds me of old Ben Mallows, just before he died,' he said. 'I can see him now, a great hulk of a man sitting up in his bed, with his striped nightgown and tasselled nightcap, sucking away at his empty pipe...'

Ben was bed-fast for a couple of years; with one foot in the grave all the time. During that two years there were two or three false alarms; but he always managed to pull through. And practically to the end he stuck to his daily programme. He'd waken at eight, pull a shawl around his shoulders and yell out for his breakfast. Then Annie and Lizzie, his two girls, would come running. It didn't matter how quickly they came Ben would still grumble. It was a matter of principle to him. He believed that a man had to be constantly grumbling to keep women up to scratch. Anyway, he kept his women up to scratch; they never argued back.

After breakfast Maria would put the kettle on for his shaving water and Annie would knock on the wall for Pa. For Ben insisted on his shave every morning. He was very particular about it; and to his mind nobody but Pa could shave him to his fancy. But he was a hard chap to shave. Always talking and shifting his head about. He had a big Adam's apple and it was fascinating to watch it jumping about as he talked; but it didn't make Pa's job an easy one. In spite of him taking a great deal of care Ben was always bleeding like a stuck pig after the job was completed. But Ben never complained. Pa could do no wrong in his eyes.

And he insisted on his daily shave until a couple of days before he died. You see, he was unconscious during the last two days.

The morning after he died Pa was sitting at breakfast when there came a tapping at the wall. Ma was in the shop but she heard the tapping and came into the kitchen. 'Wasn't that Annie knocking?' she asked.

Now I fancy it had given Pa a bit of a turn. He said, 'I know. I heard it. But they can't be knocking for me. Perhaps they're hanging some crêpe up. Or perhaps one of them was pulling some coals down from the fireback.'

'It wasn't the fireback where the knocking came from,' said Ma. 'It was on the wall!' And to support her argument the tapping came again, a little louder this time, and it was definitely on the wall. 'There!' said Ma. 'It *was* you they were knocking for!' Then she said, 'Why, what's the matter Joe, lad? You're as white as a sheet!'

'Just feeling a bit off-colour,' said Pa. 'Wonder what they can be wanting me for?'

'Not his usual shave, anyway!' said Ma.

So Pa went in. And believe it or not, the first thing his eye lit on was the John Bull shaving pot. And beside it, neatly laid out as usual, the shaving-soap and brush and razor. And the old kettle on the fire, busily getting steam up.

It suddenly dawned upon him what was required, and he had to sit down without being asked. Maria was busy writing funeral cards. 'Good morning, Mr Castle,' she said without looking up. 'The kettle's boiling.'

'That's plain to see,' said Pa. 'But why tell *me?*'

'Ah'll pour it out in a minute,' she said, ignoring the question. 'How d'ye spell "interment"?'

Needless to say, Pa was a little relieved at this. 'I.n.t.e.r.m.e.n.t.,' he spelt. 'Is that why you knocked for me?'

'No,' she said. 'No, of course not. It's to shave father. It's all in the will. Annie'll tell you all about it. Annie!' she called. 'Annie! Here's Mr Castle.'

Annie came in from the other room. Her eyes filled when she saw it was Pa. 'He always thought the world of ye, Mr Castle,' she sobbed. 'That's why he put it into the will.' After five minutes she dried up, you know what women are, and Pa asked her what it was all about. And the long and short of it was that Ben had put it in his will that Pa was to shave him before he was coffined, so that he'd be all neat and spruce before his relations came to have a last look at him. And in return for this Maria and Annie were instructed to buy Pa a decent black suit for the funeral. A ready-made, of course. He also left Pa his shaving-tackle and his cups and medals. But Pa was too stunned about the task to be delighted at getting these treasures.

'You won't mind shaving poor father for the last time?' said Annie.

'But I've never shaved a dead man before,' he protested. But all the same, he was sorely tempted. He needed a new suit badly, and after all, suit or no suit, Ben had been a good pal.

'It's never too late to learn, Mr Castle,' said Annie severely. And added, 'It says in the will that if you don't shave him we've to get someone else. And whoever shaves him gets the suit.'

That decided Pa. 'What? Let some stranger shave my old friend for the last time? Not likely! Pour me some hot water into that pot!' But all the same, he was feeling a bit shaky when he went into the sitting-room where Ben was laid out. He was lying in the old bed, just as Pa had seen him many a time. His hands were crossed over his chest and his face was a beautiful ivory colour.

'Beautiful, isn't he?' said Annie softly. 'But he does look a bit rough!' And indeed he did. The bristles seemed an inch long; a regular forest of them.

Maria tucked a towel under his chin, had a long look at him then burst into tears. Pa waited until Annie had taken her out of the room, then he ranged all his tackle on the little table, which stood beside the bed. Then he sat on the bedside to make a start. But the moment he sat down he decided it wasn't decent to do so, so he stood up again. He bent over the still face and started to lather it but his hand shook so much that he had to stop. He put the brush on the table and went back to the kitchen.

'You don't happen to have a drop of brandy?' he asked.

'Get the bottle down, Maria, the one that's broken into,' said Annie. 'Ah was wondering how long it would take him to think about that!' she said in a sharp, sarcastic kind of voice. Pa was a bit put out but he said nothing. It was just the kind of remark you could expect from Annie. She'd knuckled into old Ben all her life, but now that he was cold in death she was soon showing who had stepped into his shoes. But Pa was in need of something bracing, so he only said thanks for the first glass and shot it down his throat quickly before Maria had time to put the bottle away again. He needed as much as he could get of that brandy.

He went back in fine fettle and put a lovely lather on old Ben, then started to shave him. He didn't feel at all frightened. By the time he'd shaved one side and was starting on the chin he was having a one-sided conversation with Ben. 'Aha, ye old champion!' he said gaily. 'You can't jigger your head about this morning, same as you used to do. No talking back today, old pal! You won't bleed this time!' And so on. I can just imagine Pa, his eyes shining as they always did after a glass, joking and jesting with the poor dumb corpse.

'Aye,' he continued. 'This is the last shave, me old shaver, and no answering back –' That was when Pa stopped short. For old Ben moved, or at least, his arms did. They fell apart from his chest. Pa didn't wait for any further motion; he just yelled and ran for his life. Maria and Annie gave a good display of screaming when he ran into the kitchen with the shining razor in his hand and a wild look on his face. I fancy they jumped to the wrong conclusion, because they ran for the door too, and the three of them were jammed together there.

Well, it was a proper mix-up until Pa managed to convince them that he didn't intend to cut their throats. Then they asked him what was really the matter. Before he answered he wiped the sweat of fear from his brow.

'You won't believe me,' he said, 'But he moved; as sure as I'm sitting here, he moved! And it wouldn't surprise me to see him walk through that door!' The two girls registered disbelief; but for all that they watched the sitting-room door pretty closely. But there was no sound of life in the sitting-room. Annie soon grasped the situation.

'Mr Castle,' she said. 'Ye've had too much brandy!'

Pa was justly offended at this. 'Let me tell you this, Annie Mallows; me and your father's many a time supped half a bottle of brandy and ten pints between us and walked home steady and sure, both of us, afterwards. And I'll not have you tell me that two thimblefuls of brandy can turn *my* head!'

'Fiddlesticks!' said Annie. 'Ah thought at the time that it was a trifle early to be drinking brandy. We'll soon see if he's alive again!' And with that she marched into the sitting-room with a look on her face that said plainly he'd better not be.

And, of course, he *was* safely dead. His arms had moved; but Annie soon put that detail right. Then she ordered Pa to go back and finish his job. But Pa's mind was made up; he flatly refused. He was determined not to go back into that room at any price – even the price of a new suit.

'Very well,' said Annie, 'Have it your own way. But you've only shaved one side and part of his chin. So you don't get the suit, that's flat!'

'But that's not fair!' protested Pa.

'The will says that you've got to give him his usual shave,' said Annie firmly. You could see that she was thinking of saving the expense of the suit.

'He just wanted to look his best when he was laid-out, poor man,' said Maria. That gave Pa an idea.

'Listen, lasses,' he pleaded. 'Let's keep our heads. Fair's fair, the world over! All that we need do is to change the bed round so that the side that isn't shaved is in the shade. And nobody'll ever notice.'

'And let my father go into eternity with half a shave? Never!' shrieked Annie.

'Now, Annie, the Lord doesn't take any notice of little details like that,' he said piously. But it was no use arguing. Her mind was made up. And so was Pa's. He was determined never to enter that room again. He realised Ben was truly dead, of course; and he knew that if Ben did come back from the dead he'd be the last to harm his best pal. But there are some things which can't be stomached, and half a shave was enough to convince Pa that as a shaver of corpses he was just no good.

The end of it was that the undertaker shaved the rest; so Ben was able to make a clean-shaven exit after all. Coming back from the funeral Pa told the Minister all about the will and the shaving. And after the Minister had finished laughing he promised to have a word with Annie. It says a great deal for the persuasive manner of the Reverend William Macpherson that Annie finally compromised. Compromised, I said. For Pa never got the suit. Only the trousers. But it was always something. And as Pa said afterwards, when you're working behind a counter nobody can see that you're wearing an odd pair of trousers.

And The Third Day

Maundy Thursday

HIS EYES LEFT THE DESK and the sermon. Sunlight over the sloping lawn. Beyond the low hedge. The Town. Streets like caterpillars stiff and dead, dried hard by the sun. Haze of smoke. The clock-tower of the Town Hall. The ginger-beer factory. The Pit and the waste-heap like a stranded whale with the tiny figures of men walking and working on its back. Tall chimneys. The coke-oven distorted by the fumes and flames issuing from the hundred compartments of its belly. Puffs of smoke from a score of unseen engines. Washing out to dry. The hum of playing children. The church clock striking the quarter-hour over the old graves; over the crude skull and bones of ancient tombstones, over pitted sandstone and scooped limestone whose letters the wind had ravaged. Over the road to the new cemetery where death was remembered in sleek and polished stones of all colours; over the little white numbered stones of the parish paupers; over the garish glass domes, enclosing the fat plaster doves and lilies of the poorest. Over the vicarage with its thirty rooms and leaking roof, pealing the quarter-hour for the parish.

He looked at his pad. 'Christ came to a world where death was the supreme enemy. Two thousand years have brought many changes to that world. But Death is still the supreme enemy…' He sighed. This was a broad generalisation, he knew, then continued writing. 'But now Death has extended his sphere. Death is moving into life. Death is no longer the final curtain but rather the invisible companion of every player on the stage. Death…' He hesitated. Who would understand this? Only Death. And he smiled at the thought. Death, invisible and applauding with bony hands while the choir slept.

He tore the page off the pad and crumpled it in his hand, got up and threw it into the fire. He waited for it to flame, but the fire was dead and it only reddened then crumbled slowly into pieces of thin black crêpe, rustling, quivering upon the coals. A walk may help, he thought. And laughed at himself for the sudden feeling of sadness because a piece of paper refused to take fire. Not that it was the paper. The paper was all right. The coals were dead.

Outside a gentle wind blew and the sun shone mildly. Crows were building in the elms and two or three black feathers floated serenely down to lie against the perfect foil of grass. Caw! Caw! went the birds, the sun flashing from their glossy backs. One flashed by him, yellow beak full of thin twig clippings from the hedge.

He stood by the gate a moment to consider the direction of his walk. Up the hill among the trees? Down to the streets? He couldn't decide which would be the better for him, leaves breaking from bud, or people. Over the road were the cemetery gates in flaring red brick and interlaced iron bars painted green. The young trees in their latticed guards swayed to the wind. Jim Robson wheeled his barrow over the red asphalt path, back towards him. 'Hi, Jim,' he called. Why, he couldn't say. He had no business to discuss with Jim. The cemetery was purely a council undertaking; Jim was no longer a sexton since the old churchyard had become packed and he had left to become an employee of the Cemetery Committee. 'Now, Vicar,' said Jim, 'what can Ah do for ye?' 'Nothing, Jim,' he said, 'just thought I'd like to talk to you.' 'Aye,' said Jim, understandingly, 'it'll be lonely for you in that great Vicarage. Time you was married, eh?'

He laughed at this. He was used by now to the sly hints of the parish concerning marriage. 'It's a case of finding the lady, Jim,' he said. His eyes travelled to the barrow. In it were laid the instruments of Jim's trade; the narrow shining blade of the spade predominant. 'Yes,' said Jim, 'another one. Another guest for my manor.' 'Don't you ever find this job slightly depressing?' Jim laughed and rubbed his mouth. 'Lord, no, Vicar. There's nothing dangerous about the dead. Ah'm boss here. They never complain or cause trouble amongst each other. Never get out of place. No gossip or slander.' He picked the barrow handles up. 'Ah'm digging up there,' he said, inclining the place with his head. 'If ye don't mind, Vicar, we'll talk while Ah'm working.'

They made their way to the bare space, the frontier of the manor. Jim took up his spade and marked out the grave, then took off the top layer of sod, leaving the pebbly soil exposed. 'You see, Vicar,' he said, 'this'll take a bit digging. Twelve inches of soil, then solid clay.' With slow, certain movements he dug into the soil. 'Whose grave is it?' he asked. Jim looked up in amazement. 'Why, Vicar, you should know... oh, but they'll not be needing you for this burial. She's a Methodist and the minister'll be here. Well, it's funny you asking. It's for Amy Forster. And Amy was a sweetheart of mine thirty years ago. Jilted me for Joe Forster, she did. Not that I blame her now. Joe got trapped down pit wi' twenty others when she blew up. Never got him out, nor the others. Had to wall the place up to keep the fire back. Poor Joe! Well, she's had to come back to me in the end, eh?' Although his tone was light and bantering he took out a red handkerchief and rubbed his nose viciously.

'Death unites us all,' said the vicar. 'Aye,' said Jim. 'They can swank on top wi' their fancy marble stones and so on, but underneath it's all the same. And it's funny; they all get Christian burial and you says the great words over them, I am the Resurrection and the Life, but nobody takes any notice. They all cry and faint and some of the women have to be carried away. Nobody believes that this is just a resting-place for mortal remains. All they want is the proper service and everything finished and done with as quickly and as decently as possible.'

'What do you believe?' said the vicar, very quietly.

Jim was digging in clay now. Very deliberately he cut out a square of the solid, reddish-brown stuff and lifted it out. Then he looked at the vicar very steadfastly, 'I believe in the resurrection of the body.'

The vicar had a sudden wild desire to laugh. He had great difficulty in restraining himself from saying: But that's ridiculous, Jim. Nobody believes in the resurrection of the body today! It's hard enough to get people to believe in the survival of the personality. And then he had a wild desire to shake Jim by the hand and say, I also believe in the resurrection of the body. Men are not split beings, they are unified, complete organisms. If the spirit, the wisp of the spirit alone survives, then resurrection is incomplete; indeed is not resurrection. It is either the resurrection of the whole man or nothing. God will not resurrect the maimed. But he stayed himself, knowing that all this would be nothing but word-spinning to Jim.

'Thank you, Jim,' he said, 'I'll be on my way now.' 'Morning, Vicar,' said Jim, intent on his digging. He walked away with his mind full of this miracle. The resurrection of the body was an article of faith but who among all the bishops, deans, canons, vicars and members of the Church held to it as this man did? None. Jim was perhaps the only man in all the country who believed that some day all the dead would be clothed anew in bodies long since vanished; bones, sinews and flesh called up from the dust to meet judgment. He looked over the cemetery with its scores of white memorial stones and imagined the call of the last trumpet vibrating through the leaves of the young trees and the stirring grass; shattering the polished stones and shivering the glass domes and plump doves into a thousand pieces while the earth and clay were rent for the new bodies to emerge into the sunshine.

He found himself walking into the town. He had no recollection of passing through the cemetery gates. He had intended finishing his sermon, but since he was now well into the town he decided to see Edward Jennings, the proprietor of the ginger-beer factory.

A red admiral fluttered across his line of vision. Its flight was uncertain and weak and it came to rest on the grass verge of the pavement. He bent down and examined it as it clung sideways to a blade of grass. Its wings were unspotted with dust; still fresh and almost damp from the chrysalis, the aurelia of the ancients. Good men, but weak reasoners, they had seen in the transformation of a caterpillar, after the period of apparent death, into the winged imago, the symbol and evidence of life, death, and life after death. But analogies are not arguments in fact; valid for the poet, they are of doubtful value to the theologian and the scientist. The Egyptians wrapped up the bodies of their dead in the chrysalis form; to them the mummy was a human pupa awaiting metamorphosis. But their only metamorphosis was at the sacrilegious hands of the western archaeologist.

The Greeks had but one word for both butterfly and soul; but time had shown the fallacy of this. Insect metamorphosis is distinct from the human belief in resurrection. Only the resurrected Christ confronts the crowded graveyards of the world across two thousand years of dying.

And only the belief of the disciples in the resurrection is historical; at its least the resurrection is only a myth; at its best, a living myth.

Test the myth by application. Were any worthy of resurrection? The cheating, lying, copulating masses had no faith in any myth but the deadly myth of the reality of money and flesh; myths which the eyes could see and the hands handle.

The myth became real for Thomas when he felt for himself the wounds of the Crucified. If Christ came back...

The ginger-beer factory. He passed into the yard and through the bottling room; a score of glistening machines, circular and spider-like, pulsated; the corked bottles fell into the damp hands of pale young men in a never-ending stream; an endless repetition of hands and bottle, hands and bottle, hands and bottle till the eyes wearied. Edward Jennings sat at his immense desk, the pride of his life. 'Ah, Vicar. In a moment...' Through the glass sides of the office the routine of the factory continued, every hand conscious of the keen eye of Edward behind the glass. Mr Jennings was pink and well-shaven; his fleshy double chins made a splendid contrast to the white of his semi-stiff collar and the white-spotted black tie. Mr Jennings was the choir-master. They discussed the hymns for the coming Easter Sunday. The vicar felt his visit was superfluous; Mr Jennings had every detail of the service at his finger-tips.

As he passed out he glanced at the gleaming spider-like machines and the attendant young men. There was a common feature to each face, a kind of deadness. The crucifixion of monotony and repetition. There was no greeting for their vicar. The machines with their multiple shining arms claimed each. They were chained acolytes. It was a relief to get into the sunshine.

For that short visit had been tainted with nightmare. Those faces were dead. The light had gone out; they were not persons. Mr Jennings was dead too, Mr Jennings who led the choir, Mr Jennings who followed the uplifted Cross in the procession along the aisles: Mr Jennings was one of the dead; a camp-follower of Death, a subtle agent in the church itself.

'Vicar!' said a low voice urgently, 'Vicar!' He came out of his thoughts and saw an old lady in front of him. 'Did you hear about the accident at the pit?' 'No,' he replied slowly coming to grips with the outside world. 'It's young Dent; you married him just a fortnight ago.' 'No!' he cried. 'No! It can't be!' 'Aye,' said the old lady 'it's true.' He walked quickly away in the direction of the pit. The old lady was crying after him, 'Caught in one of them new cutter-machines they say…'

When he got to the pit-yard there was an unreal air of calm about. Surface workers stood idle in little groups. There was no talking. Fear declared itself in the eyes staring from dust-flecked faces. They were watching the gantry from the heapstead. The stretcher would soon appear. Pulley wheels had just stopped after an eternity of slow revolutions. The party emerged into the sunlight; the four men were half-naked and sweating. The sweat had marked their faces with scores of now dry white marks but still the sweat poured. He ran to meet them. They were so unbelievably slow, so careful. The body was covered with rough brown blankets, the head uncovered. He was still alive, then. The sunlight glittered among the mass of brittle yellow curls as it had in church a fortnight ago. He looked a question at the leading men; they shook their heads slowly. But his eyes were open and he smiled at the vicar. One bare, black hand had slipped through the blankets; he touched it and recoiled at the coldness of it; then tucked it back under the blankets, half-bending as he walked beside the stretcher. 'Comfortable, son?' he said. 'Aye,' stretched out in a long whisper. 'Could do with a fag.' He got one from his case and lit it. The eyes wrinkled in weary thanks as the dust-caked lips closed upon the white cylinder. They reached the first-aid room; the stretcher was laid upon the table. The doctor came over to him. 'Think you can stand it; he's badly cut up, they say.' He nodded dumbly. The inside of the blankets was saturated with blood; crimson bandages criss-crossed from legs to belly.

'Ah… ah…' moaned the young man. The doctor was unfastening one of the bandages; a gash, a canyon, in the flesh revealed itself for an instant, then a river of blood flooded it, brimming over to the taut body. The bandage was replaced. Then the young man began to moan; not the easy moans of a hurt child but rather as if they were being wrenched from his lips by some invisible hand. There came a period of peace. He turned his head to the vicar. 'Tell Sally Ah'm sorry about this.' Then his voice tailed away as the morphia took effect. 'Home… take… home.'

'No chance at all,' said the Doctor, 'cut to ribbons. He'll die on the road to the infirmary. Aye. Poor lad.' The stretcher and its burden once more took the road which led inevitably to death. The splutter of the ambulance engine receded into the distance.

Good Friday evening

NOW, THE VICAR THOUGHT, THE veil of the temple is rent from top to bottom and God is no longer distant; God is not remote; God dies upon the Cross. He hangs naked and bloody and Death has Him pinned by the three nails; and Death, impatient, jabs with a long spear.

The day had been infinitely long and weary. A faithful few had lingered through the Stations of the Cross, but he had been possessed with the uneasy feeling that they had been bored. Only imagination can scissor the pages of the centuries and the agony of the Cross is real only to those who are *there*. When one would traverse Time to watch by the Cross, preparation is needed. Thus the long discipline of Lent. Lent is the wheel upon which the knife of imagination is sharpened.

Along the road passed the returning holiday makers. A never-ending stream of cyclists; children carrying their booty; primroses and sprays of puss-willow; miners following lean whippets with eager snake-heads and gentle eyes. And huge thundering lorries whipping up clouds of dust. For the day had been dry and sunny.

Young Dent had lasted to the infirmary but had died in the evening. After the long service he had hurried to the long street where his widow lived. He had expected a weeping, distraught girl but found instead a calm woman. The little house was tidy. No confusion, the only sign of grief the drawn curtains. 'Sit down, Vicar. It's good of you to come.' He told her of her husband's last words. Then only did the outer calm break; for a moment a storm of grief ravaged her face, tears reflected the firelight; then she said, 'Thought the world of his home.'

In my Father's house are many mansions, he thought, not daring to say the comforting words aloud.

'But there's one thing, Vicar,' she said, 'if there's any justice over there, they'll make a good home for him.'

Then only had he said the words, 'In my Father's house are many mansions; if it were not so I would have told you.'

He left her.

He had refused tea. He sat by his window watching the people passing. How long he sat he never knew. An intolerable weight of thought kept him to the chair and the window. The setting sun stained the sky with its bubble of burning fire, stained the nearer wisps of cloud deep crimson and the distant rose-pink. Over at the far end of the cemetery Jim was working. The bowed figure was dark and sombre against the crimson sky.

He approached noiselessly over the grass. 'Now, Jim.' 'Ah, Vicar.' There was a suppressed excitement in his voice. 'Remember this grave?' asked Jim, clutching his arms and pointing. 'Yes.' It was the grave Jim had been digging yesterday. Amy Forster. Jim led him to the verge. He looked down into the rectangular hole. Dampness struck up at him but the bottom was hid in shadows. 'See, Vicar?' He gazed intently and through the dimness of shadows saw a black crack in the reddish-brown of the clay. 'What is it?' he asked. 'Pitfall,' said Jim. 'Beginning of one, anyway.'

'You'll have to dig a new grave,' said the vicar. 'No,' said Jim. 'Amy will be buried here. It was meant this way.'

'But man!' protested the vicar. 'It's not decent. That crack will open and the coffin will sink, God knows how far.'

'D'ye know where it'll sink to?' asked Jim. 'No.' 'To where her husband lies. That sealed-off section lies below this cemetery.'

'But what if the relations see that crack?' 'They won't. Ah'll seal it with clay. There'll be no crack to-morrow.'

They gazed at the open grave. 'Thought a lot of her man, did Amy,' said Jim. 'Ah, why, God moves in a mysterious way, eh, Vicar? They'll wait the resurrection together.' He took a spade-ful of clay from the heap beside the grave and scattered it into the shadowed mouth.

And we too must wait, he thought, and his mind reeled with the impact of the bony fist. Waiting in sea-bottom valleys with the mis-shapen monstrous fish incuriously nosing past the washed bones. Waiting in the dark catacombs of Rome and the charnel pits of Belsen. Waiting in the sealed-off section of the pit. Everywhere the dead and the living-dead are waiting. Waiting for the resurrection of the Dead.

Easter Saturday

HE AWAKENED TO THE SOUND of the clock striking five. Through the dimness of the room his eyes roamed and he sighed. It was his room. Dream and nightmare were gone. He was home again. But the bitter taste of Golgotha was still in his mouth, the three crosses and the skull seen from a safe distance, imprinted on his mind. They had lifted the body from the rood, the blood was caked hard. The silent procession down the hill with the silent soldiers watching. Was it contempt in their eyes, or fear? The washing and the anointing. The weeping women. Then the tomb in the garden with the scents of spring drifting through the dark mouth of the place. The wrenching of muscles to roll the great stone into position.

'Let the dead bury the dead,' said a voice from a screen of trees, and a dark figure had approached and lifted with him. The stone in position, he had straightened to thank and see the helper but had only a glimpse of dead eyes before the stranger vanished among the trees once more. But the clinking of the silver coins in the bag fastened to his girdle had betrayed him.

He dressed, half in his dream, half in the world. Outside, all was drenched in silver, moon and clouds scudded in an endless race. The ovens cast a red glare over the town. Faintly, an alarm clock tinkled and was smothered in silence. Heavy boots rang on the pavement. Miners going into the dusty catacombs. A slight figure passed him, head sunk into the upturned collar of his coat. A boy going to the pit, from the safety helmet and the heavy boots with their steel toe-plates. 'Good morning, my boy,' said the vicar. Sleep-dazed eyes gazed at him from the pallid face. 'Morning,' said the lad, and hurried ahead.

It was the eyes that did it. He saw young Dent on the stretcher; then men in the ginger-beer factory; the eyes of Edward Jennings; the eyes of the watching miners and the young widow; the eyes of Judas; all mixed in a swift montage, with the terrible sadness of death strong in all. 'Let the dead bury the dead,' whispered Edward Jennings from his glass tomb.

The dead, anointed or mutilated, are at peace. It is the living who await a resurrection. The dead merge with the earth in one common fraternity. The living are in bondage.

But the third day is at hand.

From Gladstone Terrace to Sloane Street… Newly arrived from the provinces, the dashing man-about-town starts a new career as a journalist, 1950.

NOTE VIII

AS THE SECOND WORLD WAR moved towards its end, Sid Chaplin became increasingly confident as a writer, if still a part-time one. He acquired other champions of his work besides John Lehmann. Reginald Moore, editor of *Seven* magazine, and his equivalent at *Modern Reading, Selected Writing,* Sydney D Tremayne (a name somehow deeply evocative of the 1940s) both published his stories. Not that they or Lehmann were uncritical, as is clear from correspondence in the Sid Chaplin archive. Some pieces were rejected out of hand, while others were met with suggestions for their improvement. Sometimes the writer pushed back hard against them, as an opening comment in a reply from Reginald Moore suggests: 'Dear Sid, I admire your spirit!' Despite his relative inexperience and humble social background – his editors were older, urbane, middle class ex-Oxbridge Londoners – Sid had an instinctive feel for what made his stories work, as well as a determination to be true to the world they described.

He described his slightly tongue-in-cheek feelings about the difficult process of revision in a 1944 letter to John Bate:

> 'I should say my virtue as a would-be writer of short stories is love of story for story's sake; my extreme vice, extreme laziness. I hate to rewrite, hate all the more because it is so worthwhile. But against this is the fact that the zest of story-telling is often lost in the rewriting. The first time I tell *myself* the story, I excite myself so much that my first reading of the finished typescript is that of a stranger to the demon who pounded the keys.'

At the same time, Sid was attracting attention from newspapers and broadcasters. *The Northern Echo*, the Darlington paper to which Sid had once sent trenchant letters under exotic pseudonyms, began to commission articles from him. A long relationship with the BBC began in the mid-'40s when readings of some of his stories were broadcast on the BBC North of England Home Service; also rather exotically on the Hindustani Service, with a story called *The Pigeon Cree*.

Early in 1945 the news that Sid had been longing for finally arrived by letter at 9 Gladstone Terrace: John Baker, managing director of Phoenix House, an imprint of the publisher JM Dent, wrote with an offer to publish a collection of short stories. The ensuing collection of 20 stories, *The Leaping Lad,* was published the following year to considerable acclaim, including an Atlantic Award For Literature ('given annually to a writer of great promise') funded by the Rockefeller Foundation in the USA with a prize of a princely £300. As Sid later recalled:

> '£300 was a year's wages in those days, so I took a year off to write. Who knows, I thought, maybe I'll not have to go back to the pit at all. At the behest of my publisher at the time, John Baker, I wrote a novel about the impending nationalisation of the coal industry. It was a mess and I knew it, but I sent it off. He returned it double-quick and said it was no good. I said to hell with you, I'm going to enjoy myself. I sat down and wrote *My Fate Cries Out.* A lot of people still remember that novel with affection, even though it's so long ago. It's the only one that's never been reprinted.'

My Fate Cries Out, published by Random House in 1949, is a rollicking period adventure story about the bitter conflict between the Prince Bishops of Durham and the lead miners they oppress, as seen by a young shepherd called Jacob Caldron. The second half of the book was written after Sid was forced to return again to Dean and Chapter when there were only a few shillings left in the Chaplins' Post Office account, Rene having managed to make the £300 last 18 months.

These setbacks proved to be temporary. The stories written at the old bureau in the front room of the little pit house in Ferryhill had become more ambitious and complex. *Weekend in Arcady* is almost of novella length, a slow-burning evocation of a Durham town and a motley group of rather lost citizens at night. The *Arcady* of the title is clearly Shildon, the railway town where Sid was born. Meanwhile *Letter From the Distant North* is an impressive piece of first-person reportage commissioned by John Lehmann for *Penguin New Writing* in 1943 and evidence of the emerging range of the writer's skills, not just as a fiction writer, but also as a journalist. This was noticed...

On 1 January 1947, at the entrance to each of the country's 958 pits a sign proudly announced: 'This colliery is now managed by the National Coal Board on behalf of the people.' At the same time a new monthly magazine called *Coal* was established by the NCB for its 800,000 employees (four per cent of the country's workforce). One of these, Durham pitman Sid Chaplin, featured as a published author in early editions of the magazine, before someone had the bright idea of hiring him as a staff writer. After all, he knew the industry inside out. So it was that after a trial or two, at the age of 33, Sid Chaplin left Ferryhill for London on 4 January 1950 to begin work as a roving reporter on *Coal* from his office in Room 561 of Hobart House, overlooking the gardens of Buckingham Palace. Bill Farrell, his teacher and mentor at the Spennymoor Settlement, wrote that 'Sid is almost heartbroken at leaving Ferryhill', but affirmed that it would be good for his writing career. Rene and their children Gillian and Christopher (Michael would be born the following year) stayed in Gladstone Terrace until 1953, when the whole family moved south. Sid had managed to get a London County Council house in Harold Hill on the edge of the Green Belt in Essex, with amenities that vividly contrasted with the two-up, two down pit house with outside toilet and tin bath back home; four bedrooms, garage and large gardens, not to mention the two bathrooms and central heating.

It seemed the move would be permanent, but though Sid liked his work as a journalist (and the family loved their new home), Sid wrote no fiction in the south. He was too busy, but perhaps more importantly cut off from his beloved North country and its sources of inspiration. Seven years after leaving the North East, he and his family returned, this time to Newcastle, after which Sid entered a golden period as a writer of novels, including *The Day of the Sardine* and *The Watchers and the Watched*, his matchless evocations of young men trying to find themselves in the brave new world of Newcastle of the 1960s, both popular and critical successes. Later, much later, he would write two more books of short stories set in Durham and featuring the men and women he once described as 'the salt of the earth and the cream of the milk'.

Long before that there was another, shorter novel that made its own distinctive mark. *The Thin Seam* is an intense account of one shift underground, written in language that the writer agreed was often 'technical and uncompromising', as experienced by a young miner, the troubled Christopher Jack. The following passage ends the book and was used 17 years later by Alan Plater in his legendary play about the Durham miners, *Close the Coalhouse Door*, based on Sid's stories, with music by Alex Glasgow. It might serve not only as an epitaph for this life-changing period in the life of my father, but also for the industry and its people who made such an impact on it. The language here too is extraordinary, written in the kind of Biblical language and rhythm that Sid Chaplin once spoke from the pulpits of sundry Methodist chapels around Ferryhill, which ironically he was in the process of sloughing off. Despite this, I believe my father never wrote a more powerful and moving passage.

> 'They take a little light and go into the belly of Leviathan. They take a lamp into the most terrifying darkness and they are not afraid.
>
> They take a little light because underground they know their poverty. Without light their arms are useless. In the strata they meet a darkness like a velvet pad pressed against the open

eye, and this darkness, without a little light, is impenetrable and eager. At 200 fathoms the sun takes no levy nor gives of his majesty. Only a memory of him and an urge to return quickly. All is without form and void. The bare rock is not tender, and returns blow for blow with sudden harshness. The Lord, only the Lord, broods over the depths, and men disturb His brooding, to pay in passion and the sweat and blood of their own bodies.

Men do this. My folk. They pierce the fabric of His temple; make an incision into the heart of His mystery. And at the same time, unknowingly, they tend the hem of His robe and make most glorious the thin seam of His garment.'

Diamond Cut Diamond

BIG MITCH AND CORN MILLER were the sportiest, drunkenest, brawlingest, most powerful pair that the village of Little Gomorrah ever produced and they hated each other, consistent and earnest, till death did them part. There were never two men fought so hard and wicked, or respected each other more than Big Mitch and Corn Miller, and there was never a better pair to watch bowling or batting, running a race or wrestling, flinging a penny or tossing a tumble matched against each other. But it had to be a match. Their blood was up every time they met: it was square up and square in and no giving in until somebody turned a hose or half a dozen slops on them.

They were a noble unforgiving pair and this is their history – and my drink's mild and bitter, so don't stop me to ask.

Miller was the eldest of ten. His Da was fore-overman at the pit: straight-laced, straight-faced, hard-faced, the meanest man that ever sent hewers into thin coal, wet coal, rough coal, blackdamp and firedamp. He was worse in the house than he was in the pit, and he ruled with a rod of iron till Corn Miller was 13, and felled him with an iron poker; ever after the old man carried the crease and a twitch. But even before this Corn was king of the kids.

Big Mitch wasn't a native of our village. He came from Bishop's Batts. His mother was widowed when his Da, a big ginger hawker, got rolled flat by a cast-iron boiler he was stealing single-handed from the pit-yard. She married the fireman they sent to break the news, and that's how Big Mitch came to Little Gomorrah.

First time the two of them met was in the school-yard. Corn Miller walked up to Big Mitch and said, 'Ah'm the boss around here.' Big Mitch just laughed. His hair was cut short all over except for a long topping over his brow. Miller got hold of that topping and pulled hard, then clouted Big Mitch across the lug hole.

This was one place – across the ear – where one lad never clouted another – and Big Mitch was mad. He let out with his boot and clicked Miller's ankles. Simultaneously, he landed his right on Miller's nose. Miller was wonder-struck for a minute, then went into action. He laced Big Mitch round the school-yard. He cut his eye and bent his nose. He swelped him standing up and hammered him lying down. I can still see Big Mitch lying on the asphalt with the blood spurting from his nose, and Corn Miller pummelling him fifty to the dozen. Big Mitch got a hammering that day, but he never gave in. Once, when Miller slowed up, he shouted: 'Go on, go on! You lace me – but it'll be my turn next time!' And it was. The next time they met Big Mitch got a hold on Corn, squeezed the wind out of him, then threw him into a bed of nettles.

Big Mitch always got the better of it when he got a hold on Corn Miller. Mitch was as broad as he was long. He was like a gorilla. He was stubborn and slow, but he was strong; stronger than Miller. Mitch wasn't a moron. He was only slow. You'd never get a flash of wit or a smart quip out of Big Mitch but he could tell a good story when the mood was on him. He wasn't a sociable man. Mostly he went on his own, a wandering man, a born poacher, and a melancholy drinker. Funny thing, although he wasn't good-looking he went through a lot of women.

Corn Miller *was* good-looking. Stripped, he was as nice a lad as you could wish to see, and he kept that way, in spite of the drink. Another five years might have made a difference but he didn't live that long. Had a mind on ice, never lost his head, was a natural boss. Cold as a snake one minute, he was your best friend the next – and you believed it. Could have you rolling under the table with the things he said. But he never held Big Mitch any way.

Half the trouble between Big Mitch and Corn Miller was that Corn had all the things that Mitch lacked – smoothness, science, speed. I once saw Miller clean bowl Big Mitch. Mitch turned and looked at the scattered bails. His face went red. Then he turned and threw his bat at Corn Miller. If it had hit him Corn would have been a dead man. But it didn't. Corn just moved his head without shifting from the spot where he'd let go of the ball, and the bat whizzed past him and broke two of the stumps. That's how hard Big Mitch could throw. That's how mad he could get. 'That'll learn you to bowl me out!' yelled Big Mitch. Miller smiled coldly, picked up the bat, then threw it back. Mitch went down like a big tree. It took six men to carry him home on a gate. He was out for an hour.

That was when they were both working at the pit. Of course, the manager knew all about them. They were always hettled in different shifts and working in different districts. But they still managed to meet at shift-changing times. Big Mitch would jostle Miller, or Corn Miller would say, 'Here's the hairy ape' and they'd be at it hammer and tongs. We'd stop them, but they'd always fight it out later. Big Mitch once waited for Miller coming off the afternoon shift. They fought in moonlight, till two o'clock in the morning. We carried both of them home that morning.

Sport was the one thing they had in common. Miller was a decent middleweight. He beat Jonathan Jackson and he held Dominic Jones for three rounds. Big Mitch was a wrestler. I never saw him in a big competition, but he did well at Stanhope and Appleby, and I've heard tell he won Keswick one year. But Corn Miller soon saw where the money lay, and got himself a job as bookie's runner. Big Mitch was a runner too, but a proper runner. He won the big ten mile run three years running, and would have won it the fourth, but Miller stopped him.

Miller was running a gang by then, and they put up a chap called Slinger, from Branksome way. Slinger was a good runner, but nobody knew it, and Miller and his gang spread a lot of money on him. Corn Miller should have known better, but he offered Big Mitch 50 guineas to lie back. He took half a dozen of his pals along when he put the question. Big Mitch laid two of them out with a chair leg and chased the rest – Miller included – out of the house. Corn Miller swore he'd get him for this. He had to, anyway. There was too much money involved. But he was a fair swindler, you can say that for him. He walked up to Big Mitch before the start of the race. 'You'd better lie back,' he said. 'Not for you,' says Big Mitch. 'Ah'll stop ye, then,' said Corn. 'Not for fifty, not fifty thousand, not for you or any of your floppy-trousered lot,' says Big Mitch. 'Have it your own way,' said Corn, 'but ye'll lose.' 'Get to hell out of here,' says Big Mitch. 'Right,' said Miller with a faint smile. 'Be seein' you then.'

Big Mitch was so mad and determined to win that he went to the starting-line stripped to the buff and the starter made him go back and put his shirt on. He did so, and was off like a rocket with the pistol. He'd more wind than any man I ever knew and he was leading by a quarter of a mile at Corner's Wood.

This was what Miller had reckoned on and a dozen of the gang were waiting there. They tripped him with a wire rope and one of them bounced a beer bottle over his head. Then they sat on him for a couple of hours. Slinger got the cup and the prize money; Miller and his gang collected over £500 from the bookies; and Pony Jones, Big Mitch's trainer, got a horse and trap and went back along the route. He heard Big Mitch groaning in the ditch where they'd left him. An ordinary man would have taken to his bed but Big Mitch got washed and changed and went out to look for Miller and his gang.

He found the gang in the back room at the Bull. I was there, minding my own business, and I saw it all from start to finish. The lads were laughing and singing and flashing their cash. The waiter had just come through with a trayful of pints.

There was a pint for me among that lot, but it never touched my lips. The door had hardly closed when it opened again, and there stood Big Mitch. The waiter just stood – the way he balanced his tray was an act in itself – knowing there wasn't another way out but looking for it anyway. He'd have been glad of a mouse-hole, and so would Miller's boys – big as they were they'd have tried to pile in; but they were boxed, and they knew it. They just sat where they were and froze. Everything froze. Their mouths were still open; a couple of laughs and a song hung fire among the cigarette smoke.

Big Mitch got hold of a bench. It was about nine feet long but he handled it the way a schoolmaster handles a cane. 'You come out of there,' he said to the waiter. That waiter came to life quick. He put his tray down on the table and went weaving back of Big Mitch, but I was out before him. Then the bench landed among the bunch of them, and there was an awful noise of heads cracking, glass flying, the wash of seven or eight pints on the floor, and the yelling of desperate men (those still conscious) as they rushed Big Mitch. He wiped the floor with them and you couldn't tell blood from beer when he was finished. Then Mitch went looking for Corn Miller. But he never found him. He was on the train for Blackpool with 300 quid in his pocket half an hour after the end of the race.

Big Mitch said he'd get him the next time he saw him. As it happened he didn't. For the next time the pair met was in High Street. Corn Miller was carrying a couple of suitcases and there was a girl with him. Big Mitch shot across the road and stood in front of Corn Miller. 'Put them cases down,' he ordered. But Corn kept hold of the cases. He turned to the girl. 'Meet Big Mitch,' he said. 'An old school pal of mine. Best wrestler an' runner around here – and practically the best fighter.' Big Mitch's left hand took hold of Corn's shirt front. The girl said: 'I'm very pleased to meet you, Mr Mitch.'

Big Mitch looked at her. She was a beautiful girl, and she was holding out her hand. He took hold of it, 'Meet Mrs Miller,' said Corn. Mitch looked blankly at him and became aware that his big left hand was still grasping Corn's shirt front, and almost flushed. Then he managed a smile. He released Corn and put his left hand behind his back, and said, 'Well, Ah'm sure Ah wish ye both the best.'

'Thanks,' said Corn. 'Well, we'll be on our way.'

'Ah'll see ye at the Bull tonight,' said Big Mitch, meaningfully.

'Way, Ah don't know about that,' said Corn earnestly. 'You see – we were just married this morning.'

Big Mitch swallowed. 'Some other time, then,' he said.

But after this Corn Miller and Big Mitch didn't tangle together for a long time. For one thing, they both left the pit. For another, Big Mitch kept out of Corn's way.

Miller set up in business as a bookie. Finding it was too much like real work he collected his gang together again and followed the meetings. He used to go the round of the bookies, with the boys a step behind, and hold out his hand. He never said anything and there was rarely any need for rough stuff. He also organised a few schools, consisting of anything up to a hundred adult scholars, who met in the woods or on the moors to investigate the laws of probability through the medium of spinning pennies. Miller got ten per cent of the money wagered, plus twenty per cent of the big wins. The latter wasn't strictly legitimate, but since the disappointed scholars were never concerned about the welfare of the lucky ones, Miller invariably coined again, unless the winner was one of the big boys from Newcastle.

The Miller gang got to rule the roost around our way. Miller never paid a bus fare, or bought his own drinks. Landlords and customers used to fall over themselves to treat him.

Big Mitch got the sack. The manager hated doing it because, left alone, Mitch was a genius with a pick and an artist with a shovel, and could win more coal from the solid than six men shovelling it loose. I've seen him swing his pick and the coal crumble out of sheer fright before the point landed. But Mitch got tangled with an overman named Horace White, who was always picking faults in his work. Horace came into Mitch's place one day and said it wasn't properly timbered. Big Mitch picked him up, dropped him into a barrel of tub-grease, then knocked out all the timber outbye of the barrel. The roof came down, Horace yelled blue murder, and Big Mitch walked out of the pit. It took six men as many hours to shift the fall of stone and rescue Horace, which gave him plenty of time to scrape off the thickest of the grease. Big Mitch got three months for that.

Afterwards he went into the quarries and pretty nearly worked them out. Then he got a job as keeper on Marlowe's estate. It became the best preserve north of the Trent – the partridges and pheasants were as thick as flies, and the rabbits were so tame they'd sit up and beg for lettuces.

The rarest bird on Marlowe's estate, after Big Mitch took over, was a poacher. I remember once a poaching gang came down from Tyneside. They came in a van and had enough tackle to stock a zoo. When they got back from the woods their van was upside down at the bottom of a quarry. After fighting about who'd left the brakes off they decided to try to put the van to rights. Big Mitch gave them time to break both hearts and backs, then walked on top of them with Sergeant Slack and his men. Slack says it was the funniest thing he ever saw, those fly boys trying to climb the quarry walls, crying and swearing with frustration and fear.

It looked as though the two had settled down. Big Mitch had a cosy little cottage on the edge of the estate. He kept pretty much to himself, excepting the odd time or two when he went on to the spree. Miller got a little heavier and made – and lost – a lot of money. If he'd paid his rent he'd still be alive. But Miller never liked to pay anything. The landlord had him thrown out, paid for it with a fortnight in hospital, and Corn moved into a caravan on the edge of the Marlowe estate, not far from Big Mitch's cottage.

Peggy Miller never complained, but I reckon she was a lonely woman. Corn was away most of the time, and she had no friends. Nobody wanted to have anything to do with Corn anyway; but on top of that he was a jealous man. She was his property, and she couldn't move.

I remember she once got into arrears with her insurance. The company sent an inspector down to collect. He was a big, pleasant man, and he talked to her like a father. Then Miller walked in. He accused the inspector of trying to run away with his wife. He pulled out a big razor. The inspector ran for his life. He got the first bus out of Little Gomorrah and was never seen again; in fact, he was so afraid of Corn Miller that he paid up the arrears himself rather than come back again.

Corn Miller joined up with a Liverpool race gang. He had big ideas. He thought he could rule these Liverpool boys and run every race course in the country. But they were too tough for him. The gang jumped a bookie at Aintree and passed the wallet to Miller. A few hours later they met at a pub. Miller pulled out the wallet and showed it to them. Except for a return ticket to Manchester it was empty. Miller tried to bluff them. He said the bookie must have got wind of the jump. For once Corn Miller was a fool. He should have split fifty-fifty, or he should have bought off the worst of the Liverpool boys. But he was too greedy. They never said anything, but three months later they jumped him one night as he was walking home to his caravan. They jumped him and belted him. They took his wallet and his money belt. Then two of them held his head and two sat on his legs and two held his arms while the boss-man carved his face with a razor.

It was the yells of Corn Miller that brought Big Mitch running through the woods. Big Mitch says he's heard a hare crying in a spring-trap. He's heard a bitch-fox cry for her cubs. But he says he never heard anything worse than the yells of Corn Miller when the Liverpool lads nicked him.

They were so interested in their work that they didn't hear him coming. They must have thought it was the end of the world when they saw Big Mitch loom out of the night. He kicked the razor out of the hand of the man that was using it, then picked him up and threw him into a ditch. He kicked another under the chin, then used him in turn as a punch-bag, shield and club. He let go of this one when he saw a second razor click open and shine sharp in the moonlight. Big Mitch snatched it. A split-second, the lad who had lost the razor lost an ear also. The wounded man gabbled a lament of pain and complaint, scrabbled in the dark for his missing ear, then took to his heels. Those that could followed suit. From the ditch came a slithering, sucking kind of sound as the first casualty dragged himself away, not knowing where he was going but glad he was capable of going somewhere. Then Big Mitch knelt beside Miller.

He couldn't do much for him out there in the woods, so he put him over his shoulder and carried him home. He carried Corn Miller all the way without stopping, and he laid him down against the side of the caravan. Then he tapped at the door. First thing Peggy Miller said when she saw him was: 'Why, Mitch, what brings you back so soon?' He took hold of her hand. 'Take hold of yourself, lass,' he said. 'He's been in trouble.' Then he moved aside and the yellow glow of the oil-lamp lit up the face of Corn Miller; and she knew what he meant.

They got him inside and dressed his face as best they could. When Big Mitch left Corn Miller was conscious, but he never said a word of thanks. Not that Big Mitch expected any thanks, but that silence made him uneasy. The last thing he saw, he says, was the face of Corn Miller swathed in bandages and the eyes following him. Big Mitch knew those eyes. He'd seen them at close quarters more times than he could remember. But it was only later that he remembered the way those eyes followed him, the way they were the night he left the caravan. They weren't the eyes of the Corn Miller he knew any more.

Nobody knows what Miller thought, or said, that night, because Miller never talked at the trial excepting to plead guilty. He never said a word at the trial, never opened his mouth to lawyer, judge or chaplain, except to say he was guilty. Maybe he talked on the eight o'clock walk. Maybe the last thing he saw as he swung was her face when his razor flashed too quick for her even to say goodbye.

But Big Mitch talked at the trial. That girl was Corn Miller's girl. She was scared for herself, but she was scared more for her man when she heard about the Liverpool lads. She asked Big Mitch to keep an eye on the caravan and the woods. That's why he'd called the night the Liverpool lads jumped Corn Miller. But Big Mitch had never been over the doorstep of that caravan. Big Mitch talked hard and fast at the trial. He did the talking and Corn Miller stood quiet as if there was nothing in the world to hear but the scream of a lovely woman when a razor flicks open. He never said a word, but his head went down when Big Mitch told the judge why Corn Miller killed his wife. Because she said: 'Why, Mitch, what brings you back so soon?'

I sat up with Big Mitch all through the last night. We drank whisky mostly. We drank a lot and it was still a long time waiting. You can imagine me and Big Mitch watching the hours stretch and counting the years from dawn to eight o'clock, and not far away, not five miles, Corn Miller seeing the hours slip through his fingers like minnows.

The last hour Big Mitch stopped drinking. He just sat at the table, hunched over it, his big hands clasped. His face was hard and yellow and his eyes saw nothing at all. He looked like a man praying. He looked like a man waiting for the rope himself.

At a minute past eight he stirred. 'Ah hope it wasn't too quick,' he said. 'He'd die hard.' I never said a word. He was talking to himself. 'First time Ah met him Ah knew he was no good,' he said. 'Ah wouldn't let him best me. He hammered me all ways, but he never ruled me. Perhaps,' he said, 'if Ah'd liked him less we'd never have clashed.'

He stood up and swept the bottles from the table. He stumbled to the door and flung it open and the raw hard morning swept in upon us. 'Proves how near we were,' he said, 'when we both loved the same woman.'

He stood there with his back to me, blocking the doorway, with the hard cold light around the black square shape of him. 'Ah hope there's a heaven and hell,' he cried. 'If it's true, there's one battle coming up that neither God nor the Devil can stop. There'll be all hell let loose when Ah catch up wi' that Corn Miller!' It was something in his voice told me. There was one man mourning a crook and a murderer. There was one man weeping for Corn Miller kicking at the end of a rope. There was one man breaking his heart in the cold morning for Corn Miller dead, and Corn Miller gone, and Big Mitch was the name of that man.

Letter from the Distant North

IN YOUR LETTER YOU ASKED me how life went on in a mining town in this fourth year of the war. You can only understand the answer to your question if you know how life went on here before the war. Some of the things that are happening here now have their tenuous roots in pre-war times; the dead hand of peace still lies heavy upon us.

This county in which I live was once the glorious County Palatine of the Prince Bishops, and the imprint of their regal hand still lingers in historical ruins and in their officers, the Ecclesiastical Commissioners, who do battle still by the power of economics. Now the power of the cathedral, 'half church, half castle, 'gainst the Scots', is diminished, the coal royalties bought out now that the coal measures are almost depleted.

But their power, and the power of the landowners, was built on coal. Coal developed the roads; by pack-horse and wagon it went down to the coast, and the ports were born. Coal brought the ironworks and the engineering works; coal was the midwife of the steam-engine. George Stephenson made clay models of the standing engines at the pit when he was a boy, and when he became a man his first passenger-train started its journey to the coast not five miles from where I sit. Remnants of the old track still lie in the long grass; part it and you can see the cast-iron rails and the great stone blocks into which they are set.

The best memorial to the old engineer is the southward-bound express which shrieks past my home every day. Streamlined, a perfect piece of mechanism, it symbolises the old man's ideal of craftsmanship.

In 1921 a disease set in. The best measures had been ravished greedily and inefficiently. The coal remaining was uneconomic to work; production costs were high. Mechanisation was unthought of, the battle cry of the coalowners was: reduce wages and increase hours. The battle was waged for two decades and both sides lost. The back of the coal industry was broken; colliery after colliery closed and the County Palatine became a Depressed Area – a designation so near the truth that it was changed to Special Area.

Economic decline meant increasing unemployment. I know men who never worked for ten, fifteen or even twenty years: in the first six months of the war two of our largest towns had over half their population unemployed.

The most disgusting spectacle of pre-war days was nineteenth-century industrialism in decay; and a twentieth-century 'business-men's government' trying to keep it dark. Unemployment made rates so high that industry emigrated, while the new industries went to swell an already overcrowded Greater London. The coal that the country is now calling for is waterlogged. The pits that closed down during the depression are one vast underground lake, for when the pumping apparatus was dismantled water took possession of the galleries.

So war burst upon a Special Area stricken with a mortal gangrene which had completely undermined the social and industrial structure. Pulley-wheels were still; engineering and steel plants were rusted into uselessness; dockyards dismantled. Our war effort had to start from scratch. When you complain about fuel rationing remember this.

Of the physical dangers of war we know little. The fifth DLI, supplied from our district, went down in a rearguard action, almost to a man. The war to us is a rather distant reality. We have never experienced even a minor blitz.

The ports have had their share, but to us it is only a spectacle on the horizon; noises off, a fine display of ack-ack, and sometimes aircraft trapped in the 'bright lads' (searchlights) like silver fish. Sometimes we hear the double-drumming of a lost enemy plane and odd bombs are dropped. Or an escaped balloon drifts overhead.

Our battle is below. We have a certain sympathy with airmen. They in the heights, we in the depths. They fighting in an element from which may sweep death at any moment; we, ant-like in the mother rock far from the surface. But our battle is a more ponderous affair: unending war against the treacherous strata to get coal which lies in twenty-inch seams in the main. Painful thrust and blow from what we call the belly flapper position.

The agony of the days of depression has never been forgotten, or forgiven. The owners held the whiphand then, and they still do. For the miner has sons in the desert and in prison camps and is at a disadvantage because of this. The Company is impersonal, the policy of the Company is carried out at all costs. That policy is to ignore the war, to act as if the old rules still held sway. If you came here to live for a few weeks, to see and to listen, you would understand those miners who say that the coalowners are the most backward employers of labour in this country; that they have learnt none of the lessons of organisation and incentive; that their heraldic device should be the clenched fist; to hold and to hit.

Two miles from the colliery is the factory. Here high wages are an incentive and welfare facilities freely granted. The factory is state-owned.

Between the positive pole which we may term the factory, and the negative, the colliery, flows a constant crackling spark of discontent. Sooner or later the charge is completed.

Last year, at a local colliery, two boys were directed to leave their work as surface hands and start underground. Both wanted to join one or other of the Services, but were not allowed. Down the pit they must go. Both refused and were finally jailed. The colliery came out on strike. No more work until they are released was the slogan. It was the peak of summer, men were restless and irritable in the heat. Sympathy was like a warm, exciting current; it travelled through every gallery underground for a radius of five or six miles. The issue was a moral one, but all the pent-up grievances of years found expression in it. The story of imprisonment was the last straw. Twenty-four hours after the bare newspaper report of imprisonment, every pit in the district was out. I remember coming out of the pit that day. Everything was strangely quiet. The usual crowd of oncoming nightshirt men was absent.

They were massed outside the lamp-cabin listening to the plea of their leaders to carry on.

'Think of our lads in Libya,' said one speaker. 'Carry on for their sake…'

'And let them make slaves of our lads here,' shouted one man from the sullen group. 'No bloody fear!'

That cry from the crowd expresses the chief grievance of the men among whom I work. They have been nationalised; the mines are not. Their lives are circumscribed; private unenterprise in the shape of the coalowners goes its own way with only the trappings of State control.

There are twenty-five hundred men working at our colliery. The great majority of them have one thought: 'to get out of it' after the war. Some talk of emigrating; others of seeking work 'down south', many of going back to the land. There is keen competition to gain possession of one of the quarter-acre smallholdings which are rented and organised by the county council. To hear the talk among many a group of miners one would think that they were small farmers; the small plots with their tiny crops of potatoes are of more moment than anything else. The weather is studied anxiously and the good points of this breed of hen and that kind of pig are debated endlessly. Hen-runs and pig-stys are built with as much care as if they were palaces. To me it seems that coalmining is preferable to the smallholding. One works one's shift in the pit, and that's that, but the smallholding is a hard taskmaster, demanding twenty-four hours a day, and giving but small returns. But to my mates, dreaming of their own five-acre plot after the war, these disadvantages are outweighed by the feeling of being one's own master.

But there is no doubt of one thing. This social unit is ready to break up. The war has only momentarily delayed the inevitable disintegration. Mining is a dead-end occupation; the factories are war-lodgers; no one really believes that after the war things will change for the better.

The women sigh for peace and yet dread its coming, knowing that peace will put paid to the present prosperity.

'After the war,' says George, who runs the group of smallholdings here, 'it'll be get out or stay and rot. Mark my words.' But the pity is that with the falling to pieces of the social fabric will disappear a hardy breed of people with their own culture.

There is the battle for food which is unending. Before the war there was food aplenty, but nothing to buy it with. Now the situation is reversed. Food rationing has brought with it a silent warfare waged mainly by women, with shop counters as front lines. In this battle all women take part. Class distinctions are levelled out; for money is not the only weapon. One scarce commodity can buy another. The miner's wife, with coals from the colliery and eggs from the smallholding, has a greater bargaining power than Mrs Snob-grass, who can bid double and treble in currency.

The fishmonger at a nearby town can get drunk in every pub without paying. His currency is to be found in the bag which accompanies him during the prolonged crawl.

A miner's wife in another nearby village went to a publican she knew and told him that her sick husband had been put on a diet of sherry and eggs. She had the eggs, she explained, but no sherry. His face lighted up. 'You've got plenty of eggs? What a coincidence. My missus is off colour, too, and has to have the same diet. But I can only get the sherry.' A bargain was struck. She went away with two bottles of sherry – payment, fifteen shillings' worth of eggs in weekly instalments.

Another miner's wife I know was puzzled by the ingratiating smiles cast her way by a retired business man, a most pompous person, who has been unaware of her existence for years. One day the puzzle was solved. He stopped her in the street: 'Ah… urn… Mrs X, if ever you have a load of coals to spare I shall be glad to buy them.' It must be explained that the miner gets twelve hundredweight of household coal every three weeks from the company in lieu of wages.

The same lady was awaiting her turn in a shop one day and remarked that every now and again a customer used the symbol of the lifted eyebrows and pursed lips thus: 'Is the… (lifted eyebrows, pursed lips) … in yet?' Upon which the assistant silently carried away the customer's basket into the back and returned it, covered. So she tried the pass sign, expecting a rebuff. But it worked.

When she got outside she lifted the covering and found inside a rare unrationed commodity. I will not tantalise you by attempting to describe it.

You ask me about myself. Have I too suffered a seachange? Of course: all this is changing me. The school in which I am serving is a hard one, and like the white-hot iron on the anvil I am changing shape. How can I best describe my individual life, I wonder? Although I must submit to the discipline of pit-work every day for seven and a half hours, and sometimes more, I feel like a free agent. Each day brings its quota of toil in the darkness; I watch myself with disinterested and sometimes cynical amusement, a citizen of the dusty depths coursing the long, low galleries, a creature apart from fine words, at home with my fellows with their bawdy talk. When the cage slides to rest at 'bank' I walk out into the sunlight a free man. One washes off the pit under the spray in the baths, one advantage over life in the Services. As the coal dust peels off and the white skin emerges, the evil smell of the pit vanishes; amused and tolerant I move into the daylight world of the canteen, and, Woodbine between lips, listen and learn. You probably know the joy of a cigarette after several hours' abstinence, but to me, after the shift underground, the tiny cylinder is a renewed pleasure. And the world of talking, gesticulating men is a new experience. The reinvigorated, roving mind travels like a spotlight around the room: ordinary men become characters, a living book takes shape and a writer is shaped. The speech here is not musical, but it is poetical; and the approach of these people to life is direct and generally free from inhibition. Stories and phrases that are rich and pregnant are dropped carelessly and register on the alert mind through the haze of blue smoke: as when the other day someone said, 'Aye, life's all axes and saws.'

This is a bare and inadequate description, I know. If I attempted to do your question real justice the result would be a book and not a letter. But, for your information, I have it all in a thousand scattered notes which may find expression elsewhere some day.

I live a double life. Down the mine and among my people I speak the dialect and have the reputation of being a ready listener. At home the compiling of endless notebooks, the business of words, the translating of this jig-saw puzzle into form. Somewhere in those scattered notes there is an epic story: who knows I may be the right man in the right place, and the miner of the distant north and this forgotten county may live in a book long after the last ton of coal has been drawn to the surface, when curious sightseers may find the ruins of pit-head and pulley wheel as quaint and historical as Pele Tower and Roman Wall?

SHILDON

Weekend in Arcady

AS THE BUS TURNED DOWN Church Street he saw that there was a change. The orchard in the Vicarage Garth was gone; apple trees replaced by council houses. But the grass grew tall around the tombstones in the churchyard. The blacksmith's shop was closed, boards nailed across the windows. The little patch of green, once carefully tended, was now criss-crossed with paths and bore the marks of football playing. The ash trees bowed despondently; still sheathed in protecting iron frames, they seemed to have given up the fight. But the one chestnut flaunted its high candles. He was glad of that.

The first thing that struck him when he got off the bus was the smallness of everything. It seemed as though the place was shrinking. The buildings that had towered above him in boyhood were now small and drab and dirty. The narrow, busy railway crossing had disappeared. Gone too, the tall signal-box and its winding stairs. There were walls instead of the great gates. The pit wasn't working. It was difficult to remember how those gates used to miraculously open and close for the fussy little loco coming down from Datton with its twenty clanking trucks winding behind. He looked over the wall. All the way up to what had once been the pit-yard was a patchy sort of a field. You could barely distinguish the scars of the old track. The grass wasn't good – growing from slag and coal-dust it couldn't be – but the place was a riot of dandelions, an army of dandelions marching any old how, wave after wave of them, right up to the ruined base of the old engine-house.

How often he'd awakened to the sound of that regular thud, to run barefooted to the window to see the pulley wheels spinning fast, and dust and smoke rising slowly, and the little shaggy pony pulling the tubs of waste to the tip-end, with the lads shouting encouragement; and when you leaned out of the window and waved, they waved back. Now the engine was silent and the pulley wheels stripped, the pony to dust and the lads – probably among the men at the corner-end or queueing up for the second house at the Hippodrome. There it stood, the old Hipp, with its ornate front and bare backside. Something was missing: that was it, the chush, chush, chush of the gas-engine at the back, the thin grey jet of its exhaust. When he was a boy there was more magic in its regular throb than church bells.

'Can Ah go to the pictures, Grandma?' He used to hang about the house for hours before he dared screw up courage to ask. She'd pull open the table-drawer and take out her purse. That was *her* drawer. There was a pin-cushion in it, and boxes with buttons and cotton and hooks and eyes, and a little box inlaid with a fancy pattern, in which she kept her treasured jet beads and brooches. She'd take out three pennies and drop them, one by one, into his hand. Then he'd wait, and she'd say, 'Well, what are ye waitin' for? It's thrippence to go in, isn't it? Now go and get washed, and *don't* forget your ears! Then we'll see...'

'Ah'm washed, Grandma.' Turn round... Um.' Out with the purse again. 'Here's tuppence for spending money.' 'Thanks, Granny.' Tearing down the street as if there wasn't a minute to lose, knowing perfectly well that there was an hour to go yet.

Those old pictures! They were worth waiting for, sitting in solitary splendour in the dim light until the place began to fill up and the rows of empty seats became rows of people. Those old pictures! There was one about a journey to the moon, and there was Two Gun Bill, and Tom Mix and Bill Hart and Charlie Chaplin and Buster Keaton. Sometimes there was a serial with Pearl White or Harry Carey. You used to sit with beating heart waiting for the pictures to begin. There was a big safety curtain with advertisements on it. Waiting restlessly, you used to read them with rage and contempt, for the safety curtain and the advertisements stood between you and the screen, stood there like some blatant ugly guardian with its family butchers and Groceries and Service and Satisfaction and New Hats – *When it's a new hat you need, try Smith's* – and the latest designs and so on in a weary jumble. The two rows nearest the curtain were for the kids. Shouts and catcalls and fights, paper pellets and orange peel and apple gowks flying until the curtain went up and the virgin white screen was revealed. There were no bad films in those days – they were all good – provided there wasn't too much love in them.

Home from the pictures to find Granda getting his supper. Onions and chops disappearing beyond the walrus moustache. 'Umph!' Another mouthful, 'Pictures, eh? Was it good? How many got killed?' And that was all. Granda was a man of few words. Articulate only when the talk turned to welding, angles and t-bars, sheet metal and ropes and sockets. Or roses and canaries...

Now he was gone. It had been a bitter day when they buried him. Bitter cold, with the rain driving hard across the green mounds with their leprosy of white marble, bitter cold, and the memory of his gaunt, sick face.

Someone else was in the old house now. No use turning that way. Other pictures on the wall. There had been a text: *God is our refuge and strength, a very present help in trouble,* a picture of the bridge at Arkingarthdale, and another of Buttermere. He used to stare at the lake and the clouds, until, in a kind of dream, he was there, floating down, light as a thistle seed, among the crags, walking on the water. Then the smell of frying bacon, newly cut from the ham that hung on the hook in the passage, would come drifting upstairs. No dream could resist that smell. The shining booler hoop that Granda had made himself hung in the yard, and after breakfast he'd run with it twice round the street. Saturday mornings he'd watch the men playing quoits. Or climb the deserted pit-heap with the others and make Indian fires in treacle tins, swinging them till they glowed red-hot.

Those days had gone forever.

There weren't so many butcher's shops now. Johnson's the cobblers was now a newsagents. Cat's Nest, with its narrow streets and leaning houses, was demolished. The Latter Day Saints still met above the ironmonger's shop, if the weatherworn notice was to be believed. Remember the shock when Fatty said they were Mormons? But don't they have twenty wives? he said. Fatty shook his head. Not in England. They save up and emigrate to America where they can marry as many as they want, he revealed; and ever after he kept an eye on Mr Longstaffe, who every Sunday wore a white carnation in his button-hole; but he never went.

Going down the long curved street, Sand Street, where Uncle Joe lived, he saw a tall man limping towards him. There was something familiar about him. The man stopped, stared.

'It's Nick, isn't it?' said the man. 'Yes, it's Nick all right... but I don't know you...' The lame man flushed. 'It's a long time since we met. Ah'm your cousin Sam.'

'Well,' he said. 'I didn't recognise you. It's a long time, though.'

'That's all right,' said Sam, 'Ah've changed since you left, Ah suppose. Ah'd only be a lad in shorts when you went away.'

They stood a moment, an awkward, fidgety moment of silence, while they shot half-shy glances at each other. It had to stop. Nick said: 'You've been in the Army?'

'Aye, till Ah got this.' He motioned to his leg.

'That's bad,' said Nick, 'I was in the Navy. Minesweeper took us from Dunkirk. A bit cramped.'

'We didn't mind,' said Sam. 'Were ye goin' down to Uncle Joe's? Ah've just been down to see him, but he's out. Took Aunt Rose to the bingo, the people next door say.'

'He expected me coming...' said Nick.

'Aye, he did, but not so soon. Expected ye comin' wi' that last bus. Tell ye what, how about having a look up to my place till the bingo comes out?'

'Righto!' said Nick.

They walked back into Church Street, past the demolished houses in Cat's Nest, and turned in to Chapel Row. Sam's house stood alone. 'It's not much of a house,' said Sam, 'should've been pulled down long ago.' Inside, it smelled strongly of damp and decay. Sam's wife made a cup of tea while Sam talked on about the house. The last time Nick had seen him he'd been a harum-scarum lad with torn breeches and a cheeky face. It was hard to believe that this serious man had grown from the cheeky lad.

'We were lucky to get this house,' he was saying. 'But it was in a hell of a mess when we got it. Some Irish folk lived in it – well, perhaps it was just a place to sleep in. They hadn't any furniture. No mats or carpets. Kept cats and allowed them to muck all over the place. The rooms were filthy. Had to hold our noses when we came to have a look at it. And the floor was heavin' wi' the damp. We set to and started to clean it from top to bottom. We swilled the walls, and the floors and the ceilings. We were tired of carrying water. Then we started scrubbin'. And after we'd scrubbed once, we scrubbed again. It was a fortnight before the house was dry enough to live in. And then our troubles started. It rained in, and wi' the floor lifting all the furniture was topsy-turvy and Annie kept trippin' up and hurtin' herself.

'So Ah told Annie to tell the feller that came for the rent that it was time he was seein' about some repairs. Well, the next time he came she told him. And got nothin' but a lot of impitence for her trouble, didn't ye Annie?' 'He was terrible,' she said. Sam chuckled: 'The next time he came Ah was waitin' for him. Ah was sittin' in front of the fire readin' a book when he landed. He never knocked, just walked in! "How did you get in?" Ah says. "Through the door," he says, kind of snappy. Six foot three he is, a retired slop. Ah eyes him up and down: "Ah was brought up to knock at the door and wait till Ah was asked to come in," Ah says.

'He flushed up. "Ah happens to be collectin' rents, not payin' social calls," he says.

'"That makes no bloody difference," Ah says. "You'll knock the next time ye come for the rent, or ye'll go out a dam' sight quicker than ye come in. So put that in ye pipe and smoke it!"

'So Ah goes back to me readin', and Annie gets the rent book and the money. He starts fillin' the book in, mutterin' like this all the time: "A week in arrears, and this week," he says, "that'll be twenty-one shilling."

'"Beggin' ye pardon!" Ah says, shuttin' the book Ah was readin'. "Ye call for the rent once a fortnight. So it's not in arrears. It's you that's in arrears. Come once a week and ye'll get it on the dot. Yer come fortnightly for your convenience, not mine," and he grunted something about it havin' to go down as arrears to keep things right.

'Be then me blood was up. "All right," Ah says, "Ah'll do ye out of a job. In future Ah'll send the rent to your boss by registered post, less postage!"

"There's no need to do that!" he says. "Then shut up about the bloody arrears," Ah says.

'He's just about to go, and glad to go, Ah'll bet, when Ah says: "Oh, and what about the repairs?" "No men or materials," he says. "Ye'd better get it done or Ah'll take it further," Ah says. "Take it as far as ye like," he says. "We can't do the job without men or materials." And he shoved off.

'So the next day Ah went to see the Sanitary Inspector, and he backed the landlord up. So Ah went to see the MOH. And he came up wi' me to see the house. "Terrible," he says. "This house is a death-trap for children. Ah'll shake your landlord up a bit."

'And he did, because a week later we had to move out while they put a new floor in and repaired the roof. Kept poppin' in and out to see how the job was gettin' on, 'cos we were livin' in with me Ma, and not getting on very well with her, either. Took them a week to finish the job, and the foreman says we should wait another week before we moved in again.

'But we never lasted that week. Annie had a row wi' me sister, and Ah had a row wi' me Ma, and after the row Ah says, Aw, to hell wi' this, and packed the suitcases and staggered outa the house. Annie was helpin' Aunt Rose to do a bit cleanin', and Ah intended callin' for her on the way home. It was a good job Ah met her comin' back to Ma's. That was about the roughest journey Ah ever had. There was a strong wind blowin', Ah had a suitcase in each hand and a parcel under me arm, and a kettle hangin' from me little finger. Ever time me little finger got tired the kettle dropped and the wind blew it away helter-skelter. And Ah had to run after it, still holdin' on to me cases, and try to pick it up. When Annie met me Ah was cursin' like a trooper.'

'That he was!' said Annie. 'He was glad to hand me one of those cases! Have a cigarette, Nick?' 'Thanks,' he said. She gave him a queer little smile as she held out the packet. She was tall and dark. Her legs were good. Her eyes had a bit of the wanton in them. 'You don't remember me, do you?' she said.

'Can't say that I do,' he said apologetically, lighting his cigarette. 'Ye should,' said Sam. 'She's a Datton lass. Her dad had the cobbler's shop in Church Street. Johnson's.' Then he remembered. She was smiling. She had reason to. It had been one of those school romances. It had been a mixed class and they had sat at the same desk, walked to school together. After tea he used to hang about outside the shop, waiting for her coming out. It had been chalked on the school walls and on the street-ends: *Nick Dempster goes with Annie Johnson.* Well! He'd often thought of her, but not like this. She was different, changed. He knew that kind of smile, the way she crossed and uncrossed her legs with a careless pulling of the skirt. She was…

'Yes, of course, Annie Johnson. We went to school together,' he said. She smiled, satisfied. 'That's right, Nick,' she said. Her eyes surveyed him, cool and fathomless through the haze of her cigarette smoke. Sam caught the look, flushed, glanced at his watch and said, 'Well, Nick, the clock's gettin' round. Let's have a look down Sand Street.' 'Right you are, Sam,' said Nick. 'Thanks for the cup of tea, Annie.' 'Don't mention it,' she said, 'should have something better to celebrate your visit.' She walked to the gate with them, 'Call again,' she said.

There was something wrong at Uncle Joe's. Nick couldn't place the feeling, but there was something wrong. And yet Uncle Joe and Aunt Rose were just the same. Uncle Joe as fat, a little thinner on top, Aunt Rose as thin and miserable as ever. They greeted him warmly enough, but there was an undercurrent of uneasiness. 'Shall Ah make ye a cup of tea?' said Aunt Rose, 'there's not much to go with it, but what there is you're welcome to.' 'Don't bother, Aunt Rose, thank you,' said Nick, 'I've just had a cup of tea and some biscuits at Sam's.' 'You're sure?,' she said, relieved. 'Jack and his wife and the bairns landed without a word of warning on Thursday, and Ah'm sure they've eaten us out of house and home.' So that was it! They'd invited him to stay with them, and now, other visitors had arrived unexpectedly! Uncle Joe was speaking. 'Ah've got some chaps to see,' he said, glancing uneasily at his wife. 'At the usual place, Ah suppose!' she flashed. Uncle Joe grinned. 'Well, they might take a bit findin'.' They went out.

As soon as they were in the street Nick said, 'I think I've come at an awkward time, Uncle Joe.' Uncle Joe made an expressive gesture with his hand. 'Her relations, Nick, lad. They come like locusts, ye might say, without warnin', and when they've gone the place is as bare as a badger's backside. But don't worry lad, we'll manage somehow.' 'Listen, Uncle Joe,' said Nick carefully. 'I don't mind sleeping out. I can fix up at one of the pubs.' 'Ye'll do nowt of the sort,' said the little man, a trifle weakly, though. 'It's better than sleepin' on the couch,' said Sam. 'Well, ye might be right at that,' said Uncle Joe. 'They'll be goin' home tomorrow night, anyway. But it goes against the grain. Oh! them bloody relations of hers, they'll be the death of me!'

They walked in silence while his passion simmered. 'Ah well,' he said at last, 'as long as ye don't mind, Nick. We'll have a look at Top-end Club first. Ah want to see Joe Banting about a bit business. But we'll not stay there long, just long enough for a drink and a bit crack wi' Joe; then we'll move onto the King Willy.' 'Why move on t'd King Willy?' protested Sam, 'Top-end beer's good enough for me!' Uncle Joe shook his head decisively: 'Nick wants a night's board at the King Willy, and we want to be along in good time. There'll be no pleasure at Top-end tonight. Kirby's been playin' Datton today, and there'll be a busload o' them in Top-end, pinting to their heart's content. There'll be a bit of a concert, if ye like concerts, but Ah've had some.' Sam shuddered, 'You're right as usual,' he said.

Top-end Club was full to overflowing. They had to squeeze through the serried ranks at the bar. A sweating waiter, tray above his head, forced his way through the crowd. The way he balanced his tray was as pretty a picture as Nick had ever seen, but there was nothing pretty about the words he was using. 'Seen Joe Banting?' asked Uncle Joe. 'Make way there! Make way!' cried the waiter, and more impatiently, 'he's upstairs.' They went up some creaking stairs into a long, low room full of people and noise and smoke. A piano was playing at the far end, you could hear it if you listened closely, little keys tinkling vainly against the ebb and flow of voices. 'There he is!' cried Uncle Joe, and darted into the maelstrom. They made their way to a man who stood among the rest like a rock. He was a big man. He wore loose-fitting tweeds that looked as if he'd slept in them. There was a grey covering of ash over his waistcoat. The only time he removed his cigarette was when he wanted to drink. When he was talking it waggled grotesquely in his lips. He stood there, like a rock, a little distance from the bar, with the unending traffic of men and beer brushing against him but never disturbing his anchorage. His eyes were hooded, but when he smiled they became deep pools amidst the crags of his features. An unusual man.

'Ha, Joe! Now, Sam!' The hoods lifted and the deepset eyes took in Nick. 'This is Nick, me newy, Jake's lad.' 'Pleased to meet ye!' said Banting. His cigarette was the merest stub, almost level with his lips. He took it out, looked at it, sighed, and let it drop to the floor. 'Packed tonight,' he said. 'Look at them! Look at my brethren!' 'You're not at the piano tonight,' said Uncle Joe, 'what's the matter?' The hoods lifted for a second and the pools flashed fire. 'Some fool from Kirby's playin'. He's murdered every tune so far. Not that it matters. It's only what the wireless calls incidental music.' 'Er... about them leeks...' said Uncle Joe. 'Shut up,' said Banting, speaking from the corner of his mouth. 'D'ye want everybody to know where ye get your show-leeks from? We'll talk about it somewhere else.' 'All right,' said Uncle Joe, 'Ah'll get some drinks in and then we'll move on.' He thrust his way to the bar. Banting drained his glass quickly. 'Make mine a bitter, Joe,' he called.

They had a drink and left. Once outside Banting heaved a sigh of relief. 'Ah'm glad to be out of that!' he said. 'A lot of bloody lice, that's what they are. Where're we goin' now?' 'King Willy.' 'Good!' He pulled a battered Woodbine packet from his pocket. It was empty. 'Have one of mine,' said Nick. 'Thanks.' He lit up and puffed luxuriously, 'Dam' lice. Played 'em a piece and they ignored me. Ah might have been playin' a tin-whistle for all the notice they took. So Ah stopped halfway through and left them to it.'

'They've got a poor idea of music, Joe,' said Uncle Joe. 'But what about them leeks?'

'The leeks? Plenty of time for the leeks!' He turned to Nick. 'What did ye say your name was?' 'Nick Dempster.' 'Oh, Dempster. Any relation to Joe here?' 'Ah told ye once he was me newy,' said Uncle Joe patiently. 'Mustn't have heard ye. Them lice made too much noise. Music! They don't know what music is! Why, Nick lad, Ah can play sixteen instruments. And Ah'm a composer, too.'

'You must have a talent for music,' said Nick.

'Talent? Ah wrote a hundred and fifty songs, set 'em to me own music. The publishers sent 'em back. No good, they said. So Ah took one of their own songs, reversed the tune and made a lyric for it, and sent it in. It was a raging success. Made three hundred out of it. Whenever Ah get short of cash, that's what Ah do. Reverse a tune and write a lyric. Burnt me own songs.'

'You shouldn't have done that,' said Nick. 'They might have published them after you were dead.' Banting stared at him, wide-eyed. For a moment Nick thought he was going to strike him. Then he was doubled up with laughter, and the tears streamed down his cheeks. 'Oho,' he chortled, 'that's a good 'un. Why haven't we met before, lad?' He was still chuckling when they entered the snug at the King Willy. There were pictures of horses on the walls. Derby winners. Cap colours and crop in a glass case. An old-fashioned life-sized photograph of a jockey with a walrus moustache. 'That's Ned Garrick, the landlord, when he was in his prime,' explained Uncle Joe.

'Give that bell a ring, Nick,' said Sam, 'Ah'm thirsty.' Banting winked, 'Born without a clack to his throat,' he said. Uncle Joe smiled, 'It's the family malady. Nick'll be the same, Ah expect.' 'I can knock a few back when I'm in the mood,' said Nick modestly. The landlord came in. Shorn of his colours and moustache he looked small and commonplace. All that was left of his racing days were his bandy legs. And his shrewd, keen eyes. ''Lo Joe, 'lo Sam. 'Lo Banting… How d'ye do?' This last to Nick. 'That's my newy, Nick Dempster,' said Uncle Joe. The landlord nodded. 'Make it four of the best, Ned,' said Banting. As the landlord turned: 'Oh, Ned,' said Uncle Joe, 'can ye put my newy up for the night?' Garrick smiled thinly. 'You should know better, Joe. This is a pub, not an inn.' 'Sorry Ah mentioned it,' said Uncle Joe, a bit huffed. 'That's all right, Joe,' hastening to mollify a good customer. 'Ah'd have put the young man up, but we've got relatives here for the weekend, and there isn't room for a cat to swing his tail.' He departed. 'Well, that's that,' said Uncle Joe, 'we'll have to try somewhere else.' 'Are there any inns?' asked Nick. 'Plenty,' said Banting, 'there's the Green Tree…'

'The Ship,' announced Sam. 'And not forgetting the Sportsman's,' said Uncle Joe. Nick laughed: 'It looks as though we're in for a night!'

They were sampling their second pint when Major Domo arrived. He was a little man lost in a loud suit of plus-fours. He wore brown shoes inlaid with fancy patterns in white. He had shifty eyes. Nick saw his companions eye the man disdainfully and wasn't surprised. He rang the bell like a visiting lord, and pulled out a wad of notes to pay for his drink. Nick noticed his hands. They were a dirty brown. His nails were too long, each had a black fringe, black as the dead black of Hangman's Cap. Each knuckle had a little tuft of hair.

'Cheers!' he said, and tipped his head back to pour the beer in. That was the measure of the man. He didn't lower his head until the glass was empty. The way his Adam's apple bobbed you'd think there was something alive trapped in his scrawny neck. 'Ah!' he said, and gazed into the empty pot. Not quite empty. There was a bit froth left. His tongue, slick as a humming-bird's, popped in and out, flicking the froth from the inside of the jar until it was as clean as any barmaid's apron could make it. 'Ah!' he said, in deep satisfaction again, and pressed the bell button. 'Have one with me, gentlemen?' he enquired. Uncle Joe and Sam grinned assent. Nick stared. 'You can count me out!' said Banting disdainfully. 'Suits me,' said Major, carelessly. Two more chaps came in, respectable looking chaps, with spats and pin-striped trousers, but Nick was hardly aware of them. He was too busy getting an eyeful of Major Domo. The man wore rings. Several of them. And he'd opened his jacket to reveal a great gold watch-chain with a heavy seal attached. 'What does he do for a living?' whispered Nick to Banting. Banting didn't whisper. 'Ah don't know for sure – but the Divil does, nae doubt!' he said loudly.

Major flashed a deadly look, like forked lightning, but it merely glanced off the man of flint. 'So you grow leeks?' said Nick, in a desperate attempt to change an unprofitable subject. 'A double-dyed scoundrel if ever there was one!' said Banting. His voice rang like a bugle. Major lifted his glass as if to hurl it at his enemy, but luckily for Mr Banting, Garrick arrived with a loaded tray, and Major was not yet in that condition where you throw the landlord's glasses about while he's watching. There was a couple of hours hard work to put in before he reached that happy state. It took many pints to forget that Garrick had the disposition of a weasel. Garrick took Banting's empty glass and looked enquiringly from glass to man.

'Mr Banting's wearin' the ribbon tonight, Ned,' said Major. 'Keep ye trap shut or *ye'll* be wearing lilies!' said Banting. His voice was cold, his eyes unhooded and bleak as he stared at the Major. 'About leeks…' said Nick. He'd been in too many pub brawls. 'Leeks is educated scallions,' said

Banting. 'Just as Mr Major Domo is an educated scallawag!' Nick never saw anything so quick in all his life. The Major was over the table like a monkey, his face contorted into a snarl, gibbering a seemingly endless stream of unpleasant words. What he intended to do, no one will ever know. For Mr Banting merely grabbed him and held him at arm's length. 'Lemme go...' sobbed the Major. 'Lemme go.' 'What about the money ye owe me?' said Mr Banting. The Major stopped sobbing. His face cleared. 'Is that all ye were worrying about?' he asked. 'It's a fortnight since the race was run, and the winnin' horse was mine, and ye were the bookie. But ye've never been seen since.' 'Did you back that horse, too?' said Major. He pulled out his wallet, 'How much was it, now?' 'Ah had a quid on,' said Mr Banting, 'a twenty to one shot.' 'It was, it was,' said Major. 'Here you are, Banting, old boy!' Banting grasped the notes as if it was a dream. He folded them, opened them out again, held them up to the light, did everything but smell them. Then he walked slowly over to the bell. The company sighed a massed sigh of relief.

Nick pulled out his mouth-organ. He felt like letting off steam. 'Needn't ring the bell, Joe,' said Sam, 'here's Ned.' 'Ah, Ned, lad. Drinks in for everybody.' 'That's better!' said Garrick, reversing his decision to order one of the two out.

That was the beginning of a very pleasant evening. Nick played jazz until round about nine. Then Mr Banting asked for *Daisy*, and when they'd finished with that they asked him to play some more of the old ones. Then, a little later, one of the chaps with spats leaned over and asked Nick if he could play any hymns. Nick said he could, and what would he like? He studied a bit. Nick thought he was trying to choose between *The Old Rugged Cross* and *Abide with Me*. But he didn't; he asked for an old chapel hymn. Nick knew it. He'd been brought up chapel and knew all Charles Wesley's hymns. And he knew this one. It was *What shall I do my God to love, My loving God to praise.* Nick played it over. 'Is that the right tune?' he said. The chap nodded. So he played it, and the chap started to sing. He hadn't a bad voice, either. Nick guessed he must have been a choirmaster or something sometime or other. Until Nick started playing this hymn the man had seemed dead to what was happening. His companion had done all the talking which was mainly restricted to ordering the drinks. Although, it goes without saying, the dumb one's elbow had been pretty eloquent. Now, he forgot his beer. So did the others. Even Major. He tried to take a sly drink once, but Banting stopped him with one look.

He sang half a dozen hymns and they all joined in the choruses. Then his voice went, so they stopped singing. The singer started his elbow work again, and Nick had two or three quick while he had the chance. He'd got behind with playing the mouth-organ so much, and there were half a dozen jars standing in front of him.

Major was soon busy talking to the two chaps. As usual the singer didn't talk much, but his pal seemed to have plenty to say. After a while Major went out.

Five minutes later he came back, leading a whippet. He must have been home for the dog. 'He's run all the way there and back,' commented Banting. 'Unless he rode back on the dog,' suggested Uncle Joe. And certainly the dog was almost the size of a small pony. Nick didn't care much for whippets. They're all right outside. There's nothing more exciting than to watch a rangy whippet run a hare down. But they're too big for rooms. They don't fit. This one had a muzzle on. He was a big brute with a great lean body. You could count his ribs. He had large liquid eyes. Whenever he got near a boot he cringed. There was a big sore under his left ear. Major dragged him over to the two chaps. 'This is him!' he said, 'and here's his pedigree.' He handed the talkative one a roll of paper.

Major started a line of selling talk. He thought it was going down well, but it was obvious to Nick that it wasn't. The singer kept bending his elbow, completely ignoring the sales talk. The other man seemed to be having a job to keep his face straight. 'No,' he said at last. 'There's nothing doing, Major. Somebody's sold you a pup! This pedigree's a fake.' 'A fake?' cried Major. 'Don't tell me it's a fake! That chap owed me twenty quid!' Banting laughed scornfully. 'Ye need laugh,' said Major. 'My God, there's no honesty left in the world. Me, Major Domo, dipped of twenty quid!' 'And about time you were dipped, too!' said Banting. Major was nearly weeping. 'My God,' he sobbed, 'when Ah think of what Ah've done for that dog! Ah've fed it on the best. We sacrificed our rations to feed him. He slept at the bottom of our bed. Ah got a vet in last week about that sore under his ear, cost me two quid. He walked about the house as if he owned it, this dog, he knocked the bairns over if they were in his way, be dam' he'd knock me outa the way, never mind the bairns! He used to stand at the door like an old man, watchin' the folk go by, and Ah used to watch him and think next year's Waterloo was in me pocket. And he was a fake all the time, a fake!'

'Dry yer eyes, Major,' said Sam. 'Buy a little cart and he'll pull ye to the tracks. He's nearly the size of a pony anyway.' 'But he don't eat hay!' cried Major. The whole company roared. Then the singer of hymns came to life again. He clicked at the dog. 'Come here, lad!'

The dog whined with an eager note, wrenched away the leash from the Major's hand, walked over to the singer and laid his head on his knee. The singer spoke with difficulty, which was not surprising, since he had consumed about eight or nine pints in just under an hour. 'This dog…' he said, 'this dog… is a… gentleman.' 'Accordin' to this paper, he is,' said Major. The singer shook his head, 'Thassa fake,' he said, 'but look at the way he acts… walks… can't fake… these marks of gen'leman.' 'No,' said the Major, thoughtfully. 'Tell you what… tellyouwhat… I'll take him off your hands.' 'How much?' asked the Major, eagerly. The singer jumped as if he had been shot. 'Not offering price… just take him off your hands.' 'Ah'm not *giving* him away,' said Major. 'Keep him then!' said the singer, and reverted to his elbow. Major was shocked. He sat down opposite the singer and tried in vain to catch his eye. 'Ye don't expect me to give him away, d'ye?' he said.

The other man beckoned Major over to him. 'Give it to him,' he urged. 'You'll not regret it.' Major stared at him. 'You'll not lose on it,' promised the man. Major went back. He looked long and intently at the singer. You could see it was the hardest decision of his life. 'All right, Mister,' he said at last, 'he's yours!' The singer held up a protesting hand. 'Not so quickly, sir. Why d'you give… give me… this dog?' ''Cos ye want him,' said Major mournfully, 'and 'cos Ah'm sure ye'll give him a good home.' 'And what else?' asked the singer of hymns. His wandering eye for once met and held the Major's. Now what will he say, thought Nick. ''Cos yer pal said it was worth me while givin' it to ye, sir.' The singer sat up, electrified. 'And you took a gamble, eh?' Major nodded. The singer took out a notecase and extracted five notes. 'Thy faith shall be rewarded thee,' he said, and handed them over. 'Ta,' said the Major. He seemed to be a little dazed. He went into a corner and examined the notes. Then he put them in his wallet beside the others. The whippet still rested his snake head on the singer's knees. 'Come on, old boy. It's time we were going,' said the talkative one. The singer got up without a word, and made his way to the door. The dog followed, trailing his leash. The talkative man took a pad out of his pocket and scribbled something on it. He handed it to Major. 'Here, sign this,' he said. Major signed it. 'And Ah might as well have the pedigree as well.' Major handed it over. The man said, 'Good evening all' courteously, and walked out. A few minutes later there came the sound of a car starting up.

Major emerged from his daze. 'Hell's bells!' he said, 'did ye see that bit play, lads? Did ye see it?' 'Ye were lucky there,' said Sam. 'Lucky! What d'ye mean?' said Major. 'Why, that he was tight,' said Sam. 'Ah, that was a bit of luck, wasn't it!' said Major. He patted the bulge where his wallet was. Mr Banting was smiling. 'He wasn't tight, Major,' he said. 'How d'ye know that?' said Sam. 'Ah know that feller well – by sight,' said Banting. 'It takes more than nine pints to make him tight. He's got the biggest belly for beer of any boozer Ah've ever met!' Major came out of his corner like a bouncing ball. 'Who is he, then?' he demanded. Mr Banting lit another cigarette, 'Being as he's in the same line as yourself, Major, Ah thought ye'd know him.' 'Not from Adam,' breathed the Major. 'No?' said Banting. 'Ye mean to tell me ye didn't know him? Why, that was Jack Prendergast, him that runs the Stadium at Kirby!'

Major rushed to the door. 'Where are ye off to now?' asked Banting. 'Off to get that dog back off them dirty low-down double-crossers,' shouted Major. Banting shook his head, 'It's no good,' he sighed, 'for one thing, they went off in a car. They'll be half-way to Kirby now. For another, ye signed the dog away, y'know.'

'My God, Ah did,' said Major. He sat down again. 'Then that pedigree wasn't a fake?' 'What d'you think?' said Mr Banting. 'Ah well, Ah got a fiver out of it,' said Major. 'If Prendergast gave ye a fiver, then he was worth fifty,' said Mr Banting pleasantly. Major Domo made a valiant attempt to keep his passion under control.

At ten o'clock they turned out, or were turned out, one of the two. The houses danced and the moon was giddy. They stood at the corner-end saying their fond farewells. Passers-by disgracefully lurched and staggered. Three times Sam and Uncle Joe had to pursue Major Domo, who had an idea that somewhere up the road Prendergast was hiding with his dog. The fourth time they gave him up in disgust. He passed rapidly from their limited field of vision, tearful and gesticulating, shouting down the wrath of heaven on the singer of hymns. 'Well, Ah'm away home!' said Mr Banting, 'enjoyable evening. Better than the pictures. Glad to have met ye, Nick.' And he too passed out of sight, an unsteady rock.

The three linked arms for greater safety. For half the population of Datton was drunk. Street corners were toppling, telegraph poles and gas lamp standards grew in plantations, bent by a crazy wind. They passed the waterworks. 'Y'know, when I was a boy, I always wanted to swim in the waterworks,' said Nick. 'Too late,' said Uncle Joe sadly. 'Too soon,' said Sam, 'the sun's not up yet.' Nick stood stockstill. 'To swim in the moonlight!' he cried, 'what an adventure!' 'Sleepin' in bed's a better,' said Sam. 'C'mon, Nick.' Nick laughed. 'Did Ah crack a joke there?' demanded Sam, a little hurt. 'The joke's on me,' said Nick, 'I've got no bed to go to. I'll have to find shelter in the waterworks.' 'By gum, he's right! We forgot all about goin' to The Sportsman's and the others,' said Uncle Joe. He was thinking of Aunt Rose, and the thought nearly sobered him. 'Think of all the fun we've missed,' said Nick, 'the Green Tree and the Ship...' 'And the Sportsman's,' said Sam, sadly. 'Nick, will ye sleep on the couch at our house?' 'I'd sleep on the floor if it pleases you,' said Nick earnestly. 'Good enough,' said Sam, and collapsed. They stared at him for a while. 'He must be drunk,' said Uncle Joe, 'he always loses the use of his legs when he's proper tight. We'll have to carry him home. It's always the same,' he complained, 'Annie'll tell

Rose and Ah'll get the blame.' 'Never mind. Let's get him home,' said Nick.

Home seemed a long way away. Streets went a wandering and houses were divorced, Sam's legs dragged behind like fishing hooks, catching every obstruction, shadows wrenched themselves from their moorings, and the moon, riding a tipsy sky, laughed to see such fun.

At last – 'Here we are, this is it!' said Uncle Joe. 'It doesn't look like Sam's place to me,' said Nick, doubtfully. Uncle Joe looked around uneasily, 'Hell's bells, ye're right, Nick. This is Sand Street. Right about turn!' A slop walked out of the shadows. 'Hello, what's this?' he said. 'My friend's had a fit,' explained Nick. The slop looked at them a long time. Then he put his hand under Sam's chin and had a look at his face. 'You're right,' he said. 'Get him home sharp. D'ye want a bit hand?' 'We'll manage, thanks,' said Nick. 'Give him some black coffee when you get him home,' said the slop, 'it's good for that kind of fit!'

They found the house all right, this time. Meeting the slop had sobered Uncle Joe up a bit and he didn't tend to drop his side of Sam so much. The kitchen door opened as they dragged Sam down the yard. It was Annie. 'He's had a drop too much, lass,' said Uncle Joe. She only said, 'Take him upstairs.'

'Wouldn't a cup of coffee do him good?' said Nick. 'It wouldn't,' she said, 'he'll sleep it off. Take him upstairs.' They laid him on the bed and came down again. 'We didn't take his clothes off,' said Uncle Joe. 'That's all right, Ah'll manage,' she said. 'Goodnight, Uncle Joe. Goodnight, Nick.'

And they found themselves in the street again. 'But you were goin' to sleep on Sam's couch,' said Uncle Joe, 'Sam asked ye!' 'I was,' said Nick, 'I thought of it when we were comin' out, but she didn't seem too pleased with us, somehow!' 'Oh, take no notice of women!' said Uncle Joe. 'You go back, lad. Ah'll find me own way home. G'night.'

He felt badly about it as he knocked at the door. After all, she had plenty on her plate when she had Sam. She opened the door, 'Oh, it's you, is it,' she said, looking him up and down. 'Sam asked me to stay here for the night,' he explained. 'Don't you think Ah've got enough to put up with?' she demanded, 'there's plenty of trouble wi' one drunk without havin' another on me hands.' 'I'm sorry,' he said. She flung her head. 'Oh, all right, come in. Don't stand there with your bottom lip hangin'.' So he went in.

'And where d'ye think you're goin' to sleep?' she said, 'we've only the one bed...' 'On the couch,' he said meekly. 'Good enough.'

Sam had also said 'good enough', but the way she said it was different. Two small words drifting on a sea of sorrow. He sat on the couch while she poured him a cup of tea. She asked him if he wanted anything to eat. He was hungry, but said no, he didn't feel like eating. So she poured herself a cup of tea and sat in the chair beside the fire. For the first time he noticed that she was wearing her dressing-gown. She brooded, cup in hand, over the fire. Then she looked at him. 'You're not so drunk after all, are you?' she said. 'I hadn't so much,' he agreed. 'Perhaps you'd like something to eat, then?' 'Well, I wouldn't mind,' he said. She brought him some sandwiches, then returned to her chair. 'Funny,' she said. 'You comin' back like this. Remember when we were young, Nick? Remember school and the fun we used to have? Walking out together, two kids without a care in the world?' 'I remember,' he said, 'they were good days.' She sighed. 'Yes, they were good days.'

'Then you went away,' she said, 'I never forgot you, Nick. That's the reason I married Sam. He was your cousin. He reminded me of you.' Nick wanted to say something but couldn't. He felt as she did, the enormous weight of the years. They sat in silence for a long time. Then she said, 'Ah'm going to bed now, Nick, if you don't mind.'

She got some blankets from a drawer and laid them on the couch beside him. Then she sat beside him and took hold of his hand. 'You can give me a kiss for old times' sake,' she said.

The kiss lasted a long time. She was good to kiss, she had been before, but this was different. Everything she had was poured into her lips. Then her lips slipped from his, and she was weeping like a lost child, her face buried against his shoulder.

'Ah don't know why Ah should cry like this,' she said. 'For the same reason that I'm not, honey,' he said. 'Ah'd better go to bed,' she said. 'There's no hurry.' 'Ah'd better go.' 'Well,' he said, 'you haven't finished your tea yet.' He went over and picked up the cup. But when he turned round she was gone.

He shrugged his shoulders and started making the bed, spreading the blankets over the couch. Then he heard a noise from the street and pulled the curtains aside. It was Major Domo, weaving his lonely way home, holding threatening converse with an invisible company. Behind him, like a fantastic mime, danced a shadow Major. The real Major shook his fist at the moon, and the shadow Major shook his flat fist at the real Major. He wandered in a circle, became giddy, lost his balance and his shadow, and fell in the gutter. He cursed, he wept, he called for his whippet. Then he was still. He had fallen asleep.

And Arcady slept with him.

Revisiting Sid Chaplin's County Durham

Photos by Karen Atkinson

Into the Wood: Bellburn

Old Clarence Railway arch, Bellburn

Fields by Long Lane

The Wear by Newfield, upstream to The Lagoon

Bolckow Brick Beach, The Lagoon

Pony with seductive eyes, Newfield

Security operatives, Wear Valley

Binchester resident

The ladies of the Knit and Natter Group, Binchester

Front window, Shildon

Front window, Byers Green

Sunken lane to Strawberry Cot, Ferryhill

Strawberry Cot

Gathering storm

Top: Skyscape, Wear Valley
Below: John Sayer of Newfield, with dahlias

Canopy, Bellburn Wood

Into the Wood

An essay by Michael Chaplin

IN THE DEPTHS OF THE wood it's dark and silent.

Leaning against a magisterial beech, I look up at the canopy, its tops gently moving. I can hear the distant sighing accompanying it. Further off there's the sharper sound of a light plane's engine. My ears register the birds: the repeated call of a nearby chiff-chaff, the shriek of a buzzard high above, the bubbling song of what my grandfather used to call a *laverock* – the skylark in a meadow beyond the wood. I can only hear these birds, but through the bushes at the edge of the wood, I catch sight of swallows hawking for insects over a wheat field, swooping a few inches above the swaying corn. Ears attuned now, I'm picking up another sound, so slight I can't quite place its murmuring music. Then my eyes find the stream, the clear water moving so imperceptibly over earth and stones it barely registers as a sound at all. This is officially a burn, but with a current so negligible, it surely doesn't count as such. The memory searches for alternatives and finds much older words, onomatopoeic with it: *rivulet, rill, runnel.*

The longer I lean, the more I hear: the creak of a fallen tree resting against the branch of its still-robust neighbour; the laughter of a child lower down the wood; the comforting hoo-hoo of a wood-pigeon in the branches above. The old wood is talking to me. The thing is – I don't quite understand what it's saying, at least not yet.

As woods go, Bellburn isn't much to write home about.

Barely 30 yards wide in places and never more than 150, it straddles a toy stream slipping down a gentle hill to its big brother barely a mile away to the west, the River Wear. Seen from the cockpit of that plane above it would bear the shape of a reversed tick, with a tiny green tail at each end: Fox Rush Wood at one end and to the west the remains of another wood, Evergreen.

If the Bellburn stream is slight, it still delights the eye, meandering in a perfect demonstration of that old standby of school geography, the formation of oxbow lakes. Its close companion, a muddy path showing the boot-prints of other walkers, shows that many are drawn to this apparently insignificant place and return as we did, many times. We just missed its display of bluebells in May and June, though from the massed ranks of the remaining stalks the spectacle we heard of from many must have been spectacular. Another sense is gratified instead: nostrils filled with the pungent, earthy aroma of wild garlic. Visitors used to call them 'onions' and maybe used them as such. There are also towering stands of holly, and I know for a fact that they were once plundered too, to provide a focus for the humble Christmas decorations of local people, among them a family who lived nearby for a short time 90 years ago. A family with a boy who never forgot this place; and quietly immortalised it, in his own way.

Before I leave the wood, I look back into its heart, searching for words to capture the elusive colour of its diffused light. A phrase comes that seems just right. But 'smokey-blue' doesn't belong to me. Another writer has been this way before.

DURING A SERIES OF SUNNY days in the summer of 2016 my photographer friend Karen Atkinson and I put on our boots and walked the bounds of Sid Chaplin's childhood and early adulthood, the corner of Durham he called his 'heartland', to take a snapshot of how the various places where he spent both are faring now, a century after his birth, and get a sense of what the future holds for them. I knew that they must have changed a great deal since the 1920s and '30s, but was unprepared for the scale of that change and its effects on the people among whom my father once lived.

There were other more personal discoveries along the way, principally about how and why, given an upbringing marked by hardship, poverty and a rudimentary education, Sid Chaplin became a writer and then made a success of it. As his son and literary executor, I thought there was little I didn't know about this critical period in his life, but I was wrong. Those long days we spent by the Wear – often sustained by lunches of leek pudding at Lowfields Tea Rooms – revealed much: among them the importance of Bellburn Wood.

We began our travels a few miles away in Shildon.

This was my father's birthplace, but also where I spent many school holidays when *I* was a boy; walking a slow black dog, talking to a foul-mouthed pet jackdaw and spotting steam locomotives emerging from a tunnel with a whistle blast and shifting column of black smoke. My grandparents Ike and Elsie spent their retirement in Shildon, after he left his last pit, Ferryhill's Dean and Chapter Colliery, which closed in 1964. Thus after 40 years of wandering from place to place in search of settled work, the couple returned to where they had started their married life in 1916. Then they had lived with Elsie's parents in Bolckow Street, but in their old age they moved to another street that suggested the town's industrial roots: Foundry Street. After pausing by number 27 for a moment's reflection, we wandered to the other end of the town, passing the Sid Chaplin Library, to find Vaughan Street, where Ike's parents lived at the turn of the 20th century, very close to where Bolckow Street used to be, rather like the men after whom they were named. Vaughan Street is that familiar thing in Durham: a long row of terraced houses, larger than most, with fine front gardens. There are allotments nearby and grazing for ponies.

A word about ponies. They were to be found more or less everywhere we went on our travels and Karen took photographs of all of them (more or less). In pasture they were usually very friendly in a cupboard-love kind of way, evidently used to being fed. At other times we saw them pulling trotting-rigs at a fair old clip and once – actually later that day – being ridden down the main street by a mean-looking chap, as if Shildon was Dodge City. Sometimes these places on the lower slopes of the Pennines have a rather frontier feel to them.

A few yards from Vaughan Street was once the place where many of its earlier residents would have worked before it closed in the 1930s: Shildon Lodge Colliery, known locally as Datton. But after 1825 Shildon was always more of a railway town, when it became the western terminus of the Stockton and Darlington Railway. We found proof nearby: a crumbling stone building reputedly the world's first railway passenger terminus. More importantly for the town's future, the S and D's first superintendent Timothy Hackworth designed and built pioneering locomotives here. Later, for more than a century 'Shildon Shops' supplied the rail network with untold thousands of freight wagons and was far and away the town's biggest employer.

My Uncle Walter worked there. The husband of Sid's only sister, Kathy, Walter was a forthright, politically active, self-taught welder, whose qualities (and many of her own) were shared by Kathy, a warm, take-no-prisoners woman with a fetching laugh. The couple had no children of their own but Kathy became a beloved aunt to many nieces and nephews. The Nunns loved animals: as well as a succession of dogs, they also gave sanctuary (though perhaps not at the same time) to a wild rabbit called Dinah and a stray fox, not to mention that offensive jackdaw. But their greatest love was for the Labour Party (though they withheld their affections from their local MP, one Tony Blair), and shared a craving for knowledge and travel, shuttling all over Europe for virtually nothing on Walter's British Rail travel pass. One result of these adventures was a vast *trompe l'oeil* panorama of the Alps (they adored Switzerland) on a long wall of their front room, with curtains at each side, as if the viewer was actually looking out of a hotel window in Zermatt. This decorative feature fascinated me as a child and amused the smart-arsed teenager, who once suggested that the panorama be accompanied with a looped tape of

Julie Andrews singing *The Hills are Alive* from *The Sound of Music*. Walter remained characteristically stony-faced at this sally, while Kathy's tinkling laugh almost cracked the window. On my desk I have their wedding photo from 1941: sharing a complicit smile, a good-looking and smart (in every sense) young couple with it all in front of them, up to and including the Promised Land for the people. When Shildon Shops closed in 1984 (in that year of the Miners' Strike another cause of Durham's *annus horribilis*), they put a brave face on it but I think it broke their hearts. Indeed it almost broke the town. It may now have Locomotion, the splendid offshoot of the National Railway Museum, but like so many other places in the North, the town is without the industrial base that defined and sustained it for so long. So what exactly is Shildon now? I went to Sunnydale School to get some clues.

One baking hot afternoon in late July a group of 15-year-olds, mostly girls, troop inside for what's supposed to be an English lesson. Despite the heat they're all wearing school uniform, including a distinctive tie bearing an image of the *Sans Pareil*, the locally-built locomotive designed by Timothy Hackworth, whose many qualities were overshadowed by Stephenson's *Rocket*. This isn't the only way in which Sunnydale – a campus of Greenfield Community College – references Shildon's industrial past: its three houses are named after local pits, long gone: Brusselton, Deanery and Adelaide.

Not that these young people need much reminding about the past: rail and coal are part of the family history of many, with numerous grandfathers working in one or the other. Deputy head Kath Bennett's father worked at Shildon Shops for many years and she proudly tells me that when the classic locomotive *Flying Scotsman* was recently renovated at Locomotion, he gave advice on the manufacture of a part: everyone else was stumped. Nowadays, the pupils say, most fathers and mothers in work have to travel for work, many a fair distance. The young people accept this will be their lot, in one way or another. Anyone wanting to take A Levels or further education courses must catch a bus (or two) to schools or colleges in Bishop Auckland, Durham or Darlington.

There are mixed opinions of their town. Some like its familiarity: 'When you walk through the town you know everyone, mebbe not everyone's name, but you know the faces. You can place them. It's kind of cosy that,' says one girl, while a boy enthuses, 'People are helpful. If you need something doing, you'll always find someone who'll help you.'

One lad at the back calls out: 'It's dead boring. There's nothing to do. The shops are boring. Too many kebab shops.' This gets a laugh, but the main thoroughfare, Church Street and Main Street, with their charity shops and empty premises, do have a tired feel. In fairness that's true of many towns in the North East. One girl adds bluntly, 'There's just not enough money, is there?'

A poll of the 20-strong group reveals that only two definitely want to stay in Shildon when they leave school. Two girls reveal their ambition to become criminal psychologists, while two quiet lads are determined to do science and technology degrees: 'I want to live in London,' one says. 'That's where the money is, and the opportunities.' Some feel sorry about the likelihood of leaving Shildon, others less so. One girl with a steady gaze says: 'You're expected to stay. Especially if you're a woman. I mean, stay in your place. Get married, have kids, get a crap job. Not me.' The lad at the back calls out, again to laughter, 'I want to be a racing driver', then with sudden anger, 'No, you lot! Just you wait and see!'

THE DEINDUSTRIALISATION THAT AFFLICTED SHILDON in Thatcher's decade of the 1980s came much earlier to the three villages where Sid Chaplin's family lived in the 1920s. Binchester Colliery and its neighbour at Byers Green, a notoriously wet pit, both closed in the autumn of 1932. The bridge-builders Dorman Long – responsible for the Tyne Bridge – had taken over the pits once owned by Bolckow Vaughan, but found them a diminishing asset. Westerton Colliery remained productive, but employing far fewer men after the Second World War, finally closed in the early '60s. Newfield was even smaller, never employing more than 40 men after 1945, but the little pit managed to outlive the boy who once played in its yard. Twenty years after the National Coal Board closed it in 1960, it was reopened by a private concern, employing just seven miners. Visiting Newfield after Sid's death, I was astonished to catch the sight my father had once lyricised: little tubs full of 'roundy coal' emerging on rackety rails from a hole in a cliff-face above the Wear. Newfield Colliery finally ceased working in 1989, almost 150 years after its life began. In that time it claimed the lives of 47 men and boys, among them 'Sydney Morris, aged 25, Sinker, suffocated by black damp, 3 May 1880' and 'John Robinson, 15, Landing Lad, killed by head being crushed between top of a tub and a baulk, 8 August 1901'.

As the pits slowly died, the industries that developed around them, principally brickworks and coke-works, to render the coal into fuel for the furnaces of the Tees steelworks, withered with them. Firebricks for use in furnaces, a mixture of locally-dug clay and shale-like 'segger', were still made in Newfield as late as the 1960s: Gordon Henderson, who grew up in Binchester, recalls that local children explored the works in down-time: its sandpits were home to a population – collective noun 'lounge' – of lizards.

Meanwhile the extensive railway network whose development in the 20 years after the opening of the Stockton to Darlington Railway had more or less created the south west Durham coalfield was systematically dismantled. This began as early as 1891 when a link from the so-called Clarence Railway (from Bishop Auckland to Middlesbrough) on the south side of the Wear to the Durham-Bishop Auckland line on the north was broken. In 1939 the line between Spennymoor and Bishop Auckland was closed, though the branch line to Byers Green remained open for goods trains. Gordon Henderson remembers as a boy in the '50s watching excursion trains leaving the little station at Byers Green full of happy day-trippers heading for Seaton Carew. The line was finally taken up in 1958. A few years later the Durham-Bishop Auckland line was closed as part of the Beeching cuts to the British Rail network. By then the little spur line that once joined it at Hunwick from Newfield Colliery across a Kwai-like timber bridge over the Wear had fallen into disuse. Birtley Aris's maps at the front of this book graphically tell this tale.

If the pits and much else started to go in 1930 and had disappeared altogether by 1960, where did the miners go? While some stayed at Westerton to the bitter end, most went east, following the coal to newer and bigger pits. Ike Chaplin and family left Newfield in 1928, and after a brief flirtation with Eldon Lane, settled in Ferryhill to work at another Dorman Long colliery, Dean and Chapter; there Sid joined him and 700 other pitmen in 1931. Within a few years the workforce had quadrupled as the British economy began to recover from the long years of the postwar depression. During the Second World War, Britain needed every ton of coal it could find and miners were so precious a resource they were not permitted to join the armed forces. When coal was nationalised in 1947, the National Coal Board became the employer of 800,000 miners at 958 collieries. There was only one way to go for the industry, though few would have predicted it would disappear entirely within 60 years. The tide of closure that began at places like Binchester in the 1930s rolled inexorably east, reaching Ferryhill in the '60s, finally enveloping the pits by the sea like Easington in the '80s and '90s.

After 1945 there were still pitmen living with their families in Binchester, Byers Green and Newfield, though they had to travel increasingly long distances to get to work. Many were reluctant to move simply because they liked where they were, settled in good homes and surrounded by a pleasing landscape. Some men found other kinds of work locally. After finishing his National Service in the mid-'50s, John Sayers got a job in Bishop Auckland at Wilson's Foundry, making pulleys and wheels for the coal industry. He had been born in Newfield, found a house a few doors down from where Sid's family had once lived in Primrose Hill and saw no reason to move. Those in authority disagreed. In fact the officials and councillors of Durham County Council made it almost impossible for him and many others to stay.

In 1951 the Durham Development Plan determined the future of its villages by categorising them as A, B, C or D settlements. In the case of the last category it decreed that no future development would be permitted, property would be acquired and demolished, and the population relocated to new housing elsewhere. A total of 114 Durham villages were listed as Category D and given a sentence of death. It became public policy simply to erase them from the map.

Binchester, Byers Green and Newfield were among the 114. For more than 20 years – the policy formally ended as late as 1977 – officialdom did its best to force people out, demolishing empty blocks, closing schools in Binchester and Newfield and refusing to help residents improve their homes. As late as the 1960s the houses in Binchester were still without flushing toilets; every day a Mr Clark came from Newfield with his horse and cart to collect the so-called 'night soil'. The tarmac road through the village was destroyed by lorries collecting coal from a nearby opencast site (one development that was allowed) and not repaired; the job was finally done 30 years later, courtesy of BBC1's *Challenge Anneka*. In Byers Green, most of Michael Terrace, where my grandparents lived in the mid-'20s, was razed to the ground and the pit structures behind it flattened. In Newfield, the old community of Challies Street by the Wear was torn down, along with many of its surrounding industrial buildings. Nearby three tiny settlements went too. Like Challies Street, Sid had featured them in his stories, and I can understand why, their names just too irresistible for a writer to ignore. So let me name them for the record: Nutty Hag Row, Seldom Seen and Never Seen…

Pressure was put on the residents in other pernicious ways. Shops and chapels began to close and bus services were withdrawn. When Gordon Henderson left school and got a job in Crook, the only way he could get there was to catch a bus in Willington four miles away. But he had to walk there first, and home again at night in all weathers. All in all the fabric of community life was systematically shredded by order of the men and women appointed to maintain it.

Inevitably some people were driven out and went to live in Bishop Auckland or the council's preferred choice, Newton Aycliffe New Town, and the population of all three villages fell, but many simply refused to leave. By 1969 the County Council had only succeeded in killing off three villages: the tide had turned. In 1971 a housing association took over what was left of Binchester, essentially the long curve of Granville Terrace, and started modernising the houses. Word spread and the exiles began to return, among them Millie Jordan from faraway Newton Aycliffe and Marie Kirkbride from Bishop Auckland. When asked why, she says simply, 'Because this was home.'

Not that this meant that it was all going to be plain sailing. Residents still had to fight for the kind of amenities city dwellers took for granted.

In Byers Green two houses had been left standing at the bottom of Michael Terrace, just where the branch line from Spennymoor crossed a dirt road. In the early '70s teacher Dave Mallaby bought what had been the pit office and began converting it, while policeman Alan Gardner and his wife Jean did the same with the mine manager's house next door. Stripping off the wallpaper in an upstairs room Dave found sundry sums chalked on the wall: the room had once been the pay office and therefore the scene of many disputes between pitmen and clerks about how much should be in the weekly pay packet. Services were on the primitive side: the power supply for the houses and neighbouring streetlights was controlled by an easily accessible switch 150 yards down the road. As a result the two households were sometimes plunged into darkness by a malign hand, often after the pubs had turned out on a Saturday night during *Match of the Day*. Alan laughs in the telling. The prank was aimed at him: he was the local bobby.

A THURSDAY MORNING IN BINCHESTER and inside the Community Centre a group of women are enjoying their weekly 'Knit and Natter' session. The older residents are telling stories of the old Binchester: the so-called 'Midnight Hawker' who visited the village late at night tooting the horn of his old van, selling everything from fags to soap; of the pitmen who refused to have their dirty backs washed because they thought it would drain their strength away; the Sikh man who went from door to door selling ties and scarves from a battered briefcase. When I recount the Chaplin family tale that eventually became Sid's short story *Grace Before Meat*, Millie Jordan interrupts: 'My grandfather stole turnips during the Strike an' all! There were 13 in the family.' I hear of the man whose leg callipers were struck by lightning and survived; of the village being 'adopted' during the dark days of the 1930s by the people of Sevenoaks, who provided the wherewithal for villagers to build henhouses. I'm surprised but somehow delighted to hear that several of the women, widows of long-dead pitmen, still receive their monthly entitlement of free coal. I wonder where the coal comes from; not from County Durham, I'm sure.

I notice a few women are listening, not telling, and realise they are newcomers. Sheila Armit is one, from rural Hampshire by way of Ely, having recently followed her daughter north. She loves her village life and her new home, built of stone with walls 16 inches thick. Sheila is part of a significant change in the old mining community that began around ten years ago when houses once let to tenants began to be bought by owner-occupiers, many from outside the area. What attracted them was not solely the quality of the houses once described as for 'the better class of miners', at prices that represented excellent value, but also the beauty of the surrounding landscape, including Bellburn Wood at bluebell time.

What they also encountered was a community that was by most measures pretty hard-pressed and a dying culture in which men hunted rabbits and hares and sometimes settled their differences with their fists. While the newcomers were generously received by many families, other residents were not so welcoming and the atmosphere was sometimes difficult. However, if the Knit and Natter group is anything to go by, any them-and-us tensions are a thing of the past. Instead the women testify to the village's strong neighbourly spirit, increasingly bound together by the vigour of the community centre itself, with its packed programme of activities and events: proddy mat club, cards group, line dancing, ceilidhs, community gardening.

Some remain sceptical that these old pit villages are as cohesive as they once were. Gordon Henderson remembers the old Binchester: 'There was the pit and the railways. Everyone walked by the river on Sundays. Everyone knew who they were and where they were going. It's not like that now. People are disconnected.'

Binchester's population is growing again, if largely consisting of the retired and near retired. Those in work must travel a good way and there are relatively few children. But all in all Binchester's is a good story: a village once condemned to a slow death has survived.

WALK OVER THE DOWN LONG Lane hill to Byers Green and you wonder how on earth officialdom decided it too deserved to die. For a start the place has history; unlike Binchester and Newfield, it wasn't the invention of Bolckow Vaughan, a place created to house miners and their families. The Trotter family lived in Byers Green Hall from the 15th century and a polymath called Thomas Wright lived here in the 18th. Teacher, clockmaker and garden designer, Wright is best remembered as a pioneering astronomer, the first to describe the shape of the Milky Way and suggest that faint nebulae were distant galaxies. His observations were aided by the construction of a tower on the skyline at Westerton known as Wright's Folly. Byers Green once had its own regatta on the Wear. This history – and the fact that the village has its own church as well as chapels and houses from the 18th and early 19th centuries – did not stop it getting Category D Status, but it did help to have it lifted earlier than most in the mid-'60s. Indeed Sid wrote about the village's effective campaign in his column in *The Guardian* in 1964.

Since then the village, the largest of the three neighbours, has grown and flourished. Most important for its future, a new primary school has been built and smart new houses are dotted around the village, with 4x4's parked outside. There is money again in Byers Green. The village even has its own factory, half a mile away in Todhills, where the old railway turntable used to swivel tiny locos around to return to Spennymoor. Lo and behold, it's a survivor of one of the area's traditional industries: a brickworks, operated by the Austrian company Wienerberger. Not that the sign at its entrance describes its function so simply, using instead the horrible construct *Building Materials Solutions*.

A mile away, at the southern end of Byers Green, the remaining residents of Michael Terrace – Dave Mallaby and the Gardners – are working in their immaculate back gardens. Alan is tidying up after an charity open day featuring his remarkable 'garden railroad', on which great locos and wagons emblazoned with *Baltimore and Ohio* and *Denver and Rio Grande* run on trestled tracks over paths and ponds on a circuit of 650 feet. Just over the fence is a low rise covered in scrub woodland, the only remaining physical evidence of what was Byers Green Colliery. The site was cleared, or 'landscaped', in the 1950s, when it became accepted practice to leave nothing behind of pits like this one, not even a plaque recording the fact that 76 men and boys once lost their lives here. I find this deeply insensitive, but it happened more or less everywhere in the North East. I take a look inside the wood, its willows, sycamores and conifers so dense it's almost impenetrable; as far from the charms of Bellburn as you could imagine. I find it rather spooky. The process of sanitation hasn't worked. This is dead ground, in more ways than one. I turn and leave.

AS THE SUMMER DAYS SLIP by, Karen and I return to Bellburn Wood more than once – and it begins to give up its secrets.

From the start I had been curious about the name, but assumed it was connected to its annual display of bluebells. It turns out this is wrong.

In the middle of the wood there is a place where the path downhill towards the Wear crosses the little burn, and another path running north to south. On both sides of this double crossing the bank is so steep that someone once built stone steps to aid ascent and descent. Gordon Henderson, Binchester lad and local historian, reveals their origins: the bell of the wood's name refers not to a floral but a chiming bell. There was once a bell foundry in this place.

Not so far from this spot, we come across an intensely private place that is at the same time public: tucked among the trees inside one of the many oxbow bends of the stream, a shrine in memoriam to 'Dennis Hamilton, 1932-2001' and 'Caden Palfrey, born asleep on 31 January 2010'. I think Dennis and Caden might be related, possibly great-grandfather and great-grandson, who obviously never met. I find this moving, and the care with which the shrine, with seats, potted plants, tinkling chimes, mobiles and plastic hummingbirds dancing in the breeze, has been lovingly maintained. The place confirms the feeling that the wood has a special meaning for local people: a place of quiet rapture where they can not only reconnect with their inner lives, but also with the past. After all, this is why I am here too.

Once when telling stories of the wood, Gordon laughed at a sudden memory of childhood. Back in the 1950s, when Westerton Colliery was still working, half a mile upstream, there was a daily event that drew children from miles around. 'At four o'clock every afternoon for five minutes the pump men at the pit would release waste water into the burn – lots of it, mind – and it would tear downhill. We'd wait for it by the railway bridge and then race it down through the wood, whooping as we went. It was a torrent – sometimes 4 feet high! Grand sport! But doesn't bear thinking about now, someone could have fallen in and drowned, but somehow no one ever did.'

I wonder if Sid played this game. He never mentioned it, but Gordon has another memory – of a local man who owned an old plane which he flew low up and down the valley – that chimes exactly with a story of Sid's called *The Great Aeroplane Race*.

Around the wood there is history of a much older kind. Climb a gentle hill westward from the bottom of the wood and you will find the remains of a major outpost of the Roman Empire. Here on a spur of high ground overlooking the Wear, its soldiers built a fort around 75 AD, the largest in Britain, four times the size of Housesteads on the Roman Wall. It was placed here to guard the crossing of the river by Dere Street, the arterial road running from Eboracum (York) to the great wall connecting the Irish and North Seas, as well as a junction with another road to the south west. This was Roman Vinovium, sometimes Vinovia; later settlers called it Binchester, derived from the Old English for 'settlement or manger within a fort', and plundered its stones for their own buildings. Vinovium was first excavated in 1878-80 by the antiquarian Reverend Hooppell of Byers Green, who called it 'a buried Roman city'. On the subject of settlements, a scion of the local family who lived in the nearby manor house (the people who allegedly threw their silver into a pond) did a bit of building himself: his name was Christopher Wren. In the 1920s local children were told the story of the long-ago centurions and when they were being troublesome at home, were sent out to look for buried Roman coins, known locally as 'Binchester pennies'. Family legend suggests Sid once found one, but rather typically lost it; though later was rather tickled by the thought that one day somebody else would find it again.

Gordon Henderson tells me the fort is not the be-all and end-all of the Roman remains: hereabouts they are everywhere. Roman roads radiated out from the fort in all directions: the present road from Bishop Auckland to Newfield follows the route of one and another ran behind Granville Terrace in Binchester, discovered when a digger uncovered some 2,000-year-old cobbles. Roman rubbish pits have been found too, with the telltale presence of oyster shells. One explanation of these other discoveries is that when the centurions retired from service, they were offered five acres of land; many chose to stay. Many of these old soldiers were from far away – the garrison included cavalrymen from north west Spain, the so-called *Ala Hispanorum Vettonum* – but here they married and had their children, cultivating these gentle slopes above the Wear, making their mark on the landscape for ever more, and also perhaps on the genetic inheritance of the people of south west Durham.

A MILE TO THE WEST in Newfield, an elderly man with a gnarled face sips a pint and watches Royal Ascot on the telly in the Queen's Head, as the fabulously rich racehorse owner Sheikh Mohammed bin Rashid Al Maktoum enters the Royal Enclosure in morning dress to exchange pleasantries with the Queen. At one of the tables a small boy called Leighton makes things with paper, with a running commentary that eventually draws a gentle rebuke from his grandmother, the landlady Sheila Sharp. On the other tables rest small packages and at first I can't work out what they are; then I realise they are prescriptions delivered from Bishop Auckland and laid out separately for villagers to collect.

Behind the pub, John Sayers works on his allotment. A fresh-faced man who wears a shy half-smile, John was born in Newfield in 1937 and apart from National Service has lived in the village all of his life. His lifelong employment at Wilson's Foundry in Bishop Auckland, producing pulleys, wheels, chares and valves for the coal, rail and shipbuilding industries, was only ended when it closed down in 1996. The site is now an ASDA supermarket.

In his lifetime John has watched his village slowly shrink. Category

D spelt death for lower Newfield: Challeys Street, Bridge Street, Wear Street and Bush Street all disappeared. At one time it had three shops and a second pub, the Fox and Hounds: all gone. Its school was closed and Stonebank Methodist Chapel, where Sid listened enraptured as an elderly preacher intoned 'In the Beginning was the Word', was knocked down and a detached house built in its place. Outwardly John does not seem distressed by this slow diminishing, simply treating it as a fact of his long life. He smiles instead at a memory of a man known as John Tom Taylor who made a living collecting bottles and jam jars for cash and talks about positive things – children and grandchildren, for instance, all doing well – and his beloved allotment. He has run the village's Leek Club for 40 years, meeting every Friday evening in the Queen's Head, though 'not so many are interested now'. His solo passion is for flowers, specifically dahlias – his wife Margaret goes off to find photos – which are proven winners, though John generously gives credit to nature: 'We have very good bees here in Newfield.' He breeds or 'raises' new varieties himself: *Snowflake* is currently on trial with the National Dahlia Society, but John's favourite is named after two of the loves of his life: his home and one of his grandchildren. A salmon pink flower called *Newfield Katie*.

Karen and I walk down into what was lower Newfield, following a track that follows the route of the rail incline up which coal wagons were once drawn up from the Wear by the Todhills stationary engine. On a sunny day in early summer, the lane is pure rural idyll: stands of comfrey, oxeye daisy, cranesbill, forget-me-nots and birdsfoot trefoil on each side, butterflies circling them; a jay flies above the trees where the tawny owls nest; belted galloways graze in knee-high meadow. Near the river, the elderflower is in bloom and dog rose in great profusion; a yellowhammer sings its curious song – *a little bit of bread and no cheese!* Standing on the stone piers of the old railway crossing, the footbridge is painted blue and when I walk onto it I catch another flash of the colour, the electric blue whirr of a kingfisher disappearing upstream. We follow it along a worn path that takes us to a group of islands in midstream and then that long turn of the river, where the water slows and deepens behind an ancient weir: for a century or more locals called this place The Lagoon. We reach a kind of beach, looking across the river to the steep limestone cliff where oak and ash, crack willow and silver birch grow tall. We have walked through what was a place of great industry, on a small scale: the pit and its workings – the mouths of the drift entrances now stuffed with earth and slabs of rock – railway lines, sidings and sheds, bridges, cokeworks and brickworks, places where clay and 'segger' were dug to be mixed to make firebricks. Yet we see no physical evidence of them until we arrive at the beach, where discarded bricks litter the shore, many imprinted with the letters 'BVN': Bolckow Vaughan Newfield. Giving in to sentiment, I dig one out and put it in my rucksack to take home.

Three men are fishing, catching salmon parr and soon returning them. Nearby another fisherman and local hero cherished his favourite spot: Geordie Jones, who in his youth captained the West Auckland team that won the very first World Cup in Turin in 1909; he later lived and worked in Challies Street. The lads tell me they used to jump into the deep from the cliff opposite, like generations of kids before them. Yet this is a place of death as well as play – there have been drownings here. John Sayers had intoned the name of one victim long ago in memoriam: *Roy Young*. A lifebuoy has been placed here in memory of another of the drowned: Ian Bell. One fisher lad tells a story that's been passed down the generations: before the pit closed some men manhandled a coal wagon into the river, where it rusts away in the depths of The Lagoon. Probably a rural myth, but not it turns out reports of a family of otters living here. I saw one on my last visit, pelt gleaming in the sun as it dived for its supper.

The Lagoon and its abandoned mill-race below the weir was Sid's favourite swimming place, so I sit on the bank to take in its sights, sounds and smells. I consider going in for a swim myself, but the muddy bottom puts me off, so I make do with the brick weighing down my rucksack and contemplate instead what I have learnt from our wanderings about my father's childhood about its effect on his writing life.

Immersing myself in the world of the three villages where he lived in the decade between 1919 and 1929, at the same time as re-reading his writings about his early life, has been a revelation. I know now that Sid enjoyed the richest of childhoods in every sense except the material.

Each settlement had its own pit and the industrial offshoots of the winning of coal, as well as a network of railways, whose lines, cuttings and bridges riddled the landscape. As Birtley Aris's brilliant map of the area in 1924 at the front of this book indicates, there were locomotives, machines and moving parts everywhere that weren't fenced off or hidden away, but accessible in a way inconceivable in the Health and Safety culture of today: a thrilling industrial playground for a boy growing up in the midst of it.

In addition children lived outdoor lives. Houses were small, families were large (eight in the Chaplin household) and so parents gave their children great freedom to explore the world around them. You get a vivid sense of such wanderings from various of Sid's stories; from them we understand that one of the glories of the landscape was the juxtaposition of the industrial on a human scale with the rural, the farms, fields and woods that spread above both banks of the meandering ribbon of the river. Also imprinted on the landscape were relics of the past, their exotic inhabitants and the narratives that went with them: not just Binchester Fort but also Auckland Castle, seat of the mighty Prince Bishops of Durham.

All this represented an exceptionally stimulating environment for a boy; no wonder Sid became in his own words 'a noticing child'. He refers to many of these stimuli in his writing: Byers Green coke ovens by night, exploding with a blaze of white light; the sensuous pleasures of running waters; the smell of new-baked bread; the mystery of the wood. From an early age the writer also became fascinated by the various languages he heard every day with the distinctive vocabularies of the pit and the chapel, spoken in the soft accent of the Wear Valley, complete with its 'thees' and 'thous'.

The imagination was stretched by other things: the horn gramophones of Challies Street in Newfield blaring out Caruso, Chaliapin and *Tiger Rag*; the antics of Charlie Chaplin on a flapping screen at the Globe in Byers Green. Then the access to reading material: comics like *Gem* and *Magnet*; his teachers introducing him to classics like *Lamb's Tales From Shakespeare*; a mobile library arriving in Newfield; Bishop Auckland Co-op stocking books in the *Reader's Library* series, where at ten Sid bought his second book, *The Mill on the Floss* by George Eliot, having saved a penny in pocket money for six weeks; the first was a second-hand copy of Tolstoy's *Resurrection* the year before, when he was nine. This surprising exposure to literature and culture accelerated after the family moved to Ferryhill when Sid was 14. His reading widened, especially under the growing influence of a remarkable series of mentors: a teacher called Rupert Wilkinson; Alex Wyllie, blacksmith; the engine driver who introduced him to DH Lawrence; WEA lecturers and Bill Farrell of the Spennymoor Settlement, and finally though not exclusively, to John Lehmann, editor of *Penguin New Writing*, his first publisher.

My father did not always treat these older and better-educated men with the respect they might have expected. From his letters, notebooks and the prolific nature of his output in the breakthrough decade of the 1940s, he emerges as a young man in a tearing hurry (quite a contrast to the slower, more measured man I remember); someone who has survived the crushing blow of the end of his dream of further education and a career in politics and pursued an alternative destiny, to become a writer. He must have known at the outset how many obstacles lay in his path. If he did not, the stream of rejection slips that arrived at Gladstone Terrace would have made them clear. But it seems he never considered for one moment giving up. His letters are testament to this resolve and growing self-confidence: shot through with energy, passion, hunger and sheer bloody-mindedness.

He was going to be his own man, as the editors whose judgement he often questioned came to discover. As one of them wrote, 'I admire your spirit!' This spirit, forged in hardship, honed in chapel and lending library, tempered at the smithy and coal-face, that's what did the job. He would have his say – and he did…

As well as his mentors, Sid also benefited from the many people who enchanted and inspired him by telling him stories, when he was a child and then a budding writer. The decent but often-flawed men and women who peopled the world of his upbringing later inspired his fiction. He acknowledged his debt directly in the introduction to his first book, *The Leaping Lad*; and indirectly a few years later, when he spent seven years in London and wrote more or less nothing but journalism. Once separated from the landscape and its people, nothing would come.

When he left Ferryhill in 1950, he wrote to his friend John Bate describing his ambivalent feelings. He ends simply: 'Durham is part of me and I am part of it.'

FERRYHILL TODAY IS ANOTHER DORMITORY town, but perhaps in better nick than Shildon to the west, probably because its closer proximity to the A1M, Durham, Newcastle, Sunderland and Teesside, makes it easier for people to commute to major employers like Nissan and the new Hitachi railway works at Newton Aycliffe. There is little employment in Ferryhill itself, beyond a small service economy and on the site of the old Dean and Chapter Colliery where my father, grandfather and 3,000 other men worked in 1940, a small industrial estate. This is common throughout County Durham: the adjacent sites of Binchester and Westerton collieries are home to small enterprises like a packaging company and caravan sales park, while Dean and Chapter houses a dozen small businesses, including an animal feed store and equine laundry, employing about 100 people. Binchester once had a clothing factory, employing around 30 local women; it first made pyjamas for Doggarts, the small chain of department stores in the North East based in Bishop Auckland; then, when Doggarts folded in 1980, switched to leather gloves before finally closing in 1993. Remarkably, Newfield has one survivor of its industrial past: on a site close to the old pit, ECL makes 'smokeless briquettes'. The company was started in 1992 by an ex-miner from nearby Willington called John Bartlett. He'd reopened Newfield Colliery in 1979 and with a tiny workforce recovered coal from the old 'bord and pillar' workings, before setting up ECL, which he has just sold to the American fuel multi-national Oxbow. It would be nice to report that the briquettes produced here are made from Newfield coal, but that's not the case. The raw material is petroleum coke, a by-product of oil refining, imported from the USA or Venezuela. ECL employs fewer than a dozen people.

The bottom line is that this part of south west Durham is desperately short of good jobs. In the mid-19th century the explosion in coal excavation attracted workers from all over the British Isles. When the industry began to implode, dying slowly from west to east in the 70 years from 1930 to 2000, many of these pioneers' descendants were beached by an outgoing tide. After 1945 vigorous efforts were made to offset falling employment in coal and engineering by establishing new towns at Newton Aycliffe and Peterlee and large industrial estates in places like Spennymoor. After 1980 this impetus fell away in the face of a much bigger deindustrialisation that seemed to many to amount to official government policy. More recently, One North East, the regional development agency set up by the Blair Government, gave a great fillip to economic development, but it's probably fair to say its positive effects were felt least in this corner of Durham. After ONE's closure by the incoming Government after 2010, its role was inherited by two Local Enterprise Partnerships, but with smaller funding from the Government. Meanwhile the Bishop Auckland and Shildon area continues to have the highest intensity of deprivation in the county; just over a quarter of the area's population live an area classified as among the 10% most deprived places in the UK. It seems there will be no Jerusalem soon for the marginalised communities around Bishop Auckland. As one Binchester man said to me with quiet bitterness, during a conversation about the upcoming EU Referendum: 'We've been left to rot.' The people of County Durham voted Leave by 153,877 votes to 113,521, but my anecdotal impression was that for many in this area the EU was simply a symbol of powerful political and financial elites far away seen to have collectively failed places like Shildon and Newfield. There was anger in the vote and an almost despairing fear for the future, especially for the young. One elderly woman asked me: 'What will become of them?'

AND YET, AND YET. SOMETHING is stirring around Bishop Auckland. It helps to explain why the price of houses in Binchester is rising fast; why Thomas Wright House, a guest house and restaurant in Byers Green named after the famous astronomer, is about to open; why Bishop Auckland is presently almost impenetrable to road traffic but more importantly in the throes of a major makeover.

This is the Jonathan Ruffer effect.

Jonathan Ruffer is a 65-year-old City investor, art collector and philanthropist, brought up in Stokesley, North Yorkshire. In the mid-'90s he co-founded Ruffer Investment Company, which has made him a very rich man: as of 2014, he had an estimated wealth of £380 million. Mr Ruffer is also an evangelical Christian, who happens to believe that nobody needs more than £20 million to get by, so in recent years he has set about spending – he might prefer 'investing' – some of his literal excess in and on a good cause: Bishop Auckland and the patch of rolling earth around it.

It started with a set of paintings of Jacob and his 12 sons by the Spanish master Francisco de Zurbarán, acquired by a Bishop of Durham in the mid-18th century and quietly decorating the Bishop's Palace at Auckland Castle ever since. In 2013 the Church Commissioners woke up to their value and decided to sell them and their home. Mr Ruffer was distressed at the prospect of the paintings leaving Bishop Auckland, so stepped in to buy them. 'It would,' he said, 'have been deeply discouraging to the local community.' It didn't end there: once he began spending, Mr Ruffer hasn't quite been able to stop.

He first donated £15 million to preserve Auckland Castle (as well as the Zurbaráns) through the Auckland Castle Trust, which he chairs. Next he donated another £18 million to restore the Bishop's Palace and create a museum on the history of Christianity and faith in Britain, now under construction. In 2014, he donated the endowment to create *Kynren*, a spectacular open-air 'night-show' telling the story of England with cast and crew of almost 1,000 local volunteers, not to mention horses, cows, sheep, goats and a gaggle of geese, to audiences of 8,000 on a specially created site by the Wear.

Mr Ruffer's vision for Bishop Auckland's regeneration comes at a price of £65 million, of which £9 million is pledged by the Heritage Lottery Fund. There are sundry other projects: new visitor centre, new hotel, Institute of Spanish Art and Culture, and hopefully a Gallery of Mining Art to showcase culture closer to home; new walled garden, geothermal energy, the list goes on. In the hinterland, Mr Ruffer has recently bought Binchester Hall, once home of the Wrens, latterly a failed hotel and then care home, and is buying Church land up and down the dale.

The aim of all of this is not so much to improve the quality of life in Bishop Auckland and environs, though it clearly will, but to create economic activity, to attract visitors in increasing numbers who will spend their money in hotels and guest houses, pubs and restaurants and other local businesses. Bishop Auckland will get what it has desperately needed for decades: a new and steady source of significant income and new jobs with it. God, it seems, is creating Mammon; not that Mr Ruffer is apologetic, nor should he be.

'I'm simply about my Father's business,' he has said. 'I believe, quite literally, that I'm called to do this. All the battles that I have, I trust that

I'm doing what's pleasing to God. Whether the thing falls flat on its face or is brilliant is entirely up to Him.'

Kynren has not fallen on its face. It may not please all tastes, but is undoubtedly a spectacular hit in every sense. John and Margaret Sayer from Newfield told me they loved the show and were planning a second visit. It seemed part of their enjoyment was the *idea* of it, that such an extravaganza was happening in their valley, performed by people like themselves. Whatever else it may have achieved, *Kynren* has begun to make this part of the world feel good about itself. It will be back next summer for a longer run, the year after that and so on, its profits being ploughed back into local communities.

It is too early to say what effect Mr Ruffer's philanthropy – a throwback to the Carnegies of earlier times, today's billionaires tending to sit heavily on their money – will have on the area, but it will certainly have some. It may partly be negative – this much money is bound to create tensions – but I guess it will be mostly positive. It may also serve as a model of how focused investment can effect change in a marginalised community; the kind of investment that in recent times has been beyond the wit and will of government. Unfortunately there are many such communities in the North East and they can't all find their own Jonathan Ruffer, an inescapable fact that tempers my pleasure at the unexpectedly positive outcome of my return to Sid Chaplin's 'heartland'.

SO AT LAST I RETURN to where we started: into the wood, into Bellburn.

Of course this has been a personal as well as a professional journey: alongside my aim to illuminate the social and geographic context of Sid's early work has been the desire of the son to rediscover the father as well as the writer. It is 30 years since he died, almost half my life; more than enough time for memories and feelings if not to die, then certainly to fade, like old photographs left in the sunlight. My personal wish was therefore in some sense to 'find' him once more. I imagined at the outset that if there were to be such a discovery, it would be inside my head, not a physical one.

It turned out I was wrong.

When Karen and I began to explore the gentle hill that rises up from the Wear to the north of Bishop Auckland, where the villages of Binchester, Byers Green and Newfield sit on various flanks, I felt a growing certainty of their importance to my dad's story. With instincts honed by 40 years of telling my own stories, I knew I had found the heart of Sid's. I felt an almost physical frisson of discovery, especially when I went into the wood. Apart from the quiet beauty of this place and the richness of its hidden history, it somehow held another meaning for me, but of course I couldn't know what it was.

On our first walk through the wood, Karen and I had glimpsed a house through the trees by the old Roman road that marks the southern boundary of Bellburn. I idly wondered what it was and what might have been, but walked on; there was so much to do. Later, we walked a path running immediately behind the substantial house, painted yellow, with lush gardens on every side. I stopped to take it all in, intrigued by two outbuildings: a two-storey brick construction and a heroically-crumbling wooden shed. Pulling a large-scale 1924 OS map from my rucksack, I found an inscription at this very spot and had a small eureka moment: *Vinovium Pumping Station.* Just then a woman appeared in the garden and said a friendly hello. Five minutes later Karen and I were sitting with tea and biscuits and while woodland birds breakfasted on feeders around us, our hostess Christine Young told us her story.

'My husband Peter and I bought Vinovium Cottage in 1986. It was in a dreadful state and my mother was so horrified she begged us not to buy it. But we saw its potential and we loved the wood. Local people were so friendly despite the fact we were incomers.'

The Youngs are actually from Darlington, 18 miles away.

'This was a pumping station for Newfield pit, emptying water from the lowest level of the workings here. The pumps were steam-driven, then converted to electricity, which was when they built the brick house, to house the switchgear. When we moved in, the pumps were still working, but only at night. Funny kind of lullaby! We'd hear the pit water roaring through the two great pipes at the side of the house, emptying into the Wear below. It was such a torrent, oxygenating the river so much, it became a very attractive place for salmon and trout. The fishermen loved it too.'

Vinovium Cottage was once Vinovium Cottages, two single-storey homes with earth closets. In them two pitmen and families lived: electrician to maintain the pumps and winding-man to operate the tiny cage used to visit the workings below.

'The little gantry was still here when we arrived and we heard stories that the work for the men wasn't exactly onerous and they even had an easy chair at the bottom of the shaft. We love the sense of history here, especially now that coal is a thing of the past.'

A few years ago the concrete cap on the shaft shifted due to subsidence and the Coal Authority spent £1 million to put it right, demolishing the gantry in the process. Where it once stood is a patch of grass, enclosed by a fence, in which there is an aluminium cover bearing the inscription 'MINE SHAFT'. The water no longer disturbs the Youngs' sleep, making another way to the Wear. But the old wooden shed remains and the switchgear house, even though it only houses a garden parasol now. For Christine, both are part of the fabric of the place.

And now part of my family history. A remark of Uncle Colin's came back to me: in the mid-'20s, after a period of unemployment, my grandfather Ike got a job maintaining the pumps draining the Newfield workings, but he didn't know where. Now I do; it could be nowhere else but Vinovium Cottage. Here Sid came to live as a boy of nine, on the edge of the whispering beech trees, the place he called in bewitching stories like *The Berry Holly* he wrote years later 'the warm house in the woods'. He was entranced by this place, as I have been these past few weeks. So this place of inspiration for him is now for me a place of pilgrimage. My father might be buried in Old Jesmond Cemetery in Newcastle, but this is where his spirit will always rest.

In Bellburn. In the wood.

Back into the wood

Sun trap and pony and trap

Nameless wood, site of old pit, Byers Green

Dave and Judith Mallaby in garden reclaimed from Byers Green pit yard

Primrose Hill, Newfield: Sid's home, mid-1920s

Sid's work place – once – and home place, Ferryhill

In the gloaming, Todhills

Residents, Long Lane

Edge of wood, Bellburn

The Berry Holly, Bellburn

Mine Shaft, Vinovium Cottage

Christine Young, in sunshine at Vinovium

Meadow, Newfield

Peter Young at Vinovium, 'the warm house in the woods'

Shrine, Bellburn

Top: Birds on wire
Below: Long Lane

Fern reflections, Bellburn

The Last Hour

Each hour has nailed me to a cross,
Each ticking minute's been a flail;
Slow time has whipped me to the bone,
My heart's pumped acid, not red blood...

Here Time's a bastard;
Bastard born of Man,
And borne by me
In silent misery

Remind me of swifts that pierce the air,
Dandelions that, red-yellion dare –
Remind of time's most natural pair
Swifts have no part down here;
Flowers?
Such things don't rhyme with leaden hours.

One hour to freedom, note the time;
One hour from harebell's distant chime:
One hour from the grasshopper's leap –
Sixty minutes from Heaven.

NOTE: The last hour before 'lowse' or 'kenna' (shift's end) is traditionally the longest of a miner's shift.

Written underground at Dean and Chapter Colliery, Ferryhill, 20 July 1941; read at Sid Chaplin's funeral on 17 January 1986

Give me sand before gold, sea instead of champagne, and all the common things, like air, and wind, and clouds, and people.

From *The Day of the Sardine*, by Sid Chaplin

Sid Chaplin bibliography

The Leaping Lad (Phoenix House, 1946)
My Fate Cries Out (Phoenix House, 1949)
The Thin Seam (Phoenix House, 1950)
The Lakes to Tyneside (Collins, 1951)
The Big Room (Eyre and Spottiswoode, 1960)
The Day of the Sardine (Eyre and Spottiswoode, 1961)
The Watchers and the Watched (Eyre and Spottiswoode, 1962)
Sam in the Morning (Eyre and Spottiswoode, 1965)
The Mines of Alabaster (Eyre and Spottiswoode, 1971)
The Smell of Sunday Dinner (Frank Graham, 1971)
A Tree with Rosy Apples (Frank Graham, 1972)
On Christmas Day in the Morning (MidNAG/Carcanet, 1978)
The Bachelor Uncle and Other Stories (MidNAG/Carcanet, 1980)
In Blackberry Time (Bloodaxe Books, 1987)
Hame: My Durham (Mayfly, 2016)

Contributors

SID CHAPLIN was born in Shildon, County Durham, in 1916 when the great Northern coalfield was at its height, and died in 1986 when it was on its last legs. Through a writing career lasting 45 years he wrote seven critically acclaimed novels, four books of short stories, and two books of essays, many of which also appeared in paperback and were published abroad.

On his return to the North East with his family in 1957, Sid embarked on a richly productive period, completing five novels in a decade (in his spare time), including two about young men growing up in Newcastle, which sealed his reputation: *The Day of the Sardine* and *The Watchers and the Watched.* Towards the end of his life he returned to the short story form – and the setting of the Durham coalfield of his youth – with the collections *The Bachelor Uncle* and *On Christmas Day in the Morning.*

His stories inspired the iconic stage musical *Close the Coalhouse Door* and as well as being a prolific journalist, broadcaster and co-founder of Northern Arts, he also wrote for television, including the BBC series *When the Boat Comes In.*

Sid Chaplin was awarded honorary degrees by Newcastle University and the then Sunderland Polytechnic as well as an OBE for services to the arts in the North East. He was married to Rene Chaplin, who contributed to his work as well as his life in countless ways, and had three children – Gillian, Chris and Michael. He died at Grasmere in Cumbria in January 1986.

MICHAEL CHAPLIN is a playwright, screenwriter and non-fiction writer living in Newcastle, with many credits in television, radio and the theatre. He has also written three works of non-fiction about the North East, in collaboration with New Writing North: *There Is a Green Hill; Tyne View: A Walk Around the Port of Tyne;* and *Come and See: The Beguiling Story of the Tyneside Cinema.* Among Michael's ongoing projects is a drama series for BBC Radio 4 about the collision between moral philosophy and life in a small town in County Durham, called *The Ferryhill Philosophers.* He is the youngest child and literary executor of Sid Chaplin.

BIRTLEY ARIS was originally a designer and craftsman in stained glass, began exhibiting as an artist in 1967, and has been painting full-time since 1982. Born in Sunderland and now living in Northumberland, much of his work is based on poetry and he has worked with a number of contemporary poets. Many years ago he collaborated with Sid Chaplin, and has previously worked twice with Michael Chaplin, creating a large number of paintings and illustrations for *Tyne View* and six idiosyncratic maps of the North East for *There Is a Green Hill.*

KAREN ATKINSON is a photographer and musician based in South Tyneside. She is particularly known for her long exposure work, such as the award-winning trio of Sage Gateshead images in black and white abstract forms. In 2014 she was commissioned by Nexus to create 15 panels of photographic artwork titled *A High Place Beside the Water*, inspired by the history of Hebburn, for the town's Metro station. Karen is currently working on a digitisation project of the Trevelyan Family Albums in Newcastle University's Special Collections Department of the Robinson Library, where she also curates exhibitions.

Acknowledgements

THIS BOOK WOULD NOT HAVE been possible without the help and encouragement of many people and organisations and I place on record my grateful thanks for the unstinting support of the following:

Arts Council England, for their financial support of the book and associated activities.

New Writing North, in particular its chief executive Claire Malcolm and programme manager (festivals and events) Rebecca Wilkie, for getting behind the project so enthusiastically, making it another happy and productive collaboration.

John Adair, for editing the book with his customary speed, efficiency and sensitivity.

Wayne Connolly, University Librarian at the Robinson Library, University of Newcastle, and his deputy, Jill Taylor-Roe, for their warm embrace of the project; and the ever-helpful staff of Special Collections who care for the Sid Chaplin Archive, including Ian Johnson and Rachel Hill.

Durham County Council; Councillor Neil Foster, lead member for culture and regeneration; Valerie Robson and David Sparkes in Conservation.

Tim Brown of the Ferryhill History Society, Sabina Maule, Dr Robert McManners and David Priestley, head of Greenfield Community College.

I am especially grateful to all of the interviewees named in this book, who gave generously of their time, knowledge, reflections, memories – and hospitality. I received assistance from many other people in south west Durham whose names I never learnt, but I thank them for their help, kindness and good humour.

My two principal collaborators, Karen Atkinson and Birtley Aris, whose skills have immeasurably enhanced this book. I thank them for their good fellowship.

All of the Chaplin family for their support without which this book would not have been possible, among them my siblings Gillian Parry and Chris Chaplin; uncles Fred Chaplin and Colin Chaplin; cousins Brian Chaplin, Gary Chaplin and Anne Hancock; my sons Mat Chaplin and Tom Chaplin, and last but by no means least my wife Susan Chaplin for sundry acts of kindness and support, in particular for botanical advice on a sunny summer's afternoon in Newfield.